君子之道：
辜鸿铭与中德文化交流

JunZiZhiDao
GuHongMing
YuZhongDeWenHuaJiaoLiu

方厚升 ◎ 著

跨文化研究的当下问题
——序"跨文化研究丛书"
周 宁

一、从文化差异到文化差异中的自我与"他者"

鸦片战争前夕,一位英国旅行者到广州,上岸就被种种"异乎寻常"的事物惊呆了,在写给《中国丛报》①的报道中,他描述了自己对"文化差异"的感受,读起来令人啼笑皆非:

> 当我询问一位艄公我们停泊的渡口在什么方向时,我得到的答案是西北,他说风是东南风。"我们欧洲人就不这么说。"我想他看出了我的惊讶神情,就向我解释了罗盘针的用法,他说:"这根针指向南方。"当我上岸的时候,第一个引起我注意的目标是位清朝军官,他穿一件绣花的衬裙,脖子上挂着一条珠链,手里拿着把扇子,他的军衔标志是一个在他那锥形糖似的帽顶上的一枚扣子,而不像西方军官用胸前的星或肩上的徽章来表示军衔;带着几许惊慌,我发现他是从右侧上马的。他的腰带上挂着几把刀鞘,我想里面肯定是佩剑或匕首一类的东西,但当我走过他的一群仆从,来到近处一看,我非常吃惊地看到,他的那几个刀鞘里原来插着双筷子和一柄刀把,过了一会,他把扇子折起来放到了另一个刀鞘中,因此,我得出结论,他肯定是准备去吃饭,而不是去检阅部队。围着我的当地人脑门都剃得光光的,脑后的头发长得很长很长;许多人都没有修过脸面,而他们上唇的胡子垂下来盖住了嘴巴,有些蔓生的发须应当从面颊上分开,

---

① 《中国丛报》犹如当年耶稣会编辑出版的《耶稣会士书简集》,是了解西方人眼中的中国形象的重要资料。它由英国传教士马礼逊(R. Morrison)倡议、美国商人同孚洋行老板奥立芬(Oliphant)资助、美国传教士裨治文(E. C. Bridgman)与卫三畏编辑出版,1832年创办,1851年停刊。

兴许这些人忙于干活,没有工夫把它们拨开来。我们欧洲人就不这么梳妆。我想,但是我又情不自禁地承认他们的筷子设计得太妙了,它能让那些绅士们用它的末端把食物送到周围长满胡须的嘴中。

当我向留宿的那间房子走去的时候,我看到一群老人,他们当中有的已经须发花白;一些人正对着关在笼子里或栖息在一根枝条上,唱着歌儿的鸟们啧啧有声的逗玩着;还有些人正在捉苍蝇喂鸟;剩下的人正非常高兴地放着一只奇妙的、纸糊的风筝玩,而旁边一群孩子正神情端庄地看着,带着严肃和感激的心情看着他们的长辈们那无邪的嗜好。在我到这个国家住了一段时间之后,我想请一位老师,第二天早上来了一位,他还懂英语。在进房间的时候,他不是走上来与我握手,而是站在门口很礼貌地向我鞠躬,头低到了胸前。我把这种习俗看成是对我们握手礼节的一种改进,特别是当生人相见时,这样做似乎更好些;我请他坐下来。我知道我将要学习的是一门没有字母的语言,但是令我有些吃惊的是,书是从最后一页开始的,倒着往前翻,跟我有生以来见过的书完全相反。他读了这本书的出版日期,"十五年,十月,一日"。"我们欧洲人在写日期时,顺序也完全相反"。接下去我发现,我请他读书的内容,他竟从顶端往底下读,然后再由书的右边往左边读。"你这本书真古怪",我大感不解,从他的手中拿过书来看了看,更奇妙的事出现了,我发现草书体的题目印在书页的边上而不是在页上端,页码标在页底,注释本该在页底,却出现在页码的顶端……

我把书还给了他,请他讲讲礼仪。他开始说道:"当你接待一位有声望的贵宾时,不要忘了把他安排在你的左边,因为这是个尊贵的位置;要小心,不要摘了你的帽子,因为这可能是一个不稳重的亲密举动。"这对开化了的民族是一个多么沉重的打击啊。但我还是请他继续讲下去。他重新打开那本书,神情庄重地读了起来,"最有教养的人肯定都有这样的认识;他对座次的安排早就心中有数"。"最好说自己处在他的脚下。"我痛苦地叫道,因为这对我所了解的全部正确的哲学原则是一个多么大的打击,我立即把这本书合上,把我的老师解雇了,让他明天不要再来。

在国外,我遇到了许多我认为是正确,而实际刚好相反的事情。我同意一个朋友的看法:"中国人除了地理学上跟我们相对外,其他许多事情也跟我们倒着来。""真的,"我说,"真是这样的,我真希望不久我会看到有个人用脑袋走路;看,有个女人穿着裤子,而一群绅士却穿着衬裙,小姐们正在抽雪茄,而男人们却在扇扇子。"但是,我被告知,不要太相信这些表面的东西,当我从他们身边经过时,我看到男人们穿着紧身的内衣。不久之后,我见到了这家的管家,他穿一身整齐的白色衣服,我停了下来,问他要去参加什么喜宴,他用深沉的眼光看了我一眼说,他正从他父亲的葬礼上回来。不久,我经过一户人家,我听到呜呜咽咽、大喊大哭的声音,我真希望能安慰一下这些痛苦的人们,我问是谁生病了,一个男人忍着笑,对我说:"是个年轻的姑娘,她就要离开娘家出嫁了,她和她的一群伙伴正伤心着哩。"在这些不幸的试探之后,我想,我再也不会去问什么了,而是用我的眼睛去打量、观察一会再说吧。我在一家商店里看见一个高大魁梧的小伙子正在往一顶小圆帽上缝带子,我走到河边的码头上,一看,这里所有的船上都是女人在划桨。在一条刚到码头的渡船上,我看到女人正从弓形的船舱中走了出来。"接下来会看到什么呢?"我心里想,我看见一个木匠从他的工具筐里拿出一把尺子,量些木料,他的徒弟正在用一把锯子锯木料,锯子的刃从一个右倾的角度安装在一个木架上,在他的门前,一个男人正在用白铅刷一双鞋底。当我接着从一位时髦的太太身边走过时,她正从一张椅子上站起身来,一拐一拐地走着,她不像我们欧洲的女士束腰,她的脚不过3英寸长,她的长袍的衩没有缝进底端,绣花的缠儿如此紧缩以至于她的裙子明显地妨碍了她走路。"让我回家吧!"我说,"这片非常陌生的土地上的一切真让我头晕目眩。"①

"这片非常陌生的土地上的一切真让我头晕目眩",这是这位英国人的观感。西方人初到中国,让他们感触最深的是文化差异。不同民族不同国家的文化差异之大,令人惊异也令人困惑,如何理解、如何面对这种差异?排斥或消灭、理解或尊重?世界不同民族的文化,是否存在着共同性基础,或者说,是否有追求文化大同的可能性?就在那位英国旅行者在中国发现令人震惊的文化差异的同时,德国文学家歌德却在跟爱克曼的谈话中,强调中西文化的共性基础:

> 中国人在思想、行为和情感方面几乎和我们一样,使我们很快就感到他们是我们的同类人,只是在他们那里一切都比我们这里更明朗,更纯洁,也更合乎道德。在他们那里,一切都是可以理解的,平易近人的,没有强烈的情欲和激荡的诗兴,因此和我写的《赫尔曼与窦绿台》以及英国理查生写的小说有很多类似的地方。他们还有一个特点,人和大自然是生活在一起的。你经常听到金鱼在池子里跳跃,鸟儿在枝头歌唱不停,白天总是阳光灿烂,夜晚也总是月白风清。月亮是经常谈到的,只是月亮不改

---

① [美]M.G.马森著:《西方的中华帝国观》,杨德山等译,时事出版社1999年版,第219~222页。

变自然风景,它和太阳一样明亮。房屋内部和中国画一样整洁雅致。例如"我听到美妙的姑娘们在笑,等我见到她们时,她们正躺在藤椅上",这就是一个顶美妙的情景,藤椅令人想到极轻极雅。故事里穿插着无数的典故,援用起来很像格言,例如说有一个姑娘脚步轻盈,站在一朵花上,花也没有损伤;又说有一个德才兼备的年轻人三十岁就荣幸地和皇帝谈话;又说有一对钟情的男女在长期相识中很贞洁自持,有一次他俩不得不同在一间房里过夜,就谈了一夜的话,谁也不惹谁。还有许多典故都涉及道德和礼仪。正是这种在一切方面保持严格的节制,使得中国维持到几千年之久,而且还会长存下去。①

歌德肯定中西文化的共同性,这位大文豪的善意或美意令人感动,但却未必现实或真实。首先,以共同人性为基础的文化相同性的确存在,但不同文化的差异也是事实,即使歌德肯定"中国人在思想、行为和情感方面几乎和我们一样,使我们很快就感到他们是我们的同类人",他的用意也在于比较中西文化的差异,只不过这种差异表现在道德优劣上,"在他们那里一切都比我们这里更明朗,更纯洁,也更合乎道德"。其次,不同文化交流的可能性与必要性,恰在于差异性,假设同一性,实际上等于取消了交流的意义,只有差异才能相互启发、相互创造,世界的丰富性与创造力就存在在差异性中。

跨文化关系中真正有意义的是差异性。承认差异是个前提,问题是我们如何面对文化差异,跨文化的差异性究竟意味着什么。有人看到异中之同并强调其同,有人看到同中之异并夸大其异。总体上说,人们面对不同文化表现出两种截然相反的态度:文化普世主义与文化相对主义。前者否定文化差异的合理性并试图最终消灭文化差异,后者肯定文化差异但也拒绝文化间的可通约性。文化普世主义与文化相对主义各自有各自的问题。面对文化差异,坚信某一种地方文化具有普世意义并必将在历史进程中消灭异种文化成为唯一的文化,这种文化普世主义实际上是一种文化霸权主义。文化相对主义在积极层面上肯定并尊重不同文化的差异性,承认多种生活方式与价值体系的合理性,许诺全球化进程中宽容文化差异、谋求和谐共处的可能性,但它同时也可能否定跨文化的深层可理解性。

乐观者认为,跨文化研究的立场理应是承认不同文化之间的差异性,同时也肯定文化间的可通约性。跨文化交往的意义在于努力寻求相互之间的理解,目的不是追求不同文化的最终统一,而是保存不同文化的差异性,同时探

---

① [德]爱克曼辑录:《歌德谈话录》,朱光潜译,人民文学出版社 1978 年版,第112页。

寻理解与交流的可能性,在差异中构建和谐,用费孝通先生的话说,就是"各美其美,美人之美,美美与共,天下大同"。问题是,这是人们对未来的期望,还是对现实的证明?跨文化交往将导致误解与冲突,还是理解与和谐?历史与现实的问题是,差异往往构成误解与冲突,文化普世主义以异域文化为异端加以排斥或消灭;文化相对主义在假设文化差异的合理性的同时,也假设了文化差异导致的文化间的不可通约性。这两种态度看上去截然相反,但又密切相关,相关点在于二者都把"异域文化"当作"他者"。

所谓"文化差异",只看到跨文化交往中具有戏剧性的现象,没有看到隐藏在这类现象之下的某种危险的本质。差异不是问题,问题是表述差异设置的文化霸权关系。不同文化之间的差异往往不是文化主体之间的差异,而是一种文化作为主体,另一种文化作为对象的差异。这样,不同文化主体间的差异关系,实质上就变成了一种文化作为主体,另一种文化作为对象的"自我"与"他者"的关系。"自我"通过"他者"确认自身,"他者"只是"自我"作为主体的投射物。"他者"的意义是不足的,甚至是虚构的。

"他者"作为与"自我"或"主体"相对的概念,可以追溯到黑格尔的欲望主体理论,他者是主体认识、扩张自身的外化疆界。萨特的二元本体论假设他者为分裂的主体追求与其世界统一的欲望对象。在拉康的精神分析理论中,他者又成为无意识领域与自我相对立并确认自我的一种象征秩序或象征性的地点,它以话语的形式表现出来,确定主体所缺失的与主体所必须追求的东西,从而引导着主体的欲望与命运。德里达(Derrida)假设他者向无限"延异",是永远无法认同的异己性,到列维纳斯(Levinas)那里,同一与他者构成一对最基本的概念,同一指世界的整体性,他者则是不可能被包容到同一中的、高于主体自我的东西。[①] 文化研究中的"他者"概念主要来自于福柯与萨义德(E. W. Said)的理论,指一种文化为确立以自身为中心的价值与权力秩序并认同自身,而塑造的一个与自身对立并低于自身的文化影像。文化"他者"作为特定文化共同体中言说异域的公共话语,与它所指涉的现实对象没有多少必然关系,却更多地表现着文化主体自身的观念、想象、价值、信仰与情感。[②]

---

① *Subjects of Desire:Hegelian Reflections in Twentieth-Century France*, by Judith P. Butler, New York:Columbia University Press, 1987;又 *Emmanuel Levinas:The Problem of Ethical Metaphysics*, by Edith Wyschogrod, Martinus Nijhoff, Hague, Netherlands, 2000.

② *Key Concepts in Cultural Theory*, by Andrew Edgar & Peter Sedgwick, Routledge 1999 与 *A Concise Glossary of Cultural Theory*, by Peter Brooke, Oxford:Oxford University Press, 1999 中"Other"词条的解释。

文化差异不是文化主体之间的差异,而是文化主体与对象之间的差异。如何理解文化差异,是跨文化研究的问题起点;而理解文化差异的关键,又在于"他者"的概念。在当下跨文化研究理论中,文化差异不仅是个知识与价值的问题,还是一个实践与权力的问题,只有从自我与"他者"的关系中,才能把握文化差异的真正意义。在跨文化交往中强调文化差异,意义在于构建"他者"以确证自我,自我只有区别于"他者",才能获得认同。文化差异关系在跨文化交往中往往体现为自我与"他者"的关系。在跨文化研究中,差异是第一概念,继而出现的就是"他者","他者"界定文化差异的实质意义。

二、东方主义以及东方与西方的二元对立

在跨文化研究中,最基本的问题是文化差异与文化他者,而紧随其后的问题是,表面上的文化差异关系,实质上是文化自我与他者的关系,前者是个知识问题,后者是个权力问题。福柯的话语理论揭示了知识与权力的"合谋"关系,为后殖民主义文化批判理论进入跨文化研究铺平了道路。

在全球化进程中,人类文化版图上最大的差异界限划定在东方与西方之间,而其间东方是作为西方的他者出现的。在西方主导的启蒙大叙事中,文化差异经常被表述为文明与野蛮、理性与愚昧、自由与专制、进步与落后的差别,而世界现代化的进程,就是逐步消灭这种差别达到普世文明的过程。西方启蒙大叙事对东方甚至非西方文化的表述,包含着明显的支持殖民扩张的意识形态偏见或文化霸权。克尔南在《人类的主人》一书中分析西方扩张意识形态的形成:"在欧洲扩张的第一阶段,西班牙、葡萄牙人坚信他们是夺回上帝应许的土地,传播基督教。如今,他们再次感到他们的扩张需要强大的理想支撑,这种理想被表述为'文明的使命',它掩盖并超越了资本主义扩张的野蛮贪婪的本质。落后的国家需要文明,西方带给他们文明,因而有权拥有他们的土地与财富甚至人身。在新的文明理想中,基督教只是一部分,附带的一部分,核心内容是启蒙哲学。有关欧洲人的'文明使命'的观念,早在17世纪就出现了,但直到19世纪,欧洲人才郑重其事并大张旗鼓地使用它。就连当时很富于同情心的温伍德·李德也这样认为:土耳其、中国和世界上其他一些地区总有一天会变得富裕繁荣,'但没有欧洲的征服,他们永远也不会享受到人权,永

远也不会进步……'。"①

西方现代性话语关于文化差异的表述,具有明显的文化霸权意义。不可否认,世界现代史上最重要的跨文化关系,就是西方与东方文化的关系。所有东方或非西方文化,或早或晚都必须面对西方文化的冲击,而西方文化在全球化进程中,也不可避免地遭遇不同类型的非西方文化。有人从理论上批判西方与非西方二元对立的思维框架,我们知道它的不合理性或危险性,但它又是令人无奈的事实。如何超越或回避这一危险的事实?后殖民主义文化批判理论为跨文化研究提供了新的论题与方法,解构西方与非西方二元对立的思维框架、解构西方表述东方的话语体系。

跨文化研究借助后殖民主义文化理论,最具有批判力量的概念是"东方主义"。萨义德在三个意义层面上解构东方学:(1)"东方主义"是欧洲19世纪形成的有关东方的一整套知识体系;(2)该知识体系生成将东方异类化的神话或"套话";(3)东方主义话语建制了西方对东方的权力关系。萨义德从大量的文本中分析西方通过东方学建构作为西方之"他者"的"东方",赋予"东方"种种所谓"东方性"的低劣特征。这些特征包括人种的、心理的、政治的、宗教的、历史、语言的等多方面的内容。所谓"东方性"成为在任何一个时代都被确定为超时代的某种"东方本质"。东方不仅是一成不变的,而且是普遍相同的,既无变化的个性又无多样的丰富性。

跨文化研究直接面对现代性的困境之一,即跨文化交往中的文化霸权。东方主义是一个自指涉的系统,它制造了一个西方之东方,这个东方是具有某种怪异性的、一成不变的、低劣的、被动的文化他者,它的意义是解释西方或认同西方。跨文化研究提倡文化差异的合理性与不同文化交流的必要性,在承认文化差异的前提下,主张理性交往,相互理解、相互宽容与尊重。从跨文化研究的价值立场看,东方主义是包含在西方现代性中的一个阴谋或罪恶。

福柯的话语理论提供了批判的武器,后殖民主义用这种批判的武器解构启蒙大叙事中的东方主义话语,一度成为跨文化研究的"显学"。东方主义话语形成于19世纪,主要包括三种套话:(1)东方主义是一套关于自由与奴役的话语。东方专制主义以理论的形式源于古希腊,成于现代,从启蒙运动到冷战时代,从孟德斯鸠到魏特夫。它认为东方是一个没有差异的社会,权力集中在由官僚阶层扶持的独裁君主身上(与分权制对立),国家极权彻底打碎社会力量(与市民社会对立)。(2)东方主义是一套关于进步与停滞的话语。有关东

---

① *The Lords of Human Kind: European Attitudes Towards the Outside World in the Imperial Age*, by V. G. Kiernan. London: Weidenfeld and Nicolson, 1969, p.23.

方的专制与停滞的表述是相互关联的。东方社会的专制奴役、单一性与家长制限制了个性与自由,窒息了精神的发展与个人、民族的创造力。专制导致停滞。西方现代意识在构筑启蒙的自由与进步的神话时,将东方专制与停滞作为被否定的他者。地理的二元区分便具有了文化意义。(3)东方主义是一套关于理性与感性的话语。西方自由与进步的精神根源是理性主义,东方专制与停滞的原因是感性主义或感官纵欲主义。西方的理性与宗教传统使西方富于纪律与约束甚至禁欲方面的自觉。相对而言,东方则是感性、纵欲、道德堕落、心智幼稚、缺乏理智与意志、思维混乱、没有逻辑、不负责任、不讲信用的未成熟的民族。这三种套话,无不将东方设定为西方之他者,使西方体认到并确认自身文明的意义与价值。

在启蒙大叙事中,非西方文化与西方文化的差异,被表述为被压制与被排斥的关系。后殖民主义文化理论的批判对象,就是这种西方中心主义的文化霸权。萨义德的《东方学》开创的后殖民主义文化批判,揭示了东方学中隐藏的文化帝国主义阴谋。东方学构筑低劣、被动、堕落、邪恶的东方形象,为西方的殖民扩张奠定基础、铺平道路。萨义德认为,研究西方的东方学话语如何将东方当作"他者"构筑其知识谱系,有三重意义:"第一,以一种前所未有的方式将他们的学术谱系呈现在他们面前;第二,对他们的著作大多依赖的常常是未受质疑的那些假定提出批评,希望引起进一步的讨论。……所有这些问题都不仅与西方关于他者的概念和对他者的处理有关,而且与西方文化在维柯所说的民族大家族(the world of nations)中所起的极为重要的作用有关。最后,对所谓'第三世界'的读者而言,这一研究……是理解西方文化话语力量的一个途径……显示文化霸权所具有的令人生畏的结构,以及特别是对前殖民地民族而言,将这一结构运用在他们或其他民族身上的危险和诱惑。"①

在过去的 30 年里,后殖民主义文化批判成为跨文化研究的主流。这一批判主流过多地关注西方文化对非西方文化的贬抑与陷害,多少忽略了东方主义话语传统中崇拜迷恋东方的"异国情调"式的东方主义。西方对非西方世界的知识与想象,多面含混、复杂矛盾,不是一种单一的知识体系或单一的知识与权力的协作关系可以说明的。在后殖民主义批判的褊狭霸道的帝国主义意识形态性的东方主义之外,还有另一种东方主义。这种东方主义仰慕向往东方、美化神化东方,将东方想象成幸福与智慧的乐园。其历史一直可以追溯到古希腊的东方传说与基督教的人间乐园神话。中世纪晚期西方传说的"长老

---

① [美]爱德华·W.萨义德著:《东方学》,王宇根译,三联书店 1999 年版,第 32~33 页。

约翰的国土"、马可·波罗那一代西方旅行者描述的人间乐园般的大汗治下的契丹与蛮子、文艺复兴时代流行的大中华帝国形象,塑造了另一种东方主义想象传统,直到启蒙运动时代的哲学家将中国当作欧洲启蒙的楷模。连西方一贯排斥仇视的伊斯兰文化,一度也成为具有西方文化背景的一些学者进行自我批判的尺度与楷模,著名的如让·查丹的东方报道、孟德斯鸠的《波斯人信札》。

笔者曾经提出过"两种东方主义",一种是否定的、意识形态化的东方主义,一种是肯定的、乌托邦式的东方主义。后者也是东方主义话语的一部分,在西方现代性精神结构中,两种东方主义的功能是相同并互补的,它们都是为西方现代性的自我确证塑造"他者",只不过前者表现为西方现代性的自信与扩张意识,后者表现为现代性中包含的怀疑精神与危机意识,二者共同构成西方现代性的辩证的精神结构。[1]

西方仰慕向往的幸福而智慧的东方,在19世纪已经从中国移到印度,梵文经典的发现兴起了一场所谓的"东方文艺复兴"[2]。如果说中国曾经向西方昭示了一种政教乌托邦,可以为入世的批判;印度启示西方的,则是一种精神乌托邦,具有超世的灵性。20世纪初在所谓的"西方衰落"的思潮背景下,种种社会危机意识与美学哲学上对现代工业文明的反思与批判,都开始在古老的东方寻找启示与救赎的希望。[3]西方历史上贯穿始终的,乃是一直存在着另一种东方主义,一种仰慕东方、憧憬东方,渴望从东方获得启示甚至将东方想

---

[1] 笔者在《另一种东方主义:超越后殖民主义文化批判》(《厦门大学学报》2004年第6期)一文中过分强调肯定的、乌托邦化的东方主义超越了东方主义话语,这一观点实际上值得商榷,两种东方主义在萨义德批判的东方学话语中是互补的。

[2] 东方文艺复兴的说法,来自于法国学者、作家Raymond Schwab的一本书,书名为 La Renaissance Orientale(《东方文艺复兴》Paris,1950)。Raymond Schwab认为,19世纪西方对印度梵文经典的发现,在西方文化思想史上的革命意义,不亚于文艺复兴对古希腊古罗马典籍的发现。他的著作不仅追述了西方知识界对梵文、印度哲学与佛教、印度教的系统研究过程,而且具体分析了印度思想是如何最终构成欧洲文化传统的一部分的。英译本见 The Oriental Renaissance: Europe's Rediscovery of India and the East, 1680—1880, trans. by Gene Patterson-Black and Victor Reinking(New York, 1984)

[3] J.J.克拉克在《东方启蒙》一书中详细介绍了20世纪初西方突然兴起的一种东方热情。这种热情表现在艺术、哲学、宗教、科学甚至生活情调等各个方面。印度哲学对非理性哲学、中国诗歌对意象派诗歌、日本与中国的绘画对现代画派,都有重要的影响……详见 Oriental Enlightenment: The Encounter Between Asian and Western Thought, by J.J. Clarke, London and New York: Routledge, pp. 95~180, Part iii, Orientalism in the Twentieth Century。

象成幸福与智慧的乐园的"东方主义"。20世纪后期,民族独立运动与共产主义运动中的东方,再次成为西方左翼知识分子的政治期望。当年启蒙哲学家向往的孔教乌托邦,成为"毛主义"乌托邦,寄托着西方激进思想对社会公平正义、进步与繁荣的向往。① 在西方历史上,肯定的、乌托邦化的东方主义,可能比否定的、意识形态化的东方主义历史更悠久、影响更深远,涉及的地域也更为广泛。它展示了西方文化在面对东方乃至世界时特有的开放与包容性的侧面,也令我们思考西方文化的正义与超越观念以及自我怀疑自我批判的精神。

两种东方主义的问题并不能否定东方主义,西方关于东方的"异国情调"式想象,不仅将东方设定为"他者",而且将东方想象为不可理喻不可企达的他者,时刻威胁着西方存在的合理性,西方一边仰慕她,一边排斥她。第一次世界大战后,西方再次流行"中国情调",罗素等人来华并赞美中国文化,鲁迅先生看透这一点,在《灯下漫笔》中说自己最憎恨外国人看待中国文化的两种态度:"外国人中,不知道而赞颂者,是可恕的;占了高位,养尊处优,因此受了蛊惑,昧却灵性而赞叹者,也还可恕。可是还有两种,其一是以中国人为劣种,只配悉照原来模样,因而故意称赞中国的旧物。其一是愿世间人各不相同以增自己旅行的兴趣,到中国看辫子,到日本看木屐,到高丽看笠子,倘若服饰一样,便索然无味了,因而来反对亚洲的欧化。这些都可憎恶。至于罗素在西湖见轿夫含笑,便赞美中国人,则也许别有意思罢。但是,轿夫如果能对坐轿的人不含笑,中国也早不是现在似的中国了。"②

三、东方的自我东方化与彼此东方化

跨文化研究关注不同文化之间处理文化差异关系的方式以及这种方式可能产生的误解与冲突。实际上,文化差异关系,不仅是一个现代性问题,也不仅是西方与非西方世界的关系问题,文化差异关系是古今中外概莫能外的跨文化关系,它涉及文化的自我确认。中国古代以四夷确证华夏,与欧洲以东方确认西方,道理是相同的。只不过全球化时代人们对文化差异与文化差异导致的冲突分外敏感。因为全球化秩序中不同文化相互依存与相互冲突的程度

---

① 参见拙文《东风西渐:从孔教乌托邦到红色圣地》,《文艺理论与批评》2003年第1期。
② 鲁迅:《灯下漫笔》,见《鲁迅全集》(第一卷),人民文学出版社1981年版,第216页。

同时都加剧了。

亨廷顿在《文明的冲突与世界秩序的重建》中一再指出:"我们只有在了解我们不是谁、并常常只有在了解我们反对谁时,才了解我们是谁。"[①]这是文化差异的普遍意义,除此之外,它还有一层当今时代的特殊意义,那就是当今世界的跨文化关系模式是西方与非西方二元对立结构主导的,我们可以批判这种思维结构,但它毕竟仍是事实。直面东西文化之间的差异以及这种差异包含的虚构、误解、贬抑、欺凌的关系,已经成为跨文化研究的批判主流。这种危险的跨文化关系,还不仅限于东方与西方之间,同一关系模式在现代性世界观念秩序中,已经被复制到非西方文化彼此之间的关系上。这种东方主义"扩大化"的问题更值得关注。笔者在《跨文化研究:以中国形象为方法》一书中分析了俄罗斯、印度、日本的中国形象,思考的问题就是非西方国家的"自我东方化"与"彼此东方化"的问题。

跨文化研究提倡文化的多元性,但意愿不能取代现实,理论的意义不是描述愿景,而是揭示问题。我们可以期望跨文化交往的多元性,但也不得不面对西方与非西方的二元对立格局。理论的趣味不在于发现世界是怎样的,而在于发现世界竟然是这样的。我们批判西方现代性精神结构中包含的东西方二元对立的思维模式相当容易,但很遗憾,它是有效而有力的,过去如此,现在依旧如此。文化批判的目的不是联系鸵鸟技巧,碰到危险就把头扎到沙子里,而是努力直面危险,寻找摆脱危险的道路。

我们注意到,东西方二元对立的现代性世界秩序仍在加强与扩大,它已经不限于地理意义上东方与西方之间的界限,甚至成为"地理东方"内部的界限。东方内部也分裂为"东方"与"西方",日本近代提出"脱亚入欧",所谓"告别亚细亚之恶友",就是在东亚之内区分"东方"与"西方",印度近年来的"龙象之争",暗中的界限也是经济成就下"西方民主"与"东方专制"的意识形态之争。笔者曾从跨文化形象学角度分析过东方的"彼此东方化"问题。这个概念是从德里克的"自我东方化"概念中发展出来的,德里克在批判萨义德的《东方学》时指出,萨义德只注意到东方主义是西方人的创造,忽略了东方主义也是东方

---

① [美]塞缪尔·亨廷顿著:《文明的冲突与世界秩序的重建》,周琪等译,新华出版社1998年版,第6页。

人自我构建的产物,它"需要亚洲人的合作才有实行的可能"。①

世界现代化进程中所有非西方国家在确认自我、想象他者的时候,都不自觉并自愿地将自身置于现代西方的他者地位上,接受西方现代的世界观念秩序以"自我东方化",与此同时,他们也努力摆脱自身的东方文化宿命,这种"去东方化"的途径有两种,一种是自觉地"西方化",使自身摆脱被"西方""他者化"的命运,从"西方化"中建构自身的现代性主体;第二种是"彼此东方化",在通过"西方化"建构自身现代性主体的同时,通过使特定"东方""他者化",进行"彼此东方化"。日本"脱亚入欧",努力使自己变成"西方",同时也复制西方话语将中国贬低为"东方",印度、俄罗斯的思想方法略同。

西方人规划的世界秩序在政治经济文化上同时向非西方世界推进,加入现代化进程的亚洲国家,在被迫接受西方殖民主义帝国主义政治经济秩序后,也在文化上相继主动接受了西方现代的世界观念秩序,这是一个"自我东方化"的过程。这个"自我东方化"的过程包括三方面的问题:(1)认同东西方二元对立与西方中心主义的世界观念秩序,认同为此世界观念秩序奠基的进步/停滞、自由/专制、文明/野蛮的二元对立的价值体系与西方现代进步、自由、文明的优越性,认同现代西方文化霸权下自身低劣的他者地位。(2)在西方中心主义世界观念秩序中开始自我批判与文化改造的历程,努力地"去东方化",这样会出现两种极端倾向:其一,彻底否定自身传统,彻底西方化,其二,在西方的世界观念秩序中发挥所谓"东方传统"。值得注意的是,这两种倾向中都包含着认同因素与反抗因素。(3)"去东方化"不仅构筑了一种"东方"国家与西方的关系,还同时构成"东方"国家之间的关系,其过程中还包含着"东方"内部的"彼此东方化"的问题。"东方"国家中究竟谁更"东方",谁比较"西方",也是

---

① 德里克在批判萨义德的《东方学》时指出,萨义德只注意到东方主义是西方人的创造,忽略了东方主义也是东方人自我构建的产物,"需要亚洲人的合作才有实行的可能",德里克提出"东方人的自我东方化"概念。"……这一概念的用法应被推及亚洲人对亚洲社会的看法,用以解释自我东方化这个可望成为东方学史一个固有内容的倾向。我们常将欧美对亚洲社会的影响看作是'西方'观点及制度对亚洲的影响。就东方主义在19世纪早期就已是'西方'观点的一部分这一点来说,'西方'的影响亦包括了欧洲对东方的态度对亚洲社会的影响。欧美眼中的亚洲形象是如何逐渐成为亚洲人自己眼中的亚洲形象的一部分的,这个问题与'西方'观点的影响是不可分而论之的。认识到这一可能性之后的一个重要结果便是对所谓亚洲'传统'提出质疑,因为如果我们细察之,这些亚洲'传统'也许不过是些'臆造的传统',是欧亚人接触时的产物而非前提,并且它们也许更多是生自东方学者对亚洲的看法而非亚洲人自己对自己的审视。"参见[美]阿里夫·德里克:《后革命氛围》,王宁等译,中国社会科学出版社1999年版,第281~282页。

"东方"国家现代性自我认同的根据。①

笔者在研究一些"东方国家"的中国形象时,曾提出四个在逻辑层面上不断深入的问题:一是这些国家或地区的中国形象各自的特征及其演变的历史,他们出于各自不同的文化传统与现实环境,形成不同的中国形象及其表述策略,其动机与形式都具有自身深远的文化根源。二是在现代化与全球化过程中,不同国家或地区的中国形象越来越频繁便捷地进行"跨文化流动",形成中国形象的世界观念体系,任何一个国家或地区都无法"独自"地表述中国,其表述资源与策略都具有跨文化特征。三是中国形象的世界观念体系中存在着西方的文化霸权,往往是西方的中国形象为其设定问题,提供思想资源、想象方式与表述策略。西方的中国形象直接或间接地控制着世界的中国形象的表述,这一点不论在俄罗斯、印度还是日本,都表现得非常充分。四是这些地区或国家的中国形象,既意味着他们与中国的关系,同时也隐喻着他们与西方的关系,其中包含着一个特定的、纠缠不清的、危险的三角关系。

首先是俄罗斯问题,俄罗斯思想是在面对强大的西方他者进行自我确证时想象并引述中国形象的,在俄罗斯思想家的言论中,中国形象不断出现在"俄罗斯与欧洲"的论题下。中国形象成为与俄罗斯的西方形象相对立的他者,没有独立的意义。一个特殊的文本现象就是俄罗斯思想总是在与西方形象对比时讨论中国形象,中国形象的表现并不取决于俄罗斯对中国的态度,而取决于俄罗斯对西方的态度。俄罗斯的中国形象不仅是俄罗斯的西方形象的对应物,也是西方的中国形象的派生物。俄罗斯的中国形象是西方的中国形象的折射,是中国映现在西方现代性精神结构中的他者形象。中国形象与西方形象构成俄罗斯文化自我确认的东西方两极,但这两极远不平衡。中国形象包容在西方形象之中,不论是意义还是价值,都无法与西方形象抗争。中国形象不可能构成与西方相抗衡的对等的一极,俄罗斯思想也不可能在中国形象与西方形象之间谋取自我确认的平衡,俄罗斯的身份依旧会被划入巨大的西方。俄罗斯思想试图利用中国形象超越西方的东方主义,但又陷入俄罗斯式的东方主义。西方式的东方主义是排斥性的东方主义,东方是一个不断蔓延令人无法捉摸也无法控制的他者;俄罗斯式的东方主义是包容性的东方主义,东方是一个不断被收复被涵化的他者,因为俄罗斯本身深广的东方性使东方可能被其包容到自身。俄罗斯思想中的中国形象总体上看浅显暧昧,这是由俄罗斯文化自我本身的暧昧性决定的。从西方看俄罗斯,俄罗斯是东方;从东方看俄罗斯,俄罗斯又是西方。这种分裂的二元性使俄罗斯文化的自我想

---

① 周宁:《亚洲或东方的中国形象:新的论域与问题》,《人文杂志》2006年第6期。

象左右为难,既沮丧又傲慢。没有明确的自我便没有明确的他者。

俄罗斯的中国形象研究最重要的问题,就是中国形象与西方形象始终构成俄罗斯现代性想象中的双重他者,离开了西方形象的对照,中国形象在俄罗斯思想中就失去了意义。

其次,印度的中国形象似乎也有同样的问题。印度现代"发现"中国的意义,必须"迂回"到西方。印度的中国形象的明暗冷热,往往取决于印度的西方形象与西方的中国形象。印度的西方形象处于否定状态时,印度不仅在西方的中国形象的反面想象中国,也刻意拒绝西方的中国形象的影响;反之,如果印度的西方形象处于肯定状态时,他们不仅复制西方的中国形象,而且将自我想象为中国形象的对立面。印度的中国形象是个耐人寻味的问题。印度与中国有2000多年交往的历史,但印度的中国形象大多数时间是个空白或者模糊不清。印度对它这个庞大的邻国的冷漠是令人吃惊的。现代印度独立运动时期突然对中国产生了非同寻常的热情,中国形象似乎可以为印度现代文化独立自觉提供合法性佐证。在过去的100年左右的时间里,印度的中国形象先是逐渐被美化,充满政治浪漫热情,后是突然转化,丑化的中国形象表现着新生的仇恨与久远的冷漠。值得注意的不是印度的中国形象中的敌意,而是它的"随意"。中印战争固然是印度的中国形象的一个转折点,但似乎还有比战争更深远更内在的文化原因。冷战结束,中印崛起,在敌意即去未去、善意将来不来的时候,冷漠依旧。印度的中国形象没有充分理性化的认知基础,没有是非坚定的意识形态立场,也没有独特有效的话语体系。

俄罗斯、印度,或许还有日本,所有这些现代"东方"的中国形象,最终只是"东方"的一种自我东方化叙事,不仅视野与立场是西方的,想象的主体也是西方的。表面上看"东方"国家在作为文化他者的中国形象中获得现代性文化的自我确证,实际上同时将自我变成西方现代性的他者。在西方现代性世界观念体系中,非西方国家之间是否已经失去了思考对方的意愿与能力?难道只有西方在思考世界,而我们只思考西方并模仿西方思考?分析这些国家的中国形象,一个明显的共同的问题就是他们表述中国的知识框架与价值立场都是"自我东方化"的,中国形象不过是"去东方化"与"彼此东方化"构筑的文化他者,目的是在西方现代性世界观念秩序中确认自己的文明身份。这一点日本的中国形象也不例外。

全球化进程中不论现代俄罗斯、印度或日本,都不可能在西方中心主义话语外表述中国,也不可能在西方中心主义话语之外认同自身;这些国家眼中的中国形象,不仅意味着该国与中国的双向文化想象关系,更重要的是意味着他们面对西方现代性进行彼此参照、自我确证的三角关系,其中西方现代性具有覆盖性与宰制力量。"东方"国家在"彼此东方化"中将自身与对方同时置于西方现代性的他者地位；他们的中国形象成为西方的中国形象话语的再生产形式。Bryan S. Turner 在其 *Orientalism, Postmodernism and Globalism* 一书中指出，超越东方主义的问题关键在于超越西方视野与东西方二元对立的思维模式，从东方主义到全球主义或用全球主义取代东方主义/西方主义，这样不仅破除东西方地缘政治与文化的偏见束缚，也会破除狭隘的民族主义、国家主义偏见。① 但问题是，在全球主义视域下提出的问题，可能会威胁到全球主义假设的合理性本身，而解构西方的中国形象霸权的过程，又可能展示这种霸权的根深蒂固的影响。

跨文化形象学的问题，归根结底是世界观念体系以及该体系中现代国家与国民自我认同的问题。对于那些"后发"的现代化国家，不管是"进入"还是被强行"拖入"现代世界体系，其文化自觉都不可避免地面临一个文化困境：如何在现代世界体系中确认自身的国家身份，它关系到"国家理想"。很少有哪个国家能够避免这个问题的困扰，更少国家能够从现代性的世界观念体系中成功地拯救出自身的文化主体。研究跨文化流动中的中国形象，这才是关键的问题。

印度的冷漠与日本的热情同样令人困惑也令人担忧。探寻现代日本的文化身份，是明治维新以来日本思想的核心问题，而中国形象在最深刻的意义层面上，无不与这个问题相关。《"巨大的他者"：日本现代性自我想象中的"中国"》②从"他者"概念出发，探讨日本现代性自我想象中的中国形象。概念就是方法。自我在向"他者"投射的同时，他者也延伸入自我。作为"他者"的中国形象，在日本的现代性自我想象中的问题颇为复杂。日本因独特的地缘文化与历史塑造的中国形象，既是日本文化自我的一部分，又是其无法摆脱的他者。对现代日本而言，离开"中国"，日本的现代性既可能迷失自我，又可能迷失世界。明治维新以来，中国形象一直作为令人紧张的"他者"，纠缠着日本现代性身份自我构建的过程，表现出日本现代性身份认同的特有焦虑。这种文化焦虑来自于日本独特的现代性身份选择。亚洲国家，诸如中国、印度、印度尼西亚这样的大国，在现代性自我想象的起点上，就自我设定为东方国家。而日本则不同，时而要摆脱东洋进入西洋，时而要回归东洋对抗西洋；结果是既

---

① *Orientalism, Postmodernism and Globalism*, by Bryan S. Turner. London and New York, Routledge, 1994.
② 周宁：《"巨大的他者"：日本现代性自我想象中的"中国"》，《天津社会科学》2011年第5期。

摆不脱东洋,又进不了西洋,既无法回到东洋,又无力抗拒西洋,而日本的中国形象,也陷入现代日本文化身份令人尴尬的两难困境中。"日本什么都不是",日本往往越是意识到这种现代性身份危机,就越发强烈地希望从仰慕西方贬抑中国的"文化势利"取向中确认自身。

明确意识到问题,就是思想超越的开始。开展世界的中国形象研究,不仅开辟了新论域,提出新问题,而且在思想上也深化了跨文化形象学研究。世界现代化进程中所有非西方国家在确认自我、想象他者的时候,都不自觉并自愿地将自身置于现代西方的他者地位上,接受西方现代的世界观念秩序。日本、印度、俄罗斯,或者推广到东南亚、阿拉伯、拉美与非洲等地区的中国形象,其知识框架与价值立场,都有西方的中国形象的规训的痕迹,成为这些国家或地区在现代性自我认同结构中"自我东方化"之下"去东方化"与"彼此东方化"叙事的一部分。在逐渐全球化的西方现代性话语霸权中,不论日本还是印度、俄罗斯,都难以在西方的东方主义或东方的西方主义话语外表述中国。这样,研究世界的中国形象的实质性问题,就难以回避世界的中国形象如何成为西方的中国形象话语的再生产形式这一问题。

> 西方现代性在现代世界观念秩序中表现出强大的形塑力。这种形塑力的来源是根植于西方现代性精神结构的两种相互关联的核心力量:一是自我认同,二是异己分化。西方现代性的自我认同力不仅表现在西方文化内部趋向凝聚,还表现在西方文化面对非西方文化不断施展的向心性的吸引力。这是一个方面,我们在跨文化形象学研究中注意到几乎所有非西方国家作为表述中国的主体时,都缺乏知识与价值的自我奠基。这些国家在现代性叙事中构筑中国形象,不管是依附西方现代性还是另辟"东方"现代性,都无法超越西方现代性的基础与前提、方向与方法。另一个方面,在强化自我认同的同时,也在进行异己分化,在西方现代性的全球化推进过程中,所到之处,前现代的传统社会已有的文化结构,纷纷出现难以弥合的断裂冲突,当今社会误解与冲突最深刻的地方,往往是前现代社会曾经构成某种文化共同体的区域。这一点明显表现在曾经共处东亚儒家文化圈的中国与日本、曾经共享佛教文化的中国与印度,他们在进入现代性世界秩序后对中国形象表现出的强烈的否定态度,是最好的明证。[①]

---

① 周宁:《跨文化研究:以中国形象为方法》,商务印书馆2011年版,"前言"。

四、超越西方语境的后殖民主义文化批判

理论具有解构力,但不一定具有解放力;它可以说明世界,但不一定能改造世界。更令人担忧的是理论可能造成的误解,会对世界造成更大的威胁。西方现代性精神的强大就表现在其自我认同与异己分化力上。这是目前跨文化研究中最敏感的问题。后殖民主义文化批判理论曾经许诺超越西方文化霸权的跨文化交流的美好前景,但这一前景至今远未实现,而且,值得注意的是,后殖民主义文化批判可能在西方思想体系中加强了开放的、文化相对主义的价值导向,但在非西方世界,效果往往相反,它在暗中为民族主义与文化保守主义助兴。目前跨文化研究的首要问题,是反思后殖民主义理论的思想合法性,同一种人文或社会理论出现在不同文化语境中,其意义与作用可能不同甚至完全相反。

后殖民主义文化批判理论曾经作为跨文化研究的思想武器,风靡一时。但是,在后殖民主义文化批判大旗下开展的跨文化研究,其本身的身份、立场与价值,又有诸多可疑之处。它在西方文化体系之内揭示了西方帝国主义的文化霸权,但在西方文化之外却可能滋养褊狭、封闭、狂热的民族主义态度;它揭示了西方现代世界性扩张的一个精神侧面,即霸道的、褊狭的、傲慢的沙文主义与种族主义态度,却遮蔽了另一个精神侧面,即谦逊的、开放的、反思的相对主义与怀疑主义态度;后殖民主义文化批判关注的是不同文化关系中的陷害与屈辱、冲突与危险的一面,它提供了批判后殖民主义文化的进路,却没有指出超越后殖民主义文化的出路,没有指出一种交往理性、对话精神的可见性前景与可能性方向。反而在劣势文化中造成封闭保守与自大排外的民族主义。这也是笔者在借鉴后殖民主义理论的同时警惕到的问题。

在后殖民主义文化批判大旗下开展的跨文化研究,有诸多可疑之处。萨义德与其他主要的后殖民理论家斯皮瓦克、霍米·巴巴等,都出身于第三世界,但又是在西方文化体制内部从事研究的知识分子。他们文化身份认同的"混杂性"(hybridity),使他们在后天教育与文化上认同于西方文化主流,同时这种文化认同又与他们意识或无意识深处的民族文化记忆相冲突。他们的后殖民主义理论,不管多么激进、叛逆,总是在西方文化内部进行的,表现出西方文化自身的自省精神与包容性。学术"向权力言说真理",却最终无法超脱个人化的经验表述与文化语境。

理论发生的文化语境,决定理论的意义。《东方学》在西方文化内部揭示

西方帝国主义文化中的东方主义霸权,与在西方文化之外进行后殖民主义文化批判,意义有所不同。后殖民主义理论在西方文化内部,表现的是开放、宽容的跨文化对话精神,但在其他文化系统内,尤其是自发认同"东方"的文化系统中,这种开放的批判精神,就可能演变成褊狭、封闭、狂热的民族主义态度。过分关注作为帝国主义殖民主义的一个组成部分的现代东方学,很有可能遮蔽西方文化中东方主义的另一个侧面,那个自由开放、谦逊豁达、自我批判的侧面。

  西方文化中有两种东方主义,一种是否定的、意识形态性的东方主义,一种是肯定的、乌托邦式的东方主义。作为一种社会知识或社会想象,意识形态的功能是整合、巩固权力,维护现实秩序;而乌托邦则具有颠覆性,超越并否定现实秩序。① 两种东方主义,一种在建构帝国主义的政治经济与文化道德权力,使其在西方扩张事业中相互渗透、协调运作;另一种却在拆解这种意识形态的权力结构,表现出西方文化传统中自我怀疑自我超越的侧面。我们并不否定后殖民主义理论对东方主义的批判,只是想警惕这种理论可能造成的偏颇。西方现代性精神结构中两种东方主义如何构成西方文化扩张性格的内在

---

  ① 乌托邦是否定现实秩序的,而意识形态的功能是维护现实秩序的;曼海姆对人类知识进行的社会学分析发现,一切知识,不管是自然科学还是社会科学,或多或少,都不可能是纯粹客观的,其想象性的内在逻辑起点,或者是乌托邦的,或者是意识形态的,其差别只在于知识与现实秩序之间的关系。乌托邦是否定现实秩序的,而意识形态的功能是维护现实秩序的;乌托邦指向未来,而意识形态巩固过去。乌托邦与意识形态,在历史过程与逻辑结构中,都是一对相互对立而又相互依存转化的范畴,与现存秩序一致的统治集团决定将什么看作是乌托邦(一种不可能实现的思想);与现存秩序冲突的上升集团决定将什么看成意识形态(关于权力有效的官方解释)。如果上升集团随着社会历史的变动成为统治集团,它曾经拥有的乌托邦在一定程度上就变成意识形态;在具体的历史过程中,乌托邦可能转化为意识形态,而意识形态也可能取代乌托邦。曼海姆依旧在"知识"意义上分析乌托邦与意识形态,而保罗·利科尔则直接将乌托邦与意识形态的分析运用到"社会想象"中。因为知识本身就在表述人们与现实存在的想象关系,直接用"社会想象"可以避免传统的认识论的真假之分,就像阿尔杜塞用想象定义意识形态(意识形态是"表现系统包括概念、思想、神话或形象,人们在其中感受他们与现实存在的想象关系")。利科尔指出,社会想象实践在历史中的多样性表现,最终可以归结在乌托邦与意识形态两极之间。乌托邦是超越的、颠覆性的社会想象,而意识形态则是整合的、巩固性的社会想象。社会想象的历史运动模式,就建立在离心的超越颠覆与向心的整合巩固功能之间的张力上。参见[德]卡尔·曼海姆著:《意识形态与乌托邦》,黎鸣、李书崇译,商务印书馆1999年版,第四章;又 Lectures on Ideology and Utopia, by Paul Ricoeur, edited by George H. Taylor, New York: Columbia University Press, 1986, pp. 194~197。

张力与活力、多样性与复杂性,这才是我们在现代化语境中真正值得反思借鉴的。

两种东方主义,构成西方现代世界性扩张的两个精神侧面。这两个精神侧面:一个表现为霸道的、褊狭的、傲慢的沙文主义与种族主义态度;一个表现为谦逊的、开放的、反思的相对主义与怀疑主义态度。西方现代文明的真正活力,也就存在于这种相互对立相互包容的文化结构中。后殖民主义批判西方文化霸权,揭示其阴暗与危险的侧面,同时却可能遮蔽西方现代性的开放活力的侧面。毕竟后殖民主义文化批判也是西方思想体系的一部分,或者说是西方现代性精神自我否定的侧面,与启蒙大叙事构成辩证统一的整体。西方现代性文化的强大活力,就表现在这种包容对立面的辩证统一结构中。

西方文明的扩张性格的物质与精神两个侧面,经常表现出相反的倾向,一方面贪婪地掠夺征服,另一方面谦逊地仰慕借鉴。表面上看,这两种倾向相互矛盾,实际上在西方文明的有机结构中,却相辅相成。肯定的、乌托邦式的东方主义,使西方文化不断扩张不断调节改造自身,赋予西方文化一种虔诚热情、博大谦逊的精神;否定的、意识形态性的东方主义,使西方在动荡变革中不至于迷失自我,始终充满自信与尊严,表现出西方文化坚守自定、完整统一的传统。相互矛盾而又相辅相成的两种东方主义,才构成西方文化的全面的东方态度甚至世界观。

后殖民主义文化批判在不同的文化语境中,有不同的意义。在它产生的西方文化语境中,后殖民主义文化批判意味着西方文化自身的开放与包容性以及自我反思与批判的活力。而在那些后殖民或后半殖民的社会文化中,却可能为褊狭的文化保守主义与狂热的民族主义所利用,成为排斥与敌视西方甚至现代文明的武器。上世纪90年代中期开始,后殖民主义文化批判理论被介绍到中国,成为一时显学。学人们忙着搬弄理论,却忽略了知识分子应有的现实关怀。在中国的现代化文化语境中一味批判那种否定的、意识形态性的东方主义,很容易培育一种文化自守与封闭、对立与敌视的民族主义情绪,甚至使前现代或反现代的狂热愚昧的本土主义与后现代新锐奇幻的某些理论,在后殖民主义文化批判热潮中不伦不类地结合起来。

超越西方发起的后殖民主义文化批判话语,已经成为汉语学术界跨文化研究的当务之急。超越后殖民主义文化批判,首先应该清算其哲学前提。传统的东方主义的思维模式是二元对立的,东方与西方、文明与野蛮、殖民者与被殖民者,人们认识世界、认同自身的基本方式是在差异基础上确立自我与他者的关系,建立由不同文化、种族、国家构成的世界秩序。这个世界秩序的文化逻辑具有认识与价值的双重含义。首先,被绝对化的二元对立的差异关系,构成人类社会象征与意识形态系统的意义的基本原则。差异原则表现在文化身份认同上，便是"我"与"他"之间的差异关系。自我身份是通过与他者构成的差异关系确立的。其次，差异的世界同时也是等级的世界。任何一种文化，都是在遭遇不同文化并区分、评价不同文化中确立自身的道德核心。因此，差异与认识的世界同时也是等级与价值的世界。

后殖民主义文化理论批判东方主义的文化霸权，却同时又在同一东西方二元对立框架内思考问题，不仅认同了这个框架，也认同了这个框架内所包含的对立与敌意。萨义德揭示了东方主义的话语霸权的危险性，但并没有提出超越这一话语的可能途径。如果东方学表述的并不是"真实的东方"，东方学创造了一个自己的东方，那么，那个假定的"真实的东方"是否可以言说？由谁来言说？如果西方无法认识东方，东方自身就可以认识、言说自身吗？如果东方主义是西方甚至世界现代性规划（Project of Modernity）的组成部分，那么超越现代性的现代主义与后现代主义，便仅仅提供了批判的动力但没有提供建设的前景。后殖民主义文化批判不仅为"西方主义"留下了位置，准备了冲突的想象性资源，而且，还潜伏下两种危险，一是带有愚昧主义的本土主义倾向的反现代化的危险；二是鼓励一种文化自大与封闭的民族主义狂热的危险。

五、走向"间性哲学"立场上的"交往理性"？

超越后殖民主义文化批判的问题成为当今跨文化研究无法回避的问题。其必要性表现在三个方面：(1)后殖民主义文化批判，虽然揭示了西方的自由主义传统中隐蔽的思想霸权，具有激进的批判意义，但也可能在非西方世界加深误解与加剧偏激；(2)后殖民主义文化批判为跨文化研究揭示了问题，但并没有指出出路，后殖民主义理论可能成为一种有力的解构工具，却没有指出跨文化交流的建构的可能性；(3)解构之路并不必然通向解放之路，跨文化研究应该积极地回应全球化时代跨文化关系困境的现实问题。超越后殖民主义的跨文化研究出路，需要倡导一种全球意识的、跨文化的文化间性伦理，走向超越主体立场的"间性哲学"的立场与方法。

后殖民主义文化批判理论依旧建立在东西方二元对立的世界秩序原则上，强调差异与对立。超越东方主义的途径不是在二元对立的格局内，从一方转向另一方，从西方转向东方，而是采取一种强调同一与连续性的态度，强调世界历史发展中不同文明互动的关系，强调不同种族、文明之间的所谓"跨文化空间"或"跨文化公共空间"的发展动力，强调不同文明之间的分野（Demarcation)不仅是相互对立与排斥的过程,同时也是超越界限、互通有无、互渗融会的过程。超越东方主义的真正出路是倡导一种全球意识的、跨文化的文化间性伦理。用全球主义取代东方主义或西方主义,建立全球伦理基础,不仅要破除东西方地缘政治与文化的偏见束缚,也要破除狭隘的民族主义、国家主义偏见。从东方主义到全球主义,这是超越东方主义的起点。

学术根植于问题之中。不同研究范型的出现与转换,其关键意义在于如何以专业的方式介入现实问题。产生自西方民族国家体系确立时代的比较文化研究,本身就是民族国家意识形态的产物。后殖民主义文化批判试图颠覆比较文化研究的价值体系,却没有超越比较文化研究的理论前提。因为比较研究尽管关注不同民族、不同国家文化之间的关系,但其理论前提却是,不同民族、国家的文化是以语言、信仰、制度为疆界的相互独立、自成系统的主体。而且,比较文化研究总是以本国本民族文化为立场,假设比较研究视野内文化之间的关系,是一种自我与他者的关系,后殖民主义文化批判强调反写与对抗,对于"他性"的肯定却显得空洞而没有着落。

超越后殖民主义文化批判,走向建立在"间性哲学"立场上的"交往理性",重新规划跨文化研究的问题与方法,说起来令人振奋,但说下去又可能令人困惑。交往理性能够摆脱跨文化交往中的霸权吗?我们可以大胆地开始研究,但也不妨小心地表示怀疑。

当下跨文化研究的紧迫问题是如何回应全球化时代文明与文明之间、民族与民族之间、国家与国家之间、人与人之间的对话与和谐的问题。后殖民主义文化批判关注的是不同文化关系中的陷害与屈辱、冲突与危险的一面,却没有提供一种交往理性、对话精神的可见性前景与可能性方向。因为不超越主体立场与主体——对象关系的工具理性,跨文化交往就无法确立双维度的理性对话关系,更无法开展立足"文化间性"的跨文化研究。

从"文化间性"出发确立跨文化的交往理性,似乎已经成为跨文化研究的希望。七年前笔者曾就比较文学的转型问题提出走向"间性哲学"的跨文化研究,[①]哈贝马斯的交往理性与雷蒙·潘尼卡的文化间性哲学成为当时立论的根据。全球化时代的文化问题,不是不同文化体系的接触与影响、对峙与冲突,而是不同文化如何互渗与融合。每一种文化都应该具有一个充满活力的开放的空间,它时刻准备跨越本文化的实在论与本质主义藩篱,向他种文化开放,进入深层的、内在的对话,文化间性的合理秩序是一种"我与你"的"对话"秩序,我中有你,你中有我。"当'他者'在我之中不会感到被视为异己,我在他

---

① 周宁:《走向"间性哲学"的跨文化研究》,《社会科学》2007年第10期。

者之中也不会感到被视为异己……"①

雷蒙·潘尼卡深入思考过"文化间性"问题。在当今世界文化冲突与文化互渗的时代,人类面对异己文化有五种态度:排外论、包容论、平行论、互相渗透论、多元论,其中互相渗透论与多元论似乎更接近于理想状态。而实际情况并非如此,互渗共存的境界很好,但实际上难以实现,不同文化之间本质上具有不相容性与不可通约性;而多元论的本质是一元论的宽容态度,当今世界具有统治性的文化是西方现代科技文化,它表面上具有理性的宽容的多元文化态度,在经济全球化浪潮中不断被提倡,在美国、加拿大、澳大利亚等移民国家被用来平衡社会的种族结构,但事实是,不管如何多元共荣,在西方现代科技文化主导的全球化浪潮中,不管是伊斯兰文化、印度文化、中国文化,还是印第安人文化、毛利人文化,都将必然大量融解到西方现代科技文化中。唯一的出路是创造一种跨文化的间性智慧,将他种文化当作另一个自我,相互沟通、理解、渗透、建构,激发各自的文化创造力。②

"间性哲学"构成跨文化研究的理论基石。跨文化研究进行的"间性研究",是人类文化通往间性智慧的理性途径。跨文化研究站在文化间性的乌托邦,研究不同文化传统之间的交流与对话、互渗与建构的方式,反思并质疑不同文化传统的基础;拓展文化间开放的空间,深入文化间性空间的内在对话层面,思考文化的语言与价值等深层问题。"间性研究"模式出现的问题根源,在于全球化时代导致的文化困境。500 年前新航路被发现,从那一刻起,人类就已经别无选择,只能以地球为共同的家园,将命运捆绑在一起,荣则共荣,毁则俱毁。任何一种文化都不可能像孤岛那样生存,都必须面对彼此间的误解与理解、冲突与融合;任何一种文化都必须面对西方现代文化的冲击与挑战,回答"活,还是不活"的哈姆雷特式追问。而唯一的出路是邀请"我"与"你",在文化间性的创造性空间进行"地域性协商"的深层对话,谋求文化共生共荣的前景。

然而,理论的力量不仅在表现愿景,更重要的是揭示困境。跨文化研究依旧无法回避交往理性中隐含的文化霸权。交往理性强调主体间性的对话与理

---

① [西]雷蒙·潘尼卡著:《宗教内对话》,王志成、思竹译,宗教文化出版社 2001 年版,第 11 页。

② 有关雷蒙·潘尼卡的文化间性哲学与对话理论,可参见雷蒙·潘尼卡著《宗教内对话》与思竹著《巴别塔之后:雷蒙·潘尼卡回应时代挑战》(宗教文化出版社 2004 年版)。另可参见浙江大学程竺(王志成、思竹合作)的文章《走向第二轴心时代的跨文化研究》,《浙江大学学报》2004 年第 6 期。

解、协商与妥协,但不同文化交往的间性对话,很有可能成为一种新的文化霸权的隐蔽的运作方式,跨文化交往固然无法回避冲突与妥协,但是否最终可能指向一种理性共识?在这种理性共识中是否可能存在着暗中运作的利益与权力?如果果真不尽如人意,通过交往理性达成的理性共识,就可能是利益与权力谋略的结果。因为在权力不平等的格局下,通过交往理性达成共识很可能是个新的权力骗局,它不但不可能达成平等共识,反而会伪善地加强霸权。当西方学术界开始用葛兰西质疑哈贝马斯时,交往理性的可疑点或不经意的阴谋就暴露了,理性交往与多元协商成为新的霸权实现方式。①

或许理论永远是不完善且有待完善的,关键是人是否正在努力。为此,需要明确的问题意识。中国和平崛起的现实必须经过中国思想的诠释,才能获得其历史的正当性,文化自觉首先是中国思想与中国思想主体的自觉。思想的困境可能出现在问题本身,也可能出现在方法上。就方法而言,中国思想如果脱离西方镜像,主体性自我建构似乎就无从完成;而在西方作为"他者"的镜像下,中国思想不论作为思想对象还是思想主体,又都无法获得意义与价值的自主性。这样,从西方主导的现代性世界观念秩序中拯救中国思想主体,就只能先解构西方现代性话语,于是,以后殖民主义文化理论为主的"后学"方法,就自然成为可供选择的批判工具。方法上的疑问是,相关的"后学"理论途径,是否可能通向中国思想主体的建构?在中国思想主体与西方文化霸权二元对立的思维框架内,是否能够赢得中国现代性主体身份?中国学界试图通过解构现代性世界观念秩序中的西方霸权来建构中国现代性思想主体。如果解构是成功的,那么建构仍无从展开。如果中国现代思想主体性缺失,又如何进行跨文化的主体间性的对话?

跨文化研究的理论探索依旧艰难,许多问题没有得到解答,甚至许多研究都没有意识到问题。我们有幸得到"厦门大学985工程人文优势学科建设项目"的资助,在跨文化研究领域,做些微薄的努力。丛书终于出版了,感谢诸位作者与出版社朋友的努力,也加倍感谢那些未来可能"光顾"这些书的读者,出书总该是要有人读的。

2013年3月16日于厦门大学人文学院

---

① 参见 Frazer 的 "Subaltern Counterpublics"、Mouffe 的 "Agonistic Politics"、Hardt and Negri 的 "Shared Commons" 等概念对哈贝马斯交往理性的质疑与批判。

前　言

辜鸿铭是中国19世纪末20世纪初学贯中西的著名学者,也是一位曾经享有世界声誉的文化名人,在中西文化交流史上具有特殊的意义。在国内,辜鸿铭长期扮演着小丑加怪物的角色,然而在20世纪初的西方世界,他却是一位广受尊重的东方大哲、东方文化的代言人,这不能不说是一个有趣而又复杂的文化现象。由于辜鸿铭个人的原因以及时代误解和政治禁忌,他被世人遗忘了数十年之久。20世纪90年代中期,随着文化研究热的兴起,辜鸿铭作为一个独特的文化现象也引起了国内学术界的关注,短短的数年中,研究文章不断涌现,由此也掀起了一场不大不小的"辜鸿铭热"。相关研究成果中,对辜鸿铭文化保守主义思想的探讨一直是辜鸿铭研究的核心,对这一点已基本形成了共识;同时,不少研究者还进一步从多个角度解读辜鸿铭现象,从而推动了国内的辜鸿铭研究走向深入和多元。

在有关辜鸿铭的研究中,辜鸿铭与西方世界的关系是研究者关注的一个重要方面。辜鸿铭终生批判西方现代文明的物质主义倾向,坚持以儒家传统道德学说重建社会秩序的主张,在当时不少反思西方传统文化的欧洲知识分子那里得到了某种认同。在第一次世界大战后期及战后一段时间里,辜鸿铭在西方世界更是红极一时。总体而言,辜鸿铭影响所及以欧洲为最大,在欧洲的影响又以德国为最,可以说,辜鸿铭与德国的关系就是辜鸿铭与西方世界之关系的一面镜子。而且,辜鸿铭本人在感情上也比较偏爱德国。这些都支持对辜鸿铭与德国的关系做一次详细的梳理。国内的辜鸿铭研究尽管已相当深入,但迄今依然少见涉及这一微观领域的研究文章,更未见专著出现,所以实有补遗的需要,这是笔者写作本书的的动机。

"辜鸿铭与德国"这个主题初定下来的时候,笔者曾担心它是否太小,因为就国内目前的辜鸿铭研究状况看,关于辜鸿铭与西方世界特别是与德国的关系,主要是在相关宏观论述的过程中把它作为一个片段进行处理。这是否意味着辜鸿铭与德国的关系这个问题涉及的面过于狭窄,因而不太适合处理为一部独立的论著?在对目前的辜鸿铭研究状况做了全面分析之后,特别是在收集相关德文材料的过程中,笔者发现,用一句简单的中德文化对话来概括辜鸿铭与德国的关系似乎失之简单了,对这个问题实有条分缕析的必要,应在中德文化交流和跨文化形象学的大框架下做进一步的考察研究。笔者的体会就是,"辜鸿铭与德国"这个主题看似有些狭窄,深入下去其实别有洞天,辜鸿铭向西方推销儒家的君子之道在德国激起过强烈反响,其实质是德国在特殊历史条件下对儒家文化和中国形象的再认识,这无疑是中德文化交流史上值得审视的一个片段,基于此,本书最终定名为"君子之道——辜鸿铭与中德文化交流"。希望本书能够提供一项实证成果,为国内的跨文化研究添一块砖,加一片瓦。

本书既然探讨"辜鸿铭与德国的关系",从内容上说,就既包括辜鸿铭对德国文化思想的吸收借鉴,也包括辜鸿铭大力宣传中国传统文化、批判西方技术文明在德国所引起的巨大反响。对辜鸿铭研究来说,分析辜鸿铭在德国的接受情况对评价辜鸿铭在中德文化交流史上的意义无疑更为重要。因此,本书将重点放在探讨19世纪末20世纪初中国文化名人辜鸿铭在德国的接受和对德国知识界的影响。基于这种认识,本书写作所用材料,除了迄今为止国内对辜鸿铭的研究成果以及相关的资料外,更重要的是德文资料,主要是德国知识界对辜鸿铭文章著作所做的评论,这些评论多发表于德国的一些报纸杂志上,另外,还有一些学者在自己的著作中引用或评论过辜鸿铭的思想观点。这是笔者收集材料的主要方向。在力所能及的范围内,笔者尽量收集了德国学者针对辜鸿铭文章著作所写的评论文章,时间跨度为19世纪90年代到20世纪30年代,也就是辜鸿铭的文章著作在德国引起强烈反响的时期。笔者排查过的德文杂志主要有:*Die Neue Rundschau*, *Deutsche Rundschau*, *März*, *Die Aktion*, *Die Hilfe*, *Die Tat*, *Sinica*, *Ostasiatische Zeitschrift*, *Ostasiatische Rundschau*, *Chinesisch-deutscher Almanach*, *Die Süddeutsche Monatshefte*, *Zeitschrift für Bücherfreunde*, *Zeitschrift für Missionskunde und Religionswissenschaft*, *Zeitschrift für Missionswissenschaft*, *Das Literarische Echo*, *Deutsch-Asiatische Warte*, *Kiautschou-Post*, *Der Ostasiatische Lloyd*, *Zeitschrift der Deutschen Morgenländischen Gesellschaft*, *Missionsblatt des Allgemeinen Evangelischen Missionsvereins* 等。需要说明的是,其中有一部分杂志因为条件限制导致排查的期次不全。另外,由于查阅一些近百年前的德文报纸有诸多限制,基于报纸的特点,这种排查的工作量又相当大,而收获的可能性却如大海捞针,再加上时间的原因,尽管肯定会有一些颇具价值的评论辜鸿铭的文章散见于当时出版的各类德文报纸上,笔者却也无能为力。因此,本书在论述20世纪初德国知识界对辜鸿铭的接受时,主要依据德文期刊和相关书籍,报纸并没有作为重要的材料来源。对本书的写作来说,资料方面的这一局限是一个令人略感遗憾的地方,尽管如此,我们仍可从中窥见一个五彩缤纷的世界。

本书引用的德文资料皆已译为中文,如果没有注明译文出处,则本书中的中译文均为笔者据引文原文所译,这两点在此予以特别说明。

"辜鸿铭与德国"属于20世纪中西文化交流这一宏观课题。自上个世纪90年代的文化研究热以来,中西文化关系这一领域得到了前所未有的关注。迄今为止,学术界已取得了一系列的丰硕成果,在宏观研究取得显著进展的同时,微观的个案研究也迅速跟上,从而推动着文化研究逐步走向深入和多元。这其中一个重要表现就是,一些研究者把主要精力转向将某种思潮或某位思想家放在中西文化关系这个大框架中展开具体的梳理分析,本书正是这样一种个案研究。基于这种思路,本书主要由两方面组成:第一个方面重点探讨辜鸿铭对德国的接受,第二个方面是德国对辜鸿铭的接受,即辜鸿铭在德国的影响。相较而言,后一个方面更是重中之重。关于辜鸿铭对德国的接受,主要从两个角度阐述:其一,回顾辜鸿铭早年在德国的求学情况,并重点分析他德国学历问题上的疑点;其二,从分析辜鸿铭对德国经典著作的引用入手,探讨辜鸿铭对德国文化思想的接受。关于辜鸿铭在德国的影响,也同样从两个角度予以阐述:其一,纵向梳理辜鸿铭影响德国的历史脉络,基本目的在于理清历史事实,力求具体呈现辜鸿铭影响德国的前后过程;其二,横向梳理德国各界人士对辜鸿铭思想观点的分析与评论,主要目的在于辨析德国知识界对辜鸿铭评价的多声部性,并澄清部分模糊不清的细节问题。最后,笔者将"辜鸿铭与德国"这一题目放到中国传统文化之西传这样一个大背景下来进行考察,分析辜鸿铭影响德国这一独特现象的文化史意义。一言以蔽之,本书的写作目的在于将微观实证与宏观概括结合起来,既力求展现一个具体的、鲜活的历史过程,也希冀从形象学、文化哲学和思想史的高度领悟、阐释具体历史的意义,这也是中西文明大潮的冲突与交融这一宏大历史课题对我们现代人提出的要求使然。

方厚升
2013年9月5日

目　　录

第一章　辜鸿铭研究现状及辜鸿铭文明观概要 ………………… 1
　第一节　迄今为止的辜鸿铭研究综述 ……………………………… 1
　第二节　辜鸿铭文明观概述 …………………………………………… 8
　　　辜鸿铭生平\8
　　　辜鸿铭的文明观\9
　　　辜鸿铭对西洋文明的看法\12
　　　辜鸿铭对儒家文明的看法\15
　　　辜鸿铭对东西文明关系的看法\18
　　　小结\21

第二章　辜鸿铭眼中的德国 …………………………………………… 22
　第一节　辜鸿铭之游学德国及学历问题 …………………………… 22
　第二节　辜鸿铭对歌德的接受 ………………………………………… 30
　　　《浮士德》\30
　　　政治倾向和群众观\33
　　　人的教育\35
　　　救赎之途\38
　　　智者歌德\41
　　　小结\44
　第三节　辜鸿铭对德国文化思想的接受 …………………………… 45
　　　辜鸿铭眼中的德国文学\45
　　　海涅\45
　　　席勒、诺瓦利斯\51
　　　辜鸿铭眼中的德国哲学\54
　　　康德\54
　　　费希特\58
　　　辜鸿铭眼中的德国政治和历史\65

    俾斯麦\65

    腓特烈大帝、威廉二世\68

  第四节 辜鸿铭的德国观之评析 71

    辜鸿铭的德国观\71

    游移的"爱"\72

    矛盾的"爱"\76

第三章 德国人眼中的辜鸿铭：影响脉络 81

  第一节 辜鸿铭在德国的影响：初露锋芒 81

  第二节 辜鸿铭在德国的影响：声名大振 92

  第三节 辜鸿铭在德国的影响：如日中天 114

  第四节 辜鸿铭在德国的影响：归于平静 135

第四章 德国人眼中的辜鸿铭：见仁见智 148

  第一节 德国哲学界对辜鸿铭的接受 148

    凯泽林\149

    潘维茨\158

    纳尔逊\165

    对《呐喊》一书译者身份的澄清\165

    纳尔逊与辜鸿铭\166

    《西方的没落》受了辜鸿铭的影响吗\177

    哲学史著作中的辜鸿铭\182

  第二节 德国神学界对辜鸿铭的接受 193

    罗尔巴赫\193

    威特\203

    厄勒尔\213

    和士谦\216

    德瓦安纳\222

  第三节 德国汉学界对辜鸿铭的接受 234

    福兰阁\234

    何可思\237

    申德勒\240

    卫礼贤\244

第四节　德国文学界对辜鸿铭的接受……………………………… 260
　　施密茨\260
　　黑塞\264
　　霍夫曼斯塔尔\269
　　帕凯\273

第五章　中学西传背景下的辜鸿铭……………………………… 285
　第一节　德国人眼中的孔子和儒学……………………………… 285
　第二节　结论……………………………………………………… 312

参考文献……………………………………………………………… 319
人名索引……………………………………………………………… 333
致谢…………………………………………………………………… 343

第一章　辜鸿铭研究现状及辜鸿铭文明观概要

第一节　迄今为止的辜鸿铭研究综述

　　辜鸿铭是清末民初的文化名人。上世纪初期,他几乎是唯一一位执着地面向西方宣扬中国传统文化并在西方世界产生了巨大影响的中国学者,其影响远远超过了稍早于他、以法文著述向西方世界介绍中国传统文化的学者陈季同。在当时欧洲人的眼中,辜鸿铭乃是一位精通西方文化并能高论东西文明是非的东方大哲,是东方文化的代言人。然而,对这样一位在特定时期有着独特文化意义的著名学者,国人对他的认识和评价却是一波三折,走过了一段崎岖不平的路。

　　民国初年前后,辜鸿铭虽以奇才知名,却一直饱受国内知识界的冷落,人们对他的评论和关注非常少,且大多不够客观。五四运动前后,辜鸿铭忽然成为国内文化界关注的焦点,但仅是作为东西文化论战的靶子而已,而且转瞬即逝。辜鸿铭的复古思想违背时代潮流,陈独秀、李大钊等撰文批驳当然是有道理的,不过,这些评论文章基本较少学术探讨,多为政治批判,除李大钊粗略读过辜鸿铭的部分文字、胡适早年接触过辜鸿铭发表在外刊上的文章外,新文化运动的健将们并未真正研读过辜鸿铭的文章著作,因而对辜鸿铭的评价大都不够客观。辜鸿铭去世后,其传记首先进入《清史稿》,不过仅有寥寥数行文字。值得注意的是,"学衡"派的吴宓曾著文悼念。吴宓对辜氏有褒有贬,他一方面称许辜鸿铭流利的英文文笔和正义的爱国立场,另一方面又对辜鸿铭的中学和西学造诣及思想深度持保留态度,不过,吴宓对辜鸿铭的评价总算开始趋向公允,认为对辜鸿铭"毁之固属无当,而尊之亦不宜太过"[①]。吴宓这篇简短的悼文并未引起时人对辜鸿铭学术思想的注意,这位文化怪杰去世之后便

---

① 黄兴涛:《旷世怪杰》,第4页。

迅速淡出了人们的视线,其情其景正如学者陈序经所说:"辜先生之在国内,很少得到人家的赏识,连他的著作,到今也很不容易找得。"①

在辜鸿铭去世后的很长一段时间里,只有部分报纸杂志偶尔刊登辜鸿铭其人其事的简评或回忆性散文,文章作者多为与辜鸿铭有过交往的文化界人士,如罗振玉、赵凤昌给辜鸿铭做的小传,胡适、陈独秀、凌叔华、林语堂等文化名人写的回忆文章,皆为简论,大多是谈对辜鸿铭的印象,叙述一些关于辜鸿铭的逸闻趣事,展示辜鸿铭的"趣"、"怪"、"博"。其中不乏对辜鸿铭学识才智的评价,而且有一些还是相当正面的。如林语堂对这位前辈和同乡就极为推崇,叹服辜鸿铭的英文造诣可谓"二百年来,未见其右",而且"思想议论,超人一等",实乃"人中铮铮之怪杰"②。不过,林语堂对辜鸿铭的折服更多出于一个作家的敏锐直觉,少有学理性的分析。此外,林语堂主办的半月刊《人间世》在1934年还曾为辜鸿铭出了个纪念专号,虽然其中多为散记类的文章,但在国人已将辜鸿铭视为一个顽固保守的疯子的时代,这件事情本身对辜鸿铭研究还是值得书上一笔的。不过,《人间世》只是一份消闲性质的刊物,当时少有人关注它,而且存时甚短,因而影响有限。

民国时代,真正从学术角度探讨辜鸿铭文化思想的文章,目前能够查到的屈指可数。学者陈序经写于30年代的《评辜鸿铭的复古主张》应当算得上,该文也可以说是较早研究辜鸿铭的一篇学术文章。从行文上看,陈序经先生显然认真阅读过辜鸿铭的文章和著作,是以他批驳辜鸿铭多言出有据。遗憾的是陈序经这篇探讨辜鸿铭学术思想的文章依然不能摆脱政治立场的干扰,因为陈序经先生本人是个坚定"全盘西化"论者,辜鸿铭则是一个彻底的复古主义者,两者的政治立场南辕北辙;陈序经写这篇探讨辜鸿铭文化思想的报告文章旨在宣扬自己的西化主张,其行文笔法虽然是学术性的,并已开始触及辜鸿铭的文明观,然而政治倾向的先入为主却让他的最终结论打了折扣。总体上看,由于时代所限,民国时期的学术界对辜鸿铭的认识大多停留在编辑辜鸿铭轶事并神化辜鸿铭学识的水平上,远谈不上对辜鸿铭的文化活动和学术思想进行客观的研究,辜鸿铭也并没有被当作一个学者严肃对待,大多时候只是作为学者、文人乃至老百姓茶余饭后的谈资。

辜鸿铭的学术思想长期少人问津,原因是多方面的。首先,从创作角度看,辜鸿铭终生向西方世界宣扬东方文化,其著书立说主要面对西方读者,因而著作多以英文写成,文章也大多发表在国内的英文报刊、日本的英文报刊以

---

① 黄兴涛:《旷世怪杰》,第183页。
② 宋炳辉:《辜鸿铭印象》,第145～149页。

及欧洲的报纸杂志上。正因为著作多以外文写就,辜鸿铭当时在国内的影响面也就有限。其实,辜鸿铭在国内的名气有一部分就是转道国外而来的。其次,虽然辜鸿铭在西学方面造诣精湛,但他的国学水平在国内学者的眼里一直是存疑的。毕竟辜鸿铭是归国之后近而立之年才开始用功于中国传统文化的,治学方法上又不拘于训诂考据,虽然他天赋超群,但国学底子终究还是有所欠缺的。在这一点上,他的学生罗家伦的说法应该是比较可信的。① 公允地说,辜鸿铭仅有的两部中文著作,即《读易草堂文集》和《张文襄幕府纪闻》,在当时的学者看来并无特异之处,虽然罗振玉称其为"醇儒",但当时究竟有多少国内学者认同这一评价,还是很有疑问的,辜鸿铭随后的谦词应该是他的肺腑之言。事实上,国内的饱学之士向来视辜鸿铭为外人。② 晚清政府虽曾授予辜鸿铭文科进士,但授予的根据却是"游学专门列入一等",称道的还是他在西学上的造诣。辜鸿铭在民国学术界的声望,与同时代的康有为及稍晚的梁启超等人比起来,的确不可同日而语。还有一点就是辜鸿铭偏激的性格、怪僻孤傲的言行以及顽固的保皇立场,使得人们对他的印象主要是怪诞和保守。经过五四论战一役,辜鸿铭作为顽固的前清遗老和封建卫道士的形象更是在国人眼中定了型。在无数才智之士寻求富国强国之路的时代大潮中,辜鸿铭的复古立场确实不合时宜,因而不能期望他的学术思想在当时能够得到客观和全面的评价。辜鸿铭去世之后的数十年里,其著作一直都没有再版,更不要说成为国内学人引经据典的对象了。

新中国成立后,直到20世纪80年代之前,由于意识形态的缘故,"保守"等于反动,辜鸿铭在大陆基本属于禁忌话题,几近被人们淡忘。如果说新中国成立前还有报纸杂志零星刊登回忆或评论辜鸿铭的文字,在新中国成立之后的三十余年中,就连这种回忆性的散文也难以看到了,更不用说会有学术性的研究文章问世。可以说,大陆学界在这一时期对辜鸿铭的关注完全是空白。不过,在同期的香港、台湾地区,对辜鸿铭的零星关注并没有因意识形态禁忌的缘故而中断,报纸杂志上偶尔仍可读到关于辜鸿铭的简评或回忆散文,不过基本仍属于逸事类,内容方面也大同小异,并未超出民国时期多少,辜鸿铭大多仍以"怪才"和"顽固"的形象示人。值得一提的是,台湾天一出版社在这一时期出版了一套《辜鸿铭传记资料辑》,这是出版较早的一部辜鸿铭传记及评

---

① 罗家伦先生在《回忆辜鸿铭先生》一文中曾这样写道:"辜先生的中国文学是他回国以后再用功研究的,虽然也有相当的造诣,却不自然。这也同他在黑板上写中国字一样,他写中国字常常会缺一笔多一笔,而他自己毫不觉得。"见黄兴涛《旷世怪杰》第33页。
② [美]艾恺:《世界范围内的反现代化思潮》,第140页。

论资料汇编,虽然其中仍多为散记文章,对辜鸿铭研究来说还是颇有先导意义的。还有学者开始从比较文化的角度分析辜鸿铭的意义所在,如台湾晚清及民国史专家吴相湘先生就是较早关注辜鸿铭文化思想的一位台湾学者,他的一篇题为《辜鸿铭比较中西文化》的文章认真分析了辜鸿铭的中西文明观,并对辜鸿铭的一生做了述评。总的看来,这一时期的港台地区对辜鸿铭的评论虽然没有被政治禁忌所阻断,但辜鸿铭的学术思想仍未引起学术界足够重视,虽有零星的述评文章问世,可是相关的研究并未真正走向深入和全面,大致仍徘徊在表象的水平上。

到了20世纪后期,随着国内学术思想的解放和"文化研究热"的兴起,辜鸿铭作为一种文化现象又重新引起了人们的关注,他本人也开始跻身于国学大师之列。最直观的证据就是辜鸿铭的作品被重新整理出版。早在80年代中期,岳麓书社就已出版了冯天瑜校点的《辜鸿铭文集》(1985年),不过该文集只收录了辜鸿铭的两部中文作品,即《读易草堂文集》和《张文襄幕府纪闻》。不久,岳麓书社又出版了伍国庆等编辑的辜鸿铭传记及研究资料集《文坛怪杰辜鸿铭》(1988年)。进入90年代后,国内学术界迅速掀起了一轮"辜鸿铭热",辜鸿铭的文章著作在这一时期才被真正全面整理出版,主要是黄兴涛等编译、海南出版社出版的《辜鸿铭文集》。该文集除辜鸿铭的两部中文著作外,还收录了辜鸿铭以外文发表的主要著作的译作、部分演讲稿以及发表在报纸杂志上的部分文章。另一部辜鸿铭作品集是由汪家堂翻译汇编的《乱世奇文——辜鸿铭化外文录》,收录了辜鸿铭的五部主要作品:《尊王篇》、《清流传》、《中国人的精神》、《张文襄幕府纪闻》、《读易草堂文集》。除此之外,《中国人的精神》和《清流传》还被单独翻译出版,尤其是辜鸿铭的代表作《中国人的精神》,曾被一版再版。进入21世纪后,仍有出版社陆续编选辜鸿铭文集出版,如《辜鸿铭作品精选》(长江文艺出版社)、《辜鸿铭经典文存》(上海大学出版社)、《东方智慧:辜鸿铭随笔》(北京大学出版社)等。这是迄今为止国内辜鸿铭作品出版的大致情况。辜鸿铭作品的重新结集出版为全面客观地研究辜鸿铭创造了条件。

与辜鸿铭的著作结集出版并行的是,辜鸿铭的学术思想终于得到了全面客观的研究。人们开始重新审视他头上的那顶封建顽固派的"桂冠",全面研究他的著述,深入探讨他的思想观点,进而还他以中国近代学术史上应有之地位。曾有一段时间,国内学术界还掀起了一场不大不小的"辜鸿铭热"。

首先,描写辜鸿铭生平事迹的传记作品开始问世,毕竟在此之前只有几篇简略的小传。迄今为止,已经出版的辜鸿铭传记有严光辉所著《辜鸿铭传》、姜克著《辜鸿铭传》及李玉刚所著《狂士怪杰——辜鸿铭别传》,钟兆云所著《狂儒辜鸿铭——拖长辫的北大教授》基本上也可归入这一类。这几本传记作品都属文学作品,内容上也大致接近,大都融合了目前所能收集到的关于辜鸿铭的传记资料、逸闻趣事以及辜鸿铭自己的著述,虽然其中有些细节和史实尚待考证,但不可否认的是,这些传记著作借助文学作品独特的表现手段大大丰富了人们对辜鸿铭的感性认识,对为世人还原一个真实、具体的辜鸿铭来说功劳不小。

与此相伴的是,还有一些研究者将迄今为止所能找到的国内外各界人士评论辜鸿铭的文章结集出版,属于此类著作的有黄兴涛所编《旷世怪杰——名人笔下的辜鸿铭和辜鸿铭笔下的名人》、孔庆茂所著《中华帝国的最后一个遗老——辜鸿铭》以及宋炳辉所编的《辜鸿铭印象》。这类评论文集所收文章的作者多为解放前的学界名人和文化界人士,另有少量当代学人评论辜鸿铭的文章,虽大多仍是散文性质的回忆录和简评文章,对辜鸿铭研究来说仍是不可多得的参考资料。

尤其值得注意的是,国内的报纸杂志上研究辜鸿铭的专题文章不断出现,高校中也出现了将辜鸿铭作为学位论文选题的现象,人们开始以理性的眼光重新认识这位文化名人。直观的数字最能说明问题。从20世纪80年代后期至今,国内发表的关于辜鸿铭的研究文章和学位论文中,笔者业已查到的就有200多篇,虽然仍有遗漏,但这已经是一个比较可观的数字了。需要特别指出的是,研究辜鸿铭的学术著作此时也开始问世了,主要有黄兴涛所著《文化怪杰辜鸿铭》、孔庆茂所著《辜鸿铭评传》和高令印所著《辜鸿铭与中西文化》,它们是迄今辜鸿铭研究的代表性成果。特别是黄兴涛所著《文化怪杰辜鸿铭》,最早探讨了辜鸿铭一生的主要活动和思想观点,并做了认真客观的分析,是国内第一部系统研究这位历史人物的学术专著。黄兴涛的《闲话辜鸿铭》是一部学术随笔,也属于这类性质的著作。总体上,这些专题文章和研究著作从社会、历史、政治、文化等角度重新解读辜鸿铭现象,使国内的辜鸿铭研究真正走向深入和多元。基于这些研究,人们对辜鸿铭的认识终于摆脱了奇闻轶事的表层而转向深层的思想,对辜鸿铭的评价开始趋向客观:辜鸿铭不再只是一个顽固保守、讽时谤世的老怪物,而是一个学贯中西、在中西文化交流史上具有独特地位的学者。

综观20世纪90年代以来国内对辜鸿铭的研究,一个鲜明的特点就是研究视野不断拓展,理论依据逐渐多元化,大致集中在以下几个方面。首先,辜鸿铭的中西文明观及文化保守主义立场,这是辜鸿铭研究的热点与核心。自五四以来,辜鸿铭的保守立场向来是国内评论的必谈话题,但真正从学理上予以剖析,则是上世纪80年代以后的事。这方面的奠基之作是美国学者艾恺

(Guy Salvatore Alitto,1942—)在 1983 年"中华民国初期历史研讨会"(台北)上所做的报告:《民初时代的文化守成论者——在世界史视野上的中国反现代化思潮》。该文并非专门探讨辜鸿铭,但对辜鸿铭文化保守主义立场的分析却很精当,极有启发意义。自80年代后期开始,随着国内学术界深入关注文化保守主义现象,辜鸿铭也随之浮出了水面。在国内 90 年代的"辜鸿铭热"中,围绕着辜鸿铭文化保守主义思想的界定、成因、特点及评价出现了不少研究文章,立论各有差异,其中,黄兴涛的专著《文化怪杰辜鸿铭》中对此所做的详尽论述比较有代表性。其次,辜鸿铭的文化活动和学术创新。辜鸿铭是一位文化名人,他的文化活动自然也吸引了不少研究者的注意,特别是他以外文著述以及翻译中国传统经典的工作。其中,辜鸿铭的英译儒经自成一家,他在翻译国学经典时所开创的释译法颇具新意,曾有不少专题文章对此予以研究。辜鸿铭在治学方法上也多有创新,在中西比较研究、宏观文化研究、比较文学等方面,他所做的工作也有一定的开拓性,引起了不少研究者的注意。再次,还有一些文章面向辜鸿铭的生平及政治活动进行史料钩沉,如《辜鸿铭生平家事考》(高令印)、《辜鸿铭,生平及其它非考证》(朱维铮)等文章。这类文章多从史的角度入手,鉴于目前国内有关辜鸿铭的各类实证资料依然匮乏而且尚显混乱,它们的研究结论由于能够为辜鸿铭研究提供材料支撑,因而具有特别的意义。最后,还有一个方面值得注意,在研究辜鸿铭的文明观、文化活动或政治活动时,一些研究者采取将辜鸿铭和其他政治历史人物、思潮或政治派别进行对比的研究方法,如比较辜鸿铭和守旧派、国粹派、东方文化派的异同,比较辜鸿铭和严复、林语堂等人的思想立场和文化观等等,这些通过对比方法进行微观探讨的文章对辜鸿铭研究来说也是很有价值的。

应该说,迄今为止的辜鸿铭研究取得的成绩是有目共睹的,但不足之处也不可讳言。如果不考虑研究理论的创新,在笔者看来,迄今为止关于辜鸿铭与西方关系的研究,直观的不足主要有两个方面。一是研究资料的欠缺,不少关于辜鸿铭的材料有待进一步考证。由于辜鸿铭生前的影响主要是在国外,去世之后又沉寂了半个多世纪,相关的资料,如辜鸿铭生平经历中的某些时段、国外对辜鸿铭的评论等等,其收集整理工作在不少细节上仍不能令人十分满意,这让国内的辜鸿铭研究在某些方面多少有些根基不牢,也使得部分研究文章仍然有以理论套材料的嫌疑,而非先去夯实基础。当然,材料的收集整理并非一日之功,仍需假以时日。二是研究方法和策略上的缺陷。迄今为止的辜鸿铭与西方关系研究,从数量上看,相关的研究文章自是不少,但其中粗线条的宏观研究占了相当的比例,个案研究和专题研究仍然比较薄弱,这种局面似有待改观。毕竟,宏观的结论终究还是要奠基在微观实证的基础之上,唯有大量的微观研究才能有助于我们进一步认识辜鸿铭其人并把握辜鸿铭现象的文化意义,重复的宏观研究容易使研究结果流于粗疏,仅是浮在表层。

辜鸿铭无疑是一位天才学者,他留学欧洲十余年而精通西学,归国后又浸淫于国学经典数十年而近大成。不过,我们与其称辜鸿铭为国学大师,不如将他定性为中西文化交流史上一位杰出的开拓者更为合适。综观辜鸿铭的一生,他在中西文化交流方面所起的作用要远远大于他国学大师的地位,而辜鸿铭的意义,主要还是体现在他在19世纪末20世纪初的中西文明冲突中所扮演的特殊协调人角色。关于这一点,日本汉学家清水安三(Shimizu Yasuzo,1891—1988)的一段话颇有见地:"辜鸿铭的国学功底在于具有高瞻远瞩地批判、理解中国思想的眼光,他探究其精髓、特征及伟大功绩之所在,并指陈它的缺失,是相当充分的。在比较衡量西方文化及其思想的领域中,他是不可缺少的人物。他并非纯粹的国学家,但他只要具备理解、批判中国文化并与西方文化进行比较的能力,就足够了,因为除此之外的研究,对他来说都是多余的。"①事实上,在这些年研究辜鸿铭的文章中,从中西文化交流的角度探讨辜鸿铭学术思想的占了相当的比例,这种情况一方面与"辜鸿铭热"的文化研究背景密切相关,更根本的原因则在于,只有从中西文化交流的角度入手,才能更实质地把握辜鸿铭思想观点的意义和价值所在。而这也正是笔者写作本书的出发点。

辜鸿铭在世之时的影响基本上是在欧洲,尤其是在"一战"前后的德国,这方面已有不少研究文章及著作做了探讨,也有了一些初步的结论。不过,这类结论的具体材料支撑依然多有不足,相应的分析论证也多是粗线条的,不少细节问题实际上尚未得到认真的探讨。例如,上个世纪初的欧洲特别是德国接受辜鸿铭的具体情况究竟是怎样的?辜鸿铭对德国知识界究竟产生了哪些影响?为什么会产生这些影响?我们究竟该如何看待德国20世纪初出现的那场"辜鸿铭热"?如此等等。这其中的主要原因当在相关外文材料的欠缺。本书力争在材料补遗的基础上做进一步分析,冀望能为国内的辜鸿铭研究和中西文化交流研究增加一份可靠的实证资料。

---

① 黄兴涛:《旷世怪杰》,第301页。

第二节 辜鸿铭文明观概述

辜鸿铭生平

辜鸿铭(1857—1928),名汤生,号汉滨读易者、读易老人。祖籍福建同安,1857年出生于马来西亚槟榔屿的一个华侨世家,曾祖父辜礼欢为英属马来半岛的华人首领。辜礼欢育有八子三女,其中数辜安平、辜国材和辜龙池最有出息。辜安平幼时被送往国内读书,中进士后在国内为官,后调职台湾并在那里定居,台湾商界巨子辜振甫就是他的后代。辜国材和辜龙池政治上也皆有所成。辜龙池之子辜紫云是辜鸿铭的父亲,辜鸿铭为辜紫云次子,母亲为西洋人。辜紫云曾帮英国商人福布斯·布朗(Forbes Brown)管理当地的一个橡胶园,因勤勉忠厚,深得布朗先生器重。辜鸿铭自幼即接受西式教育,由于聪明伶俐,深得布朗夫妇喜爱,被收为义子。大约在13岁时,即1869年前后,布朗夫妇回苏格兰老家,辜鸿铭被带往英国读书。他先在苏格兰首府爱丁堡读中学,后于1873年考入爱丁堡大学文学院,1877年春以优异成绩获得爱丁堡大学文学硕士学位,时年21岁。之后的三年里,辜鸿铭先后到德国、法国、意大利等地游学,期间曾入德国大学学习自然科学知识。

1880年,24岁的辜鸿铭返回槟榔屿老家。返乡不久,他便到新加坡的英国海峡殖民政府辅政司任职。大约两年后,辜鸿铭遇到归国途径新加坡的马建忠,两人一见如故,闭门长谈。在马建忠的劝说和鼓励下,辜鸿铭决定做一个真正的中国人,遂辞去在殖民政府的职务,回老家剃发蓄辫,并开始学习中文。不久,辜鸿铭转往香港居留,在那里继续学习中文,并开始研究西方的汉学著作。1883年,辜鸿铭首次以英文发表文章批评西方的汉学研究,正式揭开他一生文化活动的序幕。中法战争期间,他结识张之洞的幕僚,并进入张之洞的幕府担任洋文案,主要负责编译情报和礼宾工作,颇得张之洞器重,有"闽粤相随二十年"之说,其间还为张之洞的学堂延聘各种洋教习,协助张之洞创办兵工厂。但他最引人注目的却是他的一系列文化活动,主要表现在以英文译述儒家经典向西方宣扬儒家文化,同时著文为晚清政府辩护,抨击西方列强的对华殖民政策;1891年长江教案爆发之后,他在上海《字林西报》上发表文章谴责在华传教士的不法行为;1898年,他的《论语》英译本在上海刊行,奠定了他中国文化史上汉译英先驱的地位;义和团运动期间,他撰写了一系列英文专论谴责八国联军的侵略行径,强调中国以礼教立国,这些文章于 1901 年结集出版,并定名为《尊王篇》;1906 年,他的英译《中庸》又在上海出版。很快,辜鸿铭的文章和著作引起了不少在华西方人士的关注。

1905 年,经张之洞等人推荐,辜鸿铭出任黄浦江浚治局督办,在任近三年。1907 年,张之洞入阁拜相,辜鸿铭随同入京。宣统皇帝即位后,他被清廷任命为外务部员外郎,晋升郎中,擢升为左丞。1910 年,清廷以"游学专门"赏其文科进士,同榜之中严复居首,他位居第二。同年,他发表《清流传》纪念一年前刚去世的张之洞,稍后,他又撷拾在张之洞幕府的见闻,编成《张文襄幕府纪闻》一书出版。1910 年底,辜鸿铭辞去外务部职务,出任南洋公学学监。1911 年,辛亥革命爆发,辜鸿铭因宣示效忠清王朝,受到学生诘难,遂辞去校长一职。1912 年,清帝退位,辜鸿铭留辫抗争,以遗老自居,曾在青岛短期居留,与"宗社党"密切往来,并与汉学家卫礼贤等人交往颇深。1913 年,辜鸿铭开始担任五国银行团的翻译。第一次世界大战爆发以后,他曾多次应邀在"北京东方学会"上发表英文演讲,并于 1915 年将这些演讲稿结集出版,定名为《春秋大义》(英文译名《中国人的精神》),宣扬儒家文明救世论,在西方世界引起轰动。同年,辜鸿铭被北京大学校长蔡元培聘为教授,主讲英国文学。1917 年,张勋复辟,辜鸿铭也卷入其中,列名为外务部侍郎。复辟失败后,辜鸿铭重回北京大学教书。五四前后,辜鸿铭撰文反对新文化运动,因而作为被批判的对象卷入中西文化论争。1920 年,辜鸿铭在第一次世界大战期间发表的关于战争和中西文明问题的部分文章结集并被译成德文在德国莱比锡出版,书名《呐喊》。1924 年,辜鸿铭应日本大东文化协会的邀请前往日本讲学三年,继续批评西方文化,宣扬东方文化的优越性。其间曾被张作霖聘为顾问,因政见不合迅速离去,还曾应其宗弟辜显荣之邀到台湾演讲。1928 年,张宗昌任命辜鸿铭为山东大学校长,但他并未到任。1928 年 4 月 30 日,辜鸿铭在孤寂和抑郁中因病在北京去世,享年 72 岁。

辜鸿铭的文明观

从辜鸿铭的生平履历可以看出,他的仕途生涯乏善可陈。辜鸿铭的意义,主要在于他独特的思想和文化活动在近代中西文化交流史上留下的不可磨灭的印迹。辜鸿铭在近代中国的影响并不大,但在当时西方世界的名气却不小,这主要得益于他终其一生面向西方所进行的文化活动在西方世界激起的反响:在早期,辜鸿铭基本上是以一个正义的文化民族主义者出现在西方人面前的,他严词抨击西方在与东方世界打交道时表现出来的种族、文化优越感和傲慢无理的态度,呼吁西方尊重中华民族及其文化;在后期,辜鸿铭反复阐发中国儒家道德文明优于西方物质文明的观点,主张西方世界应向以中国儒家思想为代表的东方文明学习,随着第一次世界大战的爆发,他更明确提出了以中国儒家文化拯救西方乃至整个世界的主张。

要言之,辜鸿铭之所以获得西方世界的广泛尊敬,主要原因就在于他对中西文明问题的独特视角与当时的西方世界,特别是与德国知识分子反思自身历史文化的时代潮流发生了共鸣,是时代的产物。大体上,辜鸿铭在西方的声誉缘于他执着的文化活动,而他的文化活动又建基于他对中西文明的认识和评价,本书探讨辜鸿铭与德国的关系,首先就要理清辜鸿铭对中西文明问题的看法,这是本书写作得以展开的理论前提。通观辜鸿铭的文章和著作可以看出,作为一个文化保守主义者,辜鸿铭关注的基本问题归纳起来主要是在两个方面:一是对现代化的反思,二是人类社会的道德建设。进一步分析,第一个问题主要涉及他对西方文明的基本看法,即对西方实用主义物质文明的抵制和批判,第二个问题主要涉及他对中国儒家文化的基本看法,是其"儒家文明救西论"的出发点之所在。可以说,这两个方面是辜鸿铭文化思想的核心,也是他中西文明观的两个支柱。

辜鸿铭可以说是近代中国较早从理论上探索文明问题的思想家之一。在分析辜鸿铭对中西文明的看法之前,首先必须明确他所谓"文明"的含义。总的说来,辜鸿铭在论述中西文明问题时,既用"文明"(Zivilisation)一词,也用"文化"(Kultur)的概念,他并未做严格的区分。辜鸿铭心目中的"文明"和现代人通常理解的"文明"并不一样。关于"文明",其定义已基本界定。依据马克思、恩格斯对文明的经典论述,文明是人类改造世界实践活动的全部成果,包括物质和精神两个方面。相关辞典的解释大多沿用了这一观点:人类所创造的财富的总和,特指精神财富,例如文学、艺术、教育、科学等。在现代生活中,"文明"一词也被广泛使用,只不过含义经常各有侧重。概而言之,人类文明是一个比较复杂的问题,它既包括社会在物质经济领域的进步,也包括人类道德修养水平的提高和精神境界的升华,其蕴含的内容是丰富多彩的,可以说涵盖了人与人、人与社会、人与自然之间的关系,是人类社会发展到较高阶段所表现出来的一种状态。那么,辜鸿铭对"文明"又是怎样理解的呢?我们这里先选摘几例辜鸿铭对"文明"所做的评论,主要见于《尊王篇》、《清流传》、《中国人的精神》等著作及《文明与混乱》等代表性文章中:

"文明,正如罗斯金先生所说的,意味着培养文明的人"(《尊王篇》)[①];"生

---

① 《辜鸿铭文集》(上),第 70 页。

活水平完全可以作为文明的'条件'来考虑,它却不是文明本身","某一民族的生活水平也可能由于某种经济原因而变得十分低下,但它本身却不是该民族道德文化或文明的证据"(《尊王篇》)①;中国人要"努力与那现代欧洲那强烈的物质实利主义文明(Materialistic civilization)的破坏力量战斗,使它不至于危害中国的长治久安和真正文明的事业"(《清流传》)②;"要估价一个文明,我们最终必须问的问题,不是它是否修建了和能够修建巨大的城市、宏伟壮丽的建筑和宽广平坦的马路……。要估价一个文明,我们必须问的问题是它能够造就什么样的人性类型,什么样的男人和女人。事实上,一种文明所产生的男人和女人——人的类型,正好显示了该文明的本质和个性,也即显示出该文明的灵魂"(《中国人的精神》)③;"我认为欧洲并未在发现和理解真正的文明、文明的基础、意义上下多少功夫,而是倾全力于文明利器"④;"文明的真正涵义,也就是文明的基础,是一种精神的圣典。我所说的'道德标准'指的就是这个"⑤;"欧洲人没有真正的文明,因为真正的文明的标志是有正确的人生哲学,但欧洲人没有"⑥;"所谓文明,就是美和智慧"、"美好和智慧的东西就是文明"(《辜鸿铭文集》)⑦;如此等等。

上面这些说法包含了辜鸿铭在不同时期对"文明"内涵及标准的思考。大致可以看出,辜鸿铭对"文明"的认识虽然逐渐深入和清晰,但他显然并未刻意对"文明"一词做严密的逻辑论证,由于这些写于不同时期的文章主题不尽相同,出发点不一样,他对"文明"内涵及标准的论述实际上各有侧重。大致看来,辜鸿铭所说的"文明"经常等同于懂礼貌和有教养、正确的人生观、道德责任感、廉耻感、高雅的生活情趣、文化修养等等,不一而足。不过,有一点是不变的:辜鸿铭在文明问题上始终强调"人本身的教养状态和道德水准"⑧。换句话说,"文明"指的是人的精神状态和道德修养水平,这便是辜鸿铭文明观的核心。由于人始终是社会中的人,个人的道德修养乃是社会秩序的基础,因此,辜鸿铭认为,真正文明的社会以道德的力量维系,和物质成就的高低没有必然的联系。由此看来,辜鸿铭所持的是一种注重个人道德修养并强调社会

---

① 《辜鸿铭文集》(上),第 172 页。
② 同上,第 386 页。
③ 《辜鸿铭文集》(下),第 5 页。
④ 同上,第 279 页。
⑤ 同上,第 280 页。
⑥ 同上,第 304 页。
⑦ 同上,第 339 页。
⑧ 黄兴涛:《文化怪杰辜鸿铭》,第 156 页。

道德秩序的道德文明观。具体地说就是：文明是精神的，而非物质的，物质只是文明的条件，却非文明本身。正是基于这种认识，辜鸿铭经常以孔子的"贱货贵德"来强调道德修养的重要性。

应该说，辜鸿铭在文明问题上格外强调道德的价值，初衷是为了批判西方人长期以来以文明代表者自居、视中国人为野蛮人的做法，是为了回击西方在文明问题上单纯以科学技术和物质生活水平衡量一个民族文明程度的立场，只不过，他从一个极端走向了另一个极端，以牙还牙地单纯以道德修养作为文明评判的标准，甚至不惜将物质和精神对立起来。以现在的眼光看，辜鸿铭的这种文明观自然不免失之偏颇，但在整个西方世界普遍以物质生活水平和科技及经济发展程度作为文明评判标准而忽视人的精神价值的年代，确有它的合理性和一定的历史意义。

还有一点需要说明。在辜鸿铭的文明观中，物质力量属于"器"的范畴，精神力量属于"道"的范畴，如果以重道轻器、重义轻利的儒家传统思想的观点看，物质力量和精神力量根本不在同一个层次上，辜鸿铭在文明问题上的爱憎立场由此也就一目了然了。从这样一种道德文明观出发，辜鸿铭极力贬低西方的工业文明，独崇中国的儒家道德文明，对中西文明作出截然不同的评判，是顺理成章的事。

辜鸿铭对西洋文明的看法

对西方现代实用主义的物质文明，辜鸿铭终其一生都持批判立场。虽然这种批判时而模糊，时而明晰，但批判的基调却是一贯的。在他早期的以《尊王篇》为代表的文章著作中，辜鸿铭对西方的现代工业文明尚未旗帜鲜明地予以挞伐，他将主要精力放在了为中国儒家文明争取对等的地位上，然而行文之中贬西褒中的态度已露端倪，批评的基调已定。在后来的《清流传》一书中，辜鸿铭反复贬称欧洲为"极端的物质实利主义文明的可怕怪物"，并发出警告——"中国的全盘欧化意味着输入粗鄙和丑陋"[1]，叹息"当中华民族决心抛弃他们自身的文明，采纳现代欧洲文明的时候，在整个帝国内，没有一个受过教育的人对现代欧洲文明的真正内涵有丝毫的了解"[2]。在代表作《中国人的精神》中，他继续明确地谴责工业化带来的拜金主义和功利主义："今日世界真正的、最大的敌人是体现在我们身上的商业主义精神，而不是普鲁士德国的军

---

[1] 《辜鸿铭文集》（上），第 317 页。
[2] 同上，第 324 页。

国主义"①,对西方的批评显著增强。晚年在日本讲学时,辜鸿铭还对西方现代文明做了一个清晰的定性,从而将其彻底否定:"常有人说,欧洲文明是物质文明,其实欧洲文明是比物质文明还要次的机械文明。虽然,罗马时代的文明是物质文明,但现在的欧洲文明则是纯粹的机械文明,而没有精神的东西。"②以上就是辜鸿铭评判西方现代文明物质主义倾向的大致轮廓,可以看出,辜鸿铭对西方现代科技和工业文明的批判越来越深入,越来越具有逻辑性。

具体说来,辜鸿铭对西方现代文明的批评大致集中在两点上。其一,西洋文明是一种机器文明,它带来了物质的富足,促进了理智的发展,却忽略了人的情感和心灵需求,整个社会突出了机器,却淹没了人,只是一片物质的汪洋,因而是"没有精神的"、极其可怕的。其二,更为严重的是,在辜鸿铭看来,整个西方社会几乎已彻底失去了道德的基础,金钱和实利决定一切——"西洋人贪得无厌无知足"③,人们成了"现代的自动机械怪物,既无道德责任,亦无道德权利"④。第二点是辜鸿铭尤其不能容忍的,是以他在这一点上反复抨击西方世界:维持治安"在根本上不是通过道德力,而是靠警察或称为'军国主义'的纯粹外在力量"⑤;"从根本上来讲,现在欧洲盛行的可怕战争的最主要的道德原因正在于欧美各民族的国务活动家和政客们忘记了'君子之道'"⑥;"在现代欧洲,社会的基础是律师和法律——武力和欺骗,它不是一种道德的基础",欧洲人"没有认识到并承认有道德责任这样一种东西将构成社会平等的基础"⑦。根据辜鸿铭一贯的道德文明观,一个社会是否进步和文明,并不是看这个社会的工业和科学技术有多发达,而要看这个社会的道德理想和人文精神能在多大程度上给人以关怀。以此为标准进行衡量,辜鸿铭毫不犹豫地宣称西方的现代文明根本还不成熟,是一种基础极不牢固的文明——"欧洲的现代文明虽然确实是一个让人叹为观止的庞大建筑物,但它就像巴比伦塔一样面临着即将倾覆崩溃的命运"⑧,甚至可以说"欧洲人没有真正的文明"⑨。

辜鸿铭对近现代西方工业文明的批判源于欧洲浪漫主义思潮的影响。辜

---

① 《辜鸿铭文集》(下),第16页。
② 同上,第309页。
③ 同上,第305页。
④ [美]艾恺:《世界范围内的反现代化思潮》,第136页。
⑤ 《辜鸿铭文集》(上),第177页。
⑥ 同上,第524页。
⑦ 《辜鸿铭文集》(下),第524~525页。
⑧ 同上,第279~280页。
⑨ 同上,第304页。

鸿铭留学之时的欧洲，一方面是近代工业革命实现了社会现代化的空前发展，另一方面也导致反现代化思潮的呼声日益高涨。在工业化之前的中世纪时期，整个社会不以生产效率为唯一标准，建基于人与人之间道德关系之上的社会规范和宗教信仰保证了稳定的社会秩序。自启蒙运动和工业革命以来，西方的经济发展和科技进步日新月异，人们逐渐从中世纪的封建制度禁锢下解放出来，得到了前所未有的自由，然而传统的社会伦理规范也日渐式微，人与人之间的联系日益纯赖经济利益来维系，往昔那种田园牧场、手工作坊式的宁静淡泊的社会生活场景渐难寻觅，到了19世纪末，功利主义心态的盛行更导致了物欲和强权意识的泛滥，军国主义幽灵遍布整个欧洲。这种现实让不少欧洲人越来越深切地感到精神的危机和社会文化的危机。早在启蒙运动席卷欧洲之时，就已有思想家前瞻性地论及现代化的悖论，对欧洲传统道德体系趋于解体、社会开始走向浮躁的现实表示忧虑。随着现代化步伐在整个欧洲全面迈开，保守主义思想家们更是掀起了一场持续的、蔓延到全欧的反现代化运动。辜鸿铭所延续的就是欧洲浪漫主义思潮的反现代化精神，他反复引用英国史学家和散文家卡莱尔（Thomas Carlyle，1795—1881）的一句名言——欧洲的现实是"混乱加上一条来福枪"，指责欧洲人并未弄清楚文明的真正含义，只是片面追求文明利器。他进而告诫道，如果西方人不彻底改造他们的人生观和世界观，"不仅会毁掉欧洲文明，甚至还会毁掉全人类的文明"。[①]

需要说明的是，辜鸿铭对西方文明也并非全盘否定，他排斥的只是他心目中的所谓"伪"文明，也就是近代极端实用主义的物质文明，而西方"真正的文明"并不在此列："'西方真文化'是他所师事的阿诺尔德、卡莱尔、华兹华斯、纽曼等人所代表的，他从未攻击'他们的'西方文化"[②]，欧洲文艺复兴时期直至18世纪理性时代的自由主义、歌德的人道主义理想及古典的希腊文化同样为他所景仰。即使是西方的现代工业文明，辜鸿铭也有适度首肯的时候，特别是到了晚年，他对西方现代文明的看法已显出一定的辩证倾向："欧美人在现代科学上的进步确实值得称道"，欧洲现代文明"确实是一个让人叹为观止的庞大建筑物"，但"欧美人使用高度发达的科技成果的途径是完全错误的，是无法给予赞誉的"，"我对西方文明的厌弃，不是厌弃其文明所表现出来的物，而是讨厌所有的欧洲人而不仅仅是德国人滥用现代文明的利器这一点"。[③]辜鸿铭甚至还承认，西方的现代工业文明也有值得中国借鉴的地方，当然，这种借鉴

---

① 《辜鸿铭文集》（下），第144页。
② ［美］艾恺：《世界范围内的反现代化思潮》，第136页。
③ 《辜鸿铭文集》（下），第279页。

仍是有条件的:"应该考虑到他们的文明是错误的,我们有必要在一边采用他们的文明的同时,一边要加以修改。"①

大致看来,由于辜鸿铭在文明问题上只专注于心灵和精神,只强调人的精神世界和道德修养,对西方现代工业文明的批评和排斥就必然是他的基本立场。公允地说,辜鸿铭对西方现代工业文明的抨击虽有片面和极端的一面,但他对工业化带来的功利主义和实用主义庸俗倾向的激烈批判确有警醒的作用,无奈这一点对当时正在寻求富国强国之路的国人来说实在是太超前了,结果必然是无人喝彩。

辜鸿铭对儒家文明的看法

在激烈抨击西方现代工业文明的同时,辜鸿铭对中国传统的儒家文化却不吝赞美之辞。与他在欧洲看到的所谓"混乱"的"群氓"式的自由主义不同,辜鸿铭在中国看到了他梦想中的田园牧歌式的平静祥和;与他在欧洲看到的赤裸裸的、彻底功利的金钱交换关系不同,辜鸿铭在中国看到的是基于传统伦理道德之上的"温情脉脉"的家庭生活和人际关系。当然,出于对西方现代文明物质主义倾向的极端厌恶,这些是辜鸿铭在一定程度上戴着有色眼镜有选择地看到的。在辜鸿铭看来,与西方社会中强力和金钱决定一切不同,中华民族向来以礼教立国,中国的社会秩序赖以维系的主要是一种道德的力量,是人的良心、礼义廉耻和道德责任感,因而"人们不干非礼之事"②,只"听从于内在的理性和良心的使唤"③,通过这种途径,个人能够达到自成自乐的德化境界,社会也会因此保持和平与秩序。基于辜鸿铭所谓文明的核心和基础在于道德教化的观点,在他眼中,显然只有儒家这样的文明才称得上是真正的文明,是最高层次的文明,因此,辜鸿铭在他的文章和著作中反复阐发的一个核心观点就是,只有中国的儒家文明才是世界上真正的文明。

在首部著作《尊王篇》(1901)中,辜鸿铭开篇即设了一个醒目的副标题:"一个中国人为中国的良治秩序和真正的文明所作的辩护",明确提出中国的儒家文明是真正的文明。不过,辜鸿铭此时的主要意图在于申明中国是一个礼仪之邦,以求得西方列强的尊敬和平等对待,对所谓儒家德性文明的优越性并未详加阐发,在此后的文章著作中,辜鸿铭对此的论述才越来越明确,对儒

---

① 《辜鸿铭文集》(下),第310页。
② 同上,第309页。
③ 《辜鸿铭文集》(上),第182页。

家文明也越来越自信。在《中庸》英译本(1906)的序言中,他特别强调这是一本"完整而丰富的关于道德责任感或道"的书①;在《清流传》(1910)中,他宣称道德力量才是"中国文明中最优秀的东西",是将中华民族的古老文明从欧洲各国实利主义物质文明的破坏势力中解救出来的唯一可靠的力量②;在代表作《中国人的精神》(1915)中,他更是旗帜鲜明地宣扬儒家文明是一种富有灵性、富有情感和正义的德性文明,是唯一可以"把欧洲文明从毁灭中拯救出来"的文明③;在后来的论文集《呐喊》(1920)以及在日本的系列演讲论文中,辜鸿铭一直坚持论证《中国人的精神》的核心观点,反复阐发儒家文明的精神特质,通过与西方文明的比较全面展示东方文明的优越性,其中自始至终贯穿的一条主线就是道德至上原则:"中国拥有的真正的文明与欧洲错误的不道德文明是根本不同的"④;"东洋的社会,立足于道德基础之上,而西洋则不同,他们的社会是建筑在金钱之上的"⑤;"中国文明是一个道德的、真正的文明。首先,它不仅公认这种道德责任感,将其作为社会秩序的根本基础,而且还把使人们完满地获得这种道德责任感作为唯一的目标"⑥;如此等等。

  至于这种道德文明的基本内容,辜鸿铭的观点也非常明确,相关的详细论述尤其体现在《中国人的精神》一书中。在辜鸿铭看来,这种德性文明的核心在于,要把孔孟当成我们的人生榜样,将孔孟之道作为我们日常的行为准则:"何谓名教之大纲?则孔子春秋大义是也,此大义即中国与日本之真宪法,东方文明之根本也。"⑦具体地说,从社会的角度看,要严格贯彻"名分大义",坚持既有的伦理纲常秩序,即君臣、父子、夫妇、兄弟、朋友的五伦之道,人与人要各安于自己的名分,并且各尽其责:"我中国既有此道,即有此天地不变之正气,吾何为而恐惧乎"⑧;从个人的角度看,每个人都要遵守君子之道,要做到"以德服人",实践他所谓的"良民宗教",通过一种自尊和正直诚实的生活,赢得一种道德的力量。因此,辜鸿铭在行文中反复引用孔子的两句话,即"君子笃恭而天下平"和"远人不服,则修文德以来之"。具体到这种德性文明的实践,辜鸿铭又从孟子的性善论出发,把忠诚原则推到了至高无上的位置上:"何

---

① 《辜鸿铭文集》(下),第513页。
② 《辜鸿铭文集》(上),第389页。
③ 《辜鸿铭文集》(下),第8页。
④ 《辜鸿铭文集》(上),第525页。
⑤ 《辜鸿铭文集》(下),第307页。
⑥ 同上,第511页。
⑦ 同上,第264页。
⑧ 同上,第236页。

以行此道？曰：忠与义而已。"①对于这种道德文明的现实意义和未来的前途，辜鸿铭也表现得非常自信，他甚至还做了一个相当乐观的展望："如果中国在目前巨大的世界历史性的危机中表明自己是一个君子民族，这不仅能拯救自己，而且也许能拯救世界，拯救世界的文明。"②

  从辜鸿铭的论述可以看出，他信奉的是绝对正统的中国传统文化，严格说来只是儒家思想，因为他对释道两家鲜有评判。即便是儒家思想本身，辜鸿铭也未照单全收，他张扬的是以孔子和孟子为代表的原儒家，对六经子史的取舍全部以孔孟思想为依据，对孔孟之外的诸子涉猎非常有限。对宋明理学，辜鸿铭甚至还持批评态度，认为朱熹是"学而不思"，王阳明则是"思而不学"③，在辜鸿铭看来，正是宋明理学的类清教徒倾向使真正的中华文明中的儒家精神趋于僵化，失去了活力。应该说，辜鸿铭张扬儒家传统思想其实也是在为中国的民族振兴寻找出路，只不过他开出的药方在当时可谓特立独行，不是将中国西化，而是要使中国更加中国化：重返孔孟之道，复兴他所谓"真正的中国文明"。总之，辜鸿铭要用中国儒家文明的道德力量来对付西方列强的洋枪大炮："对于中国即使不是唯一的也是最好的保护就是：以德服人。"④自始至终，辜鸿铭都对儒家文明的真理性确信不疑："绝大多数人都认为中国旧式的秩序正在消失，他们欢呼新学和进步文明进入中国。然而，我个人却不相信在中国古老的秩序会过时，因为我知道旧的秩序，中国文明和社会秩序是一个道德的文明和真正的社会秩序，它符合事物的本性，因此不会消亡。"⑤

  总的说来，辜鸿铭一生钟情于儒家文明，坚持贬斥西方文明，其观点确有空疏和偏激的一面，不过也切中了人性的要害。在一个日益物化、信仰缺位的世界里，人们的确更加需要正义和关怀，需要一种道德的力量，需要一种向善的精神，这应该也就是"德"的意义所在。在辜鸿铭看来，这一点正是当时日益功利化、空前浮躁的西方资本主义社会所欠缺的，中国社会应该竭力避免重蹈欧洲的覆辙，于是乎，儒家传统的伦理道德思想就成了辜鸿铭反对西方现代功利主义的武器。

---

① 《辜鸿铭文集》（下），第 236 页。
② 《辜鸿铭文集》（上），第 525～526 页。
③ 《辜鸿铭文集》（下），第 301 页。
④ 《辜鸿铭文集》（上），第 524 页。
⑤ 《辜鸿铭文集》（下），第 509～510 页。

辜鸿铭对东西文明关系的看法

辜鸿铭对东西文明关系的看法是他文化保守主义的重要内容之一。大体上,辜鸿铭所谓的东方文明主要指中国传统的儒家文明,西方文明则指西方的近现代工业文明。辜鸿铭喜欢宏论中西文化,从逻辑上看,他对东西文明关系的看法基于他对东西文明的比较,东西文明冲突的时代背景则是他对比东西文明的现实动力。这种东西比较也是他文章著作的主基调,尤其在他日本演讲期间所做的《东西文明异同论》一文中最为集中和系统。在这篇文章中,辜鸿铭将东西文明视为两种各自独立发展起来的文明体系,并从人生观、教育方法、社会组织、政治倾向、文明观等方面详细阐述了两种文明间的差异之处,诸如近代西洋文明的"所谓进步就是尽量提高生活水准"、"我们东洋人的文明理想是朴素的生活和崇高的思想"[1]、"西洋人贪得无厌不知足,而东洋人则是知足者常乐"[2]、"东洋的社会,立足于道德基础之上,而西洋则不同,他们的社会是建筑在金钱之上的"[3]、"欧洲文明把制作更好的机器作为自己的目的,而东方则把教育出更好的人作为自己的目的,这就是东西方文明的本质差别",等等[4],虽不无偏颇臆断,却也自成一家之言。概括起来,在辜鸿铭心目中,东西文明之间的本质差异基本可以归结到一点,这就是:西方文明崇尚物质力,东方文明崇尚道德力,因此,西方文明是物性文明,东方文明是德性文明。

在论述东西文明差异的同时,辜鸿铭还附带有价值评判,也就是东西两种文明孰优孰劣的问题。在这个问题上,辜鸿铭长期坚持西方文明应当向东方文明学习的立场。早期的《尊王篇》就已经有了东方文明优越论的苗头:相对于西方"建立在一个依赖于希冀和敬畏之情的道德文化基础之上的文明"来说,中国建基在"平静的理性基础上的道德文化","纵使不是一个较高层次的,也是个极其博大的文明。这一文明人们更难达到,而一旦实现,就将会永恒持久,不衰不灭"[5]。只不过,辜鸿铭此时关于儒家文明优于西方文明的观念显然还不够坚定,从表述上看也有些散乱,不够系统。进入民国之后,特别是在第一次世界大战爆发后,辜鸿铭明确提出了东方文明优越的观点,认为西方文

---

[1] 《辜鸿铭文集》(下),第292页。
[2] 同上,第305页。
[3] 同上,第307页。
[4] 同上,第309页。
[5] 《辜鸿铭文集》(上),第177页。

明应当师事东方文明:"我再说一遍,正是在中国,存在着一笔无法估价的、迄今为止无庸置疑的巨大的文明的财富"①,认真研究它"将有助于解决当今世界所面临的困难,从而把欧洲文明从毁灭中拯救出来"。②事实上,辜鸿铭的《中国人的精神》的主要目的就在于宣扬儒家文明的普世价值。辜鸿铭的这一立场终老未改。晚年在日本讲学期间,他仍然宣称:"就根本而言,东方文明就像已经建成的屋子,基础巩固,是成熟了的文明;而西方文明则还是一个正在建筑当中而未成形的屋子,它是一种基础尚不牢靠的文明"③,"上帝创造了四亿中国人,不是为了让到中国的欧美人享乐的,而是让欧洲人学习真正社会的、人间的价值"④。总的看来,辜鸿铭早期在中西文明激烈冲突的大背景下较多着眼于在对等的前提下为东方文明争得生存与发展的权利,后期则倾向于将东方文明视为西方文明的唯一出路,因此越是到后期,辜鸿铭对东西文明的价值评判就越明显。

不过,基于长期的海外求学经历和执着的国学研究,辜鸿铭毕竟还是表现出了一种难得的世界视野:在东西文明关系问题上,辜鸿铭并非只是简单地否定西方文明,他其实还是一个独特的东西文明融合论者。在贬斥西方文明物质主义倾向、宣扬儒家文明道德优越的同时,辜鸿铭也不忘提倡东西之间优势互补。总体上看,他的思想历程大致经过了一个由"东西文明对等论"到"东方文明救西论"再到"东西文明融合论"的转变过程。一方面,辜鸿铭指出东西文明之间差异巨大,另一方面,他又认为两种文明在内容、形式和终极目标上都有相似之处——"其实这两种文明的目标无疑是相同的"⑤,主导价值取向也有重合的地方——"辜氏其实是说中国和西方的'真'文化有同样价值"⑥。基于这种认识,晚年的辜鸿铭明显表露出一种东西之间融合互补的愿望,并且多次表明这一观点:"东西方之间确实存在着很多差异。但是我深信,东西方的差别必定会消失并走向融合的,而且这个时刻即将来临。虽然,双方在细小的方面存有许多不同,但在更大的方面,更大的目标上,双方必定要走向一起的。"⑦他还明确宣称:"我既不是攘夷论者,也不是那种排外思想家。我是希望东西方的长处结合在一起,从而消除东西界限,并以此作为今后最大奋斗目

---

① 《辜鸿铭文集》(下),第 25 页。
② 同上,第 8 页。
③ 同上,第 303 页。
④ 同上,第 327 页。
⑤ 《辜鸿铭文集》(上),第 177 页。
⑥ [美]艾恺:《世界范围内的反现代化思潮》,第 137 页。
⑦ 《辜鸿铭文集》(下),第 302 页。

标的人。"①所谓结合东西方的长处,实质就是东西交流,优势互补。公允地说,辜鸿铭的"东西融合"论是在深入对比了东西文化的异同后得出的结论,因而有别于当时的洋务派和顽固派,就是和冯桂芬、张之洞等人的"中体西用"说相比也有不小的差异,至少,"中体西用"说的侧重点在于以西补中,而辜鸿铭的东西文明交流互补观在"以西补中"的基础上还格外强调"以中救西"。

其实,辜鸿铭关于东西文明交流互补的观点也并非是到了晚年才有的。他的首部著作《尊王篇》开篇即是一首诗,献给当时刚去世的德国驻广州领事赫尔曼·布德勒先生(Hermann Graf Budler,?—1893)。对于布德勒的理想——"你渴望的是最优和最优者的结合,要打破那东方和西方的畛域",辜鸿铭显然是颇有同感的,只不过,国难当头还是使他对这种理想多有保留:"唉!这只能是梦想。"②这样,东西交流互补的理想在辜鸿铭那里仅属昙花一现。此后,世界局势的发展终于使辜氏愈来愈成为一个坚定的"中国文化救西论"者,东西融合的理想被暂时搁置了,这种"中国文化救西论"的观点在《中国人的精神》一书中得到了淋漓尽致的发挥。直到晚年,辜鸿铭才重提他东西文明互补的观点。不过,辜鸿铭眼中的东西交流互补也还是有条件的,仍然以东方文明优越论为前提,因为在他看来,东西文明的差异其实只是发展程度的差异,东西文明之间是完成与未完成、成熟与未成熟的关系,东方文明已然高度成熟,西方文明正处于向成熟迈进的过程中,它必将与东方文明走向统一,也就是说,所谓东西文明交流互补是以西方文明应走向东方文明为大前提的。对中国来说,首先是要坚持儒家文明的道德传统,其次才是适当吸纳西方现代文明的某些成果并予以超越;西方则需要在心灵和思想上经历一次脱胎换骨的改造,即西方只有洗心革面才能重返道德正途。在辜鸿铭晚年的文章里仍可看出,他的这一立场终老未改,依然坚持认为东方文明作为一种高度发达的文明本质上高出西方文明。辜鸿铭的这种观点其实也并不令人感到意外,这是由他的道德文明观所决定的。

总体而言,在东西文明关系问题上,辜鸿铭凸显西方文明的物质主义弊端,促使西方世界反思自身的文化,其历史功绩不可抹杀,然而,对于西方现代文明在新的历史时期里于中国文化再生的启发意义,他却基本上采取了消极回避的态度。也就是说,在中西文化关系问题上,辜鸿铭秉持的是严以待人却宽以律己的立场:他只是站在传统的立场上批判西方现代技术文明,却没能站在现代化的立场上梳理传统,只强调救人,却昧于救己,这就不免使他的东西

---

① 《辜鸿铭文集》(下),第 303 页。
② 《辜鸿铭文集》(上),第 5 页。

交流互补论打了折扣。

小　结

　　辜鸿铭是一个公认的文化保守主义者,终生关注东西文化关系问题:独特的长期海外求学经历和扎实的国学知识为他奠定了东西比较研究的学术基础,世纪之交前后东西文明冲突的时代环境则给了他东西比较研究的动力。虽然,辜鸿铭的结论常因片面性和情绪化而降低了说服力,但对于那个特定的时代来说,他的文化意义还是不能低估的。总体而言,辜鸿铭对西方现代科技文明秉持批判立场,但他与那些对西方文化毫无了解却故步自封、盲目排外的腐儒是不一样的。辜鸿铭在西方留学十余年,他对西方文明的批判是基于他对西方文明的认识,他批判的主要是西方工业文明带来的人性的异化、人与人之间的隔膜,认为西方的物质主义和强权逻辑流弊无穷,应当吸取东方德性文明的优点加以补救。这种批判是有合理性的。对于中国传统的儒家文化,辜鸿铭由衷地折服,认为它才是真正的文明,代表了人类文明的发展方向,甚至希望用它来重振社会秩序,挽救多灾多难的祖国,对当时甚嚣尘上的民族虚无主义倾向来说,这其实是一个难能可贵的反拨。不过,辜鸿铭只是被动地接受以孔子和孟子为代表的原儒家思想,没能够重新认识儒家的人文精神,没有涉及传统与现代结合的问题,这又是他的局限所在。辜鸿铭批评西方,但并非完全排斥西方文明,他也承认西方在科学技术方面所取得的巨大成就,也提倡东西文明之间的交流互补,然而由于他将文明的实质仅仅理解为精神性的道德修养,坚持东方文明优越立场,在提倡东西文明交流互补的同时又强调东方文化精神优先,表现出一种偏执的倾向;针对西方对待东方文明的傲慢态度,辜鸿铭采取的手段是以牙还牙,西方文明的优秀内核和传统未能拿来为我所用,而将精力用以攻击西方的弊端,令人颇感遗憾;辜鸿铭批判西方文明的物质主义倾向意在向中国的欧化潮流示警,他担心的是物欲至上和强权逻辑在中国重演,毕竟国人对于现代化并无切身体验,正如张中行先生所说,辜鸿铭的"最大贡献就在于,在举世都奔向力和利的时候,他肯站在旁边喊:危险! 危险!"①可是,在面临3000年未有之变局的中国,鲜有人能够听得进他虽然善意但却甚是不合时宜的提醒,这又是时代的遗憾。

---

① 黄兴涛:《旷世怪杰》,第238页。

第二章　辜鸿铭眼中的德国

第一节　辜鸿铭之游学德国及学历问题

　　正如在前面辜鸿铭研究综述中所说,国内对辜鸿铭的研究虽已走向深入,但关于辜鸿铭与欧洲的关系,特别是辜鸿铭与德国关系的研究依然薄弱,微观实证的探讨几乎空白。本书描述并分析辜鸿铭与德国的关系,立足点在于探讨20世纪初的辜鸿铭在德国的接受情况。在此之前,首先应该理清辜鸿铭对德国的接受,只有双向的探讨才能更全面地说明问题,而且,梳理辜鸿铭对德国文化思想的接受,还可以让我们追踪辜鸿铭早年的思想发展轨迹,进而把握辜鸿铭享誉德国的感情和思想基础。

　　梳理辜鸿铭对德国的接受,应当从他最初接触德国文化开始,这就涉及辜鸿铭十余年欧洲留学生涯的事实材料问题。令人遗憾的是,虽然关于辜鸿铭家世出身的材料已基本翔实,他归国之后的活动经历也大致条理清晰,但对他早年在欧洲的学习及生活情况,人们却所知甚少。辜鸿铭本人也没有留下任何自传、日记或回忆录,现有的传记资料、传记作品及研究成果在这方面所能提供的信息非常有限,其中的不少记述也相当混乱,乃至矛盾百出。翻阅国外同期评论辜鸿铭的文章,其中对辜鸿铭欧洲求学情况的介绍也是语焉不详,大多略略数语一带而过,不少都是二手信息,经过多次辗转引用,事实情况变得更加模糊不清。由于实际条件所限,笔者目前尚不能在这方面增添多少确凿的事实材料,然而通过梳理国内现有的资料,并对比手头的德文原始材料,觉得几个与德国有关的问题仍有说明的必要。

　　首先,需对辜鸿铭研读德文经典及接受德国文化的情况做大概说明。通观迄今的研究材料,虽然矛盾之处甚多,但有一点似乎是明确的,即辜鸿铭接触德国文化是从背诵德国经典名著开始的。布朗先生为了培养辜鸿铭,要求他用背诵名著的方法先掌握英、德、法、拉丁语等重要语言,进而涉猎西方的文化、历史、哲学和政治思想。学习德语并了解德国文化,当然也是从背诵德语经典著作开始。一般认为是从歌德的《浮士德》开始的,传记资料对此多有记载,相关的传记作品也都演绎了辜鸿铭背诵《浮士德》的情形。不过,现有的材料只能止于这一表面信息,我们现在所能见到的大多只是演绎材料,并非史料。另外还需注意,辜鸿铭虽然极为推崇歌德,但他研读的德语经典作家显然远不止歌德。从辜鸿铭在文章著作中自由引用歌德、海涅、席勒、诺瓦利斯等德语文学作家,康德和费希特等德国古典哲学家以及俾斯麦等政治家的言论来看,他研读的德语经典著作相当广泛,涉及文学、历史和哲学等多个领域。从相关引述的段落来看,辜鸿铭对这些经典著作思想内核的消化吸收是相当到位的。非常遗憾的是,辜鸿铭背诵研读德语经典著作的前后过程究竟是怎样的,其间的心得体会如何,研读德语经典前后之间有何影响和继承关系,这种广泛的研读又是如何逐步促进他了解德国的社会、历史和文化的,现在看来,都已经很难一一查证了。因为,这一切多是在家庭教育的形式下进行的,辜鸿铭本人对此几乎没有多少日记或回忆文字留下来。这一时期相关信息的空白对辜鸿铭与德国关系的研究来说是颇为可惜的,它使我们失去了从微观角度追踪辜鸿铭早年思想变化历程、探究他的德国观和保守主义文化观之形成过程的一个依据,而只能够根据他后来的文章作品以及大的时代和社会背景对他接受德国社会、历史和文化的情况做横向的梳理分析,却难以在纵向上达致较为精确的把握。

接下来需要详细说明的是辜鸿铭早年游学德国的经历以及他的德国学位问题。目前看来,虽然这个问题依然难有定论,但仍有详加说明的必要,因为相关的信息非常混乱。最常见的说法是,辜鸿铭于1877年获英国爱丁堡大学文学硕士学位后,又在欧洲各国游学,其间曾经获德国莱比锡大学工科文凭,或具体至土木工程师文凭。这里举几个例子。《民国人物大辞典》:辜鸿铭"入爱丁堡大学学习英国文学,1877年获文学硕士学位,旋往德国莱比锡大学,改习工科,获土木工程学士学位"[1];《民国人物传》:辜鸿铭"1877年以优异成绩获爱丁堡大学文学硕士学位,接着赴德国莱比锡大学读工科,获土木工程科文凭,然后留居巴黎"[2];台湾出版的《中华民国名人传》:辜鸿铭1877年获爱丁堡大学硕士学位后,"独自一人至德国,入莱比锡大学,习土木工程","至光绪六年(1880)时……兼具英国文学与德国土木工程的双重学位"[3]。此前罗振玉的《外务部左丞辜君传》说法也相似:辜鸿铭获爱丁堡大学"博士"学位后,

---

[1] 徐友春:《民国人物大辞典》,河北人民出版社1991年版,第1140页。
[2] 严如平等:《民国人物传》(卷八),中华书局1996年版,第396页。
[3] 秦孝仪:《中华民国名人传》(卷四),近代中国出版社1985年版,第443页。

"遍历欧西,求其政治学术,先后毕业于德国工科大学、法国巴黎大学,复游历意、奥等国"①。辜鸿铭的研究者也多持与此类传记资料一致的观点,如《辜鸿铭文集》序言中说,辜鸿铭获爱丁堡大学文学硕士学位之后,"又到德、法、意等国游学,取得莱比锡大学土木工程学文凭"②;朱维铮的《辜鸿铭,生平及其它非考证》及严光辉、李玉刚和姜克的辜鸿铭传记也认为辜鸿铭先获爱丁堡大学硕士文凭,后就读于莱比锡大学土木工程系并获毕业文凭。关于辜鸿铭在德国求学的具体地点,还有其他看法。如孔庆茂所著《辜鸿铭评传》认为,辜鸿铭在赴英国爱丁堡大学之前就已在德国入工科大学读书了,并获得了毕业文凭,地点是在柏林;黄兴涛在著作《闲话辜鸿铭》中认为,辜鸿铭先获英国爱丁堡大学文学硕士学位,后来又"到法国巴黎、德国的柏林和意大利、奥地利等国游学三年……还在德国柏林某工科大学进修一载,获得了一个土木工程学的文凭"③。不过,在《文化怪杰辜鸿铭》一书中,黄兴涛先生对这一问题的说法略有不同,略去了具体的求学地点柏林,只是提到辜鸿铭"曾到德国某工学院进修,获工科文凭"④。

查阅国外评论辜鸿铭的文章可以发现,涉及辜鸿铭的欧洲求学经历时,多为"曾在欧洲学习和生活过很长时间"之类的表述,唯一明确的是他的爱丁堡大学硕士学位。关于辜鸿铭在德国的求学情况,信息同样混乱。这里可以举几个例子:"他青年时期曾在欧洲呆过数年,在耶拿上过大学,在爱丁堡获得了硕士学位"⑤;"他16岁去英国,在爱丁堡上大学,获文学硕士学位,之后在德国呆过几个学期,曾注册入莱比锡大学,但求学期间多在德国境内游历,尤其经常在耶拿逗留"⑥;辜鸿铭"年轻时曾在莱比锡和爱丁堡学习,对欧洲的文学和哲学有精深的了解"⑦;"辜氏年轻时由中国政府派往欧洲留学,他在耶拿和巴黎生活过,在爱丁堡获得硕士学位,然后返回中国"⑧;"辜鸿铭出身于新加坡的一个商人家庭,他先是在英国,然后在莱比锡上大学,在耶拿也呆过很长

---

① 《辜鸿铭文集》(下),第583页。
② 《辜鸿铭文集》(上),第1页。
③ 黄兴涛:《闲话辜鸿铭》,第20页。
④ 黄兴涛:《文化怪杰辜鸿铭》,第3页。
⑤ Paquet: *Li oder Im neuen Osten*. S. 290.
⑥ Ku Hung Ming: *Der Geist des chinesischen Volkes*. Vorwort. S. 1.
⑦ Witte: *Ku Hung Ming gestorben*. In: *Zeitschrift für Missionskunde und Religionswissenschaft*(本杂志名称在本书下文中一律简称为 ZMR), 1928. S. 216.
⑧ Paquet: *Chinesische Kulturpolitiker*. In: *Süddeutsche Monatshefte*. 1912. Bd. II. S. 418~419.

时间"①;如此等等。从中可以看出,辜鸿铭曾经在德国的大学学习过,这一点似毋庸置疑,然而关于他在德国求学的地点及时间,相关的信息却非常混乱,具体的学习形式也不清楚,而且,这些文章多未提到辜鸿铭的德国大学文凭,也未提到辜鸿铭在德国大学学习的具体学科。

那么,对辜鸿铭的德国求学经历和他的德国文凭究竟应该怎样看呢?

首先,应该澄清辜鸿铭的最高学位问题。在这个问题上,笔者赞同黄兴涛先生的观点,即辜鸿铭在欧洲求学时并没有获得过博士学位。那些关于辜鸿铭曾经在欧洲获得过博士学位甚至十数个博士学位的说法,一没有证据,二不合逻辑,应该是误传,是把辜鸿铭的学识神化了。事实上,辜鸿铭公开承认的只有英国爱丁堡大学文学硕士学位,其文章和著作中所有出现带学位落款的地方均为"文学硕士(爱丁堡大学)",署名中从未出现过博士头衔。退一步说,如果辜鸿铭确曾获得过博士学位,则没有永远弃之不用的道理,这不符合辜鸿铭的自负性格。可能的解释如黄兴涛所说,辜鸿铭的博学使人惊叹地称他为博士,自负的辜鸿铭对此不置可否,造成别人误会,进而导致以讹传讹,或者曾有西方大学授予他名誉博士学位。相比之下,前一种可能性似乎更大些。当然,以辜鸿铭当时在西方知识界的声望地位,如果有欧洲的大学提出授予他名誉博士学位,那是一点都不奇怪的,然而授予名誉博士学位并非小事,应该通知辜鸿铭本人,但自负的辜鸿铭却从未提到过,迄今也未见相关信息。至于英国作家毛姆在《辜鸿铭访问记》②中说辜鸿铭曾在柏林获哲学博士学位,这种说法并不可信。需知《中国剪影》并非学术著作,而是一部游记和散文集,属于文学作品,为了吸引读者的注意,作者在一些细节上如有夸饰之笔也是可以理解的,因而此书至多只能作参考,作为史料依据则似乎不够严谨。如果辜鸿铭确曾获得过德国哲学博士学位,以其一贯高调、张扬的处事风格来看,没有从来不提的道理。若解释为辜鸿铭偏爱英国爱丁堡大学则更牵强,因为辜鸿铭事实上对德国更有好感,没有弃德国哲学博士学位而专用爱丁堡大学文学硕士学位的道理。另外,我们还要注意的是,辜鸿铭自幼受的乃是正统的欧式教育,熟悉西方的学术规范,而他的文章又是写给西方人看的,从这个意义上说,他落款署名用"文学硕士辜鸿铭"便表明了他的最终学位就是硕士。因此可以作出结论,辜鸿铭离开欧洲时的最高学历为爱丁堡大学文学硕士,所谓博士学

---

① Witte: *Ku Hung Ming*, *Der Geist des chinesischen Volkes*. In: ZMR. Jg. 1916. S. 296.

② 该访问记原名《哲学家》(*The Philosopher*),收在他的散文集《中国剪影》(*On a Chinese screen*)中。

位的观点是站不住脚的。

　　接下来需要说明的是辜鸿铭的德国工科文凭。目前,国内资料一般明确肯定辜鸿铭曾获德国工科文凭,分歧只在于获得该文凭的时间和地点。关于辜鸿铭获得德国工科文凭的时间,大致有两种说法。多数研究者认为,辜鸿铭1877年爱丁堡大学毕业后,又到欧洲大陆游学,其间曾获德国工科大学的毕业文凭。另外一种说法认为,辜鸿铭的德国工科文凭是在入爱丁堡大学之前取得的。后一观点的主要依据是兆文钧的《辜鸿铭先生对我讲述的往事》。兆文详细叙述了辜鸿铭在入爱丁堡大学之前,在柏林入一所大学读工科,并于四年后顺利毕业。不过兆文的这一情节叙述得虽然生动,但仔细分析起来却大有疑问。辜鸿铭是在1773年至1774年间注册入爱丁堡大学的,时年16岁左右,如果兆文中的说法属实,那么倒推回去,辜鸿铭在柏林入工科大学时至多12岁! 这种可能性实在不大。此时的辜鸿铭应该刚到欧洲不久,甚至尚未赴欧。更可信的说法是,辜鸿铭到达英国之后,在义父布朗先生安排下先在当地的一所中学学习,为进入爱丁堡大学打基础,同时伴以家庭教育背诵经典。当然,这并不排除辜鸿铭在这数年中因背诵德文经典作品而去过德国,甚或在德国呆过较长的时间并旁听过大学课程,都有可能,但注册入德国工科大学并正式毕业的可能性的确微乎其微。之所以有研究者认为辜鸿铭在入英国爱丁堡大学之前获得过德国大学的文凭,还源于目前对辜鸿铭入欧和离欧具体时间上的分歧。依据辜鸿铭在《上德宗景皇帝条陈时事书》中说自己在欧洲留学11年,再结合其他的证据,辜鸿铭赴欧应在1868至1869年间,返乡约在1880年。其实,辜鸿铭本人关于自己在欧洲留学经历的说法也有前后矛盾的地方,比如他曾经在《尊王篇》中说自己"花了十年时间在欧洲学习其语言、文学、历史和制度"①。辜鸿铭于1877年从爱丁堡大学毕业后,在回乡之前还有二至三年的时间用于游学。以辜鸿铭惊人的才智,其间还是有可能再获一个工科文凭的。若辜鸿铭的德国工科文凭为真,还是第一种说法更合理,即辜鸿铭1877年爱丁堡大学毕业后又在欧洲数国游学,其间曾入德国工科大学学习自然科学并获毕业文凭,之后才返回故土。

　　辜鸿铭在英国爱丁堡大学的学习情况已基本明朗,但关于他游学德国的经历以及他的德国学位,目前的各种说法尽管言之凿凿,却都没有确切的材料依据。关于辜鸿铭获得德国工科文凭的地点,最流行的说法是在莱比锡大学,不过笔者发现这种说法多少值得推敲。笔者曾努力查找有关辜鸿铭当年在德国学习情况的资料,其间与德国莱比锡大学档案馆取得了联系,该档案馆收藏

---

① 《辜鸿铭文集》(上),第39页。

的 1870 至 1880 年间在该校注册和毕业的学生名单以及相关资料保存完整,而且已经完成数字化改造,所有资料均已上网。笔者在这些资料中做了反复查找,并未找到辜鸿铭的名字。在查证的过程中,笔者已尽可能考虑到了辜鸿铭外文名字的多种可能性。基于此,笔者对辜鸿铭的德国工科文凭持怀疑态度,他的那个莱比锡大学土木工程毕业文凭极可能并不存在。当然,这并不排除游学时期的辜鸿铭在莱比锡大学听过课的可能性。最大的可能是,辜鸿铭游学德国期间确曾在莱比锡大学学习,逗留时间也可能较长,甚至办理了注册入学的手续,但他应该并未正式毕业并拿到学位。根据现有资料,柏林也是个非常有可能的求学地点。笔者按图索骥,发现这类说法似乎都受了兆文钧《辜鸿铭先生对我讲述的往事》一文的影响。然而从上面的分析可知,兆文钧的说法疑问颇大,至少是有夸饰的嫌疑。另外,自负的辜鸿铭晚年常常信口开河,兆文钧也难保不会在记忆上出错。事实上,兆文中庚子议和一节就曾引起学者质疑。因此该文作为一篇回忆文章只宜适当参考,用作史料依据则不够审慎。当然,这些都只是逻辑上的推论,还需事实求证,这就要求排查柏林的高校并核实档案。限于条件,笔者目前尚难做到这一点,只能留待将来时机合适之时做进一步的补充。

其实,综合现有关于辜鸿铭德国文凭的材料,笔者觉得辜鸿铭的德国工科文凭本身是否存在就有疑问。在国内,该说法较早出现于赵凤昌的《国学辜汤生传》。该文记载辜鸿铭在担任黄浦江浚治局督办时,为揭露欧人在开浚黄浦江工程的过程中贪污舞弊,曾出示自己在德国获得的土木工程师文凭[①]。罗振玉也说辜鸿铭曾毕业于德国的工科大学。二人曾与辜鸿铭交往,他们的说法应该具有一定的可信性,不过辜鸿铭本人从未正式提起过,这就有了疑问。当然,辜鸿铭向来鄙视机器文明,也有可能他虽曾获得过德国工科文凭,却不屑于提起。另外,兆文钧《辜鸿铭先生对我讲述的往事》也可以算作间接的辜鸿铭回忆录,文中曾详细描述了辜鸿铭四年的柏林工科大学生涯,但从上面的分析可知,该说法是很难成立的。其实,自然科学本来就不是辜鸿铭的兴趣所在。当然,出于现实考虑或家族友人的建议,辜鸿铭在自然科学方面略作涉猎也是可以理解的,不过,从辜鸿铭 1877 年爱丁堡大学毕业到 1880 年前后返回马来西亚,中间大约只有两到三年的时间,在此期间,辜鸿铭主要是在欧洲各国游学,这其实并不利于他再正式注册并获得一个新的学位,广泛涉猎的说法似乎更合理些。虽然辜鸿铭才智过人,但土木工程毕竟是一门完全不同的学科,大学授予学位是以一定的修业年限及必要的学分为前提的,游学中的辜鸿

[①] 黄兴涛:《旷世怪杰》,第 82 页。

铭能否在两年左右的时间里系统地修完土木工程的全部学位课程,还是有问题的。据《中国人的精神》的德文译者施密茨所说,辜鸿铭"在德国度过了几个学期",但又说辜鸿铭"学习期间,经常在德国各地旅行,特别是常去耶拿逗留",而且施密茨也并未提到辜鸿铭是否获得过德国工科文凭,只是说他此前曾在爱丁堡大学获文学硕士学位。施密茨的说法倒是可以佐证,辜鸿铭在德国应该也是志在游历,和在其他欧洲国家一样,他的那个德国工科文凭很可能只是误会加讹传,他获得的应该也不是正式的工科毕业文凭,而只是某种旁听的课程证明或成绩证明。

相比之下,在辜鸿铭的德国学位问题上,国外的文献一般就比较谨慎。例如美国哥伦比亚大学出版社出版的比较权威的《中国名人传记大词典》(第二卷)在介绍辜鸿铭的生平时,首先即明确指出,人们"实际上对辜鸿铭的早年生活所知甚少",在说到辜鸿铭的学位文凭时,该词典只说辜鸿铭获爱丁堡大学文学硕士学位后,在返回槟城之前"曾在莱比锡学习过,好像还获得过土木工程学的文凭"[1]。再如,维基百科网站在介绍辜鸿铭的德国求学经历时说法也很相似:辜鸿铭"据说还曾获得过莱比锡大学土木工程专业的毕业文凭"。[2] 综合以上分析,笔者认为,辜鸿铭虽然可能曾在德国修习过工科课程,但他是否获得过正式的毕业文凭仍需查证核实,目前并不能排除旁听、肄业或者其他形式证书的可能性。此外,辜鸿铭在德国求学的地点也需考证。在没有找到确凿的材料之前,关于辜鸿铭的德国求学经历和德国文凭,宜作如下表述:辜鸿铭在英国爱丁堡大学毕业并获文学硕士文凭后,又游学于欧洲数国,其间曾入德国大学学习工程技术知识,并可能获得过相关的证书。

通过分析辜鸿铭的德国文凭问题,可以发现,虽然疑点多多,但有一点似乎是没有疑问的,即辜鸿铭在德国大学学习的是自然科学。这其实正反映了19世纪后期欧洲的社会现实:那时的德国充分利用欧洲最新的自然科学成果,再加上在普法战争中获得的巨额战争赔款,虽然起步比英法两国晚了不

---

[1] Boorman, Howard L.: *Biographical Dictionary of Republican China*. New York 1968. Volume II. S. 250. 关于辜鸿铭欧洲求学经历的英文原文为:"Little is known of Ku's early life. He subsequently matriculated at the university of Edinburgh, from which he received the M. A. degree in April 1877 ... Before returning to Malaya, Ku studied in Leipzig, where he appears to have obtained a diploma in civil engineering, and lived for several months in Paris."

[2] Wikipedia (http://en.wikipedia.org/wiki/Gu_Hongming) 网站关于辜鸿铭德国求学经历的介绍为:Gu Hongming "is said to have also earned a diploma in Civil Engineering in the University of Leipzig".

少,但发展速度却是十分惊人的,在科技创新方面所取得的重大成果也远远超过了欧洲其他国家。因此,辜鸿铭在学习了解欧洲的自然科学知识时选择德国,是顺理成章的事,这也印证了布朗先生为他制订的学习计划:"我计划让你在德国学科学……去英国学文、史、哲学及社会学"①。尽管如此,通过上面的分析,我们仍可得出大致的结论,即对辜鸿铭来说,在德国入大学学习自然科学知识以获得相应的学位并非第一要义。事实上,辜鸿铭一生都在抵制和抨击西方的机械文明,正如有德国评论者所指出的那样:"只有科学知识以及一种土生土长的道德体系才能给欧洲的人民带来'永久的和平',而辜鸿铭是鄙视科学知识的。"②可以说,在德国入大学于辜鸿铭的真正意义在于,这给了他一个很好的机会,既可以凭借自己已有的语言知识继续研读德国文、史、哲等方面的经典著作,又能够实地了解德国的文化历史、社会民情、政治法律制度以及各种社会思潮。事实上,游历便是辜鸿铭逗留德国期间的一个重要内容。从现有的资料可知,他游历过的德国城市有柏林、莱比锡、魏玛、耶拿等地,都是历史名城,魏玛和耶拿更是德国的文化圣地,尤为辜鸿铭青睐。这种游历和广泛涉猎无疑有助于他逐渐形成自己对德国文化传统和德意志精神特质的总体看法。

其实,对于本书要论述的核心主题来说,辜鸿铭究竟有没有获得过正式的德国工科学位文凭并非问题的关键所在。此处分析辜鸿铭德国文凭问题的目的,只在于对辜鸿铭早年在德国的学习和生活情况略作回顾,并以此为着力点,在一定程度上还原辜鸿铭学习、吸收德国文化思想的大致过程,从而获得分析他青年时代德国观的形成依据。由于前面所提到的种种原因,辜鸿铭在德国学习、生活的详细情形已很难还原了,在目前的情况下,分析辜鸿铭对德国文化的接受,最现实、最直接的办法就是从辜鸿铭的文章著作入手,这源于辜鸿铭旁征博引的行文笔法。

从作品中的引用情况看,辜鸿铭对德国的文、史、哲著作均有较深的涉猎。在德国的文化名人中,歌德是辜鸿铭最景仰的一位,鉴于歌德在辜鸿铭心目中至高无上的地位,本书接下来单辟一节,首先分析辜鸿铭对歌德的接受。

---

① 黄兴涛:《旷世怪杰》,第141页。
② Schindler: *Ku Hung Ming*. In: *Ostasiatische Zeitschrift*. 1916—1918, 5. u. 6. Jg. S. 127.

第二节 辜鸿铭对歌德的接受

辜鸿铭对歌德(Johann Wolfgang von Goethe,1749—1832)的推崇首先表现在他对歌德作品的反复征引上。据粗略统计,辜鸿铭在其文章、著作和译作中直接引用歌德作品的地方就有 40 余处①,其中,歌德的部分名言警句还被反复引用,歌德在辜鸿铭心目中的地位由此可见一斑。辜鸿铭对歌德作品的引用还是一贯的,从早期的英译《论语》、《中庸》以及《尊王篇》直到他晚年在日本讲学,歌德一直是他征引的重点。具体来说,辜鸿铭征引的歌德作品主要有《威廉·迈斯特》、《格言与警句》、《浮士德》、《诗与真》以及歌德的部分诗歌作品,其中,尤以对《威廉·迈斯特》和《格言与警句》的征引为最多。从内容上看,辜鸿铭对歌德作品的引用相当广泛,几乎涉及了歌德创作及思想的方方面面,显示出他对歌德的研究已经相当深入。下面具体分析辜鸿铭对歌德作品的引用、评论并探讨他对歌德的接受。

《浮士德》

在歌德的作品中,最能代表他思想魅力和艺术成就的,首推《浮士德》。据说辜鸿铭早年在布朗先生安排下背诵德语经典作品时,就是从《浮士德》入手的,不过,辜鸿铭在文章著作中对《浮士德》的引用和评论却并非最多。尽管如此,鉴于《浮士德》对歌德研究的重要意义,此处先就辜鸿铭对《浮士德》的征引做简要分析。

从引用情况看,辜鸿铭对《浮士德》的思想主旨了然于胸。例如,在《张文襄幕府纪闻》下卷《自强不息》一文中,辜鸿铭特别编译了《浮士德》中的一句诗并做了简评:"辜鸿铭部郎曾译德国名哲俄特《自强不息箴》,其文曰:'不趋不停,譬如星辰,进德修业,力行近仁。'卓彼西哲,其名俄特,异途同归,中西一辙。勖哉训辞,自强不息。可见道不远人,中西固无二道也。"②此处所谓"不趋不停,譬如星辰,进德修业,力行近仁"是辜鸿铭对《浮士德》末尾"凡是不断努力的人,我们能将他搭救"一句的编译。辜鸿铭这段评论的缘起是他对《论

---

① 以迄今为止对辜鸿铭文章著作收集最全的《辜鸿铭文集》(黄兴涛等编译,海南出版社 1996 年)为依据。
② 《辜鸿铭文集》(上),第 474 页。

语·子罕》中一段话的解释。《论语》中的原文为:"'唐棣之华,翩其翻而,岂不尔思,室是远而。'子曰:'未之思也,夫何远之有?'"《论语》中这段话的前四句并非实指,大意是说因为太远所以不可得。孔子的回答却是:并不存在远的问题,只是没有脚踏实地地去做罢了。孔子这句话和前面《述而》篇中"仁远乎哉?我欲仁,斯仁至矣"一句所表达的意思其实是一样的,而辜鸿铭的评论也非常精辟:"余谓此章,即道不远人之义。"随后,他便以歌德这句诗佐证。应该说,辜鸿铭以中国古训"自强不息"来概括"不断努力进取"的浮士德精神,确实点中了要害,不过,他编译歌德这句诗并非是要品评所谓的"浮士德精神"。这段话的重点其实是在"可见道不远人,中西固无二道也"这一句上面,辜鸿铭的意图是在歌德的"不趋不停……力行近仁"和儒学的"道不远人"之间建立联系①,通过说明中西贤人"英雄所见略同"从而达到以西证中的目的,这是辜鸿铭最常用的论证方法,而且乐此不疲。

在翻译《中庸》第十二章时,辜鸿铭仍以相同的思路引用《浮士德》。在"君子之道,造端乎夫妇;及其至也,察乎天地"一句后面,辜鸿铭援引浮士德对甘泪卿关于宗教问题的著名回答作注:"道德源于男女之爱,学德国文学的学生应该都记得浮士德对甘泪卿的那段自白:'天不是穹隆于上?地不是固定于下?永恒的星辰不是依依流盼而升起?我跟你眼对眼相看,一切不都拥向你的头脑和胸心,在永远的神秘之中,有形无形地靠拢你活动?让这种感受充满你广阔的胸心,等你陶醉于这种感情而觉得幸福,你就可以随意命名,名之为幸运!心!爱!天主!'"②《中庸》中这句话的意思是说,君子之道始于普通男女,然而它的最高境界却昭著于整个天地。浮士德的这段自白则表达了一种自然神论的思想,核心在于说明人应该服从的是心中的上帝。辜鸿铭引用浮士德这段自白,意在说明歌德所谓"心中的上帝"和孔子的"君子之道"乃殊途同归。在《中国人的精神》中,辜鸿铭在论述宗教的实质时曾再次引用浮士德的这段自白:"可以这么说,是男女之爱产生了君子之道,由此,人类不仅建立了社会和文明,而且创建了宗教——确立了对上帝的信仰。你现在可以理解歌德借浮士德之口所表达的忏悔了。它是以这样两句开头的:我们的头顶之上难道不是茫茫的苍天?我们的脚下岂非坚实的大地?"辜鸿铭的论证逻辑就是:儒家的"道"无处不在,无时不在,它起于夫妇之爱,充盈于天地之间,而宗教感化力的源泉也是爱,这种爱同样起自夫妇之爱,宗教也正是据此让人服从道德规范或曰"道"(神圣的宇宙秩序)的,两者殊途同归。于是,辜鸿铭郑重宣

---

① 卫茂平:《德语文学汉译史考辨》,第 11 页。
② 《辜鸿铭文集》(下),第 542 页。

称:"宗教真正的生命所在是君子之道"。①通过这样的类比,辜鸿铭便在西方的宗教感情和孔子的君子之道、歌德的泛神论和儒家的"道"之间实现了某种形式的对等。

值得注意的是,辜鸿铭的类比论证读来虽然新颖,也有一定道理,但因多为散文笔法,较少严格的学术论证,容易给人留下片面、简单化的印象,也难免断章取义之嫌,从而授人以柄。这其实也是当时一些西方学者批评他的一个重要原因。例如,辜鸿铭以儒家思想阐发宗教的本质就曾招致不少欧洲神学界和传教界人士的批评,甚至还有德国学者直斥他根本"不懂宗教"②。这一点后面还将陆续论及。

以上略举两例辜鸿铭对歌德著作《浮士德》的引用。可以看出,辜鸿铭主要是从哲学和社会思想的角度宏观地认识歌德的,而且总是力图在歌德的思想观念和中国传统的儒家思想之间找到共同点。换句话说,在辜鸿铭心目中,思想家歌德的意义显然要远重于文学家歌德,这一方面是辜鸿铭本人的哲学家气质使然,另一方面也是因为辜鸿铭的引用和评论多有文化的、社会的甚至政治的目的。这种情况同样适用于另一部全面反映歌德精神世界的小说《威廉·迈斯特》。

辜鸿铭对小说《威廉·迈斯特》的引用远多于《浮士德》,他曾这样评价《威廉·迈斯特》:"华兹华斯在与爱默生谈起歌德的《威廉·迈斯特》时,曾尽情痛骂说:'它充斥了各式各样的私通行为,就像苍蝇群在空中杂交。'其实,《威廉·迈斯特》正是伟大的歌德对拿破仑复辟时期德国状况的真实、清晰和冷静的描述,正如莎士比亚作品对英国社会的描摹一样。"③从辜鸿铭的这段评论看,相对于《浮士德》,辜鸿铭似乎更为欣赏《威廉·迈斯特》。其实,《浮士德》和《威廉·迈斯特》共同构成歌德创作的两大支柱,都包含着丰富的思想内容,融合了歌德对社会、历史、人生、艺术、教育等方面的思考,只不过《浮士德》更侧重于理想,主旨在于追求"至高的存在",追求"无限",浪漫色彩比较浓厚,而小说《威廉·迈斯特》更富现实气息,更多地关注人在现实社会中的发展问题。辜鸿铭本人虽然极具浪漫气质,但由于他著文往往都是因为社会现实问题有感而发,一般都有极强的针对性,与《浮士德》相比,《威廉·迈斯特》显然能够给他更多的启发和印证,这应该是辜鸿铭更多地征引《威廉·迈斯特》的主要

---

① 《辜鸿铭文集》(下),第58页。

② Witte: *Ku Hung Ming, Der Geist des chinesischen Volkes und der Ausweg aus dem Krieg.* In: ZMR. Jg. 1916. S. 310.

③ 《辜鸿铭文集》(上),第103页。

原因。也正是这个缘故,歌德早期浪漫主义色彩浓厚的作品,如《少年维特之烦恼》等,就未见辜鸿铭征引评论。

因辜鸿铭对歌德的征引涉及歌德的多部作品,本书不适合逐一分析,只能够概述。总的看来,辜鸿铭主要是从下面几个角度引用歌德作品印证自己的观点的。

政治倾向和群众观

辜鸿铭的政治生涯乏善可陈,他主要是一个学者,不过不是一个书斋学者,而是终生关注社会和政治问题。除了在思想上批评西方现代文明的物质主义倾向、宣扬儒家文明的道德价值外,辜鸿铭还在政治上强烈谴责西方的殖民政策,其文章著作常有鲜明的政治倾向。辜鸿铭对西方社会所做的诊断为"无政府状态",直接原因是"民主"影响下的"群氓"取代了王权;随着列强入侵,这种"混乱无序"又来到了中国,威胁着中国社会固有的价值秩序。对于这种"群氓"和"无序",辜鸿铭终生深恶痛绝,口诛笔伐。让他感到欣慰的是,他在歌德那里找到了知音。

在《尊王篇》的序言中,辜鸿铭引用了歌德《威尼斯警句》中的一段话:"法国悲惨的命运,大人物可能会考虑;可是小民们确实更应该考虑。大人物灭亡:可是谁保护民众抵御民众?民众成了民众的暴君。"①这段话辜鸿铭在论文集《呐喊》中还曾再次引用,可以帮助我们一窥歌德的政治立场和群众观。在那个经历了启蒙运动洗礼的时代,作为一位天才的知识分子、德国"狂飙突进"运动曾经的主将,歌德本能地反对腐朽僵硬的封建专制,然而生活在上层社会圈子里的他在感情上又倾向于贵族。与不少知识分子一样,歌德也被法国大革命残酷的一面深深震撼,《威尼斯警句》中的一些诗句就融合了他对法国大革命的思考。歌德得出的结论是,在群众革命的现实面前,贵族统治阶级实有必要在自己身上找一找原因,但他同时也不忘指出,普通民众"更应该考虑",因为如果"大人物灭亡"了,"谁保护民众抵御民众?民众成了民众的暴君"。可以说,这段话生动地反映了歌德轻视群众的立场和对群众革命运动的戒备心态,也清晰地表明了他的政治改良主义和对开明贵族政治的期望。在实行贵族政治这一点上,辜鸿铭显然志同道合。他这样宣称:"我们东方文明

---

① 《辜鸿铭文集》(上),第 14、505 页。译文见钱春绮译《歌德诗集》(上),第 412~413 页。

中所说的'王道'指的就是民主社会的理想,就是拥戴有德君主之治。"①《尊王篇》的主旨即在于维护慈禧太后主导下的王政秩序,歌德这段话出现在该书的序言中,可以说是为辜鸿铭这部著作奠定了基调。在后来的《清流传》中,辜鸿铭对自己的贵族政治立场有过更详尽的阐发。在他看来,中国社会要想健康运转,就"必须依靠满洲贵族的高贵品格来指导,将群众的勤劳力量引导到一个高尚的目的之上"②,也就是说,具有高尚品格的贵族才是社会秩序的根基所在。说到政治立场,歌德对开明贵族政治的期望和辜鸿铭的"尊王"立场当然并非一回事,尽管如此,歌德这句话却给了辜鸿铭极大的鼓舞,这种"尊王"立场他终生未改。

坚持贵族政治或王政秩序,就必然涉及对群众的态度,贵族观和群众观本来就是一枚硬币的两面。在《尊王篇》序言中,在引用了歌德上面那段话之后,辜鸿铭紧接着又引了《威尼斯警句》中的另一段话:"我们不对?我们不得不欺骗小民?瞧他们显得多么笨拙而野蛮!一切粗野的受欺者都是笨拙而野蛮;正直一些吧,引他们合乎人性。"③这段话更鲜明地体现了歌德轻视群众的一面。应该说,歌德对群众的偏见与他对暴力的厌恶和对秩序的偏爱有着直接的关系。歌德认为,"统治社会的应该是'秩序',而不应该是'混乱'"④,人类社会必将不断前进,但应该在有序中前进,暴力革命只会破坏秩序而带来混乱,因此一切暴力歌德都是反对的,1789年的法国大革命更使歌德感到世界的发展不应该依靠群众和暴力革命。在反对群众暴力危害社会秩序这一点上,辜鸿铭和歌德走到了一起。事实上,无论是太平天国起义还是辛亥革命,辜鸿铭都是仇视的。辜鸿铭对群众的轻视立场从他反复使用"群氓"一词就可以看出来。在辜鸿铭看来,贵族政治或王道秩序永远面临"无政府主义"这个大敌,罪魁祸首就是群氓,是下层的乌合之众:在《中国人的精神》的导论中,辜鸿铭再次引用了歌德这段话,目的仍是抨击西方的"群氓崇拜"。辜鸿铭的逻辑就是,西方人认为民主的含义就是"无王",于是乎,"欧洲各国当政的政治家把权力完全交给一帮乌合之众",并且"迎合这帮乌合之众的激情"⑤,从而走向了没有贵族高尚品德指导的无政府主义:"庸人不仅否定与自己不同的别人

---

① 《辜鸿铭文集》(下),第320页。
② 《辜鸿铭文集》(上),第299~300页。
③ 同上,第15页;《辜鸿铭文集》(下)第19页。译文见钱春绮译《歌德诗集》(上),第413页。
④ 余匡复:《〈浮士德〉——歌德的精神自传》,第77页。
⑤ 《辜鸿铭文集》(上),第505页。

的境况,还想让其他所有人都按他的方式生活。"①辜鸿铭始终批驳"群氓",但从未给它下过明确的定义,他最常使用的变通说法是唯利是图的"乱臣贼子",尽管不完全指普通百姓,然而在他看来,普通百姓虽有勤劳的优点,但若缺少了贵族高尚品德的指导却最容易沦为群氓,这正与歌德"引导小民走向正直"的观点不谋而合。

辜鸿铭虽然轻视民众的政治作用,但对良民、顺民却赞赏有加。他曾举过这样一个例子:当八国联军侵犯北京,慈禧太后外逃,整个政府机构陷于瘫痪之时,"中国的民众却依然忠实地服从他们法定的当局,循规蹈矩、不越雷池"②。这便是辜鸿铭心目中的良民,"这种良民宗教的最高责任,就是忠诚之责任"③。在辜鸿铭的眼中,这才是真正的人的生活。辜鸿铭还进一步追根溯源,认为正是由于儒家思想深入普通群众,教化了中国的百姓,才使他们成为了真正的人,并引歌德下面这句话作为佐证:"唯有民众懂得什么是自然,唯有民众过着真正的人的生活。"④这句话出自歌德1798年5月5日写给席勒的一封信,意在讨论文艺创作,辜鸿铭却拿来证明儒家思想的教化功能,有断章取义之嫌。不过,这句话却也反证了歌德群众观的另一面:歌德虽然轻视群众的政治作用,却也认识到群众的质朴、善良和伟大。可以看出,作为一位伟大的天才作家,歌德的政治立场和群众观是颇为矛盾的。

由于时代、地域、出身、环境等多个方面的巨大差异,辜鸿铭和歌德对现实政治的实际感受和态度当然有着诸多的不同,不过,他们在对贵族和群众的认识上却有一点是一致的,即具有高贵品质的上层贵族才是社会秩序的关键所在,群众的作用只是从属的、次要的,他们必须被引导,否则就有沦为群氓的危险。

人的教育

无论歌德的开明贵族政治,还是辜鸿铭的王道政治,它们都只是目的,还需有效的手段才行,因为良好的社会秩序终须落实到个体的素质和修养上来。为此,辜鸿铭特别强调修身养性的重要性。在这个问题上,他依然在歌德那里

---

① 《辜鸿铭文集》(下),第99页。这是歌德写给友人里默尔信中的一句话,文集中对这一句的翻译有误。
② 《辜鸿铭文集》(上),第16页。
③ 《辜鸿铭文集》(下),第26页。
④ 同上,第42页。

寻找知音。

在辜鸿铭看来,个体的修身养性是维持良好社会秩序的根本途径,然而欧洲人的做法却是本末倒置,他们不求自身品格的完善,一味倚重外部强力:"现代欧洲的统治观念,怎样使人民、使'民众'就身秩序的观念,是动用警察手中的警棍和军人手中的刺刀"①。辜鸿铭认为,这种依靠警察和军队的威压,却不以道德力量约束的社会秩序是不可能持续的,一个社会只有通过逐步提高和完善每个社会成员道德水平的方式,才能达到王道的最高境界,即"无为之治"。因此,辜鸿铭非常欣赏歌德的一句话:"最好的统治形式,是使统治变得多余的形式。"②这句话辜鸿铭在《关于中国问题的近期札记》系列文章和《呐喊》中曾反复引用,它体现了歌德作为一个先进的知识分子对人类前途所做的思考。在歌德生活的时代,欧洲政治风起云涌,身在魏玛宫廷的歌德也在思考人类社会的前途问题,不过主要不是从政治的角度,而是从人文主义的角度出发。歌德的结论是,人类历史的进步应该以个体的进步为前提,即"每个人只要在生活中力求精神的与内心的自我完善,社会便能达到理想境界"③,他"最好的统治形式,是使统治变得多余的形式"这句话讲的就是这个意思。换言之,只有个体的精神状态和道德水准逐步走向完善,社会秩序和进步的基石才能牢固,在这一点上,辜鸿铭和歌德可以说是有共同语言的。

在辜鸿铭看来,个体的修身养性还是中国的当务之急。这是因为,随着国门大开,西方极端物质实利主义潮涌而入,但它带来的只不过是一些"低级、庸陋、粗俗、卑鄙和可耻的东西","中国一切精妙、美好、尊贵、崇高、亲切、声誉好的东西,都将面临毁灭的危险"④。辜鸿铭认为,中国不能被来自欧洲的物质实利主义淹没,中国人必须鄙弃这种庸俗的物质崇拜,因此,修身养性就变得格外重要。他还借歌德的一句诗发出呼吁:"把控制我们大家的凡庸平常抛在他身后,成为空虚的假象"⑤。歌德这句诗出自《席勒〈大钟歌〉跋》。辜鸿铭的引用看似信手拈来,却有断章取义之嫌,因为辜鸿铭的用意在于呼吁修儒家的"美德"以抗拒欧洲的物质主义,歌德这句诗表达的却是对一切俗常的超越和

---

① 《辜鸿铭文集》(上),第 153 页。
② 同上,第 153、543 页。辜鸿铭此处似乎笔误,这句话实为德国语言学家、教育家、思想家洪堡(Wilhelm von Humboldt, 1767—1835)所说。这句话的德语原文为:Diejenige Regierung ist die beste, die sich überflüssig macht.
③ 余匡复:《〈浮士德〉——歌德的精神自传》,第 255 页。
④ 《辜鸿铭文集》(上),第 286~287 页。
⑤ 同上,第 287 页。文集断句翻译因而误译。本处引自《歌德文集》(第 8 卷),第 230 页。

对永恒的真善美的追求,寓意要广得多。为了说明美德修养的必要性,辜鸿铭又引《威廉·迈斯特的学习时代》中的一段话做佐证:"每种天赋都是重要的,人们必须促使其发展。如果某一个人只促成美的事物,另一个人只促成有用的事物,那么,这两个人合在一起才构成一个人。有用的事物能自行发展,因为众人都在促成它,所有的人都少不得它;美的事物必须由人去扶植,因为能创造它的人很少,需要它的人却很多。"①这一段是小说主人公威廉和雅诺之间的一次对话,探讨的是人的全面发展问题。辜鸿铭的这一引用依然摆脱不了断章取义的嫌疑,因为歌德所谓对"美的事物"的追求虽然包括美德修养,但含义要宽广得多,文学艺术也包括在内,小说的主旨便在于表达对和谐的人的追求。辜鸿铭征引歌德作品中的两段话来证明自己修身主张的合理性,形式上虽然颇为巧妙,其移花接木的技巧也很娴熟,但他"修德"的功利用意和歌德"和谐的人"的人道主义理想相比毕竟还是有不小的差距的。

在辜鸿铭看来,个体的修身养性更是走向君子之道的根本途径。他强调说,道德修养的目标"不是这种、那种或其他任何特定品德的实践,而是促进和造就某种性情、精神和心灵的状态"②,具体地说就是达到一种"洞悉物象内在生命的安详恬静、如沐天恩的心境"③,即君子之道,也即他心目中真正的中国人的精神。在辜鸿铭看来,这种真正的中国人的精神是人类文明的最高境界,它具有普适性,也是各种宗教使命的归宿:"宗教所规定的各种道德法则都只是宗教的外在形式,宗教的生命与灵魂是君子之道。"④这样,辜鸿铭便借由作为普遍现象的宗教将"君子之道"推向了世界,使之成为人类文明的终极目标。为了证明自己的观点,辜鸿铭又想到了歌德,这一次引用的是《威廉·迈斯特的漫游时代》中的一句话:"虔诚不是目的,而是手段,是通过最纯洁的内心宁静达到最高修养的手段。"⑤这句话出自小说中"漫游者的观感"一章。歌德的意思是说,所谓品德训练只是手段,用以帮助个人培养精神和性情,最终目的则是达到内心完美的最高境界,不能执着于手段而迷失了目的,辜鸿铭此处的引用似乎恰到好处。但应指出,歌德和辜鸿铭对完美的人的理解并不一样,歌德心目中完美的人也绝非辜鸿铭所谓的"君子",尽管如此,他们对人类走向完美的必要性和必然性的认识大体上还是一致的。辜鸿铭对自己的"君子之道"

---

① 《辜鸿铭文集》(上),第302~303页。译文引自《歌德文集》(第2卷),第524页。
② 同上,第559页。
③ 《辜鸿铭文集》(下),第69页。
④ 同上,第59页。
⑤ 《辜鸿铭文集》(上),第555页。译文引自《歌德文集》(第3卷),第296页。

普世论信心满满,在引用了歌德的话之后还进一步补充道:"对于一个民族来说,这种最高境界也就是最为文明的境界。"①这样,经过一番旁征博引的论证,辜鸿铭又回到了他的道德文明观这一基点。

尽管辜鸿铭和歌德都认为社会的良治要靠个体的人去落实,因而都很看重人的教育,但他们对"人的教育"的理解并非等同。在辜鸿铭看来,人的教育的核心就在于按照儒家的各种规范修身养性,而"在儒家的各种规范之中,最重要的、最高的规范,就是对君王的绝对的效忠"②,因此,辜鸿铭所谓人的教育其实就是遵循名分大义,忠字当头,在"君君臣臣"的纲常秩序中"力行近仁",从而达到他理想中"无为之治"的境界。歌德的视野则要开阔得多。在启蒙精神的影响下,歌德对人类社会的未来图景还是非常乐观的。歌德深信,随着历史的发展演进,未来的人必定是全面发展的、和谐的人,人类社会也将由此走向完美。当然,社会的这种进步肯定少不了个体的道德水平的提高,而歌德确实也很重视道德的修养,但歌德并不止于一个道德家,作为欧洲资产阶级上升时期知识分子的杰出代表,歌德更重视人的全面教育和发展,特别是科学和艺术在人的教育中的重要性:"只有科学和文艺能使社会在有序中前进"③。也就是说,在人的教育方面,歌德更重视以科学扩展知识,以文艺陶冶性情,在这一点上,他与具有"反科学"倾向的辜鸿铭其实同床异梦。此外,歌德关于教育的观点还非常务实:"如果每个人只作为个人而尽他的职责,在他本人那一行业里表现得既正直而又能干胜任,社会整体的幸福当然就随之而来了。"④这种认识也是辜鸿铭没有的。从中也可看出,歌德不愧是伟大的、进步的思想家,他是向前看的,而辜鸿铭本质上还是保守的,他更多是向后看的。

救赎之途

辜鸿铭生逢乱世,哲学家的气质和历史责任感促使他执着地思考时代问题的道德根源,并给出了自己的解决方案。基于辜鸿铭对当时世界局势的基本看法,即"中国眼下的无政府状态只是一种功能失调,而欧美的无政府状态才真正是器官组织不健全"⑤,原因就在于西方社会的"无王"和"离道",那么

---

① 《辜鸿铭文集》(上),第556页。
② 《辜鸿铭文集》(下),第65页。
③ 余匡复:《〈浮士德〉——歌德的精神自传》,第81页。
④ 同上。
⑤ 《辜鸿铭文集》(上),第16页。

他的药方就主要是针对西方世界而开的,德国当然也不例外。辜鸿铭给西方开出的药方就是儒家传统的伦理道德学说,大致可以归结为三个字:仁、义、礼。

辜鸿铭的"仁"最初主要针对西方的殖民主义政策而言。孔子讲"仁者爱人"。对辜鸿铭来说,"仁"指的就是爱,是宽容,"人类所有纯真的情感均可以容纳在一个中国字中,这就是'仁'","在现代术语中,'仁'相当于仁慈、人类之爱,或简称爱","宗教的感化力就在于此"。①可以看出,辜鸿铭的文化视野还是非常开阔的,他是从普遍的人类之爱入手提倡一种"宽容"的精神:一个人无论出身和国籍如何,"只要无私和仁慈",就是"一个基督之徒,一个文明之人"②。关于这种意味着"宽容"的爱,辜鸿铭同样反复在歌德那里寻求印证。在主要讨论德国历史与现实的《关于中国问题的近期札记》的第三篇中,辜鸿铭以歌德《诗与真》中的一段话作为卷首语:"对于什么事都不敢自私,而在爱方面,友谊方面特别极不自私,是我最大的喜悦,我的格言,我的实践。所以在日后我大胆地写的那句话:'我纵然是爱你,这对你有什么相干?'实是衷心喊出来的。"③在歌德这段话中,辜鸿铭看到的是一种无条件的"爱",或曰博爱,认为只要共有了这种爱,一切难题便可迎刃而解:"地妖对浮士德喊道:'你肖似你所理解的精灵,不像我。'这就是伟大的歌德为使德国人摆脱附体的普鲁士清教主义魔鬼而念的咒语"。④辜鸿铭对"宽容"的呼吁尤其体现在他对歌德《威廉·迈斯特的漫游时代》中一段话的反复引用上:"人类发展到也对有过失的人温和,对罪犯体谅,对不人道者人道,经历了多么漫长的道路!首先进行这种教导的人,为实现并加快这一过程而献出了自己的毕生精力的人,这些人当然都是具有非凡品格的人。"⑤归根到底,辜鸿铭的"仁"乃是呼吁西方要心胸开阔(他名之为"心灵的扩展"),要停止自私、傲慢的殖民主义政策,平等地对待东方民族,在对待中国问题上应以歌德的"宽容"思想为指导:"欧美在对待中国问题上,是否将采纳歌德的文明概念,以取代那拥有蒸汽压路机、想把

---

① 《辜鸿铭文集》(下),第59页。
② 《辜鸿铭文集》(上),第116页。
③ 同上,第100页。译文引自刘思慕译《歌德自传——诗与真》,人民文学出版社1983年版,第668页。
④ 同上,第116页。歌德这句诗在文集中被误译,应译为:"你肖似你所理解的精灵,不像我。"见钱春绮译《浮士德》(上),上海译文出版社1982年版,第36页。
⑤ 同上,第116~117页;《辜鸿铭文集》(下)第13、498页。该段译文引自《歌德文集》(第6卷),第44页。

耶稣基督变作食肉动物的德国政治牧师的文明概念,人们将拭目以待!"①

如果说"仁"的要求显得还有些宽泛,辜鸿铭又从分析第一次世界大战的根源入手具体地为欧洲人指点迷津。在他看来,这场战争根源有二:一是群氓崇拜,一是强权崇拜,前者又为后者的原因。他的解决之道也各有侧重。对付群氓崇拜,辜鸿铭的建议是"义":"考虑问题不应从个人的私利出发,不应去想我将会得到什么报偿",而要勇于"克服我们自身的自私和怯懦"②,以"义"为准绳,不可见利忘义。辜鸿铭还反复引孔子"君子喻于义,小人喻于利"和"君子周而不比,小人比而不周"这两句话,要求西方要胸襟宽广,以道义为重。对付强权崇拜,辜鸿铭的策略则是一个"礼"字:"要想清除强权及其这个世界上一切不义的东西,都不能依赖强权,而只能靠我们每个人优雅得体的举止。以礼来自我约束,非礼毋言,非礼毋行(君子笃恭而天下平)。""一句话,循规蹈矩即可。这样一来,强权、军国主义,甚至普鲁士军国主义,都将变得无的放矢。因为在懂得如何严格以礼行事的人们面前,他们很快就将发现自己的存在既没有用也没有必要。"③"义"和"礼"都是典型的中国概念,这显然是辜鸿铭对自己"儒家文明救西论"的详细阐发,即"中国人的精神"才是西方的出路所在:"这种义礼并重的宗教,我称之为良民宗教。我相信,对于欧洲人民……良民宗教将是一种使其受益无穷的新宗教。"④让辜鸿铭感到非常欣慰的是,他依旧是在歌德那里找到了知音:"世界上有两种和平的力量,即义和礼。"⑤歌德这句话出自《威廉·迈斯特的漫游时代》及《格言与反省》,辜鸿铭在《尊王篇》和《中国人的精神》中反复引用。显然,在辜鸿铭看来,他的"良民宗教"与歌德的"义礼"思想殊途同归:"义和礼""就是良民宗教的本质,就是中国文明的奥秘,同样也是德国人歌德教给欧洲人的新文明的奥秘。'不以暴抗暴,而应诉诸义礼',这就是中国文明的精华和中国民族精神的精髓所在"⑥。

辜鸿铭给西方开的这副药方中,"仁"主要涉及如何对待异质文明的问题,"义"和"礼"则强调西方世界要加强自身的道德建设,回归道德本位。最终,这个药方又归结到歌德的人道主义理想,由此可见辜鸿铭心目中歌德对欧洲的重要意义。进一步分析,辜鸿铭的上述三字济世方略还有一个发展的过程:在

---

① 《辜鸿铭文集》(上),第 117 页。
② 《辜鸿铭文集》(下),第 16~17 页。
③ 同上,第 17 页。
④ 同上,第 15~16 页。
⑤ 同上,第 15 页。
⑥ 同上,第 17 页。

早期,由于倡导中西文明价值对等,辜鸿铭更多的是以"仁"(博爱)作为他的喻世良言;在后期,由于他的"东方文明优越论"日益成熟,他的济世方略也进一步细化为中国式的"义"和"礼"。应该说,辜鸿铭以儒家传统的仁义思想对西方列强进行道德感化,初衷虽好,却不现实,在那个残酷的民族斗争的年代,他这种"让世界充满爱"的提议确实太理想主义了,至多只能引起部分有良知的欧洲知识分子的共鸣。

智者歌德

从前面的分析可以看出,在思考社会、政治及人生等重大问题时,辜鸿铭非常喜欢以歌德作品来佐证自己的观点。通过这些引用或评论,读者在歌德身上可以越来越清晰地看到一位智者的形象,甚至还重叠着孔子的身影。这一点不仅表现在对上述重大问题的立场上,还表现在对一些具体问题的看法上。下面试举几例:

关于谦虚。辜鸿铭强调修身养性的重要性,并指出这并非一件容易的事情,人们必须本着一种谦虚的态度:"教养的修得是难而又难的事,如果知道了这个,我们就会变得谦虚"。为此,他以《尚书·说命下》"惟学逊志,务时敏,厥修乃来"(意思是要谦虚好学,努力进取,才能达到希望的目标)一句做解,并引歌德剧本《伊菲革涅亚在陶里斯》中的一段话做注:"瞻望未来,未尽之事尚多,这些琐屑也就微不足道。"[①]这是剧本第一幕中伊菲革涅亚和阿耳卡斯之间的对话。阿耳卡斯追忆了伊菲革涅亚来陶里斯岛后的功劳,即说服陶里斯岛国王托阿斯废除杀人献祭的野蛮习俗,伊菲革涅亚随后做此回答。细细读来,其中既有一种思乡的柔情,也不乏谦虚的意味,辜鸿铭此处的引用颇为巧妙。

关于恒心。在翻译《论语·子罕》中"子曰:'譬如为山,未成一篑,止,吾止也。譬如平地,虽覆一篑,进,吾往也'"一句时,辜鸿铭在"譬如为山"后以《威廉·迈斯特的学习年代》第六章中的一段话作注:"人生百态呈现在我们面前,如同一个大采石场呈现在建筑师面前那样,只有当这位建筑师用这一堆不起眼的天然物质合成一幅从他的灵感中产生出来的最经济、最实用、最牢固的原像,他才不愧这个称号……相信我,绝大部分的不幸和人们所谓的恶之所以会产生,仅仅是因为人们太疏懒,不去好好了解他们的目的,倘若了解了,又不认真为之奋斗。我觉得他们好像是这样的人,这些人领悟到,现在能够而且必须

---

① 《辜鸿铭文集》(下),第291页。译文引自《歌德文集》(第7卷),第258页。

造一座高塔,可是他们在打地基上用的石头和工时却又不比盖一间茅舍多。"①歌德这段话包含了无论现实生活还是艺术创作均需不懈努力、锲而不舍的意思,《论语》中这句话讲的也是"为山九仞,功亏一篑"的道理,辜鸿铭此处以歌德这段话印证儒家智慧可谓恰到好处。

关于"义"。在翻译《论语·里仁》第二十三章"以约失之者鲜矣"一句后,辜鸿铭引了《威廉·迈斯特的学习年代》中的一段话做注:"你将看到,例如就一般而论,乡村里恶劣的店房主人比城市里的少,而且小城市的又比大城市的少;这是为什么呢? 因为人生在一个有限制的境遇里。"②这一段是小说主人公威廉和叔父之间的一次对话,意思是人要培养自己决断和践诺的能力,为人处世要有正义感,不能受外界环境的干扰;《论语》中这段话意思是说,因为严于律己而犯错误的人是很少的,为人处世应该"义"字当头。可以看出,两者意思基本接近。事实上,"君子喻于义,小人喻于利"乃是辜鸿铭反复强调的为人处世的准则。

关于"文"、"质"。在翻译《论语·学而》第十二章"有子曰:'礼之用,和为贵。先王之道,斯为美,小大由之。有所不行,知和而和,不以礼节之,亦不可行也'"时,辜鸿铭将"礼"字译为"art",并在下面做了详细的注解,说明他这样翻译的原因。在这里,辜鸿铭所理解的"礼"主要取"非自然"之意,他以"文"来阐释,并引了歌德的一句话做解:"我们喜欢谈论天才,这是因为天才具有优越的才智,他一眼就可以看出对他有用的东西。他懂得,艺术所以称为艺术,就是因为它不是自然。"③这段话出自《威廉·迈斯特的漫游时代》第二部第八章,是管事对威廉说的话,探讨的是教育和艺术问题。按照辜鸿铭的理解,歌德这段话的意思其实就是"文之所以谓之文为非质也。"④这里抛开辜鸿铭翻译优劣问题的探讨,单就他引用歌德这句话诠释中国文化中"文"、"质"概念来说,还是极具慧眼的。

关于"善"、"恶"。辜鸿铭坚持认为,"无王"、"离道"的西方世界因缺少道德的基础其实危机重重,注定会走进死胡同,"一战"的爆发则给了他绝佳的证据。在辜鸿铭看来,欧洲的这一灾难局面与基督教的"原罪"文化同样密切相关:"今日欧洲文明的基本谬误,正根源于对人性的错误认识,即根源于人性本恶的观念,因为这种错误的观念,欧洲的整个社会结构总要依赖于武力来维

---

① 《辜鸿铭文集》(下),第410页。译文引自《歌德文集》(第2卷),第380页。
② 同上,第372页。译文引自《歌德文集》(第2卷),第381页。
③ 同上,第351页。译文引自《歌德文集》(第3卷),第250页。
④ 同上,第351页。

系。"辜鸿铭给出的建议是,"必须首先使人类确信公理和正义的功效",在中国甚至连每个小孩都相信"人之初,性本善"①,这是基本前提。为此,他引了歌德的一句话佐证:"我们所谓人性中的恶,不过是一种不完善的发展,一种畸形或变态——某种道德品质的缺失或不足,而不是什么绝对的恶。"②歌德此语有明显的反基督教倾向,近于孟子的性善论,辜鸿铭此处信手拈来,确有异曲同工之效。不过需要注意的是,虽然歌德在宗教观方面基本上持一种泛神论的立场,但他的"善"和"恶"二词经常不是从宗教或伦理的角度使用,而更多的是从辩证法的角度着眼。

关于"克己"。在翻译《论语·颜渊》第一句"颜渊问仁。子曰:'克己复礼为仁。一日克己复礼,天下归仁焉。为仁由己,而由人乎哉?'"时,辜鸿铭在"克己复礼为仁"后引了歌德诗《天福的向往》中的一段作注:"如果你一天不能理解,这就是:死而转生!你只是个郁郁的寄居者,在这黑暗的凡尘。"③我们知道,"克己复礼"是儒家修身的基本要求,所谓视、听、言、动均须合"礼"的要义就在于情理兼顾,适当以理性调节情感和欲望,使之不会像脱缰的野马一样失去约束,也就是我们常说的"礼之用,和为贵"。歌德这段诗则表达了他到了晚年日益明显的"断念"(Entsagung)思想,具有浓厚的辩证色彩,与他在反专制和反暴力之间寻求折中道路的做法一样,洋溢着一种克己的道德精神。如果我们略过形式看内涵,歌德的"断念"思想与强调"中庸"的儒家文化精神确有某种神似之处。

当然,辜鸿铭对歌德作品的引用并非都有道理,也有欠妥之处。举个例子。辜鸿铭毫不妥协地为慈禧太后辩护,将慈禧太后描绘成一个为国操劳、殚精竭虑、深明大义的慈母和明君。在《中国的皇太后:一个公正的评价》一文中,在为慈禧太后做了一番辩护之后,辜鸿铭两次引用《威廉·迈斯特的学习年代》中的一段诗为慈禧太后大唱颂歌(《琴师之一》):"谁不曾和泪吃他的面包,谁不曾坐在他的床上哭泣,度过些苦恼重重的深宵,就不会认识你们苍天的威力。"④歌德这段诗写的是竖琴老人对上帝的怨诉,辜鸿铭却把这一段引来赞美慈禧太后,将慈禧太后和基督教的上帝等量齐观,形式上似乎别出心裁,内容上却不伦不类。

---

① 《辜鸿铭文集》(下),第22~23页。
② 《辜鸿铭文集》(上),第549页。
③ 《辜鸿铭文集》(下),第431页。《东西诗集·天福的向往》。引自钱春绮译《歌德诗集》(下册),第339页。
④ 《辜鸿铭文集》(上),第404页。译文引自《歌德文集》(第8卷),第158页。

小 结

通过前面的例证和分析可以看出,辜鸿铭在论述自己的观点时,总喜欢在歌德的作品中寻找印证。在辜鸿铭心目中,歌德其实就是一个修养至高的儒者,其在欧洲的意义几乎直追中国的孔子。事实上,辜鸿铭一直努力在歌德身上寻找孔子的身影。让他倍感欣慰的是,他在歌德和孔子之间找到了越来越多的相似点,正因为如此,他才会这样说道:"我喜欢怀着崇敬的心情回忆魏玛。"①其实,辜鸿铭视歌德为欧洲的孔子并非孤例,因为"在孔子与歌德之间,包括郭沫若、张君劢、唐君毅在内的不少中国学者都认为,确有相似之处。"②丹麦著名文艺评论家勃兰兑斯(Georg Brandes,1842—1927)在评论辜鸿铭时就曾指出,辜鸿铭之所以尊崇"歌德为欧洲的最高人物",是因为"他看见孔子的精神学问经过几千年后重复见于歌德身上"③。

按照辜鸿铭的观点,中华文明复兴的希望就在于重回以孔孟学说为代表的原儒家思想,既然歌德是欧洲的孔子,那么,歌德对欧洲的意义是怎么强调都不算过分的。在辜鸿铭看来,不仅德国,甚至整个西方世界都应该在歌德的道德理想中寻求精神出路:"我认为,今天欧美最伟大的任务,就是要找到一种道德体系来教育人们怎样成为良民。而且它还要拥有在基督教中起作用的同样力量,能使人类成为好人的力量。事实上,一个道德体系对于欧洲人可以成为一种宗教,就像儒教对于中国人是一种宗教或准宗教一样。可是人们知道,欧美还没有完成此项任务,而且离完成这种伟大的任务还差得很远。产生这种道德体系的先兆和预示,在我看来,是德国人现在对极受欢迎的魏玛共和国的预言家、诗人歌德的作品与学说予以关注。在伟大的歌德的作品和学说中,欧洲人也许有一天会发现这种宗教。"④

歌德和卡莱尔同为对辜鸿铭影响最大的两个西方思想家。如果对比一下卡莱尔和歌德对于辜鸿铭的意义,更能看出歌德在辜鸿铭心目中至高无上的地位。作为19世纪后半期欧洲浪漫主义思潮的主要代表人物,卡莱尔强烈谴责资本主义社会的物化弊端和现代工业文明的缺陷,而歌德作为欧洲资本主

---

① 《辜鸿铭文集》(上),第114页。
② 杨武能:《百年回响歌一曲——〈浮士德〉在中国之接受》。见杨武能《三叶集》,巴蜀书社2005年版,第479页。
③ 黄兴涛:《旷世怪杰》,第265页。
④ 《辜鸿铭文集》(上),第566页。

义上升时期知识分子的杰出代表,更多的是在憧憬启蒙思想家心目中的那个和谐的"理性王国"。基于这一前提,卡莱尔为辜鸿铭提供的关键词是批判,他给了辜鸿铭批判的利器,歌德为辜鸿铭提供的关键词则是拯救,他强化了辜鸿铭济世救人的道德情怀;卡莱尔的文化保守主义思想让辜鸿铭深刻认识到近代资本主义社会的缺陷,歌德的人道主义思想则为辜鸿铭树立了未来的人格楷模。显然,在辜鸿铭心目中,真正代表了人格典范和道德理想的西方思想家非歌德莫属。正因为如此,有评论者指出,辜鸿铭一生最崇拜的西方圣哲不是耶稣,而是歌德,甚至将歌德视为西方的孔子[①],信然。

第三节　辜鸿铭对德国文化思想的接受

辜鸿铭眼中的德国文学

在11年的留学生涯中,辜鸿铭对欧洲的历史、政治、社会民情、哲学思想等方面都有涉猎,但他用功最勤而且也最拿手的还是西方的语言文学。辜鸿铭曾经这样对日本汉学家清水安三博士说:"我在外国学习了文法。"[②]辜鸿铭这句话可能有谦虚的成分,不过如果对照一下他的文章作品,可知大体所言不虚。事实上,辜鸿铭的英语、德语和法语造诣都相当精湛,他对欧洲文学的理解也非常到位,这一切从他对西方经典著作的引用中就可以看出来,其中对文学作品的征引要远多于对欧洲哲学和历史著作的征引。这一点同样适用于德国文学,辜鸿铭对歌德作品的反复引用就是最典型的例子。除歌德外,辜鸿铭还关注过其他几位德语作家。

海　涅(Heinrich Heine,1797—1856)

德国的经典作家当中,除歌德之外,革命民主主义诗人海涅是辜鸿铭关注较多的另一位作家。粗略计算一下,辜鸿铭文章著作不下十余处提及海涅,海涅的部分作品还被辜鸿铭反复引用,主要是《德国,一个冬天的神话》、《旅行印象》和早期的代表作《诗歌集》。最典型的是海涅的政治抒情诗《德国,一个冬天的神话》,辜鸿铭对这首长诗可谓青睐有加,曾经反复引用该诗的部分诗节。

---

① 黄兴涛:《文化怪杰辜鸿铭》,第257页。
② 黄兴涛:《旷世怪杰》,第296页。

海涅是革命诗人,一直向往革命的法国,从 1831 年侨居巴黎开始,直至 1856 年去世,海涅流亡国外 20 多年间只短暂地回过德国两次,晚年的他甚至还加入了法国国籍。1843 年,在流亡法国 12 年后,海涅首次回汉堡省亲,正是这次旅行的印象促使他写下了政治长诗《德国,一个冬天的童话》。在这首诗中,海涅酣畅淋漓地讽刺了普鲁士德国的封建落后和分裂割据,同时表达了他渴望德国步法国革命后尘的迫切心情。现有的辜鸿铭文集中有四处引用了这首长诗,逐一分析如下:

第一处:"仍旧是那呆板的队伍,他们的每个动转,仍旧是形成直角,脸上是冷冰冰的傲慢。迈步仍旧像踩着高跷,全身像蜡烛般地笔直,曾经鞭打过他们的军棍,他们好像吞在肚子里。"这一段出自长诗第三章,描写了普鲁士军人的服装和行动举止。辜鸿铭在《关于中国问题的近期札记》第三篇中评论普鲁士的崛起史时曾引用了这段诗。在他看来,这几句诗入木三分地刻画了"训练有素"、"冷酷无情而又缺乏想象力"的普鲁士清教徒的形象。辜鸿铭称普鲁士人为清教徒是颇为形象的。清教徒指英国历史上虔敬的新教徒以及信奉加尔文教义、不满英国国教教义的人,尤指那些逃到美国去的清教徒,本来与普鲁士人毫无瓜葛。不过,两者之间也有一个共同的地方:清教徒多提倡禁欲和俭省节约,而普鲁士王国的治国方略中向来都是军事优先,几代普鲁士统治者都提倡节俭的生活,以便节省下宝贵的资金用于军费与政府开支,其生活可以说是绝对清教徒式的。单就这一点看,辜鸿铭的比附不无道理。从辜鸿铭对普鲁士人"训练有素"、"冷酷无情"和"清教徒"等几则评价中可以看出,他对普鲁士以军国主义起家的历史是非常清楚的。有意思的是,辜鸿铭认为海涅的上述描绘读来"实在令人心酸"①,应该说,他这一感觉颇为贴近海涅本人当时的观感,这正反证了辜鸿铭对普鲁士德国的关注和偏爱,倘若不是这样,他也不会读之"心酸"了。

第二处:"我熟悉那些歌调和歌词,也熟悉歌的作者都是谁;他们暗地里享受美酒,公开却教导人们喝白开水。"这一段出自长诗第一章。在主要评论德国历史与现实的第三篇《关于中国问题的近期札记》中,辜鸿铭在回顾德国 1848 年革命时引用了这一段。长诗一开始,流亡多年的诗人怀着激动的心情甫一踏上故土德国,便听到了一个弹竖琴女孩的歌声,长诗连续三段详细复述了歌曲的内容主旨,即对尘世苦难生活的顺从忍让,要将希望寄托在遥远的天国。一言以蔽之,就是断念歌和催眠曲,也就是作者听到的所谓"旧歌",它代表的是普鲁士贵族地主阶级、教会以及反动保守文人主导的旧的统治秩序,与

---

① 《辜鸿铭文集》(上),第 104~105 页。译文引自张玉书编《海涅选集》,第 497 页。

接下来诗人的激情告白——制作"一首新的歌"前后呼应。一句"他们暗地里享受美酒,公开却教导人们喝白开水"既道出了普鲁士贵族地主阶级、基督教会以及反动保守文人的伪善,也鲜明地体现了诗人海涅坚定的阶级立场和在德国彻底消除封建专制制度的革命豪情。不过,对辜鸿铭此处的引用还需做进一步的分析:一方面,辜鸿铭赞同海涅的观点,认为是"虔敬派信徒"即普鲁士贵族地主阶级的顽固保守扼杀了德意志民族的"美好心灵",这样看来,辜鸿铭似乎颇具革命思想,然而另一方面,辜鸿铭却把德国1848年革命视为一场"骚乱",因为它"使德国的'王权'以及一切秩序与风纪遭致被毁灭的威胁"[①],这又说明了辜鸿铭一贯反对群众暴力革命的保守立场,从而也暴露了他的思想局限。

　　第三处:"我们要在地上幸福生活,我们再也不要挨饿;绝不让懒肚皮消耗双手勤劳的成果。为了世上的众生,大地上有足够的面包,玫瑰,常春藤,美和欢乐,甜豌豆也不缺少。人人都能得到甜豌豆,只要豆荚一爆裂!天堂,我们把它交给那些天使和麻雀。"这一段出自长诗第一章。在《关于中国问题的近期札记》第三篇中,在评论德皇威廉二世在为侵华德军壮行会上所做的"诉诸武力"的演讲时,辜鸿铭特地引用了海涅的这段诗。如前面第一章中所说,辜鸿铭向来对德国颇多偏爱,尽管他强烈抨击八国联军赤裸裸的侵略行径,对德国也不例外,但他对德国的抨击相对来说还是笔下留了情的。关于威廉二世在侵华德军壮行会上所做的这篇近乎咆哮的傲慢演讲,他做了个一厢情愿的解读,即德皇威廉二世的"诉诸武力"针对的是"真正的蛮夷",也就是他所谓威胁社会秩序的乌合之众——"群氓",并非中国人,因为中国人与德意志人民都是热爱秩序的民族,而且拥有共同的理想。什么理想呢?辜鸿铭认为,这个理想便是海涅这段诗所要表达的内容。他这样评论道:"海涅的这些话,再清楚不过地表达了中国人的宗教。"[②]辜鸿铭引用海涅这段诗意在说明中西之间人同此心,心同此理,通过寻找共同点以达到为儒家文明争得平等和尊重的目的,应该说是别出心裁,不过他的行文意图与海涅这段诗的革命激情相比差别还是很大的,而且,他这番一厢情愿的解读或多或少也暴露了他在政治上的天真。

　　第四处:"一首新的歌,更好的歌,啊朋友,我要为你们制作!我们已经要在大地上,建立起天上的王国。"这一段出自长诗的第一章,清楚地表达了海涅

---

① 《辜鸿铭文集》(上),第108页。海涅这段诗文集中有误译之处,此处引自《海涅选集》第488页。

② 同上,第118页。海涅这段诗文集中有误译之处,此处引自《海涅选集》第489页。

的革命乐观主义精神:尽管目睹普鲁士德国封建依旧,海涅对未来仍然充满了信心。辜鸿铭在《文明与无政府状态》一文中曾分析过他所谓的"远东问题中的道德难题"。他的逻辑是:西方文明建立在仅仅依赖人的希冀与敬畏情绪的道德文化基础之上,因而不会长久,而在东西文明冲突之后,世界上必将产生一种新的文明,这种新文明将以孟子式的"正义与爱"的道德为基础。这显然是他"东方文明优越论"的最初萌芽。在进行了一番论证之后,辜鸿铭信心满满地引用海涅的这段诗作为佐证,宣称这段诗正是海涅为这种"新文明"所唱的赞歌。应该说,辜鸿铭引用海涅这段诗来表达对自己心目中"新文明"的期望,从形式上看依然非常巧妙,然而内涵和旨趣却相去万里:海涅的"新歌"指的是终结普鲁士德国顽固落后的封建制度,借鉴法国模式在德国的土地上建立起一个资产阶级的共和国;辜鸿铭的"新歌"则是献给他所谓的"新文明"的,即一个"建立在依赖人的平静理性的道德文化基础之上"①的文明,也就是将孔孟之道普世化,将其作为未来世界"新文明"的道德基础。这样看来,辜鸿铭这一类比很有些文不对题,给人一种断章取义的"拉郎配"感觉。

除长诗《德国,一个冬天的神话》外,辜鸿铭引用较多的还有海涅的重要散文集《旅行印象》。从1824年至1830年,海涅做过多次旅行,在国内游历了柏林、波茨坦、慕尼黑、黑尔戈兰岛等地,后来又去英国、意大利等国旅行考察。海涅为这些旅行共写了四部游记和旅行观感,合称《旅行印象》,是他创作成熟的里程碑,既显示了作为抒情诗人的海涅出色的散文笔法,也显示了他杰出的讽刺才能和对社会现象的敏锐观察力。从内容上看,《旅行印象》中除了优美的游记文章外,还有大量针对欧洲时政的随感,辜鸿铭引用评论的多是后一类文章。这里且举两例。

在《文明与无政府状态》一文中,辜鸿铭引用了海涅作品中的一段话作为整篇文章的献题诗:"我们这个时代的伟大任务是什么?是解放,不仅是爱尔兰人民的解放,希腊人或其他国家人民的解放,而且是全人类的解放,特别是已经成熟了的欧洲人的解放。"②这段文字出自《旅行印象》第三部第二十九章。从上下文来看,海涅这里所说的"解放"表达的意思是颇为复杂的。在海涅看来,人类历史上的每一个时代都有自己的任务,封建制度在历史上曾是革命的、进步的,现在却沦为了反动的堡垒,这样,高呼"自由、民主、人权"口号的资产阶级革命便成为历史的必然,是一场划时代的革命,事实上,在拿破仑进驻莱茵河左岸后,海涅的故乡杜塞尔多夫推行了不少资产阶级的政治经济改

---

① 《辜鸿铭文集》(上),第182~183页。译文引自《海涅选集》第488页。
② 同上,第169页。

革措施,普通居民享受到了资产阶级的平等自由,犹太人出身的海涅也享受到了权利。于是,海涅在资产阶级革命中看到了德国的出路,在游记第二卷《思想——勒·格朗集》中,他明确阐述了在德国发动一次资产阶级革命的必要性。这是问题的一个方面。另一方面,渴望在德国发动资产阶级革命的海涅到了资产阶级革命已经成功的英国后,发现资本主义社会其实也并非普通老百姓的天堂,他在那里看到的是劳动者生活的悲惨,看到的是资本主义社会的贫富两极分化,这又促使他开始反思资本主义制度本身的问题,从被剥削的人民大众的立场出发,海涅本能地提出了把人类从人剥削人的制度下彻底解放出来的口号——"这个时代的伟大任务""是全人类的解放",革命豪情溢于言表。由此,海涅将自己的目光转向了人类社会的未来,保持了自己在政治上的不断进步。《文明与无政府状态》一文是辜鸿铭在八国联军侵华的背景下写就的,与之前发表的《关于中国问题的近期札记》一脉相承,只不过该系列札记中多是就事论事地谴责西方列强干涉中国内政的文章,《文明与无政府状态》一文则从理论的高度论证儒家文明的道德价值,意图非常明确,那就是占据道德制高点,至少也要争得西方对中华民族的尊重,引用海涅这段话即鲜明地体现了这篇文章的民族主义色彩。不过,辜鸿铭在正文中并未涉及多少"民族解放"的内容,而是依然在讨论他最擅长的话题,也就是东西文明的冲突,这自然就回到了他在文明观问题上的基本立场:西方文明纯粹依赖强力和敬畏之情,缺乏道德约束,是大有问题的,儒家文明则以平静的理性为基础,有着无与伦比的道德优势,因而是真正的文明,初步显示了他东方文明优越论的思想苗头。可以看出,辜鸿铭的这个引证非常牵强,有曲解之嫌。

再如,无论是在世纪之交八国联军侵华的背景下对西方列强的激烈抨击,还是在"一战"爆发后居高临下的对欧洲的训诫,辜鸿铭在评论欧洲问题时有个一贯的立场,即欧洲一切问题的根源就在于它的"无王"和"离道",这导致"群氓崇拜"和粗鄙的"自由主义"泛滥,而要走出困境,欧洲需向自由主义"开火",重返王权和贵族政治:欧洲"必须彻底撕毁《自由大宪章》,而代之以一个'忠诚大宪章'"①。为了印证这一观点,辜鸿铭曾反复引用海涅对俄国专制制度所做的评论,诸如"俄罗斯的专制主义,实在是对贯彻现代自由观念的专政"②、"专制主义在俄国毋宁说是一种真正的独裁,一种使我们时代自由主义观念得以产生的独裁"③。海涅这两段话都出自《旅行印象》第三部。总的说

---

① 《辜鸿铭文集》(下),第145页。
② 《辜鸿铭文集》(上),第161页。
③ 《辜鸿铭文集》(下),第142页。

来,海涅对一切专制制度都是口诛笔伐,终生痛恨普鲁士德国的封建落后,认为法国式的资产阶级民主才是德国的未来,因此,当1830年法国的七月革命推翻了复辟的波旁王朝时,正在黑尔戈兰岛上疗养的海涅马上激动地写下了著名诗篇《我是剑,我是火焰》(Ich bin das Schwert, ich bin Flammen)。海涅非常清楚,专制的普鲁士德国在欧洲其实并不孤立,至少专制的沙皇俄国和它就是一丘之貉,资产阶级革命在德俄两国仍然任重道远。在上面这两段话中,海涅其实是在强调俄国专制主义传统的独特性,他在正话反说,明褒实贬,目的仍是为自由和民主鼓与呼。辜鸿铭的意图则反了过来,在他看来,面对粗鄙的自由主义的泛滥和欧洲日益走进战争死胡同的现实,欧美各国应该反省长期以来推行的"无王之政",在这一点上,俄国作为一个几乎是硕果仅存的君主国家值得各国借鉴,在他看来,"当今全欧洲,恐怕除了俄国之外,实在已没有君主"①。显然,辜鸿铭这一引用仍难免断章取义之嫌。这里需要说明一下,辜鸿铭对自由主义其实并非一概否定,比如,他对18世纪理性时代的自由主义思想还是非常欣赏的,只不过认为现代的自由主义已不再讲究道德修养,变得越来越物质化,越来越鄙陋庸俗,必须用类似"专制"的手段来重振纲常:"前一世纪的欧洲自由主义是有文化教养的,今日的自由主义则丧失了文化教养。过去的自由主义读书并且懂得思想,现代的自由主义为自身利益却只看报,断章取义、只言片语地利用过去那美妙的自由主义惯用语。前一世纪的自由主义是为公理和正义而奋斗,今天的假自由主义则为法权和贸易特权而战。过去的自由主义为人性而斗争,今天的假自由主义只是卖力地促进资本家与金融商人之既得利益。"②正是基于这一逻辑,辜鸿铭竭力宣扬"君主论"的合理性,他的办法就是玩文字游戏,将君主曲折地解释为君子,认为只有修身明德才能够有真正的自由,只有道德高尚的君主才是社会秩序的关键,并由此得出了"中国人相信没有君主便没有自由"的惊人结论③,最终又回到他的道德至上主义立场。

  从上面的分析可以看出,海涅显然也是辜鸿铭非常钟爱的一位德国作家。由辜鸿铭对海涅部分作品的引用和评论看,给他留下最深刻印象的,无疑是海涅身上那种不屈不挠的战斗豪情和革命乐观主义精神。辜鸿铭对海涅的总体评价是:"德国诗人海涅,一个最杰出的自由主义者、那个时代的自由主义斗

---

① 《辜鸿铭文集》(上),第161页。
② 同上,第180页。
③ 同上,第160页。

士。"①在辜鸿铭心目中,海涅就是一位为自由、理想和人类的精神解放而英勇奋斗的骑士,为此,辜鸿铭还特意引了海涅《诗歌集》中的一段诗来赞美海涅:"看着我,我的孩子,吻我并勇敢地正视我;因为我就是这种神圣精神的骑士。"(《山中牧歌》)②

此外还需指出,辜鸿铭引用的海涅作品基本上都属于政治性非常强的一类,最典型的就是政治长诗《德国,一个冬天的神话》,对于散文集《旅行印象》,他只是引用了其中议论时政的随感文章,而且,这些引用主要集中在早期的《尊王篇》,特别是其中的《关于中国问题的近期札记》系列。这种情况也是比较容易理解的。辜鸿铭在义和团运动前后几年中发表的文章,主要目的在于谴责西方列强对中国的野蛮侵略行径,批评它们对中国的傲慢无理,主基调是爱国主义和民族主义,因而带有极强的政治倾向,海涅身上追求自由解放的战斗精神自然比较容易吸引他。

席勒(Friedrich Schiller,1759—1805)、
诺瓦利斯(Novalis,1772—1801)

对德国文学古典时期除歌德之外的另一位代表作家席勒,辜鸿铭在自己的著作中也有所征引,但是不多,远不及对歌德和海涅的引用。这里也举两例。

在《关于中国问题的近期札记》第三篇第三十八节中,在回顾了德意志民族的崛起历程并反复谴责了德国政府"吃人的殖民政策"后,辜鸿铭也没有忘记向德皇威廉二世进上一言:"最后,我希望能请求海因里希亲王,把下面这些话转达给他的皇兄与国主:'请您告诉他,在他成年以后,要为了他青年时代的理想留神,别把娇嫩的神圣花朵的心开放着,让那被称为比较聪明的毒虫钻进去——别让小智小慧来蛊惑天女般的热情。'"③辜鸿铭期望海因里希亲王转达给德皇威廉二世的这段赠言,正是席勒剧本《唐·卡洛斯》第四幕第二十一场中波沙侯爵对唐·卡洛斯王子的寄语。在这部剧本中,富有人道主义精神的波沙侯爵对卡洛斯王子寄予了厚望,期望他即位之后能够成为开明君主,给人民以自由。但是,国王菲利普对卡洛斯王子与伊丽莎白王后之间的关系已

---

① 《辜鸿铭文集》(下),第 142 页。
② 《辜鸿铭文集》(上),第 121 页。Heine: *Buch der Lieder*. Heine-WuB Bd. 1, S. 169.
③ 同上,第 120 页。译文引自张威廉译《唐·卡洛斯》,上海译文出版社 1981 年版,第 167 页。

经起了疑心。在卡洛斯王子即将暴露自己的时候,波沙侯爵为了挽救他而将他逮捕,之后托伊丽莎白王后将这段话转告给王子,表达自己对他的殷殷期待。辜鸿铭将这段赠语转赠给威廉二世,形式上非常巧妙,因为都是在表达期望:波沙侯爵是在叮嘱卡洛斯王子不要忘记年轻时立下的仁政志向,要坚持自己的人道主义理想;在《关于中国问题的近期札记》第三篇中,辜鸿铭显然是在提醒德皇威廉二世要"继承祖先的美好心灵",要让德国重新成为那个"拥有'美好心灵'的德国"①。一句话,德国应该放弃它那可憎的殖民政策,恢复自己道德民族的本色。显然,这是辜鸿铭对德皇的道德感化。但是,高呼着"绝不宽恕"并沉浸在殖民狂热中的威廉二世究竟能否听到、能否听得进去,又是另一回事情了。

  在翻译《论语》第七篇《述而》第三十八章时,辜鸿铭再次引用席勒作品,这一次是席勒的一首诗:《异国的姑娘》。《述而》第三十八章原文为:"子温而厉,威而不猛,恭而安。"这句话意思是说:孔子待人态度温和而又不失严肃,容貌虽有威仪,性情却很平易,对人恭敬合礼,内心从容安详。辜鸿铭译完这一段后,在下面引了席勒诗《异国的姑娘》中的一节作注:"她一来到,就使人欣慰,大家都感到衷心欢喜,可是有一种崇高和尊贵,使人们无从跟她亲昵。"②在这里,辜鸿铭将温和而又不失严肃的孔子形象比做一个既温柔又高贵的姑娘,确实别出心裁,虽然席勒这首诗中的异国姑娘还有她自身的象征意义,但这一类比还是非常巧妙的。我们知道,辜鸿铭的学术活动始于19世纪80年代,是从评论西方汉学开始的。对西方的汉学研究,辜鸿铭长期持严厉的批判立场,他的一个重要依据就是,西方对中国经典著作的译介存在着重大缺陷,在他看来,西方的中国经典翻译(他指的当然只是儒家经典)要么是译者的汉语水平不过关,要么就是在翻译中迷失于字词的考据而不得中国文化之神,翻译的不足限制了西方对中国传统文化的理解与接受,也大大拖累了欧洲人心目中的孔子形象,这也是他身体力行地以英语释译《论语》、《中庸》的原因所在。在上面这则注解中,辜鸿铭以席勒的诗句描绘孔子形象,可以很好地帮助德国读者对孔子形成一种感性、具体的认识,而不是延续成见,马上与刻板的道德说教

---

① 《辜鸿铭文集》(上),第114~115页。
② 《辜鸿铭文集》(下),第398页。译文引自钱春绮译《席勒戏剧诗歌选》,第375页。

联系起来,充分展示了辜鸿铭睿智和博学多识的一面。①

总的看来,席勒似乎并未引起辜鸿铭太多的关注,至少从辜鸿铭在其文章著作中的征引情况来看是这样的,辜鸿铭对席勒著作的征引远少于对歌德、海涅作品的征引和评论。其实,在辜鸿铭早期的文章著作中,爱国热情和民族主义情绪特别强烈,比如他著《尊王篇》的主要目的就是抨击西方列强对中国的殖民侵略,而席勒的部分作品如剧本《强盗》也有浓厚的反压迫、争自由的色彩,他的剧本《威廉·退尔》还热烈歌颂民族解放,其作品中洋溢着的这种斗争精神本来是有理由引起辜鸿铭关注的,然而高呼"打倒暴虐者"的席勒事实上并未引起辜鸿铭太多的关注,或许是被争解放、求自由的海涅在辜鸿铭那里抢了风头的缘故吧。

在德国的著名作家当中,辜鸿铭还提到过浪漫派代表作家诺瓦利斯,不过同样不多。这里举个例子。

在《关于中国问题的近期札记》第四篇中,辜鸿铭引用了诺瓦利斯的一句话:"当我们梦见做梦的时候,我们就快要醒了"②,用以嘲讽和抨击英国人赫德(Robert Hart,1835—1911)将中国基督教化的建议。赫德本人在中国生活了40多年,曾经长期任职于中国的海关部门,对晚清政府的内政外交以及西方列强的对华政策都曾产生过影响。大致说来,赫德的对华态度是相当矛盾的:一方面,赫德认为西方世界应该尊重中国,尊重中国人这个古老的东方文化民族,但另一方面,他又为西方的在华利益张目。在义和团运动前后中西矛盾激化之时,赫德提出应在中国推广基督教以解决中西文明冲突问题,希望由此拉近东西方之间的距离。在辜鸿铭看来,赫德的这一建议无耻而可笑,充分暴露了西方的傲慢和狂妄,也暴露了一向自诩"同情中国"的赫德企图在精神上征服中国的庐山真面目:"赫德爵士虔诚的愿望所暴露的天真可笑与厚颜无耻,实在让人惊得目瞪口呆。"③这样看来,辜鸿铭引用诺瓦利斯这句话来挖苦赫德倒是颇为贴切的。不过,辜鸿铭对诺瓦利斯的引用仅此一处,无法推断他对诺瓦利斯的了解程度,也难以进一步分析他对德国浪漫派的具体看法。

---

① 与多数西方汉学家不同的是,辜鸿铭翻译《论语》、《中庸》等经典采用了加入必要解释和说明的意译法,融入了他对中西文化的理解,自成一体。林语堂对辜氏的儒经译本曾有高度评价:"辜鸿铭的翻译却永远站得住,因为它们来自对两种文字的精通,以及对于它们较深奥意义的了解,是意义与表达方法二者愉快的配合。辜鸿铭的翻译是真正的天启。"(黄兴涛:《旷世怪杰》,第62页。)

② 《辜鸿铭文集》(上),第134页。语出浪漫派理论家弗·施莱格尔的《断片》。Schlegel, Friedrich: *Fragmente*. Nr. 288. Schlegel-KFSA, 1. Abt. Bd. 2, S. 214.

③ 同上,第133页。

总的看来，在德国的文化经典中，辜鸿铭对文学作品的引用非常之多。论及辜鸿铭对德国文化思想的接受，他对德国文学的接受应处于核心位置。在德国的著名作家当中，辜鸿铭对歌德作品的引用最多，涉及面也最广，几乎贯穿了辜氏的全部文章、著作和译作，此外是对海涅作品的征引，至于其他的德国作家，如席勒、诺瓦利斯等，辜鸿铭对他们作品的征引比较少，而且主要是在处理一些细节问题时加以引用。从辜鸿铭对歌德和海涅作品的征引情况来看，两位德国作家在辜鸿铭心目中的地位也是不同的。对辜鸿铭来说，歌德代表了德意志文化精神的最高水准。正如对孔子的服膺一样，辜鸿铭对歌德的道德理想和人格魅力极为折服，频频在歌德的作品中为自己的道德文明观寻求依据。可以这样说，在辜鸿铭眼中，歌德其实就是德国乃至整个欧洲的孔子。至于海涅，他给辜鸿铭留下深刻印象的，最主要的还是他不懈的战斗精神，对执着追求民族和文化平等的辜鸿铭来说，海涅的斗士形象无疑具有特殊的意义，因而他的作品也为辜鸿铭反复征引。尽管对具体作家的引用并不均衡，但从整体上看，辜鸿铭对德国文学的喜爱之情还是显而易见的。

辜鸿铭眼中的德国哲学

辜鸿铭的文章著作还涉及对德国经典哲学家的评论，数量虽然不太多，但同样引人注目，而且，就梳理辜鸿铭对德国文化思想的接受而言，分析他对德国哲学的认识和评价具有特殊的意义。辜鸿铭评论过的德国哲学家主要是康德和费希特，特别是德国古典哲学的创始人康德的道德哲学思想给他留下的印象最深。

康 德（Immanuel Kant，1724—1804）

辜鸿铭并未详细阐发康德哲学，但他显然至为欣赏康德，康德的一句名言就被他一引再引："有两样东西，我们愈经常愈持久地加以思索，它们就愈使心灵充满始终新鲜不断增长的景仰和敬畏——在我之上的星空和居我心中的道德法则。"[①]康德这段话出自他的后期著作《实践理性批判》（*Die Kritik der praktischen Vernunft*，1788）的结论部分，同时也是他的墓志铭。这段话之所以有名，就在于它概括了康德哲学的基本精神和内涵，即：一个是自然，一个是自由；一个是科学，一个是道德。在某种意义上，康德终其一生都在证明这

---

① ［德］康德：《实践理性批判》，第177页。

两大原则各自的根据。

这段话对应着康德哲学的两个重要组成部分,即认识论和伦理学:一方面,康德要界定人的认识能力,他以先验哲学的方式(强调理性先于经验)来区分人的感性(Sinnlichkeit)认识能力和知性(Verstand)认识能力,认为我们对外在事物的认识在很大程度上取决于我们先天具有的直观形式和知性范畴;另一方面,他探究彻底的道德行为的可能性,坚持通过实践理性提供一种无条件的道德律令——"绝对命令"(der Kathegorische Imperativ),以之作为人在行动中的道德责任,直至建立起一种道德的宗教。在康德哲学中,"理性"(Vernunft)是基石,它是人类的知识和道德的根本依据,康德的做法是将其按功能划为理论理性和实践理性,理论理性属认识论范畴,是一种认识的能力,实践理性属于伦理学范畴,是一种道德能力,相应地,康德将科学认识与道德思考的对象领域也做了明确的划分,即现象界和本体界("物自体")。这样,通过将科学(必然)和道德(自由)分开进行研究,康德逻辑地论证了理性作为人类认识之源和价值之源的至上地位(即理性分别为自然和自由立法),界定了人的认识能力和行动能力在实现"真"、"善"两大目标中的作用和局限,在哲学的最高层面上明确了人作为自然与道德的主体的最高地位,人的主体性由此确立,这为人类的一切价值观念摆脱对上帝的依赖提供了最终的依据,体现了人类对通过启蒙摆脱中世纪神学束缚的信心,具有极大的历史进步意义。

从字面上看,这个墓志铭反映了在这位划时代的哲学家心目中,"心中的道德法则"(道德)对人类的意义绝不亚于"在我之上的星空"(科学)。对道德家辜鸿铭来说,相对于"在我之上的星空","心中的道德法则"无疑更具吸引力,而辜鸿铭对康德的关注主要就是集中于康德有关道德的论述。事实上,道德在康德哲学中确实占有极为重要的地位,甚至在康德看来,人本质上乃是一种道德性的存在。

一般认为,康德将形而上学的对象从理论理性的认识领域转移到实践理性的道德领域,是为道德和信仰留出了地盘,而且,在某种意义上,康德限制理论理性认识能力之举其实就已相对突出了实践理性的优先地位,正如有学者评论的那样:"康德构造'批判哲学'时,虽然先着手认识论,但已经把伦理学摆在高于认识论的地位。"① 确实,面对理性的统一性问题,也"只能由实践理性来统治理论理性",因为"康德哲学的目的主要不是为了论证科学知识的普遍必然性,而是为了维护人类理性的自由,因为在他看来,唯有在实践理性之中,

---

① 李泽厚:《批判哲学的批判》,第273页。

唯有在意志自由之中,才能体现出人之为人的价值和尊严"。①在康德哲学中,与求真的理论理性不同,实践理性求善,它对人们的要求是:你应该这样做。因此,实践理性,也即道德准则,就等于命令,而人在任何情况下都应该执行的命令是"绝对命令",按照康德的说法就是:"这样行动:你意志的准则始终能够同时用作普遍立法的原则。"②换言之,人不论做什么事,都要使自己的动机(也即他的意志)永远符合普遍的道德原则,这基于实践理性本身的自律性(即道德的自律)。之所以要用普遍的道德法则来规范人们的行为,是因为人既是理性的又是感性的存在,感性的欲求极易影响和干扰道德准则的执行,而为了使我们的行为符合理性的道德准则,就要克服自然感性欲求的影响和干扰。这便是德行(Tugend)与只有自然感性欲求得到满足后人才会感受到的幸福(Glückseligkeit)之间的矛盾,也就是康德所说的一种"二律背反"。康德解决这一矛盾的出路是:"至善"(das höchste Gut)。这个"至善"是德行与幸福的统一,它是人类实践理性追求的最高目标,是人类理性由于敬重道德法则而向往的一个无条件的对象,是作为个体的人要永远追求但却永远也不可能达到的境界。这就是康德以"绝对律令"为最高原则、以"至善"为终极目标的道德哲学。

康德显然延续了苏格拉底倡导的"德性就是知识"的哲学传统,他不满于只进行纯粹自然知识的探究,而是将知识归于道德和伦理目的之下,人不能只进行纯知识的探索而无视人类的终极目的——"至善"。康德要赋予人的行为以道德意义,不仅人的日常行为要符合普遍道德准则的要求,人们对知识的追求、对自然的探索也不例外。对困扰于异化问题的现代科技社会而言,康德在科学与道德之关系问题上的目的论立场,他限制科学知识、以道德理想为人类文明确立一种绝对的价值方向的哲学精神无疑极具启发意义。我们知道,康德是一位启蒙思想家,他高举的是"理性"的大旗,他给"启蒙"(Aufklärung)所下的定义也早已成为经典。不过,启蒙时代倡导的理性主要是一种科学理性,哲学家们试图将科学方法推广到人类知识的一切领域,然而,"当哲学家们将科学理性贯彻于人类知识的所有领域的时候,不仅自由而且人本身的价值和尊严都成了问题"③。在启蒙主义者极力宣扬文明、科学和进步之时,卢梭先驱般地开始了对启蒙主义的深刻反思。继卢梭之后,康德也敏锐地预感到科学理性的强势发展对人类心灵和精神价值的挤压和威胁。康德显然已认识

---

① 张志伟:《西方哲学史》,第 413 页。
② [德]康德:《实践理性批判》,第 2 页。
③ 张志伟:《西方哲学史》,第 389 页。

到,科学技术无论如何不足以充当人类生存的价值基础,这其实也是他批判哲学的一个重要内容。只不过,在人类的前途问题上,康德还是比文明悲观主义者卢梭乐观得多,康德终究是理想主义的,他面对现在乃是着眼于未来,坚信人类历史终将不断进步,而绝对的"道德律令"最终将引导人类到达一个完美的世界。

康德向现代人提出的要求,我们大致可以这样来理解:用理性去开拓,以道德来约束。康德实际上在说,我们若不能为人类文明确定某种价值取向,那么我们对自然认识得越多,面临的危险可能就会越大,因为没有灵魂的物质文明一旦失去控制,后果不堪设想,它会像一头巨兽无情地摧毁人类存在的价值基础。这无疑是一位智者的忧虑。可以说,康德视道德的领域为一个自由的本体领域,坚持科学认识与道德实践(包括宗教信仰)各得其所,是对泛科学主义先知般的预警。在科学与道德的划界问题上,忧心于现代物质实利主义极度膨胀、信仰和社会道德规范日渐缺失的辜鸿铭极易产生共鸣,他反复引用康德这句名言即是明证。不过,辜鸿铭对康德的评论还是有值得商榷之处的,下面就以他对康德名言的两处引用为例。

一处引用在《中庸》英译本第二十七章第一段前半部分:"大哉圣人之道!洋洋乎!发育万物,峻极于天。优优大哉!礼仪三百,威仪三千。待其人而后行。故曰苟不至德,至道不凝焉。"[①]意思是说,圣人的道浩瀚无边,生养万物,而道的礼仪有许多,皆有赖圣人施行,若无极高的德行,就不可能达至极高的道。"道"是中国古代哲学的重要范畴,与道家哲学中作为宇宙本原和基本规律的"道"不同,这里的"道"指儒家的修身方法,以趋向一种理想的人格为目标。《中庸》被称为"实学",讲修身,修身的最高道德标准是"中庸"("中庸之道"),上面这段话就是在赞美圣人之道、君子之道,促人修身以提高自己的德行。译完这段之后,辜鸿铭接着便引了康德的墓志铭为儒家的君子之道背书。如前所述,在康德的道德哲学中,"至善"是实践理性追求的最高目标,不过,基于对德行和幸福(自然欲求)"二律背反"的认识,康德又表示,生活在现实世界中的人们由于受到种种限制,是无法达到"至善"的,然而"至善"又是我们世人必须追求的目标,在不完善的、有限的环境中向无限的"至善"迈进是我们每一个人的责任,换言之,我们必须持之以恒地加强自己的道德修养,只有在不断的道德实践中,才能使自己的行为趋于克服自然欲求的影响而符合理性的道德准则。这样来看,儒家的"君子之道"和康德的"绝对命令"虽是不同哲学体系的核心概念,内涵有不小的差异,但两者的共同之处也很明显,即都格外强

---

① 《辜鸿铭文集》(下),第 565 页。

调道德实践的重要性,辜鸿铭此处的比附无疑是有道理的。

然而在《读易草堂文集》之《〈正气集〉序》篇中,当辜鸿铭再次引用康德这句名言时,却出现了一个不小的问题。在这篇文章中,针对人们"世变剧矣……吾何恃而不恐"的疑问,辜鸿铭镇定地回答道:"恃天地不变之正气而已。何谓天地不变之正气?西哲坎特有言曰:'天地间有两事焉亘古不变,而最足以发人深省,愈思愈令人生畏敬之心者,日月星辰流行绝无舛错,此不变之在天者;芸芸万众莫不知义之所在,宁死而不敢犯,此不变之在人者。'是即所谓天地不变之正气也。"也就是说,只要秉持康德的这种精神,就可以做到处乱世而不惊。问题出在他对康德此语的解释上,在他看来,康德所谓"天地不变之正气"之"不变之在人者"其实就是"君臣、父子、夫妇、昆弟、朋友而已"。"我中国既有此道,即有此天地不变之正气,吾何为而恐乎!"①辜鸿铭的这一类比问题就不免大了些,他显然是将康德"至善"的道德学说等同为儒家的"五伦"纲常之道。其实,康德虽然限制科学知识的领地,从而为道德信仰留出地盘,以"至善"的道德哲学拒绝当时初露端倪的价值虚无主义,但他始终都是一个坚定的理性主义者,坚信理性在认识领域的绝对性和普遍性。康德只是认为,科学不能不加限制地扩展到人类知识的所有领域,应有自己的适用范围,否则就会损害一些攸关人类前途的精神价值,正如有学者指出的那样:"如果我们把康德的理性批判仅仅理解为是要界定理性有效性的范围,那就完全低估了康德的批判哲学。康德理性批判的目的,恰恰是要恢复理性的目的。"②这样看来,康德的"道德法则"与辜鸿铭心目中代表着伦理纲常之道的"天地之正气"其实相去甚远,有些风马牛不相及,辜鸿铭将两者硬拉到一起显得很牵强。

费希特(Johann Gottlieb Fichte,1762—1814)

辜鸿铭钟爱的另一位德国古典哲学家是费希特。费希特是德国古典哲学的代表人物之一,在德国古典哲学的链条中,费希特哲学与谢林哲学一起作为重要的中间环节,上承康德,下启黑格尔。费希特最初是康德的追随者,一度异常振奋于康德批判哲学所引起的哲学革命,但他最终还是不满于康德意欲调和唯物主义和唯心主义的二元论倾向,成为从右面批评康德哲学的最初代表。

在费希特看来,康德的批判哲学是不完善的,因为康德虽然独创性地以人

---

① 《辜鸿铭文集》(下),第 236 页。
② 张汝伦:《哲学十论》,复旦大学出版社 2004 年版,第 9 页。

头脑中先天存在的范畴及时间、空间等概念破解认识之谜,即认识的过程是认识主体以先验范畴形式对感性材料的综合、整理过程,这就使得经验知识的普遍必然性成为可能,从而超越了经验论和唯理论的局限,但在他的逻辑体系中各个知性范畴是并行排列的,理论理性和实践理性分属两个领域,尤其让费希特感到不满的是康德还设定了一个不依赖于人的认识而存在的"物自体",这就意味着认识主体是受到限制的。费希特据此认为,康德的批判是不彻底的,其理论无法构成一个贯穿始终的有机体系。延续贝克莱"存在就是被感知"和笛卡尔"我思故我在"的精神,在康德关于实践理性优先地位的原则指导下,费希特从一元论的立场出发着手解决康德哲学的难题。费希特的出发点是,并无独立于人的认识的、自存的客体,因此我们没有必要假设一个不可知的"物自体"的存在,应当取消认识论中的主体和客体的二元化划分。基于思维与存在同一的观点,费希特的做法是将客体统一于主体,把一切知识和一切存在的共同根源都归于一个绝对的"自我"(Ich):不仅知识的形式源于"自我",知识的质料也同样可以从"自我"当中产生出来。

一般而言,费希特哲学又被称为知识学(Wissenschaftslehre)。康德认为,哲学是说明各门科学的知识本身的,因此认识论是哲学的中心问题;费希特也主张认识论是探讨知识的一般发生原理的,只不过他更进一步,把认识论看作哲学本身,哲学的任务就在于说明一切经验的根据。费希特认为,知识学确立一切具体科学之所以成为科学的最高原理,给人类的所有知识赋予必须共同遵守的法则,因此它自身是不可能从具体科学中得到证明的,只能通过自身成为不证自明的、绝对可靠的思维的起点,这个起点只能到自我意识中去找,即必须把出现在意识中的、不含任何经验因素的唯一确定的东西作为出发点。这个剔除了所有经验规定后留下的无所依附、先于一切的东西被费希特称为"本原行动"(Tathandlung),其实质就是绝对能动的"自我"。"自我"是费希特哲学思维的出发点和归宿,在其知识学中居于至尊地位:它是一切知识和经验的实在性的根据和先验的源泉,是一切存在和意识的创造者和立法者,是能动的、绝对的,是第一性的和最高的东西。"本原行动"("自我")的具体表现形式是"设定"(Setzen),知识学的三条基本原理都是围绕"设定"提出的。由此,费希特精心构建起了他的"自我与非我"的知识学体系。

辜鸿铭对费希特的评论是从《知识学》入手的,说明他对费希特哲学的基本精神还是很清楚的,只不过在论及费希特观点的过程中,仍有明显的偏差出现。

在英译《中庸》第二篇附录中,辜鸿铭曾引证过费希特的观点。在附录中,辜鸿铭首先即声明,他翻译《中庸》是要人们了解对"道德责任感的阐述和解释,它构成了中国文明设计下的人类行为和社会秩序的基础"①,能让我们"找到我们'道德本性'的中心线索"②,这是成为智者的前提。他接下来还补充说明,智者的一个重要特征就是谦逊,要有自知之明,并以费希特的《知识学》来佐证:"正如德国哲学家费希特在他的《知识学》中已证明的,哲学的真正目标和归宿,是发现可以知晓的知识之限度,发现人类智慧的限度。"③不过,对比一下费希特的知识论哲学观,辜鸿铭这一类比让人感到费解。一般说来,康德的先验哲学已强调主体在认识过程中的能动作用,作为康德的学生,费希特进一步把认识主体的能动性抬升至无以复加的高度,把"自我"绝对化、神性化(从而也将唯心主义彻底化了)。在费希特看来,我们身外的所谓客观世界其实是不存在的,只是我们从自己的头脑中投射到外界去的图像而已,客观世界归根到底是人的主观想象力的产物,"自我"才是任何可能的、实在的事物的创造者。沿着这种将主观能动性绝对化的思路,费希特在知识问题上其实是一个科学主义者,为了批判康德哲学不可知论("物自体"说)的一面,费希特倾向于把科学和知识解释为一种积极的、富有改变力的活动,主张全力促进自然科学的发展,认为科学和知识不仅能给人类社会带来物质财富,而且还以提高人类的道德风尚为最终目标。正是出于这种信念,费希特干脆把自己的哲学体系命名为"知识学"。在科学与道德的关系问题上,费希特的立场与卢梭所谓科学技术的发展会败坏人类道德的观点南辕北辙,与康德对科学理性的审慎态度也有不小的距离。这样看来,辜鸿铭此处以费希特的知识论观点佐证智者的智慧在于明了知识的限度,其实是不太妥当的,似乎以康德审慎的理性观来佐证更合适,或许辜鸿铭在这里不小心把康德和费希特对科学知识的基本立场弄混了。

在英译《中庸》附录的末尾,辜鸿铭以大千世界所有生物无不"按照其性之本然行动,遵循它正常的天命之性来指导和支配自己"为例,来说明人类需要"遵循我们的性之本然"的观点。在他看来,"这种来源于经验或由经验所引发的知识,就是费希特称之为'天命'的东西"。他还进一步解释说,这其实就是孔子所说的"知天命":"孔子也说,不知命,无以为君子。"④在代表作《中国人的精神》中,谈及孔子的宗教信仰问题时,辜鸿铭又再次征引了费希特的道德宗教观:"所有富有智慧的人们,通常都信仰上帝。孔子也信奉上帝","然而,

---

① 《辜鸿铭文集》(下),第512页。
② 同上,第516页。
③ 同上,第518页。
④ 同上,第519页。

富于智慧的人们,其心中的上帝有别于常人。他们对上帝的信仰,就是斯宾诺莎所说的对神圣的宇宙秩序的信仰","孔子曾说过:'五十而知天命'——懂得神圣的宇宙秩序","富于智慧的人们为这种宇宙秩序起了不同的名字,德国哲学家费希特称之为神圣的宇宙观,中国的哲学语言称它为'道'"。① 通过这样的类比,辜鸿铭便在中国的"天"、"道"和西方的"上帝"之间建立了对等的关系。当然,将中国的"天"、"道"对等于基督教的"上帝",这并不是辜鸿铭的发明,利玛窦(Matteo Ricci,1552—1610)和耶稣会士们要比他早得多。这里,重要的是理清辜鸿铭这一类比的意图。

这要结合费希特的宗教立场分析。大体上,费希特持的是一种道德宗教观,是对康德道德哲学的彻底发挥。我们知道,传统的基督教是启蒙运动思想批判的主要目标之一,康德对启蒙运动的关注主要也在宗教方面(不满于人类在宗教问题上的不成熟)。一方面,康德批判了关于上帝存在的证明,从理论的角度否定了传统意义上的"神"的存在,另一方面,基于对"道德法则导致宗教"的设想②,他又提出了一种"理性神学"的观点,试图把宗教改造为理性的、道德意义上的宗教,并在实践理性批判中"公设"了"上帝存在":为保证理智世界中的德性在感觉世界中有其相应的效果,为保证德性与幸福都能得到实现,必须假设有一个上帝使这两个世界能协调一致。换言之,在康德哲学中,宗教并不被看作神学的认识,而被当作一种履行所有作为来自上帝命令的责任的道德倾向。费希特延续了康德的宗教观,也从道德的角度来把握宗教,认为宗教是服务于道德的,其功用在于借助神的观念来加强世人的伦理动机,同时也给道德提供了一种新的崇高动力,只不过费希特走得更远,在他那里,意志的道德规定与宗教信仰之间的关系是内在的,道德与宗教其实是一回事,两者都是对超感性东西的把握,只不过前者表现为行动,后者表现为信仰。在康德那里,先天的道德形式隐含着实践主体对道德的敬畏之心,正是在这种道德敬畏之下,道德哲学可与宗教结合,换言之,康德的宗教信仰实际上只是一种"道德上的信仰"(但康德是反对道德狂热的);费希特虽然也坚决反对把上帝看作人格神或某种实体的蒙昧主义观点,但他后期越来越强调,一切相对、有限的东西都是以一个绝对、无限的东西为根据的,它是生活和一切行动的源泉,生活的意义和目的就是去爱和思考这一作为绝对存在的上帝,这是人们通往极乐生活的唯一正确的途径,这显然要比康德的道德宗教哲学激进得多,其实是将

---

① 《辜鸿铭文集》(下),第 54 页。
② 康德原文为:"通过作为纯粹实践理性的课题的最终目的的至善概念,道德法则导致宗教,亦即导致一切职责乃上帝的命令……的认识。"(《实践理性批判》第 141 页。)

康德的道德哲学发展成了道德宗教。正如康德对科学理性的审慎态度、他对在现实生活中坚持道德修炼的重要性的强调、他赋予人的行动以道德意义乃至他整套"至善"的道德哲学所体现出来的道德关怀让道德家辜鸿铭深受鼓舞一样,费希特的道德宗教观同样让辜鸿铭看到了人的道德本性的确证,因为在费希特这里,上帝是一种能动的道德秩序,这个道德化的上帝是弥漫于整个世界的,是可以通过人的道德行为和信仰被我们所认识的,这种以道德为核心的泛神论宗教观与辜鸿铭坚持的道德的永恒价值和普遍意义显然相当契合。要言之,无论是对康德的推崇,还是对费希特的赞赏,辜鸿铭依据的无非是两个字:道德!实事求是地说,辜鸿铭将中国传统文化中无处不在的"道"以及孔子的"天命"说和费希特的这种道德上帝观加以类比,从形式上看也确有合理之处,至少它们在经由道德规范和道德实践趋向神圣宇宙秩序这一点上还是相通的;此外,对西方读者来说,辜鸿铭这种"以西证中"的类比手法确实可以让他的文章通俗易懂,而辜鸿铭的著作和译作本来就是写给西方人看的。

从上面的分析可以看出,辜鸿铭对德国哲学同样颇有心得。从相关的引用及评论看,辜鸿铭涉猎的主要是以康德和费希特为代表的德国古典哲学。初看起来,德国哲学思想似乎不是辜鸿铭关注的重点,相关的征引评论不算太多,涉及的德国哲学家及哲学著作范围也较有限,不及他对德国作家作品的反复征引,不过,除部分有意无意地曲解或断章取义之外,辜鸿铭对康德和费希特的主要哲学观点的理解还是基本到位的,而且,辜鸿铭本人具有一定的哲学家气质,善于从总体上把握德国哲学思想的精神特质,这也让他的征引和评论在行文上显得比较自然。

不过,辜鸿铭对德国哲学思想的评论有一个值得注意的地方:他主要是从道德观的角度入手,力图在德国的道德哲学思想中寻找到能与儒家的伦理道德学说相通的点或面。这是由辜鸿铭的思想旨趣所根本决定的。由于这一原因,辜鸿铭最欣赏的是康德,对康德哲学的继承者、将康德的道德哲学发展为道德宗教的费希特,他也颇为青睐。然而也正是由于这个原因,他对康德和费希特哲学思想的借鉴都有断章取义或曲解的地方。毕竟中西哲学代表着两种不同的思维方式,虽说人类的生理结构和思维方式有不少相通之处,但各自不同的历史和文化背景决定了两种哲学和思维方式之间必然积淀有不少差异,若仅为证明自己一方的某种观点而勉强匹配,虽有可能擦出思想的火花,然而也可能导致"拉郎配"的后果,甚至带来误解。

以辜鸿铭对康德道德哲学的认识为例。康德哲学19世纪末传入中国,与辜鸿铭同时代的学人如严复、康有为、王国维、章太炎、梁启超等都对康德哲学有过或多或少的点评,王国维先生甚至先驱性地借用康德哲学的概念讨论中国传统哲学问题。辜鸿铭虽然最欣赏康德,但他并未对康德道德哲学做学理上的分析或探讨,只是在反复强调儒家所说人的道德本性和道德责任感的客观性时,用康德以"绝对命令"为最高原则的"至善论"道德哲学来印证道德的普遍意义和永恒价值。

  康德强调人自身即是目的,认为人的"善良意志"使其具有某种"绝对价值",实践理性表现出一种自律性,自律的基础是行为者的道德"责任",只要所有理性的人都把经由自己意志决定的道德法则作为立足点,以之约束自己的动机和行动,人类社会就能到达"目的王国"的境界。这套基于"责任"的道德义务论透出一种浓厚的理想主义和形而上学的色彩,其中的关键是人的行动要符合普遍的道德原则,因而道德"责任"至关重要,康德甚至认为他的道德哲学建立在"责任"概念之上。现实生活中的康德也始终对道德责任抱有坚定信念,"德行"对他而言就在于奉行"责任"。康德的一系列论述意在证明人具有不同于一切自然存在的价值和尊严,因为人在本质上乃是一种道德性的存在,这当然极易让坚守人的道德本性的辜鸿铭产生共鸣。当辜鸿铭宣称"关于道德责任感,每一个曾经有过文明的民族,其最优秀的文学作品中都能找到以这种或那种方式所做的阐述"[①]时,他是在以儒家所说的道德责任感回应康德的"绝对命令",从而高扬了道德责任感的普遍性和永恒性。

  换言之,辜鸿铭看到了康德道德哲学和儒家伦理学说之间的某种相似性,虽无理论阐释,却透着一种睿智。众所周知,现代新儒家代表人物牟宗三先生就非常欣赏康德哲学,曾创造性地将儒学的核心描述为"道德的形上学",并以康德哲学的"物自体"、"绝对律令"、"道德自律"、"道德他律"等概念来诠释儒家的这套道德形上学。在牟先生看来,儒学的核心乃是一门透过道德实践体验超越天道的学问,即"内圣",道德实践则由个人层面通向政治和社会层面,即"外王",他以康德的"物自体"和"现象"概念阐释儒家的"良知"和"现实世界"的关系:"良知"是"物自体",属本体界("内圣"),而"外王"则属现象界。牟宗三先生以康德哲学重建中国传统的义理之学进而"打通"中西哲学之举无疑

---

① 《辜鸿铭文集》(下),第 512 页。

印证了辜鸿铭的睿智。①

其实,在20世纪初的德国,也不乏与辜鸿铭观点相近的学者。与辜鸿铭有过密切交往的德国汉学家卫礼贤(Richard Wilhelm,1873—1930)可谓英雄所见略同。众所周知,卫礼贤翻译的《论语》是重要的德语译本。在翻译《论语·里仁》第十五章"夫子之道,忠恕而已矣"一句时,卫礼贤特别在"忠"字下加了一段注解。在注解中,卫礼贤以翟理斯和辜鸿铭对这句话的不同翻译为例,指出"忠"、"恕"二字难译。随后,卫礼贤也给出了自己的理解:孔子此处所讲的实际上就是康德的绝对道德律令,从形式的一面看是道德自律,这是"忠",从实践的一面看是每个人自身就是目的,此为"恕"。②这显然是卫礼贤依据自己对康德道德形而上学的理解对儒家伦理道德学说所做的阐发。在更早时候发表的一篇题为"孔子的意义"(1909)的文章中,卫礼贤也曾就孔子伦理思想和康德道德哲学之间的相似性做过类似的评论:"如果可在一位注重实践的政治家和一位致力于学术研究的学者之间做比较,那么,孔子是一位在本质上与我们的康德有许多相似之处的人物。"③

而且,卫礼贤的这一观点在德国学者中间并不孤立。长期关注东亚问题的德国学者、《中国:中央之国》(*China, die Republik der Mitte*, 1914)一书的作者马恺(B. L. Freiherr von Mackay)曾发表过一篇题为《中国革命的心理问题》的文章,文章主要分析了中国辛亥革命的社会背景和文化背景,其中,在分析世纪之交传统的儒家学说在中国的现状时,马恺对孔子伦理道德学说和康德道德哲学之间的相似性做了如下评论:"它的本质主要在于,这位'鲁国智者'深信,一切在过去成为本质和现实的东西都具有永久的生命力和创造力,人类的道德王国自有规律,它的宗教追求可理解为一种伦理的、积极的力量,是康德绝对道德律令的初级形式。"④

可以看出,辜鸿铭以康德道德哲学印证儒家伦理道德学说不是没有道理的,他敏锐地把握住了两者的道德形上学的特征,卫礼贤、马恺和牟宗三先生

---

① 牟宗三先生对康德道德哲学当然也有保留看法,认为康德在道德问题上仍然受限于西方哲学,只是在道德的范阈内谈道德,是对"道德"的形上学研究,未能"透至""道德本体"之形而上学的、宇宙论的意义;此外,康德以"上帝存在"作为最终的理论保障,不承认"智的直觉",使得"绝对命令"只是抽象的、纯粹的道德法则,缺少保证这些道德法则实现的"动力"。(程志华:《牟宗三哲学研究》,第464~465页)

② Wilhelm: *Gespräche (Lunyü)*. Eugen Diederichs, Jena 1914. S. 35.

③ Wilhelm: *Die Bedeutung des Konfuzius*. In: ZMR. Jg. 1909. S. 72.

④ Mackay: *Psychologische Probleme der chinesischen Revolution*. In: *Die Neue Rundschau*. Jg. 1912. Bd. II. S. 1638.

的论述都证明了他眼光的独到。问题在于,辜鸿铭论述的功利性太明显,因而会有意无意地曲解原文,断章取义,不重客观的学术探讨,论证方式易给人一种走极端的印象,这一点从征引前后的相关论述文字可以清楚地看出来。这很容易让德国读者得出如下结论:辜鸿铭其实并未真正弄明白康德哲学乃至德国古典哲学的精神实质。德国民族学家波姆(Max Hildebert Boehm,1891—1968)就曾质疑辜鸿铭以康德道德哲学阐释儒家道德伦理思想的做法:"这位中国传统道德学家的阐释者硬要与康德的道德哲学做类比也并非没有道理,不过他当然并未认识到康德这部后期著作中最初几章的深刻含义,康德其实是从宗教出发在纯粹理性的范围内对抗启蒙思想家的实证主义。"[①]也许,这种旁征博引的负面效果是自负的辜鸿铭所没有想到的。本书后半部分具体分析德国知识界对辜鸿铭的接受时还将涉及类似的问题。

辜鸿铭眼中的德国政治和历史

辜鸿铭留欧期间主攻西方的语言文学,但他对西方的历史、文化、政治和社会民情也曾广泛涉猎,游历便是他留学生活的重要组成部分,特别是在留欧后期。从辜鸿铭的文章和著作看,他对普鲁士的崛起史和德国的统一史都很熟悉,并且一直关注德国自19世纪后期以来的殖民主义狂热以及德国国内的政治局势。在《关于中国问题的近期札记》第三篇中,辜鸿铭还集中评论了德国的历史和政治现实,这尤其体现在他对德国几位重要的历史人物和政治人物所做的品评中。

俾斯麦(Otto von Bismarck,1815—1898)

在德国重要的历史政治人物中,辜鸿铭对德意志第二帝国的宰相俾斯麦着墨最多。粗略统计,俾斯麦在辜鸿铭的著作文章中出现了至少十余次。俾斯麦是德意志历史上一位重要的政治家,他对德国的重要意义就在于,正是在他的主导之下,德意志帝国才首次真正实现了统一。客观上说,德意志第二帝国的统一有助于德国社会经济的发展,是有历史进步意义的,但我们也应该看到,俾斯麦统一德国的手段却是所谓的"铁血政策",即三次流血的王朝战

[①] Boehm: *Chinesentum, Europäismus und Weltkrieg*. In: *Die Hilfe*. Jg. 1917. Nr. 2, S. 27.

争①,而且,这种"铁血"政策的余音在他执政后期还延伸到了海外,直接后果就是德国开始疯狂地在亚洲和非洲建立殖民地,进而逐渐成为世界战争的策源地,从而给世界人民带来了巨大的痛苦和灾难。对德国历史上这样一位复杂而重要的政治人物,辜鸿铭是怎样评价的呢?

  翻开辜鸿铭的文章著作,我们经常会看到"伟大的俾斯麦"、"俾斯麦绅士"等字眼。辜鸿铭还反复征引俾斯麦"我们绝不到卡诺萨去"②的豪言壮语。辜鸿铭对俾斯麦的评价,最鲜明地体现在他在俾斯麦100周年诞辰(1915)庆祝会上所发表的演讲。在演讲中,辜鸿铭开门见山地表白了自己对俾斯麦的景仰:"当我在德国作为一名年轻的留学生时,在柏林的大街上曾亲眼目睹了这位伟大的德意志帝国的首相,之后,我就成了他的崇拜者。"辜鸿铭给俾斯麦所下的评语是:"俾斯麦对我来说,他是纯粹的、地道的、真正的德意志精神的代表",其"一生的活动对欧洲秩序的重建产生过决定性的影响"。在上面这一连串的积极评价中,俾斯麦是"真正的德意志精神的代表"这一评语最引人注目。辜鸿铭曾对德意志精神做过如下诠释:德意志精神"是一种畏惧上帝的精神,是一种除了上帝无所畏惧的精神",由于"在我们中国,上帝指的是秩序",因此,"德意志人民敬畏上帝,这样说指的是德意志人民是一个最担心不公正和不合法以及无秩序和无纪律的民族"。③换句话说,在辜鸿铭眼中,德意志民族乃是欧洲社会公正和秩序的维护者,俾斯麦则是这个民族杰出的精神领袖。联想一下辜鸿铭对文明本质的理解,即文明的真正基础在于人的精神状态和道德水准,其外在表现就是社会的公正和秩序,他将俾斯麦誉为正义和秩序的保护者,也就是视他为文明的保护人,这一评价不可谓不高。

  当然,辜鸿铭也非常清楚地看到,俾斯麦"维持公正和秩序"的手段乃是流血的强权政策。对俾斯麦的"铁血政策",辜鸿铭是有清醒的认识的:"比康兹菲尔德公爵和宰相俾斯麦所试图建立的,都是一种真正的帝国主义,即绝对有权力去做它认为正确的事情的政府,实际上也就是一种不计利害的政府",不过,"比康兹菲尔德公爵的帝国主义试图成为一种宪政帝国主义,而俾斯麦宰相的帝国主义完全是一种军事帝国主义"。而且,在辜鸿铭看来,俾斯麦的这

---

  ① 指普鲁士对丹麦的普丹战争(1864)、对奥地利的普奥战争(1866)和对法国的普法战争(1870)。

  ② 卡诺萨(Canossa):意大利北部古城堡。神圣罗马帝国皇帝亨利四世因同罗马教皇格列高利七世争夺主教续任权,被后者开除教籍,帝国境内诸侯乘机叛乱。此后亨利四世被迫冒着风雪严寒翻越阿尔卑斯山到卡诺萨向教皇悔罪,立于城堡门口三昼夜后始得教皇赦免。

  ③ 《辜鸿铭文集》(上),第574页。

种强权政策还有着难以克服的局限:"纯粹的军事独裁令人可怕的失败是:那用以镇压群氓暴乱的军人刺刀,在和平时期面对资产阶级、庸鄙之人、市侩们的狡诈与自私时,却完全无能为力。"尽管如此,辜鸿铭仍然要为俾斯麦的"铁血政策"拍手叫好。原因很简单,所谓两害相权取其轻。在辜鸿铭看来,俾斯麦推行强权政策在"所谓的自由"和"庸俗"盛行的当代社会还是绝对有必要的,"保护风纪与秩序,使其免遭群氓暴力的毁灭:在公理通行之前,只有依靠强权"①。辜鸿铭甚至认为,整个欧洲都应该为俾斯麦的强权政策和军事路线感到庆幸,"如果没有英国比康兹菲尔德勋爵和德国俾斯麦首相的政治才能,欧洲人民现在也要堕落入无政府和野蛮状态了"②。

但是,强权逻辑和"铁血政策"的对外延伸必然就是赤裸裸的殖民主义和侵略扩张,这当然没有逃过辜鸿铭的眼睛,这也是俾斯麦身上最令辜鸿铭痛心的一点。在世纪之交中西矛盾激化之时,辜鸿铭对西方列强的殖民政策深恶痛绝:"这个庞大的吃人恶魔,这个称之为'殖民政策'的现代怪异巨兽,正是今日世界可怕的现实。"③然而,具体到俾斯麦的对外扩张政策,辜鸿铭的态度却很微妙,对俾斯麦后期尽管谨慎却也越来越明显的殖民主义政策,辜鸿铭的指责非常软弱无力,与其说是指责,毋宁说是在为俾斯麦辩护,而且他辩护的理由听起来还很奇特。辜鸿铭的逻辑如下:"普鲁士是苏格兰低地人,他们因生活在平原地区而缺乏想象力。在普鲁士,气候比苏格兰还要恶劣得多。因此普鲁士人除了想象力贫乏之外,还有惊人的胃口"④;胃口大了自然就有向外扩张的冲动,而"俾斯麦宰相不过是一个有教养的苏格兰低地人"⑤,他当然也不会例外;尽管俾斯麦宰相是一个具有"崇高品格"的"伟大历史人物"⑥,他"内在的绅士气质使他憎恶'殖民政策'",然而可惜的是,"他身上那种苏格兰低地人的自私毛病和那吓人的胃口,又把他引上了殖民政策的道路"⑦。总而言之,辜鸿铭坚定地认为,俾斯麦"本人并不信仰"殖民政策(Kononialpolitik),之所以最终仍然付诸实施,真正原因就在于众意难违,因为"公众舆论之潮大得难以抗拒"⑧。凡此种种,全然辩白之词。就这样,辜鸿铭对俾斯麦强

---

① 《辜鸿铭文集》(上),第109~110页。
② 同上,第378页。
③ 同上,第113页。
④ 同上,第102页。
⑤ 同上,第109页。
⑥ 同上,第572页。
⑦ 同上,第112页。
⑧ 同上,第112页。

权和殖民主义政策的批评,先是高高举起,尔后又轻轻放下。

腓特烈大帝(Friedrich II von Preußen,1712—1786)、
威廉二世(Kaiser Wilhelm II,1859—1941)

辜鸿铭对德国重要历史政治人物的品评还包括两位帝王:一位是普鲁士王国的第三位国王腓特烈大帝,另一位则是德意志第二帝国的末代皇帝威廉二世。

腓特烈大帝是德意志历史上最杰出的领导人之一,正是经过了他40多年的经营,普鲁士才正式崛起为欧洲强国,为德国日后的统一奠定了基础。对于腓特烈大帝,辜鸿铭的基本评价是:"腓特烈没有想象力。但他不仅具有杰出的才华,还有着法国人的文化教养、精神,有着灵敏的头脑和法国文化的明智。"①这一段评价中,前面说腓特烈大帝"没有想象力",属于辜鸿铭的个人偏好,与他对普鲁士人的总体评价一致,无须多议,不过他后面对腓特烈大帝所做的整体评价还是比较中肯的。事实上,腓特烈大帝曾经深受18世纪启蒙思想的影响,一度还是伏尔泰心目中的"开明专制君主",此外,腓特烈大帝还非常爱好文学艺术,并且有所建树。不过,腓特烈大帝为后人景仰的主要原因还是他在军事上和政治上获得的卓越声誉,普鲁士军国主义就是在他的时代才达到了顶点,他治下的整个普鲁士王国就是一部军事机器,他发动的几次战争(如三次西里西亚战争)给普鲁士带来了疆域上的实利,却也给欧洲百姓带来了深重的灾难。对于腓特烈大帝的军事主义路线,辜鸿铭有时显得洞若观火,他清醒地认识到其欧洲争霸的实质,无所谓正义与否,因而也无所谓褒贬:"卡莱尔以其敏锐而冷峻的眼光,透过腓特烈那爱挖苦人和怀疑一切的哲人表象,洞察到其清教徒的本质。七年战争,实际上是普鲁士清教徒和奥地利骑士之间的争斗。"②有些时候,辜鸿铭又明确地表达了自己支持腓特烈大帝的立场,坚持为腓特烈大帝的军事政策文过饰非,认为腓特烈大帝即使是一个"帝国主义者",那也完全是为了"维护路德工作"③,换句话说,就是为了维护欧洲的道德秩序。总之,辜鸿铭对腓特烈大帝的最终评价就是:腓特烈大帝"挥舞德国军国主义之剑,力图恢复整个欧洲、至少成功地恢复了欧洲北部的秩序和统一。"④

---

① 《辜鸿铭文集》(上),第103页。
② 同上,第102页。
③ 同上,第102页。
④ 《辜鸿铭文集》(下),第11页。

至于德皇威廉二世,众所周知,他是一个狂热的军国主义者。相对于铁血宰相俾斯麦谨慎施行的"仁慈中立"政策,威廉二世更加积极地向海外扩张殖民地,他要为德国"取得阳光下的地盘",强租中国的胶州湾就是他的"杰作"。在1900年的义和团运动中,他派出的德军是侵华的八国联军之首。在为侵华德军举办的壮行会上,他还做了一次所谓的"匈奴演讲",发出了"不要宽恕"中国人的咆哮:"遇到敌人就打败他们,不要宽恕,不要捉俘虏。谁要是落入你们手中,谁就死亡。要像一千多年以前阿提拉率领的匈奴人那样,为自己争取永垂史册的光荣,德国人的名字也将靠你们在中国大显声威而流芳千古,使任何一个中国人永远不敢睥睨德国人。"①正是这个威廉二世居心叵测地抛出了"黄祸论",也是他发动了第一次世界大战。然而,对这样一个穷兵黩武的德国皇帝,辜鸿铭的评价却是自相矛盾的。

一方面,他明确驳斥威廉二世傲慢而毫无根据的"黄祸"论:"德皇的'黄祸'之梦,实在不过是一个十足的梦魇"②,对于威廉二世"绝不宽恕"的咆哮以及德国国内的附和论调,他更是斥之为"令人恶心"、"无可救药"③。另一方面,辜鸿铭又对威廉二世的演讲作出了一厢情愿的善意解读:"德皇陛下那篇'诉诸武力'的演讲,我也能够理解。他就像一名优异的基督教骑士一样",真正目的在于"打倒蛮夷,尊崇基督",然而"中国人不是蛮夷",因此,威廉二世的战争宣言并不是针对中国的,而是针对"真正的蛮夷"。那么谁是"真正的蛮夷"呢?他认为:"当今世界真正的蛮夷是那乱臣、贼子、伦敦佬、资产阶级分子、市侩、追名逐利之徒、殖民政客以及想把耶稣基督变成一个食肉动物的政客!"④换言之,在辜鸿铭看来,威廉二世军国主义路线的真正目的是维护社会正义和道德秩序,这显然与他赞美俾斯麦的逻辑是一致的:在公理通行之前,只有依靠强权!辜鸿铭甚至还把德国改变殖民政策的希望寄托在威廉二世身上,令人啼笑皆非。"我也一直相信德国皇帝陛下身上的那种霍亨索伦王族和普鲁士军官的传统和情感,会使他反对贼子,反对日耳曼犹太走狗即反对德国的'殖民政策'"⑤。因为在他心目中,威廉二世毕竟是个品格高尚的人:"我的希望和信心,基于德皇陛下那坚强的、尽管固执但并不狭隘吝啬的品性。从德

---

① 卫茂平:《中国对德国文学影响史述》,第241页。
② 《辜鸿铭文集》(上),第113页。
③ 同上,第114页。
④ 同上,第117~118页。
⑤ 同上,第84页。

皇拍给克鲁格议长的著名电报中,我看到了他的骑士性格。"①与对俾斯麦的复杂态度相似,辜鸿铭对德皇威廉二世显然也是又恨又爱,矛盾重重。

从辜鸿铭对德国著名政治历史人物的评价中可以看出,他对德国政治历史的解读经常充满了矛盾,这种矛盾的评价典型地体现在他对德意志民族的强悍性格以及自普鲁士王国以来德意志民族尚武精神的认识上。一方面,辜鸿铭对德国偏执的军国主义路线颇有微词,例如,他对由推行强硬路线的瓦德西出任侵华八国联军的总司令大不以为然:"我不理解列强怎么会选择一个德国陆军元帅,一个既是毛奇的信徒,更是俾斯麦'铁血政策'信徒的人来担任驻华联军总司令"②;对德国蛮横无理的对华殖民政策,他更是厉声斥责,咒之为"吃人的恶魔"、"现代怪异巨兽"。另一方面,辜鸿铭又非常欣赏德意志民族性格中彪悍的一面,甚至宣称沙俄女皇叶卡捷琳娜二世深沉刚毅的性格乃是源自她的德国血统③。再如,从腓特烈大帝的军国主义路线,到俾斯麦推动德国统一的所谓"铁血政策",再到威廉二世狂热的殖民主义政策,对德国这种一脉相承的军国主义传统,他一相情愿地予以辩护:"今日世界真正的、最大的敌人是体现在我们身上的商业主义精神,而不是普鲁士德国的军国主义"④,并坚决否认德意志民族是一个好战斗狠的民族:"德意志民族只是在为了建立世界道德与秩序而没有别的手段时才参加战争"⑤。追根溯源,所有这类前后矛盾的表白都归结到辜鸿铭对德意志民族精神的一个基本认识上,这就是:德意志民族具有道德禀赋,是欧洲最热爱正义和秩序的民族。正是在这一前提下,辜鸿铭坚持认为,德国奉行强硬的军国主义路线是合理的,是维护整个欧洲道德秩序的需要,也就是说,辜鸿铭为德国军国主义路线文过饰非的言行,最终还是源于他执着的道德文明观。不过,辜鸿铭对德国军国主义路线的善意解读的确是一厢情愿,过于理想主义了,说得不客气一点,这其实正显示了他"对民族政治的无知"⑥。

---

① 《辜鸿铭文集》(上),第117页。
② 同上,第105页。
③ 同上,第208页。
④ 《辜鸿铭文集》(下),第16页。
⑤ 《辜鸿铭文集》(上),第575页。
⑥ 黄兴涛:《文化怪杰辜鸿铭》,第195页。

第四节 辜鸿铭的德国观之评析

辜鸿铭的德国观

所谓"德国观",顾名思义,指的是对德国的总体看法,从内容上说当然应该包括对德国方方面面的认识。不过,从辜鸿铭所征引的德国文化经典来看,主要还是集中在文、史、哲几个领域。也就是说,辜鸿铭对德国的接受主要还是在思想文化方面,德意志民族的文化精神给他留下了至为深刻的印象,尤其让他折服的是歌德的人格魅力和道德理想。在辜鸿铭眼中,德意志文化精神最终归结为一点,这就是德意志民族的道德禀赋,是他们对秩序的热爱和对不义的憎恨。正因为如此,辜鸿铭才把德意志民族推到了"欧洲现代文明合法的、正统的保护人"的位置上,对德国的喜爱之情溢于言表。基于这种认识,辜鸿铭对德国发达的工业和科技文明不以为然,并警告德国不可一味地磨砺自己的文明利器。对德国的军国主义和强权政治路线,辜鸿铭虽然颇有不满,但又从根本上予以辩护,因为在他看来,"军国主义利剑"是欧洲的道德卫士——德意志民族出于自己的道德禀赋而在欧洲维护正义与秩序的必要手段。辜鸿铭的这种逻辑,让我们不能不得出这样一个结论:他对德国和德意志民族心存偏爱,而这种偏爱又基于他对德意志民族道德水准的绝对肯定。

当然,从表面上看,辜鸿铭对德国文、史、哲著作的反复征引只能说明他对德国文化精神的欣赏,并不必然得出他偏爱德国的结论,因为辜鸿铭也经常引用英国浪漫派作家华兹华斯的作品,并大量引用英国思想家卡莱尔、阿诺尔德以及美国思想家爱默生的名言。不过,如果我们再看一下辜鸿铭对德国著名政治、历史人物的评价,看一下他在第一次世界大战业已爆发的大背景下敢于冒天下之大不韪为德国军国主义所做的辩护,他对德国的偏爱还是非常明显的。而且,我们还可以再做一个横向的对比。辜鸿铭针对西方列强的历史和现实以及它们的对华政策做过不少评论,如他的《关于中国问题的近期札记》系列。在这些评论中,辜鸿铭对德国的评价要远远好于他同期对英、美、法等西方国家的评价,最鲜明的就是辜鸿铭对德国的褒扬与他对英国的贬斥之间的对比。辜鸿铭虽曾负笈英伦,但他对英国对华政策的抨击却最激烈,可以说毫不留情。比如,英德两国都参与了八国联军侵华行动。在对当时局势的评论中,辜鸿铭集中火力痛骂英国人,声称他们具有"与生俱来的残暴",而且这种残暴已经深入到他们的"骨子里",纯粹是"一个具有无耻、卑劣或变态堕落道德之禀性的民族"①,其对英国的谩骂语气之激烈令人瞠目。然而,对作为八国联军之首的德国侵略者,辜鸿铭的批评却一带而过,他甚至还为德皇威廉二世开脱,认为他所谓"绝不宽恕"的演讲只不过是"因他的感情冲动和激怒而说出的话"②,这种情况就只能用辜鸿铭对德国的偏爱解释了。

游移的"爱"

虽然辜鸿铭对德国的偏爱十分明显,仔细分析还是可以发现,辜鸿铭对德国和德意志民族的感情也不是一成不变的。一直关注辜鸿铭的德国传教士威特(Johannes Witte, 1877—1945)就注意到了辜鸿铭对德国态度的前后变化,在他看来,部分地缘于英国的对华政策,辜鸿铭才逐渐疏远了英国,转而亲近德国。③但无论如何,从时局发展的角度看,辜鸿铭对德国和德意志民族的评价确实还是有所起伏的。

在义和团运动和八国联军入侵北京期间,基于民族主义和爱国主义的立场,辜鸿铭严厉谴责西方列强的殖民路线,告诫列强应该实行让中国人自己当家做主的政策。此时,辜鸿铭对作为八国联军之首的德国的谴责同样非常严厉,相关的文章著作以《尊王篇》最具有代表性。《尊王篇》的主旨在于为清政府尤其是为慈禧太后辩护,西方列强要求慈禧太后交权,辜鸿铭自然站出来痛加驳斥,德国也未幸免:"大不列颠和美国派来他们所有失业的搬弄是非者和爱管闲事之辈,专横跋扈地干涉上至皇太后,下至那些可怜妇人的小脚。德国派来所有日耳曼犹太高利贷狗,来诈骗中国的达官并使之堕落。法国送来了全部的'黑龙骑兵'保护流氓和无赖","假如我必须在日耳曼犹太狗和主教之间进行选择,我宁愿选择主教"。④在《关于中国问题的近期札记》第三篇中,辜鸿铭回顾了普鲁士的崛起史和德国的统一史,反复嘲讽普鲁士人天生"自私"⑤、"冷酷无情"和"缺乏想象力"⑥,严词谴责德国政府的殖民政策——"我

---

① 《辜鸿铭文集》(上),第531页。
② 同上,第531页。
③ Witte: *Ku Hung Ming, Der Geist des chinesischen Volkes und der Ausweg aus dem Krieg.* In: ZMR. Jg. 1916. S. 300.
④ 《辜鸿铭文集》(上),第79~80页。
⑤ 同上,第101页。
⑥ 同上,第104页。

把德国的殖民政策称之为'怪异的巨兽',一种可怕的野兽"①,并强调"这个庞大的吃人恶魔,这个称之为'殖民政策'的现代怪异巨兽,正是今日世界可怕的现实"②。在《日俄战争的道德原因》一文中,德国依然是傲慢残暴的殖民政策的代名词:"真正的夷人是那些以种族自傲,以财富自高的英国人和美国人,是那些惟残暴武力是视,恃强凌弱的法国人、德国人和俄国人。"③

这种对德国军国主义和殖民政策的谴责论调同样出现在他1910年发表的《清流传》一书中。《清流传》的初衷是为了悼念他的老上司张之洞,核心内容就在于赞美以张之洞为首的"清流党"反抗现代西方极端物质实利主义危害中国道德文明的言行。早在《尊王篇》中,辜鸿铭就明确了他所谓中国"抗拒"西方的真正原因:"中国人,作为一个民族,其文明的基础决定了他们更赞赏、尊崇和畏惧道德力量,而不是物质力量。像外国列强那种肯定出于知识不足的愚昧无知的物质力量,只能使中国人道德沦丧,陷入混乱。"④出于这种深深的忧虑,也出于一腔爱国热情,辜鸿铭在他的《清流传》中基本延续了《尊王篇》的思想基调,严词痛斥西方为"极端的物质实利主义文明的可怕怪物",所有西方列强都在他斥骂之列,作为"文明利器最为完善"的欧洲国家,德国自然也不例外。在这本书中,辜鸿铭屡屡称德国人为"德国犹太狗"、"日尔曼犹太狗",称俾斯麦的"铁血"政策"极其可怕"⑤。不过,相对于《尊王篇》,辜鸿铭此时对德国的批判语调已经稍显缓和。

1915年春,驻华德人在北京举行庆祝俾斯麦100周年诞辰大会,辜鸿铭应邀出席并发表了演讲。这次演讲中,辜鸿铭毫无保留地公开赞美德国:"德意志民族是一个仇恨无秩序和无纪律的民族","自从法国大革命以来,欧洲国家的秩序和文化经常受到一种失去控制的极端主义的威胁。正是德意志民族把欧洲国家的秩序和文化从这种危险的威胁中挽救出来。换言之,在今日的欧洲,国家生活与家庭生活中所享有的道德与秩序,和其他的民族相比,欧洲各国人民更应该感谢德意志民族","由于德国人民具有这种精神,所以为了维护欧洲国家的现代化秩序和文化,他们所做的比欧洲任何别的民族都要多"。在演讲的末尾,辜鸿铭还对德意志精神做了如下的概括和提炼:"我们不但要说,德意志民族是一个除了上帝无所畏惧的民族,而且我们还要补充说,德国

---

① 《辜鸿铭文集》(上),第138页。
② 同上,第113页。
③ 同上,第206页。
④ 同上,第36页。
⑤ 同上,第339页。

人民是一个与生俱来带有这四种德意志本质的民族：真诚、义务感、忠实和勇敢。我说，这就是德意志精神。"①可以看出，辜鸿铭在演讲中对德国的赞美几乎到了无以复加的地步。当然，辜鸿铭是应邀赴会，演讲中出现一些恭维东道主的言辞也是可以理解的，尽管如此，从他的演讲中我们仍可以清楚地感受到他对德国的喜爱并非只是口头上的，而是发自肺腑地赞美。

在同年发表的《中国人的精神》一书中，他延续了这次演讲的赞赏基调，一开始便给德国人送去了一顶"欧洲现代文明合法的、正统的保护人"的高帽。②第一次世界大战是由德奥两国挑起的，可辜鸿铭对战争原因的分析却别出心裁："这场战争的根源，就是大不列颠的群氓崇拜和德意志的强权崇拜，但公正地看，前者对后者又负有责任。"他进一步解释道："德国人对正义具有强烈的爱"，"对不义、分裂和混乱"具有"极度的恨"，因而"不能容忍大英帝国的群氓、群氓崇拜教和群氓崇拜者"，"当他们发现自己在整个欧洲处于英国所怂恿的邪恶势力的四面包围时，他们就越来越相信强权了，越来越迷信只有强权崇拜才是人类解决问题的唯一途径。这种出于对英国群氓崇拜的憎恨而产生的强权崇拜，最终导致了残暴可怕的德国军国主义"③。辜鸿铭的这一论调无疑是在公然为德国开脱战争责任。

尤其令人称奇的是，辜鸿铭一向对日本抱有好感，认为日本继承了真正的中国文明。"今天的日本文明，我愿意在此指出，它是真正的、原初的中国文明"，"在今日的中国，真正的儒家文明或道德文化，可以说正处在衰落状态，相反在日本，它却正处于强盛时期"④，因而日本承载着东亚文明复兴的希望，"中国文明的精神自元代以后在中国本土就不复存在，为了保护这个文明，日本必须把复兴真正的中国文明引为自己的天职"，"将明治以前日本保存着的纯正的中国古代文明带回给今日的中国。这是历史赋予日本的使命"⑤。但当日本在第一次世界大战爆发之后居心叵测地进攻驻扎在青岛的德军，并将青岛据为自己的势力范围时，辜鸿铭却旗帜鲜明地站到了德国人一边。"他们看上去很可怕，但我想这根本不会吓倒在青岛的德国占领者。战争的叫嚣只能吓倒野兽和动物，却吓不倒一个文明的民族。人们口头上也许一直反对德国的政策和德国政治家的策略，即使这样，也没有人会否认，德国是一个文明

---

① 《辜鸿铭文集》（上），第 574～575 页。
② 《辜鸿铭文集》（下），第 15 页。
③ 同上，第 8～9 页。
④ 《辜鸿铭文集》（上），第 202～203 页。
⑤ 《辜鸿铭文集》（下），第 281～282 页。

的民族,而且是一个全副武装的文明的民族"①。当然,辜鸿铭并非是要彻底否定日本,在他看来,日本与德国开战的初衷还是正义的,是为了维护东亚的道德文明,只不过走过了头,胜之不武,有损东方文明民族的正义精神和道德尊严,一如他在甲午中日战争和日俄战争问题上对日本的批评:"他们做得太过分,也就破坏了道德法则"②。这是辜鸿铭批评日本国内出现的军国主义苗头的主要原因,与他批评德国军国主义路线的逻辑如出一辙。再如,1917年2月,德国宣布恢复无限制潜水艇战,对所有在战争区域出现的中立国船只均进行攻击。举世哗然,美国参战,辜鸿铭却跳了出来为德国辩护:"同盟国之是非曲直姑置勿论,今全球强国几群起而环攻之矣。英法海军又封锁海口,以断其接济,彼既以寡敌众,又内顾接济之将穷,不得已出此报复之举,图战事之速了,盖穷无复之之后,舍此别无良策,其为情亦可伤矣。"③要知道,段祺瑞的北洋军阀政府此时已经加入协约国对德宣战,中德之间变成了敌国关系,辜鸿铭却撰《义利辩》坚决为德国辩护,认为北洋军阀政府参战纯粹是落井下石的不义之举,如果不是出于对德国的偏爱,此类言行显然是不可理喻的。

通过梳理辜鸿铭在主要历史时期关于德国的评论,可以看出,辜鸿铭在西方列强中虽然对德国情有独钟,但他对德国的评价并非始终如一。在世纪之交的前后数年中,随着中西矛盾的激化,辜鸿铭著文多是基于民族主义和爱国主义的立场,他对德国蛮横的对华侵略政策也主要以批判为主。民族矛盾渐趋淡化之后,随着辜鸿铭带着更多的道德优越感从旁观者的角度品评西方列强,德国在他心目中的地位也越来越高,因为按照他的逻辑,德意志是西方各民族中最崇尚道德秩序的民族,这种逻辑尤其体现在他对第一次世界大战的原因和本质所做的分析中。当然,这并不是说辜鸿铭对德国的印象是直线式地由贬到褒,中间也还是有起伏的。例如,在早期的《关于中国问题的近期札记》第三篇中,辜鸿铭集中火力抨击德国的殖民政策,语气非常严厉,然而到了这篇札记的末尾,辜鸿铭的指责口气却忽然缓和了下来,由批评转为期望,开始希望"德皇陛下那坚强的、尽管固执但并不狭隘吝啬的品性"和"他的骑士性格"能够最终改变德国的殖民政策,他甚至还对德皇威廉二世"诉诸武力"的演讲表示理解。④可以看出,即使是在辜鸿铭对德国的抨击最为严厉的时候,他对德国还是有一定好感的,只不过这种好感到了后来才更加醒目而已。

---

① 《辜鸿铭文集》(上),第515~516页。
② 同上,第213页。
③ 《辜鸿铭文集》(下),第227~228页。
④ 《辜鸿铭文集》(上),第117页。

矛盾的"爱"

为全面评判辜鸿铭的"崇德"立场,还要撇开时间的因素再做横向的考察。大致可以看出,辜鸿铭对德国其实一直抱有一种复杂的感情。当他意图从东西文明优劣对比的角度彰显东方文明的道德价值时,他对整个西方世界的物质主义倾向都是否定的,"文明利器"最为发达的德国在他眼里不过是一个"畸形可怕的现代德国巨兽"[①];当他从文化民族主义和爱国主义的立场出发维护中华文明的生存权,谴责西方列强对中国的野蛮侵略行径时,他痛骂德国人是"日尔曼犹太狗"和"吃人的殖民主义"者;当他证明真正的中国人具有深沉、淳朴和博大的特点时,他要把"深沉、博大却不淳朴"[②]的德国人拿过来作陪衬。然而,当辜鸿铭作为一个来自东方民族的旁观者品评、指点欧美的政治和社会局势时,他又经常对德国网开一面,因为在他看来,正是"德意志民族及其精华普鲁士人,以他们的道德和军国主义利剑"一次次地将欧洲文明从毁灭的边缘挽救回来。"从1872年开始,欧洲人民整整享受了43年的和平生活,这都得感谢德国人的道德禀性及其军国主义利剑。所以,憎恨和谴责普鲁士德国军国主义的人们应该记住:正是这种军国主义曾一次又一次地为欧洲的和平立了功。"[③]换句话说,辜鸿铭虽然偏爱德国,可是他对德国也并非是一味褒扬的,而是有褒有贬,又爱又恨,只不过对德国的称赞在他那里经常占了上风。

一方面,辜鸿铭非常喜爱德国,他本人也并不掩饰这一点。这种偏爱尤其体现在他在庆祝俾斯麦100周年诞辰大会上所做的演讲以及《中国人的精神》一书的序言当中。需要注意的是,在辜鸿铭发表这次演讲以及他的著作《中国人的精神》出版之时,第一次世界大战已然爆发。对于这场战争,德国作为发起国负有很大责任。辜鸿铭虽然也认为是德国军国主义直接导致了这场战争,但他又认为欧洲各国、尤其是英国的群氓崇拜才是根本原因,应对德国的军国主义负责,并坚称德意志民族并非一个好战斗狠的民族。这显然摆脱不了为德国开脱战争责任的嫌疑,辜鸿铭对德国的偏爱可以说一目了然。原因也很简单。辜鸿铭推崇的是一个具有良好道德秩序的社会,所以他一再强调"风纪和秩序"(Zucht und Ordnung)才是德意志民族文化传统的正果。在他

---

① 《辜鸿铭文集》(上),第115页。
② 《辜鸿铭文集》(下),第7页。
③ 同上,第12页。

看来,德意志民族"具有自己优良的道德秉性:挚爱正义,痛恨不义、分裂和混乱"①,是西方各民族中"最担心不公正和不合法以及无秩序和无纪律的民族"②,是欧洲道德秩序的保护者,军国主义则是他们履行这一义务的必要手段。辜鸿铭也主要是从这个角度出发为德国的军国主义路线辩护的:"他们的心灵里,蕴藏着本民族的道德禀性,他们的手中,握有军国主义的利剑,他们以此镇压群氓、维护欧洲的和平。"③应该说,辜鸿铭对德国热情洋溢的赞语逻辑上比较牵强,情绪化的因素太多,却也不无一定的道理,事实上,德意志民族的道德结构和民族性格中确实具有爱秩序的倾向,至少比欧洲其他民族表现得强烈些。

另一方面,辜鸿铭也恨德国。在他看来,德意志民族是在履行职责,也即维护欧洲的正义和秩序——"当他们一旦紧握军国主义利剑的时候,就成了欧洲文明正统的捍卫者"④,它出于对秩序和风纪的偏爱而强力反击英国等国的群氓崇拜也是合理的,只不过做过了头,从"合理"的武力制止群氓的行动走上了偏执的强权崇拜,而"强权崇拜又使它丧失了本性,驱使着它同群氓一起投入了战争"⑤。在辜鸿铭的眼里,这才是第一次世界大战爆发的真正原因。在他看来,德国显然已经忘记了自己的"欧洲现代文明合法的、正统的保护人"的角色,疏忽了自己在维护欧洲道德秩序方面所应承担的重大责任。因此,辜鸿铭之所以恨德国,是因为他爱德国,他恨的是德国片面发展"文明利器"的做法,是"德国军国主义那种畸形变态的残暴和凶恶"⑥,是德国狂热的殖民政策和外交上不知轻重的蛮横。所有这一切都是因为德国偏离了自己的道德责任而走上了邪路的缘故。于是,辜鸿铭对德意志民族提出了警告:德国若是执迷不悟,不仅会祸害全世界,到头来也会毁灭德国自身。不幸的是,辜鸿铭的预言最终成为了现实。晚年在日本演讲期间,辜鸿铭仍然坚持批评西方各国偏执于磨砺文明利器、却疏于道德理想建设的做法,并以德国为例现身说法:"欧战前的德国人可以称得上是世界上最为文明的国民。德意志国民将他们的文明利器发展完善到其他民族所不能及的地步,然而因为他们滥用了文明的利器,尤其是武器,结果不但给本国,也给世界带来了灾难。"⑦

---

① 《辜鸿铭文集》(下),第11页。
② 《辜鸿铭文集》(上),第574页。
③ 《辜鸿铭文集》(下),第12页。
④ 同上,第11页。
⑤ 同上,第144页。
⑥ 同上,第9页。
⑦ 同上,第279页。

这样看来,辜鸿铭对德国的认识其实是非常矛盾的,这是他理性认识与个人情感交织在一起的必然结果。一方面,热爱公正和秩序、具有"美好心灵"的德意志人无疑让辜鸿铭多有好感;另一方面,现实中穷兵黩武的德意志帝国又让他大为失望。"我也一直相信德国皇帝陛下身上的那种霍亨索伦王族和普鲁士军官的传统和情感,会使他反对贼子,反对日尔曼犹太走狗即反对德国的'殖民政策'",然而结果却让"我大失所望"。①对现实德国的这种"道德堕落",辜鸿铭颇有一种"恨铁不成钢"的感觉,他无奈地看到,"拥有'美好心灵'的德国人民"如今已经不再像他那样"喜欢怀着崇敬的心情回忆魏玛",已经不再留恋来自魏玛的"圣火"了,②而他一度寄予厚望、曾经"继承了祖先美好心灵"的海因里希亲王,现在"竟然成为火神伏尔甘和杀人犯该隐之子的崇拜者","变成了一个工程学博士"!③于是,辜鸿铭开始为德国的前途担忧起来,这种忧虑集中体现在1910年他与德国著名记者和作家帕凯(Alfons Paquet,1881—1944)的一次交谈中:"他谈起了他有一次在魏玛逗留时的情形。在一个公园里,他遇到了一个12岁的小男孩,小男孩当时正在读一本红色封面的《李尔王》。可是,德国,这个拥有庞大的海军并掀起了大规模社会民主主义运动的国家,还是那个从古魏玛智慧之光中吸收养料的德国吗?"④

可是,辜鸿铭毕竟太喜欢德意志这个民族了,对它的前途并未彻底失望,他必须挽救它,要给狂热的德国军国主义迎头浇上一盆冷水,因为愈演愈烈的军国主义将给德国带来亡国之祸:"在此,我想引用他们伟大的歌德的几句话,来呼吁德国人民和德意志民族:除非他们设法改变那种对不义所抱的偏激、冷酷、刻毒和无节制的仇恨,除非他们铲除由此而发生的对暴力的迷信与崇拜,否则,德国就会像犹太国一样灭亡,甚至欧洲的现代文明也将同其古代文明一样走向毁灭。"⑤

仅是警示危险还不够,辜鸿铭还要出谋划策,他要给德意志民族指点迷津,帮他们找到摆脱困境的办法。辜鸿铭给德国的金玉良言主要有两条。

首先,德国必须放弃自私傲慢的殖民主义政策。"德国人民要做的第一件事,就是赶走那'自私的恶魔'。而要做到这一点,德国人民、德国贵族、德国军

---

① 《辜鸿铭文集》(上),第84页。
② 同上,第114页。
③ 同上,第115页。
④ Ku Hung Ming: *Chinas Verteidigung gegen europäische Ideen*. Vorwort. S. 12.
⑤ 《辜鸿铭文集》(下),第14页。

官团和皇帝的心胸必须开阔",总而言之,"对德国的拯救之言是'扩展'"①。"扩展"(Expansion)是辜鸿铭反复使用的一个词,指的是心灵的开放,即心胸开阔、宽以待人,也就是他所谓的"无私和仁慈"。"人类必须经过多么漫长的阶段才能懂得如何仁慈地对待他人,体谅地对待违法者,甚至人道地对待野蛮行为……"②辜鸿铭的意图非常清楚,就是希望德国能够放弃自己在外交上的傲慢无理的态度,平等对待包括中国在内的东方文明。辜鸿铭还常以"有教无类"来诠释他的"扩展"概念:"在真正的有教养者中,是不存在种族之别的。"③他甚至还以基督教的博爱思想印证自己的"扩展"观,"自由、平等和最深刻意义上的'扩展'——博爱,就是基督教的内涵或如中国人所说:一视同仁"④。究其实质,辜鸿铭所谓心灵的"扩展"倡导的是文明之间的宽容,这就与歌德的宽容思想取得了一致,因此,辜鸿铭特别指出,这种"扩展"其实也就是"歌德的信念,他的基督教概念、进步概念和文明概念"。⑤

其次,这种意味着宽容胸怀的心灵"扩展"只是一个救急的办法,德意志民族还要找到一条永久的解救之途才行。对此,辜鸿铭也给出了他的建议:"德意志民族要到哪里去才能找到医治顽疾的灵丹妙药呢?我认为,这一切他们伟大的歌德其实早就准备好了,那就是:'在这个世界上,有两种和平的力量,即义和礼(Recht und Sittlichkeit)'。"⑥换句话说,辜鸿铭给德国人提出的建议就是,以义为准绳,以礼作手段,这归根结底是要求德意志民族回归自己的道德禀赋和道德责任感。辜鸿铭又进一步解释说:"这里所说的义与礼,实际上就是孔子赋予我们中国人良民宗教的精华。"⑦显然,这是辜鸿铭对他在第一次世界大战爆发后明确宣扬的"儒家文明救西论"观点的概括。在这个问题上,辜鸿铭又想到了歌德,他表示,歌德的"义和礼"与中国的"良民宗教"其实异曲同工,殊途同归。辜鸿铭的意图很明确,这种所谓的"新文明的奥秘"歌德其实早已教给德国人了。换言之,德国的永久解救之途就在德国国内,只不过是德国人自己"不识庐山真面目"罢了。总之,德国的根本出路就在于重回歌德的道德理想,这便是辜鸿铭给德国指出的康庄大道。

进一步分析辜鸿铭给德国的两个建议可以看出,前一个主要涉及如何对

---

① 《辜鸿铭文集》(上),第115页。
② 同上,第116页。
③ 同上,第165页。
④ 同上,第152页。
⑤ 同上,第117页。
⑥ 《辜鸿铭文集》(下),第15页。
⑦ 同上。

待异质文明的问题,后一个则强调德国要明确自身的道德责任并加强道德建设,而这两个良方最终又都归结到歌德的人道主义理想。总而言之,在辜鸿铭看来,歌德的人格魅力和道德理想才是德意志民族精神的精髓和荣光,回到歌德的道德理想才是现实德国唯一可行的永久解救之途。辜鸿铭明确宣称,"中国人已经公认孔子为一个有着最完美人格的典型,一个诞生于中国文明的'真正的中国人'",同样,"现代欧洲伟大的歌德终将被欧洲人民视为完美的人格楷模,视为欧洲文明所孕育出的'真正的欧洲人'"[①]。循着这一思路,既然辜鸿铭认为中国文明复兴的真正希望在于重整正统的孔孟学说,那么,德国的浴火重生就在于发扬歌德的人道主义理想,正是在这个意义上,辜鸿铭认为歌德对现代德国的重要意义恰如孔子之于中国。勃兰兑斯认为辜鸿铭在歌德身上看到了孔子的身影,确实是不无道理的。[②]

[①] 《辜鸿铭文集》(下),第64页。
[②] 同上,第610页。

第三章 德国人眼中的辜鸿铭：影响脉络

辜鸿铭曾经享誉西方世界多年，尤其是在德国拥有极高的威望。在不少德国知识分子的眼中，辜鸿铭就是东方文化的代言人，一位有着深刻洞见的东方大哲。在第一次世界大战后期及战后数年中，德国甚至还掀起了一股"辜鸿铭热"。不过，如果我们认真回顾一下这段历史就会发现，辜鸿铭在德国的声望并非一蹴而就，德国人（主要是知识界人士）对他的认识经历了一个逐渐发展的过程，前后脉络基本清晰，如果做一个划分，辜鸿铭在德国的影响大致经历了初露锋芒、声名大振、如日中天、归于平静四个阶段，分别以他的四部著作《尊王篇》、《清流传》、《中国人的精神》、《呐喊》为引子。在每个阶段，辜鸿铭的思想倾向各有侧重，德国知识界对他的关注度也各不相同，这些不同的反响又各有其时代背景和客观原因。

第一节 辜鸿铭在德国的影响：初露锋芒

从时间上说，1911年辜鸿铭的著作《清流传》在德国翻译出版是一个重要的分水岭，正是随着该书在德国的出版，辜鸿铭才真正在德国知识界引起了较为广泛和深入的关注。在此之前，也就是在世纪之交的前后十余年中，虽然已有德国人开始注意到辜鸿铭，但是这种关注多是间接的、零星的、粗浅的，如果我们用一个词来概括这一时期辜鸿铭在德国的影响，则用"初露锋芒"比较合适。

辜鸿铭最先引起部分在华德籍人士的关注，这主要归功于辜鸿铭在中国及日本的英文报纸上发表的一系列评论时事的文章（其中一部分结集为《尊王篇》），以及他基于中西文化差异以释译法翻译成英文的《论语》和《中庸》，令不少在华外籍人士对他刮目相看。这里举个例子。1902年，辜鸿铭因公前往青岛，以湖广总督张之洞秘书的身份拜会了当时的德国驻青岛总督特鲁佩尔（Oskar von Truppel，1854—1931）。特鲁佩尔事后往柏林发了一封题为"关于张之洞总督的秘书辜鸿铭先生的来访"（*Betrifft Besuch des Sekretärs des*

General-Gouverneurs Tschang tschy tung，Herrn Ku hung-ming)的公函,其中对辜鸿铭其人做了如下评价:"他给我的印象是,这是一个满腹经纶的幻想家,有人说他是一个危险的两面派","我觉得他崇拜德国更甚于崇拜英国"。①这位德国总督接待的只是晚清一位地方行政长官的秘书,却为此专门向德国的上级主管部门汇报,显见他对辜鸿铭的重视,从中也可以看出,辜鸿铭当时在驻华外籍人士中间确实已经颇有名气。在这段评论中,特鲁佩尔对辜鸿铭的三点印象值得注意:"满腹经纶"的学识、政治上的"幻想家"色彩以及对德国的偏爱。前两点在本书后面的分析中还将反复论及。

辜鸿铭带来的影响又由国外波及国内,德国国内也有少数知识分子开始关注辜鸿铭。不过,德国国内对辜鸿铭的这种关注还很有限,波及的范围很窄,一个明显的标志是,在这一时期的德文报纸杂志中,很难找到专门评论辜鸿铭的文章,只有零星的讨论东亚问题的文章附带提及辜鸿铭。尽管如此,窥一斑亦可见全豹,笔者试以这一时期两篇谈及辜鸿铭的文章为例,力求从中寻得些许端倪。

1903年9月出版的《德国评论》(*Deutsche Rundschau*)杂志上刊登了一位名叫杨森(Alfred von Janson,1852—1943)的德国学者的一篇长文:《香港:英国的一个模范殖民地》(*Hongkong, eine englische Musterkolonie*),详细介绍了香港成为英国殖民统治地区的过程和现状。在这篇文章的结尾,作者曾提到辜鸿铭,不过仅有短短数行,摘引如下:

> 对我们的不友好态度已在社会上引起了不少关注。我们不得不承认的是,不仅在英国人那里,而且在东亚各民族当中,我们也非常不受欢迎。1900年春,日本一家英文报纸对我们大肆谩骂,呼吁与所有在亚洲有切身利益的国家和睦相处,甚至也包括俄国,在这些外来国家中,唯独德国被排除在外。相似的语调也出现在大约一年前在上海出版的一份英文报纸中。有位在欧洲受过教育的辜鸿铭先生,他比任何一位德国作家对歌德作品的引用都要多,不过,从他那些非常有趣的文章中可以清楚地看出来,他对德国政策的评价比对英国的还要糟糕,而法国和俄国在中国的激进做法却最不使他感到厌恶。

在谈到辜鸿铭的系列文章时,作者在该页下面还作了注解:"《总督衙门论文集——中国人为中国的良治秩序和真正的文明所作的辩护》。作者辜鸿铭,为湖广总督张之洞秘书。上海墨丘利出版公司1901年发行。一本非常值得

---

① Gerber：*Von Voskamps "Heidnischem Treiben" und Wilhelms "höherem China"*. S. 480.

一读的书。"①

这篇文章提到了辜鸿铭这一时期的代表作《尊王篇》,《总督衙门论文集》为该书英文名。由于该书未被译成德语,作者读的应是英文版。值得注意的是,作者虽未具体评析《尊王篇》的思想内容,对它的评价还是比较正面的,认为这是"一本非常值得一读的书"。这至少说明,辜鸿铭这一时期的政论文章引起过他的关注甚至思考。另外,作者还提到了辜鸿铭的欧洲留学经历,并明确指出了辜鸿铭行文方面的一个重要特点,即善于引用欧洲经典特别是德国作家的作品。

有意思的是,作者认为辜鸿铭对德国的批评甚于对英国等西方国家的批评。其实读一读《尊王篇》即可发现,辜鸿铭此时虽然强烈谴责西方列强的侵华行径,德国同样未能幸免,不过,辜氏对德国的态度还是要稍好于他对英国等西方国家的态度的。当然,作者的这一印象也并非空穴来风,联系当时的局势,应该主要有两件事情让作者对来自中国的批评声音格外敏感:一是德国此前刚刚强占了中国的胶州湾,这激起了中国人民对德国的民族义愤;二是在1900年的义和团运动期间,德国驻华公使克林德(Clemens von Ketteler, 1853—1900)被杀,作为报复,德国要求在北京的主街上树立一座克林德纪念碑,这一羞辱之举自然引起了中国人的极大反感。辜鸿铭曾就该事件痛批德国:"北京的克林德纪念碑,是德国人强权崇拜的标志,是德国外交蛮横无理的标志,也是德国民族在其与他国的国际交往中蛮横无理的标志。"②

归根到底,这是由作者撰文的出发点所决定的:维护德国的海外形象和海外殖民利益。表面上看,这只是一篇普通的报道文章,它详细追述了香港通过自由竞争政策逐渐发展成为一个繁荣的自由港的历史,然而,文章的结尾却明白无误地告诉我们,作者的最终目的还是为德国的对华殖民政策出谋划策:"目前,德国人在这里的事业正处于上升期。希望我们也能成功地让自己的殖民地走向同样的繁荣。这就需要参照英国人行之有效的模式,让所有参与各方精诚合作,所有希望获益和能够提供资金的各方都要有耐心才行。"③显然,作者忧心的是,德国的国际形象受损可能殃及德国的海外殖民利益,这样,辜鸿铭的批判立场在他那里主要起到了向德国示警的作用,至于辜鸿铭的文化

---

① Janson: *Hongkong, eine englische Musterkolonie*. In: *Deutsche Rundschau*. Jg. 1903. Sep. S. 374.

② 《辜鸿铭文集》(下),第 14 页。

③ Janson: *Hongkong, eine englische Musterkolonie*. In: *Deutsche Rundschau*. Jg. 1903. Sep. S. 376.

思想内核,则并非作者的关注要点。

应该说,作者的这种立场具有一定的代表性。这与当时德国国内的政治和文化氛围是分不开的。众所周知,历史上,德国无论是政治面貌还是经济发展水平都长期落后于英法两国。进入19世纪后,德国才开始踏上姗姗来迟的工业化快车,到了19世纪后半期,在吸收了西欧技术革新成果的基础上,它的资本主义真正飞速发展,科技和经济实力也迅速超越法、英两国。然而那个时代,国力的空前强盛带来的常是民族主义和大国沙文主义的迅速膨胀,德国未能免俗,也步欧洲老牌资本主义国家的后尘,走上了侵略扩张的道路。一时间,"领土扩张"(Gebietserweiterung)成了德国媒体中最时髦的口号。当时没落的清帝国进入了德国的视线,最终,德国如愿以偿地强占了中国的胶州湾,进而将整个山东纳入自己的势力范围。大致说来,19世纪末期和20世纪初期是德国在华势力扩张的黄金时期。如果翻阅那个时期德国的报刊,可以发现,在关于中国主题的文章中,对德国在胶州的"殖民事业"的描述和报道占了相当的分量,其中不乏歌颂德国在华扩张的"丰功伟绩",或者为青岛殖民当局的管理献计献策的文章。另外还需注意的是,"黄祸论"在此时的德国大有市场,1900年6月20日德国驻华公使克林德在北京街头意外被杀给了"黄祸论"者一个极佳的武力入侵中国的借口:"今天,整个西方文明都要强大起来,要像对待野蛮人一样对待中国人,还要彻底捣毁北京……这是事关两种文明生存能力和未来前途的最后一次对决,无论付出多么大的牺牲,西方世界都必须赢得这场决斗。"① 随后便有了德皇威廉二世1900年7月27日在侵华德军壮行会上发表的所谓"绝不宽恕"的"匈奴演讲"。如果考虑到德国武力侵华这一时代背景,作者因辜鸿铭的著作而生发出的这种担忧其实也不难理解。

如果说在上面这个例子中,少数德国人对辜鸿铭的初步关注与他们维护德国的国家形象和海外殖民利益的本能反应有着密切的关联,这是时代的局限,那么下面这个例子则表明,也有德国知识分子对辜鸿铭的关注超越了国家实利的考量,他们以学者的良知和宽容的心态对包括辜鸿铭在内的中国精英知识分子在中国传统文化的前途和中西文化关系问题上所做的思考表示理解。

在1905年9月的《德国评论》杂志上,一位署名为 Graf Vay von Vaya und zu Luskod(1864—1948)的德国学者发表了一篇题为"正在跨越20世纪门槛的日本和中国"(*Japan und China an der Schwelle des zwanzigsten*

---

① 这段话出自1900年7月16日的科隆日报(*Kölner Zeitung*),正值德国派兵参加八国联军侵华行动的前夕。

Jahrhunderts)的长文,这是作者在20世纪初游历、考察了中国和日本之后所写的一篇观感。可以看出,作者长期关注东方文化和亚洲局势。在文章的前半部分,作者详细描述了他在中国的所见所闻。尽管亲眼目睹中国"古老的文化崩溃了"①,但他依然坚持认为,中国人的勤劳能够保证中国最终有一个光明的前途:"谈到中国人,可以肯定地说:他们不会没落。这是这个民族最伟大的特点之一。在欧洲人一贫如洗的时候,他们却能够致富。"②字里行间透露着作者对中国传统文化的浓厚兴趣和由衷的好感。

在这篇文章的后半部分,作者主要描述了世纪之交的中国所面临的究竟要不要走西化道路的激烈争论和艰难抉择,并以张之洞和辜鸿铭为例分析中国知识精英在这个问题上的立场。他先以《劝学篇》为例介绍张之洞的主张,对张之洞"中体西用"说的良苦用心和他在清末中国举足轻重的地位和作用做了非常正面的评价。之后,他又详细分析了辜鸿铭对这个问题的看法。作者对辜鸿铭的简介如下:

> 谈到现代中国人对我们欧洲的看法,还有一个同样有趣的例子,这就是几年前以英文出版的小册子《总督衙门论文集》。作者是一个年轻的中国人,曾经在欧洲生活过很长时间,回到中国后为一位地方总督做秘书。这部论文集的主要目的在于让他的上司确信,尽管在欧洲逗留过很长时间,他仍然是一位爱国者,另一个目的则是为了唤起当政的慈禧太后的注意。这些文章中,有许多首先发表在日本的英文报纸上,引起了广泛关注,人们发现,作者辜鸿铭不仅精通西方的语言,而且也熟悉西方的文学。不过,他更为得心应手的地方在于指出我们欧洲人错误、褊狭和阴暗的一面。他通常都是用我们自己的作家说过的话来谴责我们,用我们批评别人的话反过来抨击我们的错误,西方所有著名的作家、政治家和哲学家都是他的引用对象。在对东西文明做了详尽的论述后,他以卡莱尔的一句话作为结论:欧洲完全处于无政府状态,警察的地位至高无上。③

这段简介虽然只有短短数行,内容却很全面,包括了辜鸿铭的求学、仕途、行文风格、思想立场等。其中,作者对辜鸿铭的印象有两点值得注意:一是辜鸿铭文章中的爱国主义情结,二是辜鸿铭对西方现代文明物质主义倾向的批判立场。

---

① Graf Vay von Vaya und zu Luskod: *Japan und China an der Schwelle des zwanzigsten Jahrhunderts*. In: *Deutsche Rundschau*. Jg. 1905. Sep. S. 360.
② Ebd., S. 357.
③ Ebd., S. 362。

辜鸿铭给作者的第一印象显然是他身上强烈的爱国主义情绪。这一点应该容易理解。辜鸿铭这一时期发表的文章著作,除了评点西方汉学研究的部分文章外,大多是针对中国 19 世纪 90 年代的反洋教运动、1900 年的义和团运动和八国联军入侵北京以及 1905 年在中国领土上进行的日俄战争而作的。在这一时期,中西矛盾激化,八国联军入侵北京和随后的庚子赔款是矛盾激化的一个高潮。辜鸿铭著文的动机就是谴责西方列强的野蛮侵略行径,提醒它们不要忘了中国是一个有着高度文明和悠久历史的国家,从而尊重中华民族及其传统文化,因此,文中的爱国热情是不言而喻的,指点江山、激扬文字的政治意味非常浓厚。在某种程度上,辜鸿铭这一时期所以引起了一些西方人士的关注,强烈的爱国情绪应是最直接的原因。

在作者看来,辜鸿铭的爱国热情已强烈到爱屋及乌的程度,因为他对中国的东西一概予以赞美:"对于中国倍受诟病、明显为腐败所困的管理制度,这位忠诚的爱国者也委婉地予以辩护:'我们文明的结构,人民对和平的热爱,特别是我们的家庭和社区组织,可以在某种程度上弥补中央政府的管理缺陷。因此,无论外部势力还是国际上对中国朝廷施加的压力,都无从改变一个拥有四亿人口的民族的感情。首先,人们不可忘记的是,我们的基本社会结构并非由统治集团决定的法律准则,而是民族精神的结晶。法律并非一个从上面飘下来的判决,而是民族意志的表现。正是通过这种方式,我们遵从法律,就是听从自己的意志。'"[①]

与此相连的是,辜鸿铭对西方现代文明物质主义倾向的激烈批判立场也引起了作者的关注和思考。文中,作者曾接连引用了辜鸿铭的两段话:

> 大多数盎格鲁—撒克逊商人会对我们向外国封锁自己的边界感到奇怪。由于他只从索取的出发点看问题,因而坚信总能找到一个获取利润的途径和办法。中国实行自由贸易无疑对欧洲的商人有利,因此,他们自然会提出这方面的要求。然而这并不是我们的出发点。我们在采取任何一项改革措施之前,并非仅仅考虑它所能带来的物质上的好处,还要审慎地考虑它能否为全体国民带来幸福。你们考虑的首先是生活所需的物质财富,我们首先考虑的则是生活本身。你们想让我们从事农耕生活的国民变成工厂主,积聚价值低下的财富,却不让我们保持自己民族的和经济上的独立。你们并非只想改变我们的生活方式,还想彻底改变我们的社会组织结构和道德基础。你们应该允许我们在决定实行改革之前,审慎

---

① Graf Vay von Vaya und zu Luskod: *Japan und China an der Schwelle des zwanzigsten Jahrhunderts*. In: *Deutsche Rundschau*. Jg. 1905. Sep. S. 363.

考虑那些现在就要加在我们身上的机构当初在西方民族那里究竟带来了怎样的后果。①

我坚持认为,那些光辉灿烂的发明及其带来的成果还不足以提高整个社会的幸福感,那种全力开发节省工作的机器的想法只会带来更多的损害,因为它剥夺了数以百计的工人的饭碗,这些赚钱的发明所带来的危害超过了它带来的好处。在我看来,财富的积累并非我们的至高追求,一切应该取决于如何使用和分配财富,特别是要看它对整个民族的道德生活带来了什么样的影响。我认为,中国国内对首批铁路和汽轮的反感意见,主要就是基于这样一个事实:由于它们在我们这儿发展得过快,危及到了数百万人的生计。不过,让我们看看欧洲或美国的情况,同样可以发现,即便是在那里,机械技术的进步也没有给大众带来绝对的幸福,然而一个手工工人却能做到这一点。"②

上面两段显然是辜鸿铭对儒家文明道德特质的初步阐发和对西方物质文明普适性的最初质疑。在以后的《清流传》、《中国人的精神》及其他大部分文章中,辜鸿铭基本延续了这一立场,而且愈发坚定而清晰。对辜鸿铭的批判立场,作者评论如下:辜鸿铭的论述表明,"中国在进行欧式改革方面的立场与它的邻居日本截然相反","中国认为自己绝对不能盲目地跟从欧洲。确实,我们绝对不能认为,中国人根本不了解欧洲在物质文明和技术发展方面所取得的成就。他们相当清楚地看到了现代生活带来的好处,只不过这一切能否减轻生活的压力,是否足以提高人民在生活中的幸福感,在这一点上,他们到目前为止还没有形成一个坚定的看法"。③

可以看出,对辜鸿铭维护中国传统价值观的言行、对中国国内出现的西化与否的激烈争论,作者表现出了理解,难能可贵。当然,我们在字里行间还是能够感觉得到,作者对西方现代文明所取得的巨大成就还是相当自豪的,对西方现代工业文明于古老东方世界的借鉴意义,作者似乎也抱有坚定的信心。在这一信心的背后,我们依稀看到了欧洲启蒙时代乐观主义的余音,看到了西方强势文明对欧洲知识分子心态或明或暗的影响。尽管如此,作者在中西文化关系问题上表现出的宽容胸襟还是非常难得的,他甚至肯定了辜鸿铭对西

---

① Graf Vay von Vaya und zu Luskod: *Japan und China an der Schwelle des zwanzigsten Jahrhunderts*. In: *Deutsche Rundschau*. Jg. 1905. Sep. S. 362.
② Ebd., S. 363.
③ Ebd., S. 363.

方现代文明的批判立场对促进东西交流与理解的积极作用:辜鸿铭的"观点尽管可能非常片面,却可以让我们了解中国人是如何看欧洲的,他们是如何看待西方的政策和我们的整个文明的"。①

尤其难能可贵的是,作者的文化视野极为开阔。在评述了辜鸿铭的立场和观点之后,他又进一步从中西文明冲突的角度探讨了辜鸿铭思想立场所以形成的时代背景,期望能够引导德国读者静下心来思考中西文明冲突带来的潜在问题:

> 如果这个黄皮肤的帝国对我们怀有敌意,那是完全可以理解的。自从我们的首批商船抵达中国的海岸并迅速继之以战舰以来,中国人每每损失惨重。不仅在经济上,政治上也是如此。各大国接踵而至,每个国家都占据着中国的一个省份,其中,许多中国省份的面积比占领国本身还要大。假如一个中国小学生翻看自己祖国的地图,数一下自己的祖国在过去的几个世纪里究竟变小了多少,那么他绝不可能不感到沮丧。自从英国人出现在香港以来,他们几乎每年都从这个帝国身上割走一块土地。他们占领了缅甸,而它是整个亚洲的迦南②;他们的旗帜在新加坡和威海卫的海边飘扬。此外,他们还占据了中国沿海所有的重要地点,势力范围沿着扬子江一直延伸到帝国的心脏四川省。常胜的英国军队甚至还直抵西藏的首府:圣地拉萨。整个东北地区都是俄国的势力范围。姆拉维夫伯爵大笔一挥,又把辽阔的阿穆尔地区——我们今天称之为东西伯利亚,从中国手中割走,划入了他的祖国,而这个地区的面积几乎比整个欧洲还要大。它从前的藩属国中,朝鲜实际上是在被日本统治,东京③和安南则成了法国的殖民地。除了领土方面的损失之外,中国在每次战争之后都被迫支付巨额赔款。为了筹集这笔钱,政府不断地向国民征税。这个国家的国民除民族自尊心受损外,每个人都会亲身感受到物质损失的重压。这就是1900年义和团起义期间中国国民中的普遍情绪。今天,这个被压迫的民族尽管表面上看起来非常平静,但他们内心的感受毫无疑问并未改变。这就是现实。在目前这场血腥的日俄战争中,这个民族也是这样的心情。这个黄皮肤民族中的大部分人认为,他们的一个兄弟民族

---

① Graf Vay von Vaya und zu Luskod: *Japan und China an der Schwelle des zwanzigsten Jahrhunderts*. In: *Deutsche Rundschau*. Jg. 1905. Sep. S. 364.

② 迦南地:《圣经》故事中称其为上帝赐给以色列人祖先的"应许之地",是巴勒斯坦、叙利亚和黎巴嫩等地的古称。

③ 此处的东京(Tongking)是越南北部一地区的旧称。

第一次击败了自己的白人对手。①

可以看出,作者对20世纪初中国民族心理的分析还是相当客观的,而且极富同情心。作为一位颇有正义感的知识分子,作者能够换位思考,设身处地地分析中国国民的心理,并且开始质疑西方各国奉行的对中国的侵略和殖民政策,进而反思西方与东方的民族和文化关系问题。在殖民主义和强权路线在德国外交政策中占据主流的时代,这种立场确实难能可贵,体现了部分德国知识分子的良知。

此外,还有一点值得注意。作者虽然对辜鸿铭的爱国和文化立场表示理解,但他仍不忘指出,辜鸿铭所推崇的生活智慧和政治立场其实过于理想主义了,并不现实:"相反,作者却向我们展示起中国人的生活乐趣和生活哲学,当然,他的这类说法可能有些过于理想主义了。他向我们描绘了中国人温情脉脉的家庭观念,描绘了中国人的文学和艺术天赋,中国人对大自然的无限崇敬,正是这些战胜了艰辛的生活现实:'这一切就是我们的特性,是它们奠定了我们内心满足的基础,外国人无法给予我们这些,相反,他们想从我们手里夺走它们,并予以销毁。'"②关于辜鸿铭在政治和社会立场上的理想主义色彩,这位作者的观点其实并非特例,不少德国学者都曾指出过这一点,下文中还将不时论及。

通过前面两个例子可以看出,19世纪末20世纪初,辜鸿铭已经引起了部分德国知识分子的注意,但还只是零星的评论,对辜鸿铭的认识也不够深入,几未带来反响。换言之,辜鸿铭在德国已经开始知名,只是名气还不够大。

具体说来,最先引起德国知识分子注意的,是辜鸿铭文章著作中强烈的爱国主义情绪。事实上,辜鸿铭这一时期以《尊王篇》为代表的作品多写于列强瓜分中国的危机达到顶峰之时,大都有感而发。在这些作品中,辜鸿铭怀着一颗爱国心将矛头直接对准西方,痛斥列强蛮横、残暴的对华侵略政策,诸如"列强正在大肆进行着分裂中国的活动"③、"如果他实在傲慢无理,那么请他在傲慢无理中至少贯之以真诚"④、"外国使臣首先也无耻地侵犯了一个同样重要的国际法——中国国土的神圣不可侵犯权,他们竟然把兵派到中华帝国的首

---

① Graf Vay von Vaya und zu Luskod: *Japan und China an der Schwelle des zwanzigsten Jahrhunderts*. In: *Deutsche Rundschau*. Jg. 1905. Sep. S. 364.
② Ebd., S. 363.
③ 《辜鸿铭文集》(上),第76页。
④ 同上,第13页。

都来"①等等,这类激烈的言辞无不洋溢着一种强烈的爱国主义情绪,极易引起外国人的关注。

更重要的是,辜鸿铭这类激烈的爱国言辞并非一种简单的冲动,其中还凝聚着他对文化问题的深入思考。具体说来,辜鸿铭的爱国言论及对西方的抨击皆有的放矢,都基于他对文明问题所做的初步思考,其中,他对西方现代文明物质主义倾向的贬斥和对中国传统文化道德价值的欣赏显得泾渭分明:"我们在采取任何一项改革措施之前,并非仅仅考虑它所能带来的物质上的好处,还要审慎地考虑它能否为全体国民带来幸福。你们考虑的首先是生活所需的物质财富,我们首先考虑的则是生活本身"。也就是说,隐藏在辜鸿铭爱国言行背后的,乃是一种强调自身传统价值的文化民族主义控诉。所谓文化民族主义,一般指的是积极宣扬本民族文化的独特性和优越性,注重吸收本民族的文化遗产,强调发扬自己的国民精神。这无疑适用于辜鸿铭这一时期的文章著作。在《尊王篇》中,辜鸿铭反复强调的一句话就是,列强必须明白,它们在中国面对的是一个注重道德修养的高度文明的国家。

显然,辜鸿铭此时的爱国言辞是以他文化民族主义的思考为底蕴的,正如有研究者指出的那样:"在晚清乃至一战以前,辜鸿铭引起西方注视的焦点,是体现在他身上的中国文化民族主义。换言之,他驰名西方,主要是一种文化民族主义激起的反应。"②可以这样做结论:辜鸿铭最初主要是以一个爱国主义者和民族主义者的形象出现在部分德国人视野里的。在那个民族冲突的年代,他一系列融合了爱国主义热情和文化民族主义思考的控诉确实比较容易吸引部分西方人士的眼球。

不过,辜鸿铭这一时期的文化民族主义控诉还是比较克制的、有限的,他著文的主要目的在于为中华文明争得生存权,在于让西方更好地了解儒家文明的道德价值,从而能平等对待中国,正如他在英译《中庸》序言中所说:"如果这本出自中国古代智慧的小书能有助于欧美人民,尤其是那些正在中国的欧美人更好地理解'道',形成一种更明白更深刻的道德责任感,以便能使他们在对待中国和中国人时,抛弃那种欧洲'枪炮'和'暴力'文明的精神和态度,而代之以道。"③也就是说,此时的辜鸿铭尚未形成西方应当采纳儒家文明的观点,至少没有后来在《中国人的精神》中那样明确而坚定的表述,他的主要目的在于让西方承认中国是一个有着高度文明的国度,从而尊重中国文化,给中华民

---

① 《辜鸿铭文集》(上),第61页。
② 黄兴涛:《文化怪杰辜鸿铭》,第222页。
③ 《辜鸿铭文集》(下),第513页。

族一个自决的生存空间:"欧洲作家习惯谈论基督教文明是比远东人民的儒家文明更高级的文明。其实这两种文明的目标无疑是相同的",东方"建立在一个依赖于人的平静的理性基础之上的道德文化,纵使不是一个较高层次的,也是个极其博大的文明"。①

至于德国部分知识分子开始关注辜鸿铭的原因,除了他文章中所显示出来的精深的西学修养、高超的外文水平、爱国主义的凛然正气以及上面所说的文化民族主义控诉这几个原因之外,还有一个不容忽视的社会背景因素:基于对中国长期的军事侵略及经济和文化渗透,当时的西方世界普遍弥漫着一种轻视中国文化和中华民族的社会心理,普通西方人早已习惯了对中华民族和中国文化的歧视,也习惯了中国人在这个问题上的沉默。在这样一种背景下,辜鸿铭忽然挺身而出,以纯正漂亮的英语直斥西方,西方人自然容易感到新奇,正如有研究者所指出的那样:"他熟练地引用西方著名哲人的言论,不懈地'教训'西方,讥刺他们文明的弊端,痛斥他们的侵略行径,呼吁他们尊重中国文化和中国人民。从社会心理学的角度来看,这样的人引起西方世界较为广泛的关注,是毫不奇怪的。"②

总之,德国知识界此时已经开始关注辜鸿铭,只是这种关注还很有限。这首先与德国当时的国内氛围有直接的关系。大体上,德国的殖民扩张政策也伴随着民族主义情绪的高涨,德国国民对本国的海外殖民利益大多表现出一种乐观的预期,其国内氛围颇像歌德作品《浮士德》,虽偶尔露出些许的困惑和迷茫,然整体基调却是乐观的。在这种形势下,很少有德国人会放下身段去认真研究中国和东亚问题:"迄今为止,德国对远东的兴趣仅限于一个小圈子里。普通百姓只喜欢阅读有关我们的殖民地胶州发展良好的文章,有时候也会读一些关于这个日出之国的富于幻想的游记,但却感觉不到有任何需要去深入了解中国和日本的历史与政治。"③

另外,辜鸿铭的著作此时尚未被译成德语,再加上辜鸿铭因敌视改革和革命而在中国社会和媒体中遭到排斥,他尖刻的批评语调又让英国人非常难堪——"有人告诉我,许多外国人读了这些札记后感到极不愉快——特别是英国人。我这些札记,就是专门针对那种'玩公正游戏'的现代英国腔调而做的。不过我很明白,这种腔调对于英国人来说,当它被一个中国佬操之于舌的时

---

① 《辜鸿铭文集》(上),第 177 页。
② 黄兴涛:《文化怪杰辜鸿铭》,第 222 页。
③ Besprechungen. *Japan, China und Deutschland*. In: *Ostasiatische Zeitschrift*. 1914/15. 3. Jg. S. 484.

候,是讨厌去听的"①——以至于不愿过多地刊载他的文章,这自然更使德国人间接了解辜鸿铭的渠道受限。

尽管有上述种种不利条件的限制,德国仍然有少数知识分子通过各种渠道开始注意到辜鸿铭。总的说来,这些知识分子多对中国传统文化抱有某种兴趣,至少比较关注亚洲的政治和社会局势。他们当中还有一些人曾亲自前往中国游历和实地考察,甚至还从人文主义的角度出发,或对中国传统文化在转折时期的坎坷命运表示同情,或对辜鸿铭对西方现代技术文明的批判立场表现出某种理解,然而,他们中还很少有人反躬自省,有意识地在自己身上找原因。这样,在德国当时整体的社会氛围之下,辜鸿铭的文化民族主义抗议所激起的反响显得相当微弱。

第二节　辜鸿铭在德国的影响:声名大振

1911年,辜鸿铭的英文著作《清流传》(英文名"中国牛津运动故事")由著名汉学家卫礼贤译为德语并在德国出版,定名为"中国对欧洲思想的抗拒:批判论文集"(*Chinas Verteidigung gegen europäische Ideen. Kritische Aufsätze*),德国著名记者和作家阿尔方斯·帕凯作为出版者为该书写了一篇长序。这里需要说明一下,德文版的《清流传》和英文原著《中国牛津运动故事》在内容上并不完全一致,出版者做了一些调整:英文版中的辜鸿铭自序在德文本中被辟成独立的一章,名为"视野的扩展"(*Erweiterung des Gesichtskreises*);英文版再版时收录的《雅格宾主义的中国》《中国的皇太后:一个公正的评价》两篇文章在德文版中没有收入;此外,德文版的《清流传》中还收录了《尊王篇》中的《文明与混乱》(*Kultur und Anarchie*)一文。

在《清流传》德文本出版之前,由于了解渠道受限等多种原因,只有少数研究或关注东方文化或东亚政治局势的德国知识分子通过阅读辜鸿铭的英文作品最先间接了解到他的思想观点。报纸杂志上虽然曾有文章提到甚至评论过辜鸿铭,但大都十分简要,且并未在德国知识界引起进一步的讨论,这在前一节中已有分析。可以这样说,大多数德国知识分子此前对辜鸿铭并无多少了解,甚至连他的名字也未曾听说过,正因为如此,帕凯才会在《清流传》德文本序言中这样写道:"欧洲知识界对面前这样一本书并没有足够的思想准备,因

---

① 《辜鸿铭文集》(上),第12页。

而有必要在这本书的前后做些必要的说明"①,"如果仅仅因为这本书是用英语写的,并且广大英文读者读起来觉得不太舒服,中国的英文媒体便有组织地保持缄默,不予报道,那就太遗憾了"。②

《清流传》的出版获得了成功。此前出版于1910年的英文版《清流传》就因"很受欢迎,需求量极大"③而于1912年再版,而德文本的问世更使辜鸿铭著作的读者群迅速扩大。辜鸿铭的思想观点终于引起越来越多的德国知识分子的关注,并在他们中间激起了强烈反响:"他因一部由耶拿欧根·迪特里希斯(Eugen Diederichs)出版社出版的小书而在德国出名:《中国对欧洲思想的抗拒:批判论文集》"④。随着《清流传》德文本的问世,辜鸿铭真正开始在德国知识界获得广泛关注。

对辜鸿铭的关注从德国报纸杂志上接连不断的报道和评论中即可看出。在《清流传》出版之后,多家德国报纸杂志刊登了关于这本书的书讯,如《传教学与宗教学杂志》(ZMR 1912,S.279~280)、《传教学杂志》(*Zeitschrift für Missionswissenschaft* 1912,S.177~178)以及《三月》(*März*. 10.02.1912. Bd.I,S.240)等。这些书讯大都不长,内容也大同小异,这里摘引《传教学与宗教学杂志》(1912)上的一篇书讯为例:

> 辜鸿铭:《中国对欧洲思想的抗拒:批判论文集》。阿尔方斯·帕凯作序,卫礼贤译,迪特里希斯出版社,耶拿1911年,150页。该书作者是位中国学者,他曾经为著名的张之洞总督做过很长时间的秘书,现在上海一所高级中学做教师。他的语言表达能力非常出色,能说德语、英语和法语,对欧洲有亲身的了解,对我们的生活和思想有着精深的认识。他的博学令人惊叹,我们所有经典作家的作品和哲学著作他都很熟悉。他对自己祖国的文化传统有多少了解,在这一点上却说法不一,不过无论如何,他的造诣超过了一般中国学者的水准。他这本书里的文章,有一部分是以前发表过的,它们并非是要讨论欧洲列强对中国的侵略,就像书名给人的错觉那样,而是要讨论"危害"中国青年的欧洲思想和观念。第一篇文章为《文化和无政府状态》,主要是批评我们欧洲人的文化状态;第二篇为《视野的扩展》,讨论中国文化思想中存在的缺陷;第三篇为《中国牛津运动故事》,叙述中国一些学者在19世纪末期绝望地抵制中国的欧化运动,

---

① Ku Hung Ming:*Chinas Verteidigung gegen europäische Ideen*. S.1.
② Ebd.,S.2.
③ 《辜鸿铭文集》(上),第276页。
④ Ku Hung Ming:*Der Geist des chinesischen Volkes*. S.1.

认为它损害了中国自身的文化特质,作者独具创意地将它与英国抵制自由主义的牛津运动相比;第四篇为已故的慈禧太后辩护,因为《北华日报》(North China Daily News)上刊登了对她不利的文章。一部分中国人在痛心疾首地旁观国内如火如荼的改革运动,辜鸿铭就是其中一员。他认为,中国这样做是在放弃自己的生活基础,欧洲所能提供的并不比中国的高明。他的分析绝对非常有意思,而且常有惊人论断。如果想认真了解中国的知识分子究竟如何看待他们自己,他们对我们和我们的传教活动有何看法,这本书值得一看。在这里批评辜鸿铭的论断是不合适的。最好亲自读读这本书,它会让你陷入深思,会让你认识到,许多中国人对我们的认识远胜于我们对他们的认识,这是一个让我们感到非常惭愧的事实!①

这篇关于《清流传》的书讯比较典型。作者威特(Johannes Witte)是一位神学家和传教士,长期在中国和日本传教。关于辜鸿铭其人,威特尤其强调了他惊人的语言能力和渊博的知识。关于书的内容,威特只是提纲挈领地做了简短的介绍,意在引导读者亲自去阅读这本书,虽然没有详细分析这部著作,但"他的分析绝对非常有意思,而且常有惊人论断"、"这本书值得一看"这两句评语已清楚地表明了他对辜鸿铭思想立场的某种认可。至于"许多中国人对我们的认识远胜于我们对他们的认识,这是一个让我们感到非常惭愧的事实"这一句,更是鲜明地体现了西方世界部分知识分子反省自身的勇气,这种态度对今天的我们来说仍是有益的启发。

除刊登书讯外,一些报纸杂志还转载《清流传》中的部分章节,以飨读者。例如1911年11月13日出版的第39期《行动》(Die Aktion)杂志上就刊登了一篇题为"中国和欧洲人"(China und Europäer)的文章,署名为辜鸿铭②。这其实就是《清流传》德文本中的第二章,即《视野的扩展》,本来是辜鸿铭为《中国牛津运动故事》英文版写的自序。文后还附有一则类似书讯的说明:"欧根·迪特里希斯出版社刚刚出版了一本书,名为'中国对欧洲思想的抗拒'。作者是一个中国人。这本书可以加深我们对中国的认识,而这篇文章可以帮助我们了解这本书的主题思想。"再如,1912年的《南德意志月刊》(Süddeutsche Monatshefte)上刊登了一篇题为"中国的粗俗化"(Die Verwil-

---

① Witte: Ku Hung Ming, Chinas Verteidigung gegen europäische Ideen. In: ZMR. Jg. 1912. S. 279~280.

② Ku Hung Ming: China und die Europäer. In: Die Aktion. Nr. 39. S. 1219—1223. (13.11.1911)

derung Chinas)的文章,署名为辜鸿铭(上海)①。这篇文章其实就是辜鸿铭《雅格宾主义的中国》一文的德译,英文版《清流传》再版时曾经收录在内,不过德文本《中国对欧洲思想的抗拒》并未收录。据帕凯介绍说,这篇文章是辜鸿铭直接寄给他并授权他安排发表在德国杂志上的。②

这些杂志上不断出现的《清流传》书讯和内容节选是德国人关注辜鸿铭的直接证据。不过,最能体现德国知识界对辜鸿铭认知水平的,还是德国学者在报纸杂志上发表的评论文章。从这些评论看,德国学者对辜鸿铭的评价还是相当正面的,不过,也有质疑乃至批评的声音出现。下面就以其中几篇评论为例作简略分析。

维特海默(Fritz Wertheimer,1884—1968),德国著名记者、法学家和国民经济学家,长期关注中国和东亚问题。他关于东亚和中国问题的著作主要有《日本的殖民政策》(Die japanische Kolonialpolitik,1910)、《德国在中国的贡献与任务》(Deutsche Leistungen und deutsche Aufgaben in China,1913)、《德国和东亚》(Deutschland und Ostasien,1914)等。维特海默也注意到了辜鸿铭。在1912年第3期《救助》(Die Hilfe)杂志上,他曾发表过一则针对《清流传》的书评。③

在书评中,维特海默开门见山地对辜鸿铭及其著作给予了高度评价:"这里介绍一本非常奇特的书。任何一位读者,只要已经开始读它,没有谁能迅速摆脱它的魔力。这位目光犀利、学识渊博的中国人所说的话,让我们不得不认真聆听。他不仅对自己祖国的传统文化了如指掌,还曾在英国生活过很长时间,了解它的国情、人民、语言、风俗习惯、历史和文化。可以这样说,他是一位集中西文化教育于一身的学者。"一方面是"学贯中西"的知识,一方面是"我们不得不聆听"的观点,这两个评价都不低。显然,维特海默对辜鸿铭是相当欣赏的。

对《清流传》的行文特色,即中西类比的论证方式,维特海默颇多称道:"在我们这位作家的笔下,英国的牛津成了北京的翰林院,它是中国学者的根据地,阿诺尔德的追随者则成了国民大会里的'清流党';对英国自由主义的反抗

---

① Ku Hung Ming: *Die Verwilderung Chinas*. In: *Süddeutsche Monatshefte*. Bd. II, 9. Jg. S. 420~425.
② Paquet: *Chinesische Kulturpolitiker*. In: *Süddeutsche Monatshefte*. 9 Jg. Bd. II, 1912. S. 419.
③ Wertheimer: *Ku Hung Ming. Die Verteidigung Chinas gegen europäische Ideen*. In: *Die Hilfe*. Jg. 1912. Nr. 3. S. 40.

在这里成了对中国自由主义的反抗,这种自由主义以李鸿章为领导,鼓吹引进外国的思想和方法;恢复英国传统的道德秩序在这里成了维护中国儒家传统思想的行动。这种从大的历史角度所作的对比和论证非常细腻,也很有说服力。对于满洲王朝高贵品质的蜕化、中国知识分子阶层素质的下降及其原因,作者也解释得非常清楚。随后,辜鸿铭批评人们放弃修养自己的真性情,转而拥抱那些表面的东西,拥抱西方的思想。他还描述了中国牛津运动对此所做的绝望的反抗。作者对这场运动中那些著名的支持者和反对者的描绘清晰明了,目光犀利,甚至还经常得出一些令人吃惊的结论。"

对《清流传》的思想主旨,维特海默更是予以高度评价,肯定了辜鸿铭"抗拒"欧洲的合理性及对西方的意义:"中国目前正陷于革命风潮,那些革命派和共和派领导人对西方的理论浅尝辄止,只学来了形式,但并未弄明白内容。我们这位作者却不一样,他站在了哲学的高度上。他对我们欧洲人、对我们的愿望和行动的评判也许有很多方面是不恰当的,不过目光确实非常犀利。他的这本书由写于不同时期的四篇文章组成。这些文章并没有以中国目前正在发生的革命为直接出发点,然而在我看来,辜鸿铭对作为这场革命基础的思想潜流的解释是最好的";"第二章的题目为'视野的扩展',是为中国知识分子以实用为导向的教育方式辩护,对现代欧洲人的傲慢态度也有一些非常严厉的批评,但却很有道理。欧洲人来到中国,向中国宣扬教育和进步,可是事先并没有弄清楚它最核心的文化,对自身的文化通常也没有足够的认识,这已接近了本书的真正主题"。从上面这些点评文字可以看出,维特海默非常认同辜鸿铭批评西方世界的合理性,在他看来,辜鸿铭的批评至少可让西方反思自己在与东方世界打交道的过程中存在的不足之处,这表现了作者难能可贵的自省精神。单就这一点来说,辜鸿铭这一时期为文的一个重要目的,即促使西方世界反躬自省,在部分德国知识分子身上确实得到了一定程度的实现。

当然,作为一位严谨的学者,维特海默看问题有自己的原则立场,对辜鸿铭《传清流》中的论述和观点,他并非毫无保留地表示赞同。例如,维特海默虽然肯定辜鸿铭批评西方世界的合理性,却又认为这些批评中也有一些不妥当的地方:"他对我们欧洲人、对我们的愿望和行动的评判也许有很多方面是不恰当的"。至于辜鸿铭对中国国内局势一厢情愿的分析和解读,维特海默也对其客观性提出了疑问:"了解情况、观点更客观的欧洲人一般说来是不愿意走'清流党'成员辜鸿铭的道路的。由于他过深地与这场运动的命运联系在一起,因而不能从历史的角度对它作出真正客观的描述。"再如,辜鸿铭从尊儒保皇的政治立场和个人好恶出发,在《清流传》中对中国当时包括张之洞、李鸿章、袁世凯等在内的多位晚清政治人物做了主观性极强的评价,对此,维特海默也委婉地提出了异议:"书中提到的人物,辜鸿铭的评价和批判经常十分主观,而他们本人或许并不那么令人感到讨厌。"

尽管对辜鸿铭的部分观点有所保留,维特海默对辜鸿铭仍不吝赞美之辞,他热情洋溢地称赞辜鸿铭是一个"奇特的、值得我们深思的文学现象",并以一句针对德国人乃至所有西方人的意味深长的话作为这篇书评的结尾:辜鸿铭"带有强烈主观色彩的文字对我们来说仍是一个有力的触动,让我们开始对这个勇敢的战斗者产生好感,他可以成为我们热心的朋友,也可以成为一个愤怒的敌人"。

无独有偶,一位名叫贝姆(Christoph Behm)的德国学者在 1912 年的《新观察》(*Die Neue Rundschau*)杂志上也发表了一篇评论《清流传》的文章,题目为"一面来自中国的镜子"(*Ein chinesischer Spiegel*),对辜鸿铭的赞赏更是溢于言表。

与维特海默一样,贝姆对辜鸿铭的人品和学识也极为佩服。他注意到,随着《清流传》的出版和越来越多的人开始关注辜鸿铭,也有德国人对国内热议辜鸿铭的现象感到不以为然。在贝姆看来,这类对辜鸿铭的质疑经常过于轻率、简单,因而不够公正:"有人会说,这是一个沙文主义者;一个中国的学究先生,说三句话就离不开'高尚'二字,因为'高尚'代表着一个伟大的过去,代表着他的民族在这个文明的地球上有过一个繁荣的时代;一个理论家,想用柔弱的双手和敏锐的思想攫住时代的车轮,结果双手被轧得稀烂,然后迷茫地带着他的思想躲到了一边。然而这类图像是错误的,且不说体会沙文主义加身的痛苦而非践行之,有时候对我们可能更有好处。"[①]贝姆还以事实说话,对这类质疑予以回击:"即便按欧洲最高的标准衡量,辜鸿铭也称得上是一位散文家;他用漂亮的英语翻译了《论语》,这一点汉学家卫礼贤可以作证;他与托尔斯泰通信,对西方文献绝对是了如指掌;他还引用《圣经》、莎士比亚、歌德、席勒、卡莱尔、罗斯金和马修·阿诺尔德。"[②]

文中,贝姆对《清流传》逐章做了分析。对该书的思想主旨,即辜鸿铭对现代社会日益物质化的担忧和对传统道德价值的推崇,贝姆深有同感:"不管他的历史观是对是错,在这一点上,他给了我们第一个重要的教训。如果我们要问,为什么人们给 19 世纪起了好多的名字,但最好的名字却是'丑陋的世纪',原因就在于产品交换的重心过于从消费转向了生产,并非需求决定商品的生

---

① Behm: *Ein chinesischer Spiegel*. In: *Die Neue Rundschau*. Jg. 1912. Bd. I. S. 864.

② Ebd., S. 864.

产,而是商品的生产决定了需求","人们每向消费欲让步一次,自己的意志就被削弱一层。俗话说:需要什么,就得有什么。然而现代经济的逻辑却是:我们最好把他不需要的东西给他。就像在罗斯金那里一样,对这位中国的道德学家来说,经济就是一个伦理学问题。我们完全有理由认为这一逻辑也适用于我们,完全有理由将经济从数字的圈子里拉出来,放到意志的圈子里。"①与辜鸿铭一样,贝姆显然也在反思西方社会的物质主义倾向给传统的信仰及道德规范带来的负面影响,他忧心的是日益膨胀、不受限制的物欲对人性的腐蚀。无疑,这与欧洲历史上的反现代化思潮是一脉相承的,这其实也是辜鸿铭及其《清流传》备受贝姆青睐的根本原因。

有意思的是,基于对辜鸿铭的欣赏,贝姆还很乐于为辜鸿铭一些受到质疑的观点和做法辩护。例如,针对当时清政府最终覆亡而袁世凯上台这一超越了辜鸿铭预言的现实,贝姆的评论是:"辜氏曾经期望对满洲贵族进行改革从而稳定中国的政局,但它现在却从王朝的最高位置上跌落下来,淡出了这个民族的政治生活;他最痛恨、最蔑视的人乃是暴发户、没有教养的大老粗、投机分子袁世凯,此人现在却成了共和国的总统。也就是说,现实的发展超越了辜鸿铭这本书,可是真理能够被现实超越吗?"②甚至辜鸿铭行文中颇为常见的啰唆毛病,贝姆也予以辩解:"辜鸿铭的书中充满了重复和矛盾,这并非因为他的思路不够集中,而是因为他的思考非常精密,就像中国的画家在一片芦苇中会看到老虎的毛发、鹌鹑的羽毛以及茎秆上的茎和结一样,精密到他对自己思路的保持更甚于他对结论的追求。这种现象不仅在高度文明的阶段,在一些原始民族那里也会出现:思路的本真性重于思路的逻辑性。辜鸿铭文中的重复和矛盾正是他朴拙、诚实的标志,他展示自己真实的思路重于给出结论。人类有些真理性的观念,对它们的任何具体运用都是错误的。"③

与维特海默一样,在辜鸿铭的著作中,贝姆也看到了辜鸿铭思想观点中浓厚的理想主义色彩,特别是辜鸿铭人生理想与政治现实的错位:"辜鸿铭思考的是道德问题,因此,当他以之解决政治和历史问题时,就必然会扑空。"④在贝姆看来,这种错位虽让辜鸿铭的形象在现代社会显得格外突兀、不合时宜,然而,辜鸿铭身上一些具有普世意义的闪光点却是现代西方人不能忽略的:

---

① Behm: *Ein chinesischer Spiegel.* In: *Die Neue Rundschau.* Jg. 1912. Bd. I. S. 865~866.
② Ebd., S. 864.
③ Ebd., S. 864~865.
④ Ebd., S. 865.

"最主要的是,他这本书中体现出来的人道主义精神让我们反观自身,他谈论的永远是'人',是在为'人'而谈"①;"尽管他是在本民族面临历史困境的情况下写作的,但却超越了民族和种族的界限,成为我们的兄弟:他的话对我们来说就是金玉良言"②;"他之所以对我们来说有价值,是因为他的观点虽然与时代不合拍,却具有一种永恒性"③。

尤其值得注意的是,贝姆还从东西文化交流的历史大背景来考察和评价辜鸿铭思想立场的现实意义。文章一开始,贝姆即对西方世界广为接受的轻视中国的做法提出了疑问,显示出宽容的心胸和开阔的文化视野:"高傲的西方人向来以一种博物馆式的贪婪将丝绸和铜器上的中国画以及李太白的诗据为己有,然而创造了这一切的人民,却由于他们在举止、穿着、肤色、气味方面无从调和的陌生感而沦为被歧视的对象。如果有一天把这种关系倒转过来,让欧洲人也来尝尝这种痛苦滋味,对他是会有好处的。"④在述评完辜鸿铭的著作后,贝姆的目光在文章末尾又重新回到东西文化关系问题上,反复强调东方世界其实有许多值得西方学习借鉴的方面——"东方带给我们的,除了古希腊文化和基督教之外,还有别的东西;我们要感谢在光荣的十三世纪东征中与东方的接触","在我们最优秀的民族艺术中,东方和西方其实密不可分,德国城市里的哥特式教堂就证明了这一点","当欧洲意图占领耶稣圣墓的时候,圣墓却给它带来了一种新的生活。也许,除了矿井和港口之外,中国也能够带给我们一些更好的东西"⑤,如此等等。这样,贝姆显然已经开始在东西文明交流互补的视角下审视辜鸿铭思想立场的现实意义,颇具历史眼光和世界视野,这无疑也是对辜鸿铭在中西文化交流史中独特地位的初步肯定。

在对辜鸿铭及《清流传》的基本思想倾向表示肯定或理解的同时,部分德国知识分子还进一步反思西方现代文明自身所表现出的物质主义倾向和强权特色。

1912年2月出版的《行动》(*Die Tat*)杂志刊登了一篇题为"从东亚经热带地区到欧洲"(*Von Ostasien durch die Tropen nach Europa*)的长文。作者为上世纪德国著名的国民经济学家威尔布兰特(Robert Wilbrandt, 1875—

---

① Behm: *Ein chinesischer Spiegel*. In: *Die Neue Rundschau*. Jg. 1912. Bd. I. S. 868.
② Ebd., S. 864.
③ Ebd., S. 865.
④ Ebd., S. 863.
⑤ Ebd., S. 868.

1954),这篇文章是他在游历、考察了东亚之后经南亚和中东地区返回欧洲途中所写的观感。

眼前的亚洲和故乡欧洲显然在威尔布兰特那里形成了强烈的反差,他反复强调的一个感受就是:欧洲代表着现代和进步,亚洲则代表着过去和落后。我们先来看一下威尔布兰特对以儒家文化为核心的东亚地区的整体印象:"东亚对我来说不仅代表着一种不同的生活方式,而且也代表着过去,这里的不少方面都会让人想起我们的中世纪,想起古希腊罗马时代","那里的民族很早就实现了高度的文明,之后便封闭、停滞下来,比如说中国、朝鲜,日本也同样如此,非常奇特地、忠实地保持着早期繁荣时代的某些经济和社会状况,对这一阶段的发展和超越只是在我们这里才得到了实现"。①正是基于这种感受,在离开亚洲返回欧洲的路上,威尔布兰特感慨地写道:"我离开了代表着过去的东亚,开始返回代表着现代的家。"②

如果我们用一个词来概括威尔布兰特对整个东亚地区,特别是中国的印象,那就是"停滞"。这是一个似曾相识的字眼!我们知道,西方知识界对中国文化千百年来"陷于停滞"的判断由来已久,可上推至启蒙时代的赫尔德(Johann Gottfried Herder,1744—1803),他曾给中国文化以"木乃伊"的评语,并断言受这种文化哺育的中国人和其他亚洲国家"一直停留在幼儿期"③。直到19世纪末20世纪初,西方世界对中国文化"陷于停滞"的印象和判断依然未有显著改观。这里可以再引另一位20世纪初曾来华游历考察的德国学者对中国的相关评论:"在这个越来越单调、贫乏的星球上,在城墙围护之下的中国向来与一切外部影响隔绝。这是唯一一个依然停留于自己的原始、淳朴阶段的国家,以它那奇特的建筑和古老的文化成就了对过去时代的绝妙回忆。这个民族能在这么长的时间里精于享受其精神发展史中的优秀遗产,这种情形确实令人感到惊奇。"④看起来,这位德国学者对中国传统文化还是颇有好感的,不过赫尔德所谓中国文化木乃伊似地"停滞不前"这一断语仍旧隐约可辨,足见其对西方知识分子影响之深。这一点在威尔布兰特那里也不例外。

不过,在威尔布兰特看来,尽管长期陷于封闭和停滞,亚洲最终还是非常

---

① Wilbrandt: *Von Ostasien durch die Tropen nach Europa*. In: *Die Tat*. Jg. 1912/13. Bd. II. (Okt. -März), S. 597.

② Ebd. , S. 597.

③ [加]夏瑞春:《德国思想家论中国》,第91页。

④ Graf Vay von Vaya und zu Luskod: *Ostasiens Stellung zum Weltkrieg*. In: *Deutsche Rundschau*. 1915. (Jul. -Sep.) S. 100.

幸运的,因为文明的欧洲人作为"救星"来到了这里。"欧洲人作为天生的统治者,至少是作为父亲般的教育者,来到了这块还停留在人类孩童时期的地方","唤醒了沉睡的、遥远的东方"①,于是,亚洲也开始"踏上经济进步的轨道","正向代表着现代的欧洲迈进"②。当然,威尔布兰特也颇为同情地看到,亚洲的所谓"苏醒"是被动进行的,是在西方坚船利炮的威逼之下出现的。"压力和冲击来自外部,欧洲的大炮和机枪乘着现代轮船漂洋过海来到了这里"③,当一切都"不可避免"时,亚洲原有的连续、宁静的生活秩序终被打破,时代与心灵的冲突"正考验着人们的神经"④。可是,威尔布兰特在"胜利"的喜悦中隐隐感到了一丝不安:"但是,有一点人们还没有认真地考虑过:欧洲人面临的主要危险是否就是欧洲思想本身呢?对于一个从亚洲返回欧洲的人来说,这是一个无可回避的问题。因为,在目睹了停留在过去的亚洲之后,再看看代表着现代的欧洲,目光自然就更加犀利了,他会看到一些危害,而这些危害通常只有游历过欧洲的亚洲人才能清楚地觉察到。"⑤

让威尔布兰特陷入不安和困惑的正是他在亚洲看到的传统与现代的冲突:在西方先进的技术文明进逼之下,东方古老的文化一败涂地,正如辜鸿铭所说的,"面对现代欧洲各国那种物质实利主义文明的破坏力量,中国文明的应战能力不足,无效无用"⑥。可是,东方文化的彻底消失真的就是一件好事吗?传统的失落让东方人陷入了悲伤和迷茫,这是自然的,然而难能可贵的是,作为西方人的威尔布兰特也开始思考这一历史现象是否合理,即西方文明自身是否也有不足之处,东方的古老文化和传统价值观是否还有其存在的意义。下面节选几段威尔布兰特的反思:

"在返回欧洲故乡的途中,在埃及这个欧洲光环的聚焦点上,我开始思考辜鸿铭所说的'越来越物质化的欧洲文明',开始审视起这种全力向外追求物质享受的文明来。为了实现任何一种可能的享受,汽车跑得永远都不够快;为了获得统治一切的前提条件,多快都不算快:钱,还是钱,在日益精密的物质生活所提供的无尽享受面前,钱永远都不够用。客体和外部世界被征服,时间和空间被超越,人煽动自己和别人去获得和享受丰富的外部手段。然而,在获得

---

① Wilbrandt: *Von Ostasien durch die Tropen nach Europa*. In: *Die Tat*. Jg. 1912/13. Bd. II. (Okt.-März), S. 602.
② Ebd., S. 596.
③ Ebd., S. 596.
④ Ebd., S. 596.
⑤ Ebd., S. 605.
⑥ 《辜鸿铭文集》(上),第387页。

了这些的同时,他失去了宁静、幸福感,失去了迷失于客体之前主体的那种内心的富有,可是,'穷'得多的东方人却仍然拥有这一切";"在历史使命的驱动下,为了满足国家的财富需求,我们的政治经济学正将物质手段的获取作为观察的标的,而非有着自己基本原则的管理本身。现在,欧洲正在迫使东亚也走这条路。欧洲其实有理由向东亚经济学习,这样就可以在繁荣生产的同时找回失去的消费经济";"朴素,这种由日本人实行、由辜鸿铭所传授的用以抗衡欧洲的贪婪和征服欲的原则,曾经由孔子所提倡,甚至那位高尚的老者,也就是老子,也不例外:它是一种拯救世人的经济原则。它直觉地遵循人类有机生活中心理物理学的基本规律,将实际需求作为目的和界限;它平息不知疲倦的贪欲,稀释一切使人追名逐利的内心力量"。①

上面这几段话显然是威尔布兰特对西方现代工业文明负面效应的反思,是对科学主义和物质主义主导之下精神信仰的地盘日趋逼仄的深深忧虑。实质地看,这无疑是欧洲历史上反现代化思潮的延续,其中,古老的东方文明在这一点上确实给了威尔布兰特不小的启发,亚洲行程中的耳闻目睹以及辜鸿铭的著作则是这一反思的直接诱因。这无疑是辜鸿铭在中西文化交流史上独特地位的又一明证。

无论是发自内心的钦佩、称赞,还是基于对自身文化传统的反思,都说明了德国知识界对辜鸿铭《清流传》思想主旨的认同。当然,批评的观点也不是没有。几乎就在《清流传》赢得了一片赞誉之词的同时,质疑的声音也出现了。其实,上面几个赞赏辜鸿铭的例子中也包含了一些批评的因素。下面举两个批评的例子。

德国文学理论家和记者比贝尔(Hugo Bieber,1883—1950)1913 年在《德国评论》(Deutsche Rundschau)杂志上发表过一篇题为"东亚的文化批评"(Ostasiatische Kulturkritik)的文章,重点评论辜鸿铭及其著作《清流传》,只是批评的基调非常明显。

比贝尔这篇文章的主旨在于述评 20 世纪初中国一部分知识分子在西化趋势逐渐无法逆转的背景下维护民族传统价值观的努力,他也正是以此为背景评论辜鸿铭和《清流传》的。文章从回顾中国在历史上对欧洲产生的影响开始,进而描述近代中国在西方先进技术文明的压力下,经过长时间的犹豫之后终于着手改革的曲折过程。比贝尔注意到,在西化改革运动逐步展开的同时,中国社会出现了维护传统价值观的呼声。对于中国国内出现的这种强调传统

---

① Wilbrandt: *Von Ostasien durch die Tropen nach Europa*. In: *Die Tat*. Jg. 1912/13. Bd. II. S. 605~606.

文化的价值、排斥西方价值观的倾向,比贝尔只是做了客观的介绍,未有太多评判,然而,对他在文中引以为例的辜鸿铭及其著作《清流传》,比贝尔则是浓墨重彩,表现出鲜明的批判立场。

在评述《清流传》的思想主旨之前,比贝尔首先对辜鸿铭做了简要的介绍,特别强调了他政治立场的保守以及社会理想上的道德至上主义:"他本质上是个保守派,在席卷整个东方的新思潮中,他坚守儒家的道德信仰而站在了对立面。他鄙视改革者的理想,抵制他们的措施。他轻视他们的努力,因为对他来说,美和道德理想高于一切政治现实。"[1]随后,比贝尔大致梳理了《清流传》的主要内容,承认辜鸿铭这本书的部分论断有其新颖之处:"他从思想史的角度论证自己的观点,得出了一些关于人类思想变迁的有趣结论,颇有启发性。"[2]不过,无论辜鸿铭的论证方式还是他的基本结论,比贝尔都颇多微词。

例如,辜鸿铭曾经宣称,欧洲18世纪启蒙运动的真正思想源头是中国传统的儒家思想,欧洲现代自由主义的罪恶就在于背离了这一传统,并做了一番论证。对此,比贝尔评论道:"像我们的作者这样一位非常保守的人,之所以完全没有看清启蒙运动反传统的本质,之所以把现代资本主义的一些缺点与野蛮封建秩序的可怕景象混为一谈,除了他因循守旧的思维方式的影响外,他观察事物的特有方式同样不能忽视,即只看到事物的外表,却忽略了本质,所有民族的经院哲学都有这种特点。经院哲学思维方式的特点是需要类推和对比,辜鸿铭为维护中国文化而设计出的历史叙事方式就是这样的典型。"[3]这段文字可以说是对辜鸿铭最为拿手的类比论证方式的彻底否定。比贝尔随后列举了辜鸿铭所做的几个中西类比,全都不以为然,在他看来,辜鸿铭的这类论证都是典型的只看表象而不见本质。例如,辜鸿铭曾将袁世凯比作中国的张伯伦,比贝尔对此就嗤之以鼻,至于辜鸿铭对袁世凯的激烈攻击,他更是不能认同:"辜鸿铭将张伯伦这位他最痛恨的帝国主义路线的最热烈的支持者描写得最黯淡,将他比作袁世凯,这并不奇怪,可这位地方总督的改革推行得最为成功,而且还成了共和国的第一任领导人。"[4]

针对辜鸿铭对清末民初中国西化改革运动的激烈批判,比贝尔的评论是:"中国对列强的反抗徒然无功,它的亿万臣民在现代原则面前束手无策,对于

---

[1] Bieber: *Ostasiatische Kulturkritik*. In: *Deutsche Rundschau*. Jg. 1913. Bd. Jan.-März. S. 314.
[2] Ebd., S. 314.
[3] Ebd., S. 315.
[4] Ebd., S. 316.

这一事实，他和他的论战对手都是非常清楚的，然而，他在该书的第一页却做了一个令人吃惊的自白，这就是，维护普遍的道德水准比中华帝国的政治前途更为重要"①，"与其通过这些方式达到在民族斗争中立于不败之地的目的，还不如国家走向没落的好"②。显然，对辜鸿铭的道德至上立场，比贝尔是非常不以为然的，他不仅批评了辜鸿铭政治立场的保守，进而也对辜鸿铭的道德文明观提出了疑问。

最后，比贝尔借辜鸿铭在中国颇受冷落的现实，以嘲讽的语调给辜鸿铭及其著作下了一个否定的结论，并作了一个悲观的预期："辜鸿铭在宣扬这些主张时并非没有卖力，但他的主张既无活力，也不出色，倒是别的布道者总能赢得许多虔诚的拥护者。如果说他的观点曾让中国人感到自相矛盾，在我们这里就更加如此了，因为他宣扬的伦理体系是在与我们完全不同的社会条件下形成的，这种体系不承认虔诚的核心作用，也不把虔诚作为人类活动的基本主题。"③

德国历史学家里斯（Ludwig Rieß，1861—1928）在《东亚杂志》（*Ostasiatische Zeitschrift*）上也发表过一篇对《清流传》的书评。与比贝尔的文章相比，里斯的批评色彩更加鲜明，文章从头至尾都是一种嘲讽、挖苦的语气。此处试举几例：

创立于清同治元年的同文馆为清代第一所官办的外语学校，最初以培养外语翻译和洋务人才为目的。由于同文馆是为洋务运动服务的，便为辜鸿铭所不容。对于辜鸿铭对同文馆的非议，里斯大不以为然："我们的作者把这所高校（应该译为'小学'）称为一所'收容贫苦、饥饿和无用青年'的'二流寄宿学校'。然而，只要对历来参加国家考试的考生情况做一个了解就可以看出来，他如此评价这些学生是多么毫无道理。确实，他们通常都是非常贫穷的青年，但有知识的国家官员却是从他们中间选拔出来的。"④这里需要说明一下，辜鸿铭对同文馆的攻击由于他本人保守、偏执的政治立场是可以打个问号的，但里斯的驳斥也并非完全站得住脚，因为同文馆和科举是两回事，里斯显然把两者弄混了。此外还需注意，虽说设立同文馆的历史意义不可否认，但由于师资

---

① Bieber: *Ostasiatische Kulturkritik*. In: *Deutsche Rundschau*. Jg. 1913. Bd. Jan.-März. S. 314.

② Ebd., S. 316.

③ Ebd., S. 316.

④ Rieß: *Ku Hung Ming. Chinas Verteidigung gegen europäische Ideen*. In: *Ostasiatische Zeitschrift*. 1913/14. S. 233.

(特别是外籍教师)、管理等方面的缘故,它培养外语人才的效果事实上在很长时间里并不怎么好,辜鸿铭对它的攻击也不是毫无根据。

再如,辜鸿铭从保守立场和个人好恶出发对晚清众多的政治人物做了品评,言语经常颇为苛刻,里斯就非常不以为然:"他污蔑当代中国的重要领袖李鸿章、袁世凯、刘坤一,甚至他的保护人张之洞他也不放过。"①特别是辜鸿铭对袁世凯的激烈攻击,里斯的评论更是不无讥讽:"现在,最新的局势发展很快便超越了这本小册子的内容。满洲贵族被推翻了,袁世凯成了总统,极端派在议会中占据了多数,而辜鸿铭却再次丢掉了他最后在浚治局谋得的那个小小的职位。"②

还有一个有意思的例子。辜鸿铭曾信心满满地为中国未来的领袖设了标准:"满洲贵族将可能从一个留过学的中国人中找到他们的领袖。一方面,他没有受到过分的教育,没有中国文人学士那种自大和不切实际的迂腐;另一方面,他又没有满洲贵族的傲慢和阶级偏见。实际上,也就是一个对古老的中国文明中的道德价值和美的观念有真正的认识,又具备说明和理解现代欧洲文明中扩展和进步思想能力的人。"对此,里斯挖苦地评论道:"这听起来似乎是在赞美他自己。"③

对辜鸿铭的政治立场,里斯也持鲜明的否定态度:"对这位天才作家和两个世界的公民,他的主人张之洞的评语却是:他根本不懂中国的政治。事实上,辜鸿铭越来越使自己沉迷在理想社会的梦中,而他就在中国的古代经典中寻找这些梦想。那些更具现代意识而且更加重视实践的改革者,特别是康有为,在这场改革运动中走在了他的前面。这些改革者逐步地让中国西化,我们的作者则越来越成为一个反动的审查官和道德说教者。义和团运动的野蛮反扑获得了他的同情,上海引入有轨电车改善交通状况的善良之举在他看来却是危害国家、有伤风化的。他以从卡莱尔那儿学来的激昂文风表达自己的抗议,将马修·阿诺尔德奉为自己的志同道合者。他在拳匪事件得到调停之后发表的那些'现代小册子'④已经将他打上了落后、怪僻的烙印,他在现代中国已经无可作为了。"⑤从这段评论看,里斯对辜鸿铭保守立场的批评还是相当

---

① Rieß: *Ku Hung Ming. Chinas Verteidigung gegen europäische Ideen*. In: *Ostasiatische Zeitschrift*. 1913/14. S. 233.

② Ebd., S. 235.

③ Ebd., S. 234.

④ 指辜鸿铭的第一部著作《尊王篇》。

⑤ Rieß: *Ku Hung Ming. Chinas Verteidigung gegen europäische Ideen*. In: *Ostasiatische Zeitschrift*. 1913/14. S. 234.

严厉的,不过基本做到了有理有据,大致符合史实。

当然,里斯对辜鸿铭也并没有全盘否定,对辜鸿铭惊人的语言天赋和渊博的学识,里斯还是予以首肯的:"作者是一位精于修辞、博学多识的中国学者","由于语言知识出色,我们的作者做了张之洞的私人秘书,经常在广东和武昌两地帮助张之洞与许多外国人打交道。由于对中国传统经典和西方文学的掌握异常透彻,他逐渐展示出极高的文艺才能,笔调既高雅又辛辣。他还具有诗人的天赋"。[1]

从整篇文章看,由于里斯是一位历史学家,他主要基于自己对社会政治及历史发展趋势的理解来评判辜鸿铭的思想观点。由于辜鸿铭政治立场一贯保守,甚至还有反动的一面,里斯对他的评价偏于负面也就不难理解了。

大体上,以1911年《清流传》德文版的出版为标志,辜鸿铭在德国知识界可以说是声名大振。报纸杂志上不断刊出的书讯和评论文章就很好地印证了辜鸿铭《清流传》在德国知识界激起的反响,至少可以说,辜鸿铭这本书给部分德国知识分子的内心带来了某种触动。而且,德国知识界对辜鸿铭的这波关注并非昙花一现,直到1913年,报纸杂志上仍在刊登评论辜鸿铭及《清流传》的文章。这段时间可以看作德国"辜鸿铭热"的预热期。具体到德国知识界这一时期对辜鸿铭的评价,总的说来还是偏于肯定的,当然,其间也出现了一些质疑和批评的声音,然而不同观点的探讨本身正说明了德国知识界的认真思考和对辜鸿铭的重视。

德国知识界对辜鸿铭及其《清流传》的异议主要集中在两个方面。

其一,辜鸿铭在这部著作中对一些具体细节问题的处理和看法,包括论证方式和最终结论两个方面,不少德国学者或多或少地持保留态度。

例如,辜鸿铭对清末重要政治人物的情绪化评价,特别是他对袁世凯毫无顾忌的贬抑性评语,很多德国学者是不以为然的。在著作《清流传》中,辜鸿铭对袁世凯可以说是极尽攻击谩骂之能事,中国读者读来自然颇感畅快。袁世凯是清末重臣,又曾为民国元首,平生所为亦有可圈可点之处,但作为中国近代化变革的参与者和见证者,他称帝乃是逆历史潮流而动,其名字已经成为近代中国反动政治的同义词。然而,如果我们翻阅一下当时西方国家出版的报纸杂志,就会发现,因观察问题的出发点不同,当时的西方世界对袁世凯其实还是有不少肯定的声音的,部分探讨中国时局问题的文章对袁世凯的评价还很正面。一些西方人士从旁观者的角度分析中国的政治局势,认为袁世凯至

---

[1] Rieß: *Ku Hung Ming. Chinas Verteidigung gegen europäische Ideen*. In: *Ostasiatische Zeitschrift*. 1913/14. S. 233.

少成功地在中国推行了共和政体,使中国没有陷入血腥、混乱的内战局面,而辜鸿铭对袁世凯的攻击主要属于个人好恶,这种人身攻击是当不得真的。当然,也有一些学者附和辜鸿铭的论调,对袁世凯颇多非议。如非常尊重中国传统文化、对辜鸿铭也很欣赏的德国著名神学家和政治评论家罗尔巴赫(Paul Rohrbach,1869—1956)对袁世凯及其在中国政治进程中所起的作用就持否定立场。他在1912年的德国《新观察》(*Die Neue Rundschau*)杂志上发表过一篇题为"袁世凯"的文章,详细回顾了袁从一名纨绔子弟到他在近代中国政治版图中的发迹史,语多讥讽,还连续大段引用辜鸿铭在《清流传》中对袁世凯的贬斥性评语印证自己的看法。①

再如,对辜鸿铭一些涉及政治、历史、文化等领域的中西类比,部分德国学者也不认同。其实,《清流传》一书最鲜明的行文特色就是中西类比。辜鸿铭的中西类比是有人类文化共性和历史发展规律依据的,一定程度上也可以丰富我们对文明本质及其发展规律的认识,然而他的中西类比又经常有简单化和扩大化的倾向,忽略了中西不同的历史背景和文化环境,频频类比难免就会推演过头,出现一些在德国学者看来牵强附会乃至肤浅、片面的结论也是可以想象的。关于这一点后面还将陆续论及。不过从整体上看,对细节问题的异议似乎并未妨碍德国知识界对辜鸿铭整体思想倾向的欣赏,这从他们文章中占主流的溢美之词即可看出。

其二,对辜鸿铭极端保守的政治立场的批评。在这一点上,德国知识界对辜鸿铭的批评大体上保持了一致立场。语调委婉一些的学者认为辜鸿铭的政治观点未免过于理想主义了,与现实世界的差距太大,观点激进些的学者则径直批判辜鸿铭政治立场的反动和顽固。谈到辜鸿铭的政治立场,除了他一系列拒斥革命和改革的言行之外,最具代表性的例子莫过于他对慈禧太后的极力美化。

大致看来,辜鸿铭为慈禧太后辩护的立场可以说是坚定不移的,曾先后写有《我们愿为君王去死,皇太后啊!》、《已故皇太后》、《中国的皇太后:一个公正的评价》等文章,将慈禧太后描绘成一个勤政爱民、趣味高雅、心胸宽广的慈母和明君。当然,辜鸿铭对慈禧太后的态度还可以做具体分析,比如,他曾经表示说,他并非是愚忠于慈禧太后和清王朝,他的忠诚其实是"对中国政教的忠诚,对中国文明目标的忠诚"②。如果辜鸿铭这句话为真,则他拥护慈禧太后

---

① Rohrbach: *Yüan Schi Kai*. In: *Die Neue Rundschau*. 1912. Bd. II, S. 1306~1313.

② 《辜鸿铭文集》(上),第290~291页。

就只是表象,对儒家伦理纲常等传统价值观的维护才是本质。但不管怎样,辜鸿铭美化慈禧太后的基本态度是不容置疑的,其政治立场的反动保守也是无可否认的,这也是辜鸿铭一生中的一大败笔。说到慈禧太后,当时的西方世界对她的看法其实也并不一致,有斥其专制、残忍、阴险者,如上世纪初曾任德国驻华大使的穆提乌斯(Gerhard von Mutius,1872—1934)就在他的日记中称慈禧太后为"残暴的女皇帝",并评论道:"没有什么可以吓退这位伟大的、残暴的女皇帝。我相信,1900年将外国外交官骗出北京予以谋杀正是她的主意。今天,庞大的中华帝国仍就震慑于这位72岁的老迈妇人的淫威之下。"①不过,也有一些学者认为慈禧太后颇有才干,不可肆意诋毁她的人品,应该客观评价她:"不是要否认事实,也不是要淡化她的责任,但必须承认,我们不能用西方的标准来衡量她,她并不清楚这种标准,不过,如果用中国的标准和她的臣民对她的评价来衡量,并不能把她称为一个行为不端的女人。"②然而,从近代中国的政治进程看,慈禧太后所起的消极和反动作用已是历史定论,正如有学者所指出的那样:"一大群翎顶辉煌的男人被一个控制着君权的女人摆弄得俯首帖耳,而这个女人又早已被男人们编造的纲常名教整治得浅见短识。就是这么一帮子人占据着最高统治地位,这是近代中国历史的不幸。"③辜鸿铭竭力为这样一位顽固、专制的统治者辩护,当然是难以得到同时代德国知识分子的普遍认同的。

应该承认,辜鸿铭因其独特的留欧经历而继承了欧洲历史上反现代化思想的精神内核。当上世纪初欧化思潮在中国大地风起云涌之时,他纯化中国传统道德理想的言行本身还是不失其积极意义的,然而他极端保守甚至保皇的政治立场却是极为反动的,是在逆历史潮流而动,因此终究免不了被历史抛弃的命运。

尽管有一些批评和质疑的声音,辜鸿铭的《清流传》在德国总体而言还是获得了极大成功的,在德国知识界激起了较大反响。大致原因如下:

首先,辜鸿铭在此之前已经引起了德国少数知识分子的关注,这主要缘于《尊王篇》和他的英译《论语》、《中庸》,辜鸿铭的爱国热情和博学多识已经给一

---

① Mutius: *Die große grausame Kaiserin* (*Die ehrgeizige Kaiserin-Witwe Tsi-hi*). Peking, 16. Mai, 1908. In: Narciß, Georg Adolf (Hrsg.): *Im fernen Osten. Forscher und Entdecker in Tibet, China Japan und Korea*. 1689—1911. S. 187.

② Bland, J. O. P; Backhouse, E.: *China unter der Kaiserin Witwe. Die Lebens- und Zeitgeschichte der Kaiserin Tsu Hsi*. S. 483.

③ 章开沅:《离异与回归:传统文化与近代化试析》,第168页。

些德国知识分子留下了初步的印象,特别是辜鸿铭在文章著作中对西方文化经典的旁征博引所显示出的深湛的西学修养和惊人的语言能力令不少德国学者大为叹服。其次,"中国牛津运动故事"这一名称也比较容易让德国知识分子产生遐想,从而进行换位思考。牛津运动本是英国牛津大学部分教授发动的一场宗教复兴运动,目的在于反对现代自由主义并恢复英格兰的传统道德秩序,而辜鸿铭所谓的"中国牛津运动故事"指的是以张之洞为核心的部分知识分子反对物质实利主义的清流运动,两者本来毫不相干,但主旨上却有一些相似之处,即都追求"优美和秩序",都反对物质主义等等,这种别出心裁的类比容易激发德国知识分子人性的共鸣,从而使某种程度的理解和尊重成为可能。此外,辜鸿铭的《清流传》为纪念刚刚去世的张之洞而作,也算是为即将崩溃的晚清王朝奉上的一曲挽歌,字里行间弥漫着一种"无可奈何花落去"的悲哀:"对于我个人来说,它则是一个无法用语言形容的悲哀故事。"[①]一般说来,悲歌总是比较容易引起人的同情之心的,辜鸿铭优美流利的文笔则进一步强化了透着悲壮和哀伤的《清流传》打动人的魅力。

当然,上面这些只是辜鸿铭在德国受到关注的表面原因,德国知识界对辜鸿铭的关注如此广泛而又持久的更深层次的原因在于,辜鸿铭《清流传》在强烈的文化民族主义情绪之上又叠加了一层反现代化的文化保守主义思想。《清流传》的这一思想主旨从辜鸿铭对清流运动开宗明义的说明中即可以看出来:"运动的目的,是反对引进那些为李鸿章和中国自由主义者所热衷的外国方法和外国观念,通过呼吁国民更严格地信守儒家原则,来净化民族心灵和规范民族生活。"[②]所谓"中国自由主义者所热衷的外国方法和外国观念",主要指西方的工业技术文明。毋庸置疑,这是辜鸿铭从西方舶来的反现代化精神。如本书第一章中所述,这种对现代化的反思在欧洲其实已经有很长的历史了,它几乎就是与欧洲资本主义工业文明的发展相伴而生的。如果从这个角度看,辜鸿铭《清流传》中的反现代化思想对德国知识分子来说本来并不算新鲜。新鲜的是,这种对现代化的反思现在出自一位东方学者之口,而且其中还掺杂着一个文化民族主义者正义而强烈的控诉。换句话说,《清流传》引起德国知识分子关注的主要原因,在于书中对现代化的反思与东西文明冲突这个敏感的话题纠缠在了一起。如果说在世纪之交的前后十余年中,辜鸿铭引起了德国少数知识分子的关注主要缘于他文章中强烈的爱国主义和民族主义情绪,那么,《清流传》所以能进一步打动不少德国知识分子的心弦,则缘于其中对现

---

① 《辜鸿铭文集》(上),第297页。
② 同上,第298页。

代化的反思和文化民族主义思想的融合。

可以看出,随着《清流传》德文本的出版,德国知识界对辜鸿铭的认识已经更进一步,开始超越对辜鸿铭爱国主义和民族主义情绪的简单同情,进而关注他以对现代化的反思为核心的文化保守主义思想。其实,与初期著作《尊王篇》相比,辜鸿铭此时的东西文明观并未有本质的变化,他追求的仍是东西文明之间的对等,强调要保护儒家传统的道德价值观免受西方物质实利主义思想的侵蚀,这从德文版书名上就可以看出来,重点在"抗拒"二字上面,正如辜鸿铭自己所说的那样,要"采取什么办法来对付欧洲人的东来,以及他们那极其强大的现代物质实利主义文明的破坏力量"①。令人欣慰的是,对《清流传》中所显示出来的强烈的文化民族主义情绪和反现代化思考,对辜鸿铭坚定的"抗拒"立场,不少德国知识分子表示了一定的理解。以前面提到的威尔布兰特为例,在游历、考察了亚洲之后,他曾联系辜鸿铭的著作,感慨地说道:"我现在才完全明白过来,为什么中国的老年学者会在自己的集会上痛哭不止:因为很多有价值的东西消失了。其实不仅在他们那里,在世界的任何地方,只要欧化运动成为必然,最终都是这样的结局。"②

非常可贵的是,部分德国知识分子并未止于单纯地理解,他们开始在西方文化自身那里寻找不足,开始思考所谓现代化的悖论。前面所引贝姆和威尔布兰特的评论就非常典型:现代工业文明的效率优先、无限索取固然极大地激发了人的探索精神,提高了人类生活的物质舒适度,然唯利是图的倾向也带来了心态浮躁、信仰失据的恶果,人的贪欲被无限放大,灵魂需求遭到漠视。正是基于这一事实,威尔布兰特隐隐感到,仍处于前工业社会阶段的东方世界的生活方式和道德图景或能给欧洲人带来某种启发:"来自遥远东方的智慧对我们有所教益也并不是不可能的。"③

现在,这种或能给西方世界带来某种教益和启发的古老文化,却面临着走向沉沦乃至毁灭的危险,此情此景怎能不让人心生感慨和遗憾呢?因此,一些德国学者一方面在理智上认同中国应该走西化的道路,认为这是历史发展的必然趋势,然而另一方面,他们又对随之而来的东方传统文化的没落感到困惑和惋惜:"如果对当前的形势难以适应,这会不会让人感到奇怪呢?无论从哪个角度看,人们都只能断定,当前的状况与其说是进步,毋宁说是一场倒退。

---

① 《辜鸿铭文集》(上),第 308 页。
② Wilbrandt: *Von Ostasien durch die Tropen nach Europa.* In: *Die Tat.* Jg. 1912/13. Bd. II. S. 608~609.
③ Ebd., S. 610.

这一现实让人感到难堪。即使一场改革和经济活动的转轨对中国来说是不可避免的,然而如果它在建筑和道德方面的优秀内容也要一同走向没落,这是不能不令人感到痛惜的。真正代表着这个民族的特质的,是当地居民的家庭生活、他们淳朴的性情和奉献精神。"①读着上面这段话,我们仿佛是在重温历史上站在现代化对立面的文化保守主义者的悲凉心境,而且隐约体验到了他们对自身现代技术文明的某种抵触情绪,这样,《清流传》拨动对文化传统抱有厚爱的部分德国知识分子的心弦是顺理成章的事。

本质地看,德国知识界上世纪初出现的这种反思自身文化传统的声音是欧洲历史上源远流长的反现代化思潮的延续,有自身的内在逻辑,辜鸿铭的《清流传》恰与这一思想倾向合流,而辜氏东方文明古国学者的身份更使他赢得了一些有文化保守主义倾向的德国知识分子的同情。可以说,《清流传》对西方反思自身文化起到了某种积极的促进作用。不过也要看到,这种促进还很有限,因为文化反思的声音在当时的德国舆论中仍然处于边缘位置,主要还是局限在知识界的一些小圈子里,尚未成为德国社会心理的主流。这一史实虽然令人遗憾,可是在人类社会的发展中却有一定的普遍性,正如美国汉学家艾恺博士所说:"总的说来,反现代化抗议运动或同类的思想潮流对任何国家长远来看,能产生的影响非常渺小。"②

这与德国当时的社会大环境密不可分。回顾历史,英国在维多利亚时代中期达到强盛的顶峰后③,其工业独霸全球的地位自 19 世纪 70 年代开始显出下降苗头,相反,美国和德国却在迎头赶上。在欧洲,德国的崛起势头最耀眼。在这个后发国家,工业革命所造成的潜力在 19 世纪末期终于无可遏止地迸发出来,到 20 世纪初,其经济总量已经反超英国。④随着国力的蒸蒸日上,德国国内的乐观氛围可谓有增无减:"我们的增长是一个不可抗拒的自然过程,除非像法国人那样自然本能及道德情感陷入枯萎,或者是一种可怕的外来的灾难让我们贫穷得无法抚养我们生下来的孩子,才能够让我们的增长停下来。"⑤

尤其值得注意的是,由于德国本土市场很快就难以容纳高速工业化期间

---

① Graf Vay von Vaya und zu Luskod: *Ostasiens Stellung zum Weltkrieg*. In: *Deutsche Rundschau*. 1915. (Jul.-Sep.) S. 100.
② [美]艾恺:《世界范围内的反现代化思潮》,第 165 页。
③ 英国维多利亚时代通常指 1837—1901 年,即维多利亚女王(Alexandrina Victoria)统治时期,是英国最强盛的所谓"日不落帝国"时期。
④ 部分统计数字可参见丁建弘《德国通史》第 273 页。
⑤ Rohrbach: *Der deutsche Gedanke in der Welt*. S. 8~9.

积累起来的巨大生产力,必须到世界市场上寻求出路,这样,德国还迅速发展成为一个贸易超级大国,相应地,它对世界市场和海外利益的关注无可避免地与日俱增:"我们不断增长,但我们没有辽阔的疆域,不是一个农业、矿产及原材料资源丰富的国家,而是被限制在一个狭窄且不利的空间里,每年都要从远方运进大量货物,以喂饱自己并让机器保持运转。我们输入原料、输出产品,但我们这个民族中仅勉强糊口的这部分人每年增加几乎一百万。我们把学校学到的知识和所受的教育、我们的技术、我们的发明天才和艺术、我们的细致和认真都投入到一个转换过程中:来自美洲的木材、西班牙的金属、埃及的棉花、澳大利亚的马海毛、刚果的橡胶、拉普拉塔的牛皮在我们的工厂里经过转换后投向世界市场。世界市场!我们现在的生存需要它,就像需要自己的土地一样,而我们对它的需要超过对自己土地的需要的那一天也在无可避免地逼近","只有我们在世界市场和世界经济中的份额随着我们的增长同步提升,我们才能健康地生存下去"。[1]

既然世界市场关乎德国的生存,那么,如何确保德国的海外利益和对外贸易通道的安全就成为德国几乎上下一致的关切。武力手段自然当仁不让。前面一章曾经论及普鲁士的尚武精神和军国主义传统,在19世纪末20世纪初,随着德国的加速工业化,这种尚武精神和军国主义传统又有了新的内涵:"对一个民族来说,没有比在富裕的同时武装力量却很薄弱更大的危险了!"[2]世纪之交,对攸关德国命运的海外市场的关注和暴发出来的德国资产阶级的扩张贪欲使得德国工商业集团世界范围内的利益冲动愈发不可遏止。在德国,这种利益冲动很自然地与普鲁士的军国主义传统结成了一体。事实上,此前德国的统一就是通过武力实现的。依靠俾斯麦的"铁血"政策,威廉一世经三次王朝战争于1871年统一德国。威廉二世则变本加厉,继位不久即抛弃了俾斯麦后期施行的"审慎中立"路线,推行"世界政策",宣称"德国的未来在海上",实质就是要求重新瓜分世界市场和殖民地。虚荣、鲁莽的威廉二世目光不再满足于欧洲本土,一种统治世界的梦想让他的扩张欲望急遽膨胀。

威廉二世推动扩张攻势的一个重要手段是煽起民族沙文主义。应该说,经济上的崛起大大增强了德意志民族的荣誉感和自豪感,但在世纪之交,这种民族自豪感却逐渐变了味,源自赫尔德及德国浪漫派时代的那种追求文化底蕴、淳朴浑厚的民族主义和民族精神此时已难觅踪迹,在政治操弄下,德意志民族的自豪感与普鲁士根深蒂固的军国主义传统结合,"由教育、习惯和公共

---

[1] Rohrbach: *Der deutsche Gedanke in der Welt*. S. 9.
[2] Ebd., S. 197.

生活向人民反复灌输,成为一种有毒的民族主义"①。以德国的海军建设为例。威廉二世"世界政策"的核心是海军主义。基于德国工业立国、贸易兴国的现实,德国的海军建设是获得了国内民意支持的:"我们唯一要做的是,我们要拥有一支舰队保护我们的贸易不被毁灭,这样我们无论现在还是在可预见的将来都无需忧虑出口了。"②这种论调当然有合理的成分,然而这种民意支持最终却成了政治操弄的牺牲品。德国统治者刻意以此作为自己军事化路线的依据,它树立的一个绝好的标靶就是英国。由于德国经济和贸易迅速崛起,它与老牌世界帝国英国出现利益冲突是难免的,事实上,在19世纪后期至20世纪初期,英德两国之间的敌意可谓日益激化,威廉二世的德国政府便居心叵测地利用这种敌意为德国的军国主义政策铺路,它的所做所言说得好听一些是激发德意志民族的斗志,说得难听一点儿就是刻意煽动民族主义情绪。事实上,在当时的德国社会,下面这类论调不绝如缕,随处可闻:"我们要建设一支和英国一样强大的舰队。""英国可以想造多少船就造多少船,只要它认为这对保证它的安全来说是必需的,但它必须明白我们说下面这句话的含义:你们造多少船,我们也要造多少船,这样,要进攻我们,你们就要冒极大的风险!"③

总而言之,在威廉时代的德国④,随着经济实力的增强,一种乐观情绪在国内迅速蔓延,普通百姓的民族主义情绪也很强烈:"威廉时代整个德国的特点,是灿烂辉煌的物质繁荣和军国主义、海军主义、民族沙文主义的大发展,德国人的主要感情是对政治和工业成就的民族自豪感以及对未来的乐观展望。"⑤到威廉时代中后期,整个社会心态浮躁,媒体中充斥着为强权和殖民路线歌功颂德的文章,鲜有不和谐的质疑或批评的声音,最终导致德国国内民族沙文主义持续膨胀,极端民族主义者大肆鼓吹德意志民族优越论,甚至宣称唯有德意志精神才能拯救世界。国力的膨胀不幸带来了欲望的膨胀,整个德国从上至下都陷入癫狂,作为列强中的后来者,德国在国际政治中急起直追,无可避免地进入第一次世界大战的准备期。我们不难想象,在这种社会大环境下,辜鸿铭的文化批判虽然能使一些具有文化反思倾向的德国知识界人士击节赞赏,却难以在德国更广的社会范围内掀起多少波澜。

---

① 丁建弘:《德国通史》,第289页。
② Rohrbach: *Der deutsche Gedanke in der Welt*. S. 204.
③ Ebd., S. 195.
④ 德国历史上的威廉时代通常指1890—1918年,即德皇威廉二世专权、推行对外扩张政策的时代。
⑤ 丁建弘:《德国通史》,第278页。

其实,就连在民族关系问题上颇具宽容胸怀、对西方现代文明的物质主义倾向表现出一定反思的德国学者,在时代大潮的裹挟之下也经常难以免俗。比如前面提到的经济学家威尔布兰特。在由亚洲返回欧洲的途中,威尔布兰特对"从香港经新加坡和锡兰到埃及,我们一直没有离开过英国的土地"这一景象非常感慨,甚至冒出了德国的海外扩张"也应该走同样道路"的念头,令人唏嘘。不过,作为一名具有人道主义精神的知识分子,威尔布兰特反对暴力殖民政策,即军事侵略和经济殖民,更多还是从人文主义的角度为德国出谋划策:"长远地看,如果因为无所作为而落后还算不上有多危险,更大的危险在于我们忘记输出自己最有价值的东西:一种尚未发掘的财富,德意志的文化遗产,我们最珍贵的遗产。"出于职业天性,威尔布兰特还从经济和社会发展角度做了不少分析,出发点当然是德国的海外利益,只不过他特别强调"灵活的外交手段的能量也许比人们在家中想象的更大"①。尽管如此,在前面这段话中,一种德意志民族的文化优越感还是跃然纸上。须知,民族自豪感和文化优越感正是德意志民族主义者进行扩张鼓动的一个重要出发点,由此也可以看到西方世界偏执的民族和文化优越论流毒之深,就连一些在东西文化关系问题上颇有同情心、有良知的知识分子也不能够免俗。或许,只有经过长期残酷战争的洗礼,德国知识界中文化反思的"星星之火"才能够真正"燎原"。

第三节　辜鸿铭在德国的影响:如日中天

随着1911年《清流传》德文本的出版,德国知识界对辜鸿铭的关注掀起了一波小高潮,直到1913年,德国报纸杂志仍在刊登针对《清流传》的评论。此后,对辜鸿铭的关注虽稍有降温,但拜《清流传》影响余波之所赐,仍有一些德国学者不时论及辜鸿铭。例如,前面提到的那位名叫 Graf Vay von Vaya und zu Luskod 的德国学者一向关注东亚局势,对中国文化颇有好感。1915年,他在《德国评论》杂志上发表了一篇题为"东亚对世界大战的态度"(*Ostasiens Stellung zum Weltkrieg*)的文章,在分析世纪之初中国的国内形势时再次特别提到了辜鸿铭。

在这篇长文中,作者先以较长篇幅描绘了中国辛亥革命后混乱的国内局势。与以前一样,尽管亲眼目睹了中国的悲惨现实,作者对中国的前途仍充满

---

① Wilbrandt: *Von Ostasien durch die Tropen nach Europa*. In: *Die Tat*. Jg. 1912/13. Bd. II. (Okt.-März), S. 603.

了信心:"中国一旦站起身来,或者开始接受西方的要求,就肯定会给我们带来许多惊喜","这个国家的复兴只是一个时间问题","我们在这个国家逗留的时间越长,对它的国民越了解,就越坚信,他们肯定有一个虽然遥远但却光辉灿烂的未来"。

除了对中国传统文化一贯的好感外,作者与中国精英知识分子的交往和对他们的了解也极大地鼓舞了他对中国的信心:"与这个国家学界人士的交往不仅令人感到愉快,而且很有教益。也许他们的教育和我们的不一样,也许他们的观点已经落伍了,但他们的思想深度和判断的正确性却是非常惊人的。"作者尤其在张之洞和辜鸿铭身上看到了中国的希望。他对张之洞极为景仰:"谁知道,如果他还在世的话,他的巨大影响力和罕见的智慧能否使他的祖国避免现在的悲惨局面,如果有谁能够避免革命带来的不幸,那无疑只有他才能胜任。"作者之所以格外推崇张之洞,是因为张之洞"主张首先变革教育体系",而不是"采取激进措施或匆匆忙忙地革命"。同时,作者也再次表示了他对辜鸿铭的欣赏,尤其是对辜鸿铭在中西文化交流中的先驱作用予以充分肯定:"辜鸿铭在西方生活过很长时间,不仅熟悉我们的文化,而且致力于研究它的起源,因而非常熟悉西方的国家和民族状况。这种情况在我认识的外国人中还从未有过第二例。他的评论之所以引人注目,除了他出色的观察能力之外,还在于他从心理角度所做的分析极为深刻……自从那次保守的革命以来,他就从公共场合退出了。目前,他正着手将孔子所有的著作译为德语。没有人比他更适合这项宏伟的工程了。这项工作完成后,将为文学界提供极有价值的参考材料。已经听到有人称他为这个民族的智者了。由此看出,他做这项工作受到了多么大的鼓舞。他不仅具有扎实的知识基础,而且对西方的思维方式也极有见地。"

作为一位对中国传统文化抱有好感的知识分子,作者显然也在真诚地思考中国传统文化的前途问题。总体而言,作者主要是从人文主义的立场出发的,并将中国的未来寄托在中国的精英知识分子身上,坚持认为中国不可抛弃自身的传统而盲目地照搬西方,因此,他最欣赏奉行"中体西用"的张之洞的稳健,正是从这一立场出发,他对辜鸿铭全力维护中国传统价值观的言行也表示了极高的敬意。

值得注意的是,作者由对张之洞和辜鸿铭的赞赏还延伸到了对中国儒家传统文化道德价值的认可:"中国的文化精神非常值得人们研究,只有对它进行深入彻底的了解,才能理解其中沉睡的、尚未充分挖掘出来的道德力量。"①联想到上世纪初德国知识界日渐明显的反思西方现代工业文明的苗头,对儒家传统文化道德价值的这种认可让我们隐隐听到了部分德国知识分子向东方文化取经的呼声,这种呼声某种程度上也为一战后期和战后初期德国的那场"东方文化热"做了铺垫。

短暂的低潮很快被打破了。1916年,辜鸿铭代表作《中国人的精神》由德国作家施密茨(Oskar Adolf Hermann Schmitz,1873—1931)翻译并在德国出版,继《清流传》之后再次在德国知识界引起强烈反响②。该书不久销售一空,1917年即再版。与此同时在报纸杂志上迅速出现了相关的评论文章。一些杂志还刊出部分章节以飨读者,如《行动》杂志就选登了《中国人的精神》中的《中国的妇女》一章③,后面还附有一篇题为"德国的妇女"的文章进行对比,颇有意思。当然,还是具体的评论文章最能说明问题。总体而言,德国知识界对辜鸿铭《中国人的精神》的评论可以说是见仁见智,有赞赏的,也有不屑的。下面就以这一时期的几篇评论文章为例加以分析。

德国作家、哲学家和出版家德里乌斯(Rudolf von Delius,1878—1946)也是一位长期关注中国文化的学者。他格外欣赏辜鸿铭,曾在《行动》杂志上发表了一篇题为"辜鸿铭"的文章,重点评论《中国人的精神》。

文章一开始,德里乌斯就表明了自己对外来批评的开放立场,显示了他广阔的文化视野,也奠定了全文的赞赏基调:"每一个努力认识自身文化的人,都绝对应该以欢迎的态度听一听来自外部的评判。今天,除了欧洲文化之外,还有一个完全不同、封闭自足的文化,这就是中国文化。因此,一位中国学者对欧洲的看法肯定会非常有趣,可有启发作用。辜鸿铭曾在上海做过高官,目前退隐于北京,现在,他为我们做了一件好事,这就是,完全从中国的立场评价欧洲人。"④

随后,德里乌斯先概括了《中国人的精神》的思想倾向:"辜鸿铭是保守的。在他看来,中国古老的文化完美无缺,在根本上好于欧洲的文化。他平静地说道:'在所有涉及心灵的问题上——这是唯一重要的问题,你们欧洲人都必须向我们中国人学习。否则,你们的文化总有一天会崩溃;这种文化并无多少用

---

① Graf Vay von Vaya und zu Luskod: *Ostasiens Stellung zum Weltkrieg*. In: *Deutsche Rundschau*. Jg. 1915. Bd. Jul.-Sep. S. 119~120.
② 《中国人的精神》德文译本的全称为《中国人的精神和战争的出路》。
③ Ku Hung Ming: *Die chinesische Frau*. In: *Die Tat*. 1916/17, Bd. I. S. 547~550.
④ Delius: *Ku Hung Ming*. In: *Die Tat*. 1916/17. Bd. I. S. 544.

处,因为它只是建立在粗野的物质主义的基础上,建立在畏惧和贪婪的基础上。孔夫子,这位纯洁而正直的人,将会再次统治世界,他指出了唯一一条通往高尚、深沉、正直和幸福的道路。欧洲人,抛掉你们那种糟糕的世界观,采纳中国的吧。这是你们唯一的一条解救之途。'"不过,对辜鸿铭指给欧洲的这条"光明大道",德里乌斯并未附和,而是非常礼貌却又极坚决地拒绝了,依据则是民族文化的特性:"这个建议当然有些幼稚,因为人们不可能像换一个新方向盘或一件新衣服一样引入一种新的世界观。而且,中国文化的具体内容是由一个种族的特性决定的,不能简单地移植到另一个完全不同的种族身上。此外,随着时间的推移,我们欧洲人或许还是能够创造出自己的世界观的。因此,辜鸿铭先生好心的提议我们就只能婉拒了。"①

辜鸿铭给西方开出的"中国人的精神"药方虽然并未得到德里乌斯的认同,但却实实在在地启发了德里乌斯对西方文明近现代以来忽视精神建设的反思:"严格说来,将欧洲的世界观和中国的世界观相比是根本不可能的,因为欧洲人迄今为止并没有自己的世界观。他们虽然是一个非常自豪的种族,而且事实上也取得过伟大成就,但最高的意义、文化圣殿中最神圣的东西,他们迄今为止还没能创造出来。并没有一种英国的、法国的世界观,同样也没有德国的世界观。在这些国家中,只存在一种拼装起来的世界观,是用犹太人的、西亚的以及古希腊的思想碎片拼凑而成的。尽管欧洲有不少伟大的思想家,他们也试图直接从现代人的心灵出发,以我们引以为傲的科学为基础,建立起一种全新的、全民性的、自己的世界观。然而令人感到惊奇的是,到目前为止,这些伟大的思想家根本没能够影响群众的观点,也没能形成一个正式的世界观。我们德国伟大思想家的思想在学校中根本不被提及,德国人最为自豪的东西并未传递到群众中去……这是全部问题的核心。辜鸿铭以他犀利的目光和特有的嘲讽语调向我们指出了这一点。"②

"我们这些受过教育的现代欧洲人有个明显的特征:活得根本就是不明不白。人们在精神上毫无依托可言。在学校里,他学的是一种外国的、犹太晚期古典主义的世界观。这种世界观自然很快就变得支离破碎了。取而代之的是与之形成强烈对比的自然科学,然而,它只不过是一系列毫无意义的事实而已。我们本性中的道德情感与冷酷的物质主义激烈碰撞。到处都找不到统一的感觉,到处都不明不白。在道德领域同样如此:我们最初学的是一些僵化且非常原始的戒律,没有任何心理学上的解释,只有一个专断的'你必须';之后

---

① Delius: *Ku Hung Ming*. In: *Die Tat*. 1916/17. Bd. I. S. 544~545.
② Ebd., S. 545.

又要面对以生物进化、生存竞争、本能法则为基础的精密科学,但这些概念和此前学到的东西完全相反。一个过高而又苍白的'理想'无法和现实生活取得一致……因此,欧洲人正在有计划地培养混沌的头脑。实际上,人们唯一相信的只有刑法法典而已"①。"'对你们欧洲人来说,中国思想并不那么陌生:你们最伟大的思想家,斯宾诺莎和歌德,他们的世界观和有着2500年历史的中国思想如出一辙。'其实,辜鸿铭在这里甚至还过高评价了欧洲思想,因为他可能并不知道,斯宾诺莎在我们这里是多么的默默无闻,而在我们的公共生活中也闻不到歌德思想的任何气息了。"②

在前面这两段文字中,德里乌斯本着一种谦虚的态度,对欧洲近现代文化传统的不足之处做了认真的反思,而且基本切中要害,既有对欧洲文化根基的追问,也有对欧洲近代以来科学技术相对于人文精神的绝对优势地位表现出的忧虑。正是基于这种思考,德里乌斯不由得对中国儒家传统文化格外强调道德的重要意义这一特征流露出一种羡慕之情:"辜鸿铭看穿了欧洲的根本缺陷,因此,尽管欧洲有火车和电话,有各种精密的研究,但他并不怎么佩服欧洲人。他们缺少最好的东西。至于为什么这么说,辜鸿铭也给出了正确的理由:缺少对精神的关注,没有修身养性的热情。在欧洲,一切伦理道德的东西都要让位于物质实用的东西,细腻、优美的情感很难得到充分的发展,就连欧洲人的宗教也带有物质主义的特点。随便举一个例子,比如,欧洲从西亚吸收来的道德动机就是粗俗而物质的。'善'要通过警察的命令施行:不遵守就予以处罚;遵守的人则加以褒奖。道德领域中的这类奖惩概念是一种低下、粗陋、肤浅的道德文化的显著标志。中国人在公元前500年前就已超越这个阶段了。早在那个时候,东亚就已经产生了伟大的心理学家,他们将'善'从人的原始本能中有机地引导出来,作为人类走向完美和幸福的必要手段。一切都不是为了报酬","因此,中国人拥有一种健康、纯粹、真正人道、不过于抽象、高贵而且具有全民性的道德学说。如前所述,欧洲人迄今为止还未能以自己的力量创造这样一种道德学说"③。对欧洲近代以来忽视精神和道德建设的现实,德里乌斯显然深表忧虑。在上面他对中国道德文化传统的由衷赞美中,我们看到了一种近乎狂热的苗头,这其实正反映了德里乌斯为求变革不惜矫枉过正的急切心情。

德里乌斯并非只是临渊羡鱼,他也在思考变革的途径。作为一名学者,他

---

① Delius: *Ku Hung Ming*. In: *Die Tat*. 1916/17. Bd. I. S. 546.
② Ebd., S. 547.
③ Ebd., S. 546.

看重的是社会精神和道德修养水平的提高,因而将目光投向了中德两国教育方式上的差异:"中国人学习的是他们逻辑清晰、具有全民性、自成一体、重视心性修养的道德学说。这是一种极其朴实的世界观。辜鸿铭对这种区别的评论很有讽刺意味:'欧洲人在学校里学的是知识,知识,只有知识;中国人在学校里学的是:做一个高尚的人'。"①德里乌斯思考的结果是,德国偏重知识的教育体系对德意志精神境界的提升带来了太多负面影响,德国的教育改革理应在这个方向上有所突破:"现在,对学校改革的讨论已经很多了。他们坐在写字桌前设计新的方案,到底是该增加几个小时的历史课呢,还是该增加几个小时的自然课? 然而在最重要的问题上,他们都胆怯地避开了。这就是:究竟要不要在我们的学校里复活德国伟大思想家的精神? 我们德国人是否终于该建立一座属于自己的精神大厦了? 是否终于该从德意志精神中诞生出一个全新的、自由的、真正的世界观了? 难道还要继续隐瞒下去,继续做些拼凑和粘贴的工作,试图将根本无法融合的东西融合到一起吗?"②

德里乌斯是德国知识界反思自身文化传统的代表,辜鸿铭《中国人的精神》给了他颇多启发。而且,德里乌斯的反思是认真的,不论这种反思片面与否,反思本身就很难得了。在东西文化关系问题上,德里乌斯表现出了真正学者的立场:一方面,他明确回绝辜鸿铭要欧洲采纳所谓"中国人的精神"的建议;另一方面,他又表现出了虚心听取批评的态度。对辜鸿铭颇为前瞻性的忧思,德里乌斯表现出深深的敬意:"当这位品行高贵、立场保守的中国人非常天真地向我们建议说,'在中国这里找到了善,你们就从我们这儿拿去吧',我们绝对不能责怪他。"

德国神学家和传教士威特一向关注辜鸿铭。《中国人的精神》德译本发表的当年,他即在《传教学与宗教学杂志》(ZMR)上发表了一篇同名文章,详细评论了辜鸿铭的《中国人的精神》。

对辜鸿铭著作中一以贯之的文化民族主义立场,威特是表示理解的,对辜鸿铭在特定时期的独特价值,他更是给予了充分肯定:"他在中国扮演的绝对是一个告诫者和提醒者的角色。他要求在未找到更好的替代办法之前,不应过早抛弃行之有效的旧方法,不能毫无意义地扔掉自己的优良传统。因为在这方面,中国在过去的几年里已经犯了太多的错误。剪掉辫子,穿欧式衣帽,甚至打碎神像并没收寺庙的财产,可是这些并无多少效果。中国陷入了一个野蛮的时代,新旧之间尖锐对立。我们在上海的一个女学生在来信中写道:

---

① Delius: *Ku Hung Ming*. In: *Die Tat*. 1916/17. Bd. I. S. 546.
② Ebd., S. 545~546.

'中国现在也像战争时期一样动荡不安。'这种局面还要持续很长时间。在这样一个时代,像辜鸿铭这样的人具有极大的价值,即使他对传统中国的推崇失之片面,也是无伤大雅的。"①

但是,对辜鸿铭向欧洲推荐的所谓"中国人的精神",威特明确予以回绝。在威特看来,辜鸿铭论述的"中国人的精神"过于理想化,甚至它是否存在都是很有疑问的:"辜鸿铭在书中所描绘的一切,无论是在中国的历史中还是现在,都根本没有出现过。由于有严格的家庭和国家体系,中国的官员相对较少。不过,这里实际上并没有模范的社会秩序,没有对他人及他人财产的尊重,也没有对官员的忠诚。辜鸿铭的描述脱离了现实,是一种虚无缥缈的对中国的理想化。"

他还特别以辜鸿铭对中国妇女的论述为例质疑辜鸿铭的"中国人的精神":"在专门论述中国妇女的那一章中,这种理想化尤为明显。在这篇文章中,一方面,他既忘记了东亚文化中对妇女的根本歧视,又忘记了妇女极其悲惨的生活现实;另一方面,他又为妾居现象辩护。正室妻子出于对丈夫的爱而允许他纳妾,这是一种非常和谐、美好的状态。忠贞和从一而终的概念并不是针对他的,至少不是针对男人的。"②辜鸿铭以东西方的"理想女性"为例比较东西文明的差异,颇有以小见大之效,但他的论证最终走向了无条件的美化,偏激倾向暴露无遗,削弱了论证的严密性,让威特抓住了辫子。威特的批驳思路非常明确:既然辜鸿铭所宣称的"中国人的精神"在中国都不存在,又如何谈得上以之拯救欧洲甚至整个世界呢?

随后,威特又从逻辑上论证了辜鸿铭将儒家文明推广到欧洲的不可行性。"假如我们同意辜鸿铭的观点,在欧洲引入他建议的这种所谓行之有效的方法,可是,有一个至关重要的问题仍然没有解决:如何将这个被顶礼膜拜的良心输灌到人们的头脑中去呢?如何说服人们效忠于皇帝?在刚刚过去的时间里,中国的儒家思想并未通过考验,帝制被推翻了。遗憾的是,欧洲的思想观念轻而易举地便摧毁了儒家的秩序。辜鸿铭也认识到了这个问题的重要性。他说:'然而,人们又会问我,你将如何使人类承认公理和正义是一种高于物质力的力量呢?我的回答是,你必须首先使人类确信公理和正义的功效,使他们确信公理和正义乃是一种力量,让他们相信善的力量。为了做到这一点,中国的良民宗教在每个小孩刚能识字的时候,就教给他一句话:人之初,性本善。'

---

① Witte: *Ku Hung Ming, Der Geist des chinesischen Volkes und der Ausweg aus dem Krieg.* In: ZMR. Jg. 1916. S. 297.

② Ebd., S. 310~311.

相信将父母和孩子、统治者和群众和谐而忠实地联系在一起的善的力量,这是问题的关键所在。如何做到这一点呢?通过教导,教导人们相信从来都是如此,教导这样做将会带来实际的好处。这也是中国古代思想家对这个问题给出的答案,不仅孔子,孟子也是如此。这种理性主义的、纯粹诉诸心灵的道德说教是不足以服人的,并没有多少用处,这一点显然无须证明。只有一个答案能够真正解决上面这个问题:不是任何形式的说教,而是对上帝和超自然世界的虔诚,它融合了我们的感情、期待和意志力。这一点中国是没有的,但我们有,它给了我们生活的力量。战争改变不了这一点。"①

可以看出,威特虽然对辜鸿铭颇有好感,但与德里乌斯一样,他也拒绝了辜鸿铭给欧洲送来的"中国福音"。就前面的分析来看,威特针对辜鸿铭的论点和论证的质疑有一定道理,然而,他最后的结论也并未能超脱他的传教士和神学家身份,他批驳辜鸿铭儒家文明普世论的目的无非在于论证所谓基督教价值的"普世性"。换句话说,威特其实也是在为他的传教使命辩护,他这篇文章中有相当的篇幅就是从神学和传教的立场出发的,这种先入为主同样削弱了他这篇文章的说服力。因此,威特与辜鸿铭在立场观点上实为"五十步笑百步",并无本质区别。

尽管对辜鸿铭竭力向欧洲推荐儒家文化之举不以为然,威特对辜鸿铭的博学多识还是非常钦佩的,也理解辜鸿铭的文化民族主义立场,并肯定了辜氏思想观点的价值和意义:"辜鸿铭这本书非常值得一读,它是反映中国最高尚的非基督教徒知识分子思想和情绪的一面镜子。美中不足的是,文章中的观点跳跃性太强。"②

不过,也有一些文章在对辜鸿铭的《中国人的精神》表示某种认可的同时,批判的色彩却更为鲜明,有的几乎到了全面否定的地步。

德国知名天主教宗教史学家德尔根斯(Heinrich Doergens,1872—1954)在《神学与信仰》(*Theologie und Glaube*)杂志上发表过一篇题为"世界大战、儒家思想和基督教"(*Weltkrieg, Konfuzianismus und Christentum*)的文章。这篇文章的主要篇幅在于梳理《中国人的精神》的思想主旨,评论的内容比较少,此外,由于德尔根斯宗教史学家的身份,在分析辜鸿铭的观点时,他主要是反复引用欧洲的神学经典加以对照,此处不拟多论。总体而言,无论是辜鸿铭的论证方式,还是他的结论,德尔根斯都持鲜明的否定立场:"辜鸿铭持的是一

---

① Witte: *Ku Hung Ming, Der Geist des chinesischen Volkes und der Ausweg aus dem Krieg*. In: ZMR. Jg. 1916. S. 311~312.

② Ebd., S. 312.

种带有斯多噶—自然主义色彩的泛神论世界观;他的伦理学是一种种族伦理学,因此既起不到团结人的作用,也无法给人民带来幸福;他的国家观念乃是一种狭隘的民族主义;他的哲学思想近于康德的感觉论和不可知论;他的宗教观纯粹是一种含糊不清的美学—道德情绪;他的道德学说则是一种感伤的情绪体验,根本没有任何约束力。通篇文章思路杂乱无章,结论谬误不堪。"①不过,在德尔根斯看来,辜鸿铭当然并非一无是处,至少,辜鸿铭是一个相当睿智的人:"毫无疑问,尽管辜鸿铭的论述非常粗陋和混乱,整体上看找不到多少值得赞同的地方,但此人却是一个罕见的天才。"而辜鸿铭的部分观点,如对物质主义的批评,确有道理:"他对物质诱惑、对无休止地追求金钱和商品现象的激烈批判,与基督教坚持的精神价值高于外部物质的立场是一致的。"②

德尔根斯对辜鸿铭的激烈驳斥其实不难理解。辜鸿铭《中国人的精神》的一个核心论点就是:第一次世界大战的根源在于欧洲的道德困境,这种道德困境又源于现代基督教道德约束力的彻底破产。由于"现在基督教作为一种道德力量已丧失其效用"③,在这种情况下,欧洲只有采纳中国的"良民宗教"才能有出路。对德尔根斯这样一位严格、正统的天主教宗教史学家来说,辜鸿铭对欧洲基督教存在意义的颠覆式否定绝对让他难以接受,撰文批驳也就顺理成章了。

还可以再举一个非常有代表性的例子。德国社会学家和民族学家波姆(Max Hildebert Boehm,1891—1968)在1917年第2期《救助》(*Die Hilfe*)杂志上发表过一篇题为"中国思想、欧洲主义和世界大战"(*Chinesentum, Europäismus und Weltkrieg*)的文章,对辜鸿铭的《中国人的精神》进行了严厉的批判。

文章一开始,波姆就表明了自己的基本立场,即他对欧洲文明的无比自豪:"自豪而又自信地中海—欧洲文化圈几乎将自己的历史创造成了世界的历史,但几十年来它不得不面对一个又一个的屈辱。它欣喜地看到自己的技术文明不断进步,深信征服自然的宏伟计划不久就会实现,此时,世界不少地方却出现了一些自以为是的要求,它们提出要拯救正走向没落的欧洲,要给它送来它本身无法产生的幸福。于是,自信的欧洲不得不惊讶地面对这些来自欧洲文化圈之外的狂妄建议。"

---

① Doergens: *Weltkrieg, Konfuzianismus und Christentum*. In: *Theologie und Glaube*. Jg. 1918. S. 183.
② Ebd., S. 181.
③ 《辜鸿铭文集》(下),第21页。

基于这种对欧洲文明强烈的自豪感,波姆对辜鸿铭向欧洲人推荐的儒家道路嗤之以鼻,在他看来,欧洲对辜鸿铭是完全可以置之不理的。"现在,欧洲兄弟民族之间爆发的这场大规模战争使世界上最发达的地区陷入了可怕的灾难之中,这似乎证实了那些局外人的观点,即欧洲正在走向没落。最近,又有人把中国的浪漫民族主义看作摆脱战争的万能灵药,提出要走中国的道路",然而,"每一个'善良的欧洲人',只要他还忠于自己的祖国,自然就得自己寻找出路以摆脱这种悲惨的自残行为,而且终究会找到。没有人会真的相信,这种老旧的中国传统文化可以成为我们欧洲未来的一个选项,它在自己的祖国都早已腐朽不堪了"。①

在上面两段文字中,我们隐隐听到了欧洲中心论和欧洲文化优越论的呓语,也看到了一种闭目塞听的自大倾向。不过,不管波姆对辜鸿铭思想意图的批评有无道理,他所谓欧洲的出路只能由欧洲人自己去找的观点还是非常中肯的。

波姆之所以对辜鸿铭给欧洲开出的药方不以为然,很大程度上要缘于他对中国儒家思想的整体评价并不高:"辜鸿铭是一个空谈式的社会改良家,他热情宣扬的理想,实际上与孔子以及他最著名的后继者孟子在两千多年前所宣传的主张并没有什么两样……在他们那里,我们也能够找到这种温情脉脉的道德伦理。它在具体细节上与基督福音无疑是一致的,不过却根本缺少坚毅品性和男子汉气概,然而基督教却不是这样的,因为它融合了日耳曼精神。在这种乏味的道德说教中,我们找不到多少思辨的内容,但在基督教中却可以找到这种希腊精神的遗产。因此,这种夸张的温顺和平淡留给我们的总体印象并不那么令人满意,它彻底摧毁了我们现代人自浪漫主义运动以来对启蒙运动的兴趣。"②在这段评论中,波姆对孔子和儒家思想的轻视和排斥是显而易见的。这里,波姆其实是在重复欧洲知识界长期以来对儒家思想的主流评价:"充斥着道德说教","缺乏思辨的内容"。这种消极评价可上溯至启蒙时代后期的康德、赫尔德、黑格尔等思想巨匠。基于对孔子和儒家思想的这种负面评价,波姆对辜鸿铭的建议自然是嗤之以鼻的。不过,波姆在贬低儒家思想的同时刻意抬高基督教的价值,其中多是情绪化的表达,并非学理论证,犯了和辜鸿铭同样的错误,因此他对辜鸿铭的反驳也要打个折扣,同样不足以服人。

对辜鸿铭的论证方式,波姆也持保留态度。举个例子。与威特一样,波姆

---

① Boehm: *Chinesentum, Europäismus und Weltkrieg*. In: *Die Hilfe*. 1917. Nr. 2, S. 26~27.
② Ebd., S. 27.

也在辜鸿铭对中国妇女的论述中发现了破绽,他甚至还开始质疑辜鸿铭的学术水平:"辜鸿铭虽然在欧洲受过教育,但他并不理解欧洲精神的深层动力,这一点最清楚地表现在他对中国妇女的论述上。他认为,中国妇女超越了欧洲最神圣的理想女性。一方面,他把他称赞的中国男子的家庭情结转移到中国妇女身上,另一方面又这样嘲讽欧洲历史上的理想女性缪斯和玛利亚:'她(指更能干活的中国理想女性)当然不像印度—日耳曼民族的理想女性玛利亚和缪斯那样超凡脱尘。玛利亚和缪斯只适合作为画像挂在房间里。如果往缪斯手里塞上一把扫帚,或者打发玛利亚下厨房,那么肯定可以看到,房间不再有人打扫,而第二天很可能根本没有早餐端上来。'我们发现,汉字'妇'是由'女人'和'扫帚'两个词根组成的,那么,如果我们向他指出,'妇'在德语中是'女主人'的意思,从而让妇女的'自我'得到绝对的承认,这不同于中国人的看法,辜鸿铭先生应该不会感到奇怪的。"①

不过,在一味批驳辜鸿铭的同时,波姆自己无意之中也露出了马脚:"我们欧洲人对当今的文明标准抱着一种复杂的心态。对于中国为防自身传统文化被新式的世界文明淹没而采取的激烈反抗举动,我们确实应该表示理解和同情。但我们绝不能通过复活启蒙精神,绝不能通过让中国陈腐乏味的道德主义占领欧洲的方式来反抗进步所带来的消极后果。'权力崇拜'在辜鸿铭的眼里绝对是罪恶的,然而,我们在其中看到的更多的是可塑、可控的力量,它确保了德意志精神在这个精神、道德和玄思的故乡有一个光明的前途,而这种精神既是我们国家的原始驱动力,又为我们指明了方向。"②在最后几句中,波姆的德意志种族和文化优越感暴露无遗。他从德意志种族和文化优越论的立场出发批驳辜鸿铭,自然也削弱了文章的说服力。事实上,正是囿于这种狭隘的德意志种族和文化优越论,波姆才会在第一次世界大战期间热衷于为德意志帝国的文化宣传政策效力,而他在第三帝国期间附和纳粹政权种族政策的言行更是在他的人生履历中留下了极不光彩的一页。

当然,作为一位知名学者,波姆也不忘展现他为文的客观性。例如,尽管对辜鸿铭的"儒家文明救西论"痛加鞭笞,他对辜鸿铭的文化保守主义立场还是表示出了同情之心:"对于中国为防自身传统文化被新式的世界文明淹没而采取的激烈反抗举动,我们确实应该表示理解和同情";对辜鸿铭的学识和睿智,他也予以肯定,表现出了一种实事求是的态度:"尽管如此,我们还是要把

---

① Boehm: *Chinesentum, Europäismus und Weltkrieg*. In: *Die Hilfe*. 1917. Nr. 2, S. 27.

② Ebd., S. 28.

辜鸿铭,这位奇特的中国文化走向世界的宣传者,介绍给我们广大的德国读者,这并非藐视欧洲的尊严,而是因为这位作家身上确实有一些值得我们注意的地方。"①

从前面几例分析可以看出,挟《清流传》德文本出版之余勇,《中国人的精神》在德国知识界激起的反响还是非常强烈的,这表现在报纸杂志上连篇累牍的评论文章和各抒己见的观点。不过,德国知识界最初对《中国人的精神》的批评声音还是不小的,如果与数年前《清流传》德文本出版带来的那波评论高潮相比,德国知识界对《中国人的精神》的批评明显强于对《清流传》的负面评价。

如前所述,《清流传》的思想内核是文化民族主义控诉和文化保守主义思想的融合。德国学者对辜鸿铭大多给予某种理解,有些学者还真诚地反躬自省,他们对辜鸿铭的批评主要集中在他保守且偏于理想化的政治立场以及论证方式的偏执和疏漏方面。换言之,德国知识界对《清流传》是总体肯定而局部否定。然而,对《中国人的精神》,无论它的思想主旨,即作为世界福音的"中国人的精神",还是书中的一些论证细节和论证方式,德国知识界都有比较强烈的批评声音。特别是辜鸿铭为西方开出的"儒家道路"药方,德国知识界可以说是无人认同,即使对辜鸿铭抱有好感的知识分子,如德里乌斯和威特,在这一点上也明确表示反对。

德国知识界批评辜鸿铭的一个重要原因在于《中国人的精神》的行文方式。这一点并不令人感到意外。事实上,辜鸿铭的文章著作确实不乏偏激、片面之语,甚至部分结论前后矛盾,前一节分析《清流传》对德国知识界的影响时已有论述,此处不赘。正是辜鸿铭行文中常有的论证简单化和结论极端化的倾向,使得他在有些德国知识分子心目中的印象似乎并不太好。这里可以举两个例子。

德国著名的历史学家、哲学家、犹太教研究专家罗森茨威格(Franz Rosenzweig,1886—1929)在他1917年9月22日写给好友罗森斯托克的一

---

① Boehm: *Chinesentum, Europäismus und Weltkrieg*. In: *Die Hilfe*. 1917. Nr. 2, S. 27.

封信中①,曾经提到辜鸿铭:"你把事情想得有些简单了,就像那个把'欧洲'等同于'英国'的中国人(辜鸿铭)一样,或者更像一个将现代科学仅仅等同于'唯理论'的天主教士。"罗森茨威格显然阅读过辜鸿铭的文章著作,但对辜鸿铭的评价并不高,让这位素以严谨著称的学者印象最深的,似乎并非辜鸿铭对文明的忧思以及他向欧洲建言的儒家"良民宗教",而是他简单片面的论证方式,因而他对辜鸿铭仅是一语带过。

再如,德国著名编辑和青年读物作家克恩(Maximilian Kern,1877—1945)②对中国文化和中国文学极感兴趣。在战后的"东方文化热"中,他主编出版过一部著作《东方之光》③(Das Licht des Ostens,1922)介绍东方文化。其中,在介绍中国的婚姻观念和传统婚俗时,克恩曾特地提到了辜鸿铭《中国人的精神》"中国妇女"一章中的相关论述:"中国人可能会认为我们的婚姻观念是低级的,因为我们在评价一个好的婚姻时,过于看重性的,即生物性的一面。辜鸿铭,中国传统儒家文化的热烈拥护者,由婚礼中的第五种仪式即'奠雁'(洒酒于雁前)甚至推论说,在婚姻中男女之间原则上是绝对平等的,因为新郎和新娘要交换位置两次互相跪拜。非常遗憾的是,和其他同样难以理解的著作相比,辜鸿铭的《中国人的精神》在我们这里并不热销。无疑,像每一个狂热地为自己的观点辩护的人一样,他在不少方面都显得非常片面。尽管如

---

① 罗森茨威格与罗森斯托克(Eugen Moritz Friedrich Rosenstock-Huessy 1888—1973)前后十余年间的通信被称为 Gritli-letters(Gritli-Briefe,1917—1929)。罗森斯托克为德国法律史学家和社会学家,后入美国国籍。两人同为犹太裔学者,但罗森斯托克很早即改信福音新教,罗森茨威格则更加坚定地转向犹太教研究。他们在通信中进行思想的交锋和探讨,其间,罗森斯托克年轻的妻子玛格丽特(Margrit Rosenstock-Huessy)也曾加入进来(Gritli 是玛格丽特的昵称),罗森茨威格与玛格丽特之间一度陷入爱河,从而形成了一种奇特的三角关系。现在,他们之间共计 1200 余封通信被认为是研究 20 世纪基督教和犹太教对话的一份重要资料。

② 马克西米利安·克恩(Maximilian Kern,1877—1945)是德国 20 世纪二三十年代最受喜爱的青年读物作家之一,去世前仍为青年文学刊物《珊瑚》(Koralle)主编。主要作品有:《好汉不求人》(Selbst ist der Mann,1910)、《走廊迷宫》(Im Labyrinth des Ganges,1920)、《法老的遗产》(Das Erbe des Pharao,1920)、《佛眼》(Das Auge des Fo,1908)、《龙爪之下》(Unter der Klaue des Drachen,1910)等。

③ 该书是德国 20 世纪初方文化热潮中出版的一部比较典型的综合介绍东方传统文化的著作,它有一个长长的副标题:"中亚和东亚地区印度—中国—日本的世界观及对这些国家的宗教生活、道德风尚、艺术和科学的影响"(Die Weltanschauungen des mittleren und fernen Asiens Indien-China-Japan und ihr Einfluß auf das religiöse und sittliche Leben, auf Kunst und Wissenschaft dieser Länder)。

此,尚未读过此书的人,没有资格参与关于中国的婚姻和妇女尊严问题的讨论。"① 克恩对辜鸿铭及《中国人的精神》的态度显然是一分为二的:一方面,他承认辜鸿铭的《中国人的精神》为西方人了解中国文化提供了一个很好的渠道,另一方面,他对辜鸿铭片面的观点和论证方式又不能苟同。照他的说法,辜氏片面的行文风格甚至影响到了《中国人的精神》一书在德国的销售。

德国知识界批评辜鸿铭《中国人的精神》的主要原因则在于该书毫无掩饰的东方文明优越论立场。如前所述,辜鸿铭早期以著作《尊王篇》、英译《论语》和《中庸》,尤其是《清流传》初步奠定了自己在德国的声誉。其中,英译《论语》、《中庸》是他的中学西渐尝试,《尊王篇》表达了他强烈的爱国主义热情和正义的文化民族主义呼吁,《清流传》则进一步融合了他的文化民族主义和文化保守主义思想。从中可以看出,辜鸿铭强调中国传统文化独特价值的文化民族主义立场是一贯的,也主要是这一点引起了不少德国知识分子的同情和理解。但是,《尊王篇》和《清流传》毕竟热情有余,理论探讨不足,真正将他偏激的文化民族主义观点从理论上予以充分发挥的,应该还得数他的《中国人的精神》。然而问题在于,辜鸿铭在《中国人的精神》中详细阐述儒家传统文化的独特价值时,又附加了他的"东方文明优越论",在该书的序言、导论以及"群氓崇拜教或战争与战争的出路"一章中,"东方文明优越论"的内容最为集中,这不免使他的文化民族主义立场蒙上了一层功利的色彩。其实,德国知识界对辜鸿铭渊博的学识普遍表示欣赏,对他的爱国热情和文化民族主义立场也多抱以理解和同情,这同样适用于《中国人的精神》。在这一问题上,即使对辜鸿铭批评得最激烈的德尔根斯和波姆也不例外。但是,当辜鸿铭以一战的爆发为契机忘乎所以地宣扬东方文明优越论时,则招致了德国知识界的一致挞伐,这才是《中国人的精神》一书最初引来不少批评之声的主要原因。

应该说,德国知识界对辜鸿铭思想意图的批评是有道理的。从文化人类学和民族学的角度看,每个民族的文明都有自己的特殊性,都有自己的历史和传统,简单的照搬肯定是行不通的。正如波姆所说,欧洲的出路还是得由欧洲人自己去找。在这个问题上,辜鸿铭犯了"己所不欲,勿施于人"的错误。在相当长的时间里,辜鸿铭从弱势文明的立场出发,吁求东西文明价值对等,但是,当第一次世界大战的爆发坚定了他的"东方文明优越论"后,辜鸿铭却反过来要求西方世界接受中国的儒家文化,有些"好了伤疤忘了痛"的味道:"善良的辜先生虽然觉得这场世界大战非常恐怖,但暗地里说不定正在祝贺它的爆发

---

① Kern, Maximilian: *Das Licht des Ostens*. S. 483~484.

呢,因为它给了他一个机会,可以将中国文明展示给正在走向崩溃的欧洲文明。"[1]其实,虽然欧洲的反现代化思潮历史久远、绵延不绝,虽然第一次世界大战的爆发惊醒了不少西方人的文明迷梦,虽然现代科技成果大量应用于战场之上带来的巨大杀伤力令人触目惊心,但在大战结束之前,文化反思在德国的社会心理中毕竟尚未成为主流。即使在第一次世界大战进入旷日持久的拉锯战之后,潘维茨(Rudolf Pannwitz,1881—1969)的文化反思著作《欧洲文化的危机》(*Die Krisis der europäischen Kultur*,1917)发表后的影响也仅局限在部分知识分子的小圈子里。那么,对一直处于强势话语地位的大多数德国人来说,辜鸿铭这个中国人的药方就更让他们在心理上难以接受了。

虽然对《中国人的精神》的批评声音不小,但辜鸿铭融通中西的渊博学识、执着的文化民族主义热忱和文化保守主义立场还是给不少德国人留下了深刻印象。在第一次世界大战后期和战后的一段时间里,辜鸿铭依然无可阻挡地成为德国知识界的热门话题。人们不仅讨论他的著作,甚至还开始关注他的生活,如当时的德国媒体就报道过辜鸿铭过60岁生日的消息:"辜鸿铭先生的著作《中国对欧洲思想的抗拒》和《中国人的精神》已被译为德语,他今年60岁了。在生日那天,他的朋友们在北京为他办了一场庆祝会,王凤英(音译:Wang Feng-Ying)先生到场致辞。"[2]另一个更具说服力的事实是,辜鸿铭在第一次世界大战爆发前出版的一些著作和文章,这时借《中国人的精神》带来的热议又重新出版,例如《清流传》的德文本,1917年和1921年曾先后两次再版。这一切都说明了德国知识界对辜鸿铭的认可。这种情况一定程度上也要归功于辜鸿铭的运气,他碰上了德国在第一次世界大战结束之后基于文化反思而出现的一场席卷全国的东方文化热潮。

第一次世界大战彻底暴露了西方现代文明的弊端,强烈地震撼了西方人。战争结束以后,此前仅仅局限于德国部分知识分子的文化反思迅速扩展到整个社会。这里引述一位名叫瓦尔特·弗兰克(Walter Franke)的德国学者所做的分析:19世纪,人们"苦于对因果关系的需求,苦于'为什么'(Warum)、'从哪来'(Woher)这样的问题","试图去满足这类对形式—逻辑、因果—自然规律、技术—计算—组织的需要,而且也满足了这类需要",途径就是"信奉达尔文主义,在艺术中追求自然主义,将人的工作置于技术和机械学之下","我

---

[1] Schindler: *Ku Hung Ming. Der Geist des chinesischen Volkes und der Ausweg aus dem Krieg.* In: *Ostasiatische Zeitschrift.* 1916—1918, 5. u. 6. Jg. S. 126.

[2] 辜鸿铭过60岁生日的消息刊登在《东亚杂志上》: *Ostasiatische Zeitschrift.* 1916—1918, 5. u. 6. Jg. S. 204.

们用这种办法实现了神话般的技术";然而"现在,困扰我们的问题则是:如何才能让上个世纪的成就合理地为我们服务?我们不再苦恼于技术,而是苦恼于文化的灵魂。如果说我们从前一切都以因果关系为准绳,在目前这个阶段,我们则要按照灵魂原则处理我们面临的问题"。①

显然,这是基于刚刚过去的第一次世界大战而对西方现代技术文明、对现代化悖论的反思。类似的反思文字在战后几年的德国报纸杂志中随处可见。这种反思当然并不新鲜,是源远流长的欧洲反现代化思潮的延续。事实上,在短短一两百年的时间里,欧洲就由从传统进入现代,社会和经济结构迅速变化,科技进步之速令人惊诧,然而,科学主义的兴盛却是以传统的宗教性信念和仪式的日渐衰微为代价的,在科技的强权之下,人的精神和心灵空间日渐逼仄。不过,世纪之交,欧洲知识届终于开始露出觉醒的苗头,越来越多敏感的知识分子表现出对西方科技文明带来的舒适和承诺的不满,而更倾向于去寻求一种有意义的替代物。对这一时期欧洲知识分子朦胧的反思心态,奥地利现代著名作家穆齐尔(Robert Musil,1880—1942)在他的小说《没有个性的人》中曾这样描述:"没有哪个人明确知道,什么东西正在形成之中;没有哪个人说得清楚,这是一种新艺术呢,抑或也许只是一种社会阶层的改组。"②基于刚刚结束的这场残酷的世界大战,这种不满终于无可遏止地迸发出来,对自身科技至上的现代文明的反思也显得空前深刻而必要。人们开始质疑曾经无往而不胜的理性神话,认识到科学技术的突飞猛进和生产力的巨大发展如何令人类头脑膨胀、利令智昏,认识到占据绝对支配地位的技术和理性使得人类文化的另一面被有意无意地忽略了:人的精神和灵魂需求。换言之,狂妄与无知开始消退,理性自身并非目的,科技必须回归本位。一时间,文化反思著作如潘维茨的《欧洲文化的危机》(1917)、斯宾格勒的《西方的没落》(1918)以及凯泽林的《一个哲学家的旅行日记》(1919)等在德国迅速热销,报纸杂志连篇累牍地刊登与文化反思有关的文章。终于,文化反思在欧洲势不可挡地成为时代潮流。在作为战败国的德国,这种反思来得更加气势恢宏,也更为深刻。

在这场反思自身历史及文化的热潮中,德国国内乃至整个欧洲还形成了一种对自身文明普遍感到失望的社会心理,正如德国学者埃默尔(Felix Emmel,1888—1960)所描述的那样:"再也没有什么疑问了,欧洲死了。死亡的阴影完全笼罩了这块混乱的土地。欧洲的宗教火花熄灭了。它的道德伦理已

---

① Franke, Walter: *Zum Problem des "deutschen Wesens"*. In: *Die Hilfe*. Jg. 1921. Nr. 8. S. 127.

② [奥]穆齐尔:《没有个性的人》(上),张荣昌译,作家出版社2000年版,第59页。

寿终正寝。在一片空虚之中,只有一些以实利为目的的知识分子还在竭力追求作为偶像的经济成果。"①欧洲在一战之后这种倍感失落的社会心理,梁启超先生在他的《欧游心影录》中有过详细的描绘:"我们自到欧洲来,这种悲观的论调,着实听得洋洋盈耳。"②在对自身文明感到极端失望的同时,不少欧洲人还滋生出了对相对平和的东方世界的一种欣羡之情。在作为战败国的德国,这种对东方的向往显得尤为突出:"今天,没有任何地方像德国这样对人性的困境感到绝望。这里,成千上万的人在时代的痛苦中寻找着新的生活道路。深重的困境带来了更深刻的追求。这种对重生的渴望还很混乱无序,尚在寻找之中。不过,人们已经找到了一座通往一种永不枯竭的、完整的文化的桥梁:亚洲。今天,古老的印度和古老的中国像远处熠熠闪光的奥普利特岛③一样在德国人渴求的目光中冉冉升起。人们扑向这些遥远文化的语言、智慧和艺术,谦恭、惶恐并满怀期望地在印度人和中国人身上找到了我们的渴求。"④欣羡之下,不少德国人认为,淡定、智慧的东方文化定能给自己以启发,向东方学习应该可以帮助德国找到克服自身缺陷的途径。这就是第一次世界大战后德国掀起的那场"东方文化热"。

　　这是一个再次向东方看齐的时代。对德国的这场向东方文化取经的热潮,德国哲学家德鲁斯(Arthur Drews,1865—1935)做过一个精当的描述,可以帮助我们一窥当时的盛况:"我们的目光开始转向东方,似乎我们的幸福只能从那里来。现在,向东方世界看齐在精神界成了时髦。俄国重新引起了人们的注意,陀思妥耶夫斯基对许多人来说就是当世英雄。不过,人们的目光主要还是投向印度、中国和日本,在那里找寻反制欧洲文明唯智主义和物质主义精神的灵药,因为正是它导致了我们此前理想的崩溃。泰戈尔被尊为一位圣人和救世主。凯泽林的《一个哲学家的旅行日记》将东方世界展现在无数读者面前,那是一个可以给我们黑暗的欧洲带来光明的地区。人们醉心于中国的风景画,出版商加紧翻译出版亚洲思想家的杰出作品,将东方世界——主要是

---

①　Emmel: *Die Seele Chinas*. In: *Die Neue Rundschau*. Jg. 1923. Bd1. S. 195.
②　梁启超:《欧游心影录》,第25页。
③　奥普利特岛(Orplid):这是德国作家默里克(Eduard Mörike,1804—1875)青年时代与友人一起创造出来的一个象征着渴望的小岛,是一个寄托着他们的理想和幻想的世界。这个虚构的小岛后来进入了他的小说《画家诺尔顿》(*Maler Nolten*)及其他一些作品中。后来,这个小岛成了理想之国的代名词。一些德国作家如施笃姆(Theodor Storm,1817—1888)、巴尔(Hugo Ball,1886—1927)等都曾在自己的作品中延用这一虚构的地点。
④　Emmel: *Die Seele Chinas*. In: *Die Neue Rundschau*. Jg. 1923. Bd1. S. 195.

它的宗教和哲学文献,介绍给我们。"①

关于德国的这场"东方文化热",还可以用上世纪 20 年代初留学德国的中国留学生的回忆文章做印证。例如,当时在德国留学的沈来秋先生②在回忆中就曾这样写道:"庚子期间,德皇威廉二世提出'黄祸'之说,当时一般西人对于中国民族的反抗精神有了初步的体会,但不承认中国具有高度的文化。到了第一次世界大战结束以后,在欧洲中心的德国,不但承认了中国有高度的文化,而且承认西方有向东方学习的必要。持这种思想的人我就遇见不少。我有一次在旅行中和一位德国人士交谈,他知道我是从事社会科学研究的,便很诚恳地说:'关于这一类的学问,你们所知道的比我们好得多,在我们这里学不到什么。'这一点说明了他们对西方文化的厌倦心情。"③沈来秋先生还回忆了当时德国社会的普遍心态:"当时德国人一般的心理:一方面极端厌战,祈求永久的和平,对于东方的哲学和宗教发生了浓厚的兴趣;另一方面不甘心在政治上屈服,对于西方列强存在着仇恨的心理,并且对西方文明发生怀疑,寻求另外出路。"④在沈来秋先生的这篇回忆文章中有个别事实错误,如辜鸿铭著作的出版情况,显然属于记忆偏差,但是他对德国战后的社会心态以及德国人对东方和平图景的向往之情的描述是可信的,也很形象。

在这场强大的东方文化浪潮中,对辜鸿铭《中国人的精神》中"东方文明优越论"的激烈批评最终被冲淡了,人们开始在他的作品中寻找精神再生的养料,终至将其尊为圣者、东方文化的代言人。应该说,虽然《中国人的精神》在德国知识界激起过不小的批评声音,但辜鸿铭坚持宣扬儒家传统文化的独特价值,对德国上世纪 20 年代的东方文化热潮确实有其直接的促进作用。而且,"辜鸿铭热"本身就是德国"东方文化热"的一个重要组成部分,至少,辜鸿铭对东西文化关系问题的先驱性思索确实让不少德国知识分子对他产生了敬意,甚至产生共鸣。

这里也举一个例子。在这场文化反思的浪潮中,一位名叫海斯特贝格(Bruno Heisterberg)的德国学者在 1919 年的《救助》杂志上发表了一篇题为

---

① Drews: *Kritik zu Maximilian Kerns Das Licht des Ostens*. In: *Die Tat*. 1923/24. Bd. II. S. 692.

② 沈来秋(1895—1969),名觊宜,字来秋,1916 年毕业于同济大学,1920 赴德留学,1924 获法兰克福大学经济学博士学位。归国后,曾任商务印书馆经理、厦门大学和同济大学教授、同济大学教务长和代理校长等职。治学领域颇广,特别是在经济学方面卓有建树。

③ 黄兴涛:《旷世怪杰》,第 159 页。

④ 同上,第 156 页。

"满清官员辜鸿铭的道德学说"的文章。作者开篇即表明自己对东方文化的向往之情:"探究亚洲思想家对欧洲思想的看法,这绝对是一件非常有吸引力的事情。"随后,作者用主要的篇幅回忆了辜鸿铭《清流传》的思想内容。值得注意的是,作者在文章结尾部分特地大段摘引了辜鸿铭对未来文明的阐述:"在新的文明之下,受教育者的自由并不意味着他们可以随心所欲,而是可以自由地做正确的事情。农奴或没有教养的人所以不做错事,是因为他害怕世间的皮鞭或警棍以及死后阴间的地狱炼火。而新的文明之中的自由者则是那种既不需皮鞭警棍,也不需地狱炼火的人。他行为端正是因为他喜欢正义;他不做错事,也不是出于卑鄙的动机或胆怯,而是因为他讨厌为恶。在生活品行的所有细则上,他循规蹈矩不是由于外在的权威,而是听从于内在的理性与良心的呼唤。没有统治者他能够生存,可无法无道他则活不下去。因此,中国人把有教养的先生称为君子。"①这段话出自辜鸿铭早期的《文明与无政府状态》一文,收在《清流传》德文本中,从内容上看可以说是对儒家"内圣外王"思想的形象阐释。联想到此时无数德国知识分子陷入了对自身文明缺陷的深刻反思,作者在此原文摘录辜鸿铭关于人类未来文明的论述,用意不言自明。值得注意的是,在摘录了辜鸿铭的原话后,作者又引海涅长诗《德国,一个冬天的神话》中的一段终结全篇,即"一首新的歌,更好的歌,啊朋友,我要为你们制作!我们已经要在大地上,建立起天上的王国"。用德国革命诗人海涅对德国美好前途的描绘作为辜鸿铭对文明问题思考的注脚,在这里,作者想说的似乎是,深刻领会辜鸿铭对人类文明问题的思考有助于德国人真正实现海涅对德国前途的美好愿望。这个例子可以很好地印证部分德国知识分子在这一时期对辜鸿铭文明观的恭敬态度和深入思考。

在这场学习东方的热潮中,辜鸿铭在德国人心目中的形象也有了明显变化。此前,通过英译《论语》和《中庸》及《尊王篇》、《清流传》等文章著作,辜鸿铭多被德国知识界视作一个有着铮铮傲骨的民族主义者、一位出色的学者和翻译家。在这一时期,辜鸿铭在德国已被普遍看作一个观点犀利、见解独特的哲学家,所谓"东方大哲"的头衔也正是在这一时期才戴到辜鸿铭的头上的。一时间,辜鸿铭的著作在德国大量出版,人们争相购买,一读为快:"辜鸿铭的著作出现在各个书店,和它相陪衬的,还有卫礼贤关于中国经典子籍的译著"②。据说还出现过名为"辜鸿铭俱乐部"、"辜鸿铭研究会"的组织。笔者做

---

① Heisterberg: *Die Moral des Mandarinen Ku Hung Ming*. In: *Die Hilfe*. Jg. 1919. Nr. 32. S. 426~427.

② 黄兴涛:《旷世怪杰》,第 156 页。

过初步排查,迄未发现它们作为正式注册机构的证据。它们极有可能是一些沙龙性质的活动,由对辜鸿铭抱有敬意的文化反思人士自发组成,定期或不定期聚会。由于这类沙龙活动未见报告文集、论文集乃至内部刊物留下,现在已很难查证当时的具体情形。由于德国一战后的"东方文化热"持续时间仅有数年,这些热议辜鸿铭的沙龙想来也为时不长,时过境迁之后,详情究竟如何已不得而知了。不过,这一现象确实值得一提。此外,还有一些大学的哲学课将辜鸿铭的著作列为必读书目,以示对他的尊崇,这也是事实。艾恺就曾依据《中国人的精神》法文本(1927)的序言指出过这一点:"在那个时代,辜氏极受欢迎,他的书是欧洲大学哲学课程所必读。"①不过,究竟有哪些大学曾将辜鸿铭的作品列为哲学课的必读书目,现在同样难以查证了。比较肯定的是,德国哥廷根大学哲学系应在此之列。这主要得力于辜鸿铭的崇拜者、哥廷根大学哲学系的莱奥纳德·纳尔逊教授。上世纪20年代留学德国的魏嗣銮先生②在1934年的《人间世》杂志上发表的一篇回忆留德经历的文章《辜鸿铭在德国》可资为证。

在这场东方文化热潮中,辜鸿铭的名字甚至超越了知识界而走向民间,不少普通的德国民众对辜鸿铭也会略知一二。沈来秋先生在《略谈辜鸿铭》一文中就回忆过这一细节:"到德国的第一年,我走过不少城市,接触过不少社会人士,包括劳动群众。他们一般都对中国人表示好感,对东方文化感到兴趣。出乎我意料的是,辜鸿铭的名字流传于人口。"③其实,普通德国人对辜鸿铭的思想观点大多应无多少深刻认识,他们对辜鸿铭抱有好感,应该主要有两个原因,一是受德国知识界的感染,二是辜鸿铭对德国的偏爱和同情。在德国作为战败国的现实背景下,第二点更能俘获普通德国民众的心:"在那场世界大战中,他热情支持德国"④;"辜鸿铭对普鲁士—德意志军国主义所做的历史描述,表明他对我国的军国主义是理解的,每一个德国人都只能赞同他的观点"⑤;"在德国人民处于今日的孤立之时,它无疑是一种安慰和某种程度的辩解。尽管他是我们'敌对一方的外国人',可是人们从中却可以获知,这位极其著名的学者是如何不带偏见、富有正义感而又真正通情达理地分析这场世界

---

① [美]艾恺:《世界范围内的反现代化思潮》,第140页。
② 魏嗣銮(1895—1992),字时珍,四川蓬安人,"少年中国学会"会员,德国哥廷根大学数学博士,历任国立同济大学、国立四川大学教授。
③ 黄兴涛:《旷世怪杰》,第156页。
④ Grosse: *Ostasiatische Erinnerungen eines Kolonial-und Ausland-Deutschen.* S. 216.
⑤ 黄兴涛:《旷世怪杰》,第357页。

大战的原因的。对我们德国人来说,这场战争的后果,不仅意味着可怕的失败及由此带来的经济和道德的极大灾难,而且它还致使其他民族长期以来对我们所显示的仇恨在不断增长,对我们的误解在不断加深,以致都到了无以复加和荒唐的地步"①。从知识界又走向民间,辜鸿铭此时真正是誉满德国了。

此外,还有一点值得注意。在这一时期,辜鸿铭还对部分德国青年产生了一定的影响,甚至间接地成为他们的精神导师。举个例子。《亚洲学术杂志》第 4 期(1921.12)上曾刊登过一篇题为"德人之研究东方文化"的文章,其中也报道了德国政治团体"国际青年团"(Internationaler Jugendbund)1921 年 8 月 10 日召开的一次大会。文中介绍,德国崇尚中国哲学思想的青年分为老、孔两派,老派"势力极为雄大,盖'游鸟'(Wandervogel)及'自由德意志青年'(Freideutsche Jugend)两种团体,凡德国青年之爱自由重理想者,几无不参加";"德国青年中除老派外,又有所谓孔派。此次记者所参与之'国际青年团'即属此派","凡属'国际青年团'之人,几无一不知孔子,更无一人不知辜鸿铭"。②由于哥廷根大学哲学系的纳尔逊教授是"国际青年团"的缔造者和精神领袖,他本人是辜鸿铭的崇拜者,于是,辜鸿铭一时间还成了"国际青年团"的精神象征。不管辜鸿铭本人是否知晓,这种情形大约也是他最期望的。这篇报道应该所言非虚。德国文化史家利奇温(Adolf Reichwein, 1898—1944)在其著作《中国与欧洲:18 世纪的精神和艺术关系》(1923)一书的前言中也曾介绍过 20 世纪初的德国青年景仰中国传统文化的情形:"如果做粗略的划分,当今心仪东方思想的两类青年人,一类偏于非理性,尊崇老子,另一类偏于理性,尊崇孔子。这基本上符合当前的社会心态。在旁观者看来,第一类青年的势力更强。"③由于利奇温本人也曾为"游鸟"成员,自 1913 年起经常参加该组织举办的活动,他对当时德国青年思想心理的描述应该可信。

总体上看,在第一次世界大战后期以及战后的数年中,辜鸿铭在德国的声望达到了极点,用"如日中天"一词形容一点也不为过。在这场热潮中,不仅许多德国知识分子对辜鸿铭格外钦佩,就连不少普通的德国百姓也知道他的名字。在德国能够享受到这份殊荣的,辜鸿铭可以说是近代华人中第一人。借用美国汉学家艾恺博士的一句话就是:"在战时与战后欧洲悲观与幻灭的氛围

---

① 《辜鸿铭文集》(上),第 487 页。
② 黄兴涛:《旷世怪杰》,第 220 页。
③ Reichwein: *China und Europa. Geistige und künstlerische Beziehungen im 18. Jahrhundert.* S.16.

中,与泰戈尔、冈仓①等成为东方著名的圣者的,是辜鸿铭,不是梁漱溟或梁启超。"②

第四节　辜鸿铭在德国的影响:归于平静

将辜鸿铭在德国的影响划分为四个阶段,只是相对而言,目的在于相对清晰地再现辜鸿铭影响德国的历史脉络。如前所述,在第一次世界大战末期及战后的几年时间里,德国国内出现了一场"辜鸿铭热"。不过,到了20世纪20年代中期,德国国内对辜鸿铭的关注逐渐降温,热列的议论甚至顶礼膜拜慢慢散去,直至辜鸿铭1928年去世。笔者将这一阶段定名为"归于平静"。不过,这并不意味着辜鸿铭在这一时期的德国已被彻底遗忘了。事实上,尽管"辜鸿铭热"已然降温,尽管热烈议论的场面不复重现,但德国人仍然不时谈及辜鸿铭,他的主要文章著作仍是一些学者参阅的对象,因为辜鸿铭东方大哲的形象已经定格在众多德国人的视野中了。

其实,早在战后辜鸿铭在德国的声望如日中天之时,德国对他的关注就已经显示出开始降温的苗头了。这一点从辜鸿铭新书《呐喊》(Vox clamantis,1920)在德国出版后的反响就可以看出来。《呐喊》是辜鸿铭在德国出版的第三部论文集,主要收录了他在第一次世界大战爆发后以英文撰写的部分评论时事的文章,时间截止到1917年。这些文章由德国著名律师和翻译家亨利希·纳尔逊翻译结集后,于1920年在德国莱比锡出版,书名为《呐喊》。此时,正值德国的"东方文化热"和"辜鸿铭热"方兴未艾,《呐喊》销售颇旺,次年即再版。不过,与之前《清流传》和《中国人的精神》在德国出版后知识界连篇累牍地予以评论的盛况相比,《呐喊》出版后在德国引起的反响大概只能用"冷遇"一词形容才比较合适,德国知识界对其鲜有详尽深入的评论文章。

当然,报纸杂志上仍如期刊登了关于《呐喊》的书讯。例如,《传教学与宗教学杂志》上就刊登了一则书讯,全文如下:"《呐喊,对战争和其他问题的观察》,莱比锡,1921年,新思想出版社,106页,7.5马克。我们的读者对辜鸿铭

---

①　冈仓觉三(1863—1913),又名冈仓天心,日本明治时期最重要的思想家之一,著名的美术评论家和美术教育家,长期坚持向西方宣传东方特别是日本的文化,在当时的西方世界影响很大。其著作《东方的理想》(*Die Ideale des Ostens*)1902年被译为德语,广受好评,霍夫曼斯塔尔就非常喜爱这本书。

②　[美]艾恺:《世界范围内的反现代化思潮》,第140页。

早就很熟悉了。他以前的著作一直广受好评,他批判的观点也得到了认可。这次要谈的这本书收集了各种各样的文章,是辜鸿铭在战争期间于1917年前发表的。主要收录了以下几篇文章:《基督教会和战争》、《现代教育和战争》、《民主与战争》、《现代的报纸与战争》、《日本的辩解》、《是义还是利》、《美国的心态》、《孔子研究》。辜鸿铭的批评语调依然非常严厉,然而这次批判的不是基督教本身,而是基督教会。他认为,'目前的基督教会肯定失败了','现在看来,基督教会及其服务人员根本就没弄明白基督教究竟是什么'。书中有许多偏颇的评论,但也有一些中肯的看法。他对基督教本身也有不少肯定的评价:'请让我在这里说明一点,即,基督教是一种力量,一种非常伟大的力量。我要进一步指出,这种在基督教和佛教中发挥作用的力量,与儒教的力量一样大,甚至是有过之而无不及。'所有对我们的在华传教事业予以公正评价并欲提供支持的朋友,都该读一读这本书。对于教会在国内的工作来说,这本书同样极具启发性。在此谨向赠予我们这本书的出版社表示感谢。"[1]

书讯的作者是前面曾提到过的神学家和传教士威特。可以看出,威特对辜鸿铭一直多有关注,他为《清流传》写过书讯,也曾撰文详评《中国人的精神》。在这篇关于《呐喊》的书讯中,威特对全书内容做了一次简评,基本客观。不过有些遗憾的是,由于威特的传教士身份,这段简评的神学意味过于浓厚。只是,这篇抛砖引玉的书讯并未带来更多的评论文章,迥异于《清流传》和《中国人的精神》。

仔细分析起来,这种局面其实也不难理解。梳理一下《呐喊》的主要内容,其中的文章大多是辜鸿铭对第一次世界大战的原因及性质所做的思考,虽然相对于《中国人的精神》中对战争原因及性质的分析更加具体了,然而基本结论并未超越《中国人的精神》。虽然文集定名为"呐喊"似乎颇能吸引读者的注意力,然而阅读之后就会发现,这本论文集无论是内容还是结论都显然无法企及当初《中国对欧洲思想的抗拒》(《清流传》)和《中国人的精神》出版后给读者带来的强大冲击力,在《尊王篇》、《清流传》和《中国人的精神》的基础上,德国知识界对辜鸿铭的思想倾向已经相当熟悉了,其中,《清流传》和《中国人的精神》对德国战后的文化反思浪潮还起到了一定的推动作用。既然《呐喊》并未带来更多新的内容,当然就没有多少新的评论了。换句话说,德国国内对《呐喊》的反响比较平静在某种意义上也可归结为"审美疲劳",因为能说的大致都已说了。尽管译者亨利希·纳尔逊先生在序言中对《呐喊》不吝赞美之语,并

---

[1] Witte: *Ku Hung Ming*, *Vox clamantis*, *Betrachtungen über den Krieg und anderes*. In: ZMR. Jg. 1921. S. 255.

满怀信心地预言道:"在本论文集中,精研孔学的辜鸿铭先生给我们指出了对改变这种令人沮丧的状况极有价值的东西……让我们认真地检验一下辜鸿铭先生给我们指出的这条道路,看它是否是能将我们从目前困境中拯救出来的道路,是否是引导我们走向幸福平安的唯一道路。"①然而,《呐喊》终究还是未能再现《清流传》和《中国人的精神》在德国出版时的辉煌。

除了著作本身的原因之外,《呐喊》所预示的"辜鸿铭热"的降温还与德国的国内形势有关。德国在第一次世界大战中是战败国,国民心理由战前和战初的民族主义狂热迅速陷入战后的低潮,出现了一段时间的反思期,辜鸿铭的挺德言论给普通德国人带来的安慰与知识分子的文化反思共同促成了德国"辜鸿铭热"的形成。但战败的事实、"凡尔赛和约"的"屈辱"给德意志民族心理带来的强烈冲击终究会被时间慢慢冲淡,特别是在卡普暴动之后,魏玛共和国的中心任务逐渐转移到战后重建方面来,普通国民的沮丧心态逐渐得到抚平。《呐喊》出版时正值德国国内氛围隐约出现这种转变的时期。不过,更根本的原因是,作为德国"辜鸿铭热"重要背景的"东方文化热"逐渐显出降温的苗头。德国战后的"东方文化热"声势颇大,但在一边倒的狂热中,理性的声音逐渐多了起来,一些知识分子开始对这场"东方文化热"进行冷静的思考。例如,德国哲学家德鲁斯的看法就比较有代表性:在这场"东方文化热"中,"我们看到的并非都是智慧之光。迷信、奴役制度、社会偏见以及毫无节制的幻想让我们经常不能不感到惊奇,使我们不由得产生这种念头:尽管东方世界带来的启示辉煌而优美,然而这个世界毕竟不是我们的,我们还是应该避免在这方面消耗太多的精力。即使广受称道的印度哲学,离我们的思维方式最终也仍然太远,我们无法吸收,也无法把它的实践要求作为我们生活的行为准则"②。德国汉学家卫礼贤在谈到德国的这场"东方文化热"时,也有过类似评论:"这类事物在本质上都是短命的,这只是一种短暂的疲劳现象","是一种几年之后便会消失的时髦现象"。③

其实,任何事物高潮过后必有低潮,概莫能外,德国的"东方文化热"如此,"辜鸿铭热"也不例外。1921年夏,印度诗人泰戈尔在瑞典发表完诺贝尔文学奖受奖辞后赴德访问。由于正值"东方文化热"期间,泰戈尔在德国受到热烈

---

① 《辜鸿铭文集》(上),第489页。
② Drews: *Kritik zu Maximilian Kerns Das Licht des Ostens*. In: *Die Tat*. 1923/24. Bd. II. S. 693.
③ Wilhelm: *Die Bedeutung des morgenländischen Geistes für die abendländische Erneuerung*. In: *Deutsche Rundschau*. Jg. 1928. Bd. Apr.-Jun. S. 195, S. 202.

的欢迎。翻阅德国当时的报纸杂志,对泰戈尔来访的报道可谓铺天盖地,但这股热情未能持续多久,很快便烟消云散了,正如德国教育家艾伦特莱希(Alfred Ehrentreich, 1896—1998)所评论的那样,"1921年泰戈尔来访在德国激起的热情很快就消退了"①。"辜鸿铭热"在德国的命运最终也不会好到哪里去。

在多种因素的作用下,"辜鸿铭热"在德国降温成为必然。1924年,辜鸿铭的代表作《中国人的精神》在德国再版,遭遇也与《呐喊》类似,同样未能再次激起热烈的反响。不过,话又说回来,《中国人的精神》在德国的"辜鸿铭热"走向降温之际仍能再版,这一事实正好说明了辜鸿铭在德国影响的持久性:热议虽止,影响却绵延不绝,颇有些"余音绕梁"的味道。此处试举两例。

梁启超先生1919年游历欧洲数国,目睹"欧洲人做了一场科学万能的大梦,到如今却叫起科学破产来"②的现实,归国后着力强调中国传统文化的价值,在当时中国效法西方近现代文明、追求现代性的新文化运动正如火如荼地展开的大背景下,其《欧游心影录》还引起了一场关于中西文化的论战。尽管梁启超先生从精神、物质二分的立场出发,将他心目中的中国文化更多着落在佛家身上,但他重视传统文化价值的呼声在当时的中国不乏回应。对这一时期部分中国知识分子向传统文化回归的倾向,德国神学家德瓦安纳(Theodor Devaranne, 1880—1946)曾予以密切关注,并将这一现象与辜鸿铭的"儒家文明救西论"联系起来:"辜鸿铭在战争期间曾撰文宣扬他的观点,认为处于战火中的世界,特别是欧洲,只有回到良民宗教、回到儒家思想,才有出路。现在,又出现了一位观点相近的中国学者——梁启超。他认为,中国的儒家哲学和大乘佛教思想能为世界提供精神慰藉,能承担复兴世界文明的责任。他表示,儒家的生活智慧最适于培养人的性情,大乘佛教则是最好的宗教。《中国时报》阐发了他的观点,认为在当今的时代,中国文化尤其应该将它的真理性内涵向整个世界开放,让世界得以摆脱怀疑主义和消沉的情绪,中国文化精神应该担起拯救世界的责任。为了将这一设想付诸实施,他还宣布将在中国成立一所文化学校,重点放在培养学生的精神和性格。已有六位教授响应他的号召,将在他的领导之下工作。这所学校将招收中学、大学和技术学校的学生以及经过考试由校长批准入学的学生。这所位于天津的文化学校筹集的资金足

---

① Ehrentreich: *Tagores Botschaft an die Chinesen*. In: *Die Tat*. Jg. 1924/25. Bd. II. S. 862.

② 梁启超:《欧游心影录》,第20页。

以支撑它运作两年。这是一个维护中国古老的文化并向国外推广的新尝试。"①德瓦安纳的这篇报道主要是简述事实,未进一步作详细的评论,不过字里行间还是可以看出,他对以辜鸿铭和梁启超为代表的中国知识分子维护本国传统文化的努力还是报以理解的,我们从中似乎仍能感受到德国一战后出现的那场"东方文化热"的余温。

德国文学史家、莱辛研究专家厄尔科(Waldemar Oehlke,1879—1949)教授曾于20世纪20年代在北京大学任教数年,其间还曾协助在北京大学设立德语研究所。厄尔科曾在1925年的《南德意志月刊》(*Süddeutsche Monatshefte*)上发表过一篇题为"德国科学在中国"(*Die deutsche Wissenschaft in China*)的文章,以德国自然科学在中国的传播和发展为引子,相当一部分内容谈及中国上世纪初的多位文化名人,如蔡元培、胡适等。文章由梳理中西文化交往的历史入手,以对辜鸿铭观点的介绍作为转折点。部分文字翻译如下:"因此,在帝制时代(至1911年),西方科学在中国的影响还很微弱,政治和传教的目标并不在这里。'我们从你们印度—日耳曼人那里得到了什么?'中国的旧式知识分子这样问道。'是佛教,它损坏了我们儒家的思想基础,削弱了我们的活力;是基督教,它扰乱了我们中国简单的道德学说;此外还有物质主义观念。我们既不想要宗教战争,也不渴望帝国主义战争。'这种中国民族主义思想的主要代表人物辜鸿铭,一位在德国非常有名的老人(参见他的著作《中国对欧洲思想的抗拒》),喜欢在他的书中引用德国的名言警句。尽管他在和我交谈时总是不由自主地说起英语来,不过他的德语说得还是相当流利的。"②从行文中看,厄尔科比较了解中国国情,对中国的文化动态颇多关注,对辜鸿铭的评价也算是比较中性的。不过,鉴于辜鸿铭在德国的巨大影响,他显然曾刻意与辜鸿铭有过结交。辜鸿铭给他留下的两点印象至为深刻:坚定的文化民族主义立场和精深的西学修养。这无疑也是辜鸿铭给大多数关注他的德国知识分子留下的印象。厄尔科引述了辜鸿铭有关文明问题的几句话,虽未加以评论,我们从中仍可看到辜鸿铭关于东西文化关系问题的思考对部分德国知识分子的触动之深。

总之,德国一战后期和战后的这场"辜鸿铭热"在进入20年代后虽然逐渐降温,辜鸿铭在德国的影响却绵延不绝。当然,随着这种降温的持续和世界局势的变化,辜鸿铭的名字毕竟越来越少地见诸媒体,最终的结局就是淡出热点

---

① Devaranne: *Chinas Hilfe für die Welt*. In: ZMR. Jg. 1924. S. 90.

② Oehlke: *Die deutsche Wissenschaft in China*. In: *Süddeutsche Monatshefte*. Jg. 1925. Juni. S. 76~77.

话题而被大多数人所遗忘。最能说明问题的是德国国内对辜鸿铭去世所作的反应。

1928年4月30日，辜鸿铭在贫病之中去世，葬礼颇为冷清。鉴于辜鸿铭在国人心目中的反动保守形象，这一场景倒不足为奇。但在辜鸿铭曾产生过巨大影响的德国，情形也非常相似，社会各界没有出现较大的悼念活动，媒体中也没有如潮的悼念或追忆文章出现。回首当初"辜鸿铭热"之盛况，其情景令人或有"此一时，彼一时"之感。不过，德国人并未彻底忘记辜鸿铭，仍有报纸杂志迅速刊登了他去世的消息，不过也仅此而已。《传教学与宗教学杂志》就曾以"辜鸿铭去世"为题登了一则短讯，特抄录如下："4月30日，中国最让人感兴趣的人物之一——辜鸿铭先生，在北京去世了。他1856年出生于槟城，但他的老家却在福建省。年轻时曾在莱比锡和爱丁堡学习，对欧洲的文学和哲学有精深的了解。回国之后，他曾为著名的湖广总督张之洞做了17年的秘书，后来又在一些政府管理部门任职，最后还做过张作霖的顾问。他发表了一系列的重要著作，探讨当前中国对欧洲的关系，这些著作都已有德文译本：1.《中国对欧洲思想的抗拒》，2.《中国人的精神和战争的出路》，3.《呐喊》。他至死都是中国传统儒教的狂热崇拜者。他的认识比同时代的大多数人都要深刻。他认为中国面临的最重要的问题是，在君主制度走向终结、西方现代文明传入中国的背景下，儒家思想是否还能继续作为中国的精神、道德和宗教基础而存在。他最为忧心的是，假如延续了数千年的传统被西方在政治、经济和文化上全部残酷摧毁，他的国人将会变成什么样子。正是出于这种担忧，他尖锐地批评西方文明，热情地歌颂儒家思想。不过，他还是曾经写下过这样的句子：'如果旧的中国土崩瓦解，那么我们就真的需要基督教了。'"①

辜鸿铭去世的这则短讯由一直关注他的神学家和传教士威特撰写。威特以简略的文字叙述了辜鸿铭的生平、著述和思想观点。在简讯的后半部分，威特对辜鸿铭的思想立场及其时代意义的评论非常中肯，极有见地，显示了一个关心中国文化前途的德国知识分子难得的同情心和宽广的视野。令人遗憾的是，当时这样一个颇为公允的评价，却是由一位外国学者提出来的，这或许是因为在辜鸿铭的价值和意义这一问题上，中国知识界当局者迷、而国外学者则旁观者清的缘故使然？

评价更为积极的悼文同样出自德国学者。德国出版家、律师洪涛生（Vincenz Hundhausen, 1878—1955）上世纪二三十年代在北京大学任德文教授，辜鸿铭去世时，他曾撰文悼念，摘译如下：

---

① Witte: *Ku Hung Ming gestorben*. In: ZMR. Jg. 1928. S. 216~217.

再无人能像他那样脚跨欧亚两种文化,纵论双方优劣得失,他既不僵硬地过高评价本民族的优点和成见,也不迷信欧洲的进步是唯一正确的。自辜鸿铭在东西之间激烈碰撞的噪音中喊出他的警告和提醒以来,另一些中国学者也站了出来,他们的政治能量更大,拥有更犀利、更辩证的工具,但没有谁在观念的明晰性和坚定性上超过他。辜鸿铭根本无意做他这个时代和他的国家的英雄和救世主,但他知道自己的国家缺什么,知道我们西方国家的思想意识和社会秩序缺什么,在为何而苦,因为他在欧洲扩大了视野,却又不失自己的民族传统之根。①

德国人清楚地知道,中国有一个人,他的观点和理想是西方与东方之间迷宫的核心。德国的学者和艺术家到中国,定要去拜访他,去聆听他那明晰、友善而智慧的话语。但对外面大多数欧洲人来说,他的长辫子和简朴的装束,让他显得有些滑稽、普通。在他那里讨不到生意经,也建立不起有用的关系,有的只是浪费时间,还会被问上一串难堪的问题。一种骄傲、陌生甚至有点儿不自信的感觉让欧洲人不敢登他的门。今天,倒是曾遭他痛骂的英国人为他发了悼词,可能他们认识到了事实,只是没说出来而已:他就是那位找到真理的人,也许历史将证明他是对的。②

有过影响的中国人,只有死才能让肤浅的庸众相信,他并未敛财。辜鸿铭什么也没留下。在去世的前一年里,他靠北京的独裁者的救济金度日,但并不因此而出卖自己的信仰,看到不平之事,仍会毫不畏惧地抨击他们。现在,民族主义运动正略过辜鸿铭倾心的一切圣物,这场运动和他已经毫无瓜葛,他便由着这年轻的一代登台表演。他虽不理解这一代人,却理解他和他们共同成长起来的这方土地,并乐观地坚信这方土地的力量和未来。③

与威特客观、简约的评价不同,洪涛生对辜鸿铭的评价无疑洋溢着一种发自肺腑的崇敬之情,再现了辜鸿铭在不少德国人心目中那位东方大哲的崇高形象,鉴于辜鸿铭去世时德国知识界的平淡反应,这算是某种程度的补偿了。洪涛生的悼文突出了辜鸿铭的道德伟人和智者的形象,赞扬了辜氏甘于清贫的人格和对传统的坚守,尤其强调了欧洲人,特别是德国人对辜鸿铭的敬仰,

---

① Hundhausen: *Schlaglichter auf China*. S.165.
② 同上,S.166.
③ 同上,S.166~167.

从而凸显了辜鸿铭在中西文化交流史上的独特地位。辜鸿铭沟通中西的价值与意义,也许只有致力于中西文化交流事业的人士才会感受更深,这无疑适用于洪涛生本人。洪涛生长期工作、生活在中国,深爱中国传统文化,特别是中国古典戏曲,曾将中国戏曲经典如《西厢记》《牡丹亭》《琵琶记》等译为德文,还出资在中国办印刷厂和出版社,编辑德语文学刊物,是一位为中德文化交流作出过贡献的德国学者,某种意义上,他其实就是辜鸿铭的同行者。

德国的"东方文化热"退潮了,"辜鸿铭热"也成为往事,但德国知识界对东西文化关系问题的反思并未中断,向东方学习的声音并未就此绝迹。这里且以德国艺术评论家利德里希(Otto Riedrich)在《行动》杂志上发表的一篇题为"欧洲人与亚洲人的关系"(Der Europäer und sein Verhältnis zu Asiaten)的文章为例略作说明。

文章题目简单明了,探讨的是东西关系问题,这也是经历了一战及文化反思热潮的欧洲人仍需检讨的问题。作者开篇即提醒欧洲人不可忘记,尊重异族文化是民族交往的前提:"欧洲人应该如何定位自己与亚洲的关系,这是最重要的问题。迄今为止的出发点都是错的。特别是宗教改革以来……我们居住的地球成了满足欧洲民族冒险和贪欲的场所。除少数情况外,当时的欧洲根本无视其他民族的特点,它表现得多么没有文化啊!不尊重其他民族的宗教,不尊重其他民族的思想。他们疯狂地闯入那些古老的国度,因拥有超强的武器,他们轻而易举地获得了胜利。没有比了解欧洲人对异族文化的侵略史更为重要的事情了。无论从哪个角度看,这段历史都令人感到羞耻。对欧洲人来说,将这一切写下来并不是一件丢脸的事。重要的是认清事实,将欧洲从狂妄中解放出来。"[1]在这段极具反思意味的文字中,我们似乎又听到了部分德国知识分子对辜鸿铭《清流传》文化民族主义控诉的回应。

对欧洲近现代以来无限索取的技术文明的弊端,作者表现出一种深刻反省的态度:"在技术上取得成功的同时,我们失去了无可弥补的有价值的东西,而这一切在亚洲人那里还天然地保留着。凭借内在的力量,亚洲人没有因外物而迷失自己,随时都能返回自身,沉入到自己的内心中去,从而获得一种宁静,就像庄严的佛像那样";"一些日报的图片版常将欧洲人和亚洲人的照片并列摆放。一眼即可看出,欧洲人的目光被外部世界所攫获,面貌特征模糊,毫无吸引力,而亚洲人的目光则由内心流出,精神非常集中,面容中透出一种宁静、柔和";"事实证明,尽管通过理智、技术和科学获得了力量,欧洲仍然远远

---

[1] Riedrich: *Der Europäer und sein Verhältnis zu Asiaten*. In: *Die Tat*. Jg. 1928/1929. Bd. I. S. 313.

赶不上亚洲,因为它失去了与内在的深层联系,失去了内心的安全感。欧洲人在外部获得的空间越广,在内心失去的空间也就越多,返回欧洲人、西方人内心的路最终将被湮没。只有这样才能解释西方几个世纪以来所走的弯路"。①在上述文字中,德国第一次世界大战后"东方文化热"的余波清晰可见。对比一下本章第二节中威尔布兰特的反思文字,利迪里希对近代工业文明的反思无疑更为彻底,不过这种彻底却是以残酷的世界大战为代价的。

作者对西方人提出的要求就是,放下架子,端正立场,虚心学习东方。"西方要抛掉一切精神优越感。要理解并吸收异质文化,这是第一个前提条件。只有将习惯置于一旁,才能致力于新的、未知的东西。"关于"新的、未知的东西",在作者看来,亚洲无疑能带给欧洲极大的启发:"许多人认为,亚洲的思想并不适合我们。这样说的人并不了解亚洲的思想。更为合理的说法是,欧洲的思想并不适合亚洲。当然,我们并不能变成亚洲人,但亚洲的思想给我们指出了重新认识自己的途径。东方的民族依然拥有一种完整性,这一点是我们所缺乏的,我们仍在寻找之中。"②

可以看出,到上世纪20年代末,德国社会心理早已走出战败的阴影,国内氛围也发生了巨大变化,然而德国知识界反思自身文化、面向东方寻求借鉴的呼声却未就此绝迹。这是中西文化交流的价值所在,而辜鸿铭的意义也正在这里。作者在文章中虽未直接提及辜鸿铭,但读者随处都可看到辜鸿铭的影子。

辜鸿铭虽然去世了,但这场"辜鸿铭热"还是给人们留下了诸多印记。对德国知识分子来说,辜鸿铭仍然活在他们的记忆里,一些与辜鸿铭有过交往的人士在自己的回忆录或回忆文章中仍然不时忆及辜鸿铭。通过这些回忆辜鸿铭的文字,我们仍可真切地感受到辜鸿铭影响德国的流风余韵。这里且举两个例子。

德国人类学家和艺术史学家格罗塞(Ernst Grosse,1862—1927)在中国工作生活多年,长期任职于德国的青岛殖民政府,后又担任政府秘密顾问,在中德之间由于北洋军阀政府对德宣战(1917年春)而断交后,格罗塞才返回德国。20世纪30年代,格罗塞描述这段岁月的回忆录《一个德国海外殖民地官员的东亚回忆录》出版。在这部回忆录中,格罗塞以"辜鸿铭(北京)"为标题,专门辟了一个章节(第十八章)回忆自己与辜鸿铭的交往。

---

① Riedrich: *Der Europäer und sein Verhältnis zu Asiaten*. In: *Die Tat*. Jg. 1928/1929. Bd. I. S. 314.

② Ebd., S. 315.

格罗塞和辜鸿铭是在 1915 年部分驻华德籍人士在北京举办的俾斯麦诞辰 100 周年纪念会上结识的。辜鸿铭给格罗塞留下的最初印象是:"他是一个非常奇特的人物","他将中国和欧洲的思想有机地融合在一起,知识非常渊博"。①格罗塞与辜鸿铭的交往前后持续了一年多,他是这样概述自己与辜鸿铭的交往的:"他在周末常到我们这儿来做客。听他阐述中国人以及他个人对战事的看法,这对我们来说极有价值。他谈话时脾气经常十分暴躁,这和他中国旧式学者的外表(衣着和举止)颇不相称。我们之间无话不谈。不过,我们对世界观问题的讨论总是被纷乱的时局所干扰。袁世凯的上台和覆灭、日本的暴力政策、流产的议会选举中的闹剧、孙中山的计划都容易让他激动,而战事的进展、西伯利亚德国战俘的命运、中国出现的针对德国的欺骗游行则牵动着我的神经。尽管如此,我还是要感谢他在我国困难时期给予的精神支持。"②从辜鸿铭每周必至的说法可以看出,辜鸿铭与格罗塞的交情还是不错的,相当亲密。大体上,辜鸿铭渊博的知识、火暴的脾气和对战时德国的同情给格罗塞的印象最深,这也符合一般德国人心目中的辜鸿铭形象。

回忆中有一个值得注意的细节。格罗塞和辜鸿铭并非只谈哲学和时事,还有文艺方面的切磋:"有时候辜鸿铭会诗兴大发。他会带各种中文书过来,主要是想让我亲身感受中国文学之美。"他们还合作将一些中国诗翻译成德语:"我们在一个周日翻译,在下一个周日,我就会把译好的德文拿给他评判。"③在这章回忆与辜鸿铭交往的文字后面,还附有他们合作翻译的几首中国诗。辜鸿铭向格罗塞大谈中国文学之美,确实符合他在这一时期的思想基调,即西方世界的唯一出路在于采纳儒家文明,实践"中国人的精神"。需知《中国人的精神》此时刚刚出版。辜鸿铭从诗歌入手,很得中国古典文学的精髓,这很容易让我们想到《中国人的精神》一书中"中国的妇女"、"中国的语言"两节,辜鸿铭在论证中国人的精神时,专门以这两个方面为例,可是,更能体现中国文化精神和意境的中国古典文学,辜鸿铭在书中并未详细阐发,此处的唱和可以说是对《中国人的精神》的一个补充吧。

格罗塞还描述了他们之间友好关系中断的前后经过。这段文字稍长,由于它很好地印证了辜鸿铭广为人知的纳妾有理论,笔者斟酌再三,节选翻译如下:"与辜鸿铭的友好交往中断得很突然";"有一天,我们谈起了刚诞生的袁世

---

① Grosse: *Ostasiatische Erinnerungen eines Kolonial-und Ausland-Deutschen*. S. 216.
② Ebd., S. 217~218.
③ Ebd., S. 218.

凯新王朝。我无意中说道,新王朝的继承权应该用明晰的婚姻法来保证,历史证明,姬妾和情妇的阴谋对王位继承权是有危害的。辜鸿铭恼怒起来。他还从未这样发火过。(他质问)我是否也像大多数英国人那样虚伪?我是否真的相信有一夫一妻制存在?我们欧洲应该以中国的道德规范为楷模!公开纳妾比暗中嫖娼通奸更道德";"我申明自己想说的不是道德问题,而是国家法难题,但辜鸿铭不予理睬,怒冲冲地走了";"这不是我们第一次发生争论。因为有时候我自己也会发火。但在那之前,我们之间的关系并未受损。争吵过后,辜鸿铭下个周日依旧会来,只要话题不被重提,一丝意味深长的笑容便化解了观点的分歧,根本无伤大雅",但"在这次关于一妻制和多妻制的讨论之后,辜鸿铭就不来了。再下一个周日,我依然白等了一天。这让我很不安。我托人去打听,得到的消息说,辜鸿铭再也不会到我这里来了,他已无法再来了。震惊之下,我托人继续详细打听。虽然我并不觉得自己有什么过错,但只要能与这位我极为敬重的人和解,我还是什么都愿意做的。打探的结果是:辜氏在周日颂扬了中国允许纳妾的亲属法之后,在接下来的周三,他最钟爱的一个小妾却和一个家仆私奔了。辜氏在我面前丢了'脸',觉得再也抬不起头来了。我感到非常遗憾。在我看来,这种中国式的举动其实毫无必要,而且,分清制度和特例正是我们最近的话题之一";"我相信,我们与辜鸿铭的友好关系迟早会重新修复的。然而,由于1917年3月外交关系的中断,我们不得不离开北京"。① 上述文字很容易让我们想起辜鸿铭广为人知的"纳妾有理"论,即"一个茶壶和四个茶碗"的故事,形象地表现了辜鸿铭对中国传统的东西不分青红皂白一概美化的行事风格。从行文看,基于他在德国的极高声望,辜鸿铭显然已经以一个东方智者的身份赢得了格罗塞的格外尊敬,是以格罗塞尽管不能同意辜鸿铭对某些问题的看法,却尽量避免去顶撞他,更不愿意失去他的友谊,这份殊荣大概也只有辜鸿铭才能受得起了。

出于对辜鸿铭的尊敬和景仰,格罗塞对辜鸿铭在政治上的反动立场也有一种为之文过饰非的倾向。不过,格罗塞的做法非常巧妙,他不露痕迹地将人们对辜鸿铭保守政治立场的质疑转移到关注他的爱国热情方面来:"后来,辜鸿铭在政治舞台上坚持了自己的信念。在战争期间,总督张勋在北京策划了一场旨在复辟的暴动。尽管风险巨大,辜鸿铭还是忠诚地参与了。这次事件的具体情况我不清楚,据说辜氏当了一天的外交部长。后来,他在贫困中去世。那些明哲保身的人指责他在政治上的冒险,这件事根本不能与德国的卡

---

① Grosse: *Ostasiatische Erinnerungen eines Kolonial-und Ausland-Deutschen*. S. 219~221.

普暴动相提并论,他对祖国的一腔热情是毫无疑问的","他对自己祖国的爱即使中国现在的年轻人也望尘莫及,他已将中国古代的儒家思想和西方国家的民族主义有机地融合在他的灵魂中了"。①

在这章结尾,格罗塞干脆将辜鸿铭推到了中国社会道德监察官的位置上,以表达他对这位德国人心目中的东方大哲的追思之情:"中国古代的监察官对辜鸿铭来说是最合适的职位,他正直的性格、对金钱的蔑视,特别是他的聪明才智在这样的职位上可以得到淋漓尽致的发挥。"②格罗塞的这节回忆文字叙述得非常生动,内容也基本符合辜鸿铭在世人心目中的形象。格罗塞在其回忆录中单辟一章专门回忆辜鸿铭,这一事实有力地证明了辜鸿铭在部分德国人心目中的至尊地位,这大约可以算作对辜鸿铭去世之时德国国内反应比较冷淡的一个补偿吧。

再举一位德国学者回忆辜鸿铭的文字。德国哲学家杜里舒(Hans Driesch,1867—1941)1922年至1923年间曾代替德国生命哲学的主要代表之一、著名哲学家倭铿(Rudolf Eucken,1846—1926)③应邀来中国讲学半年多,当时很为中国知识界推重。在华讲学的日子里,杜里舒结识了不少中国文化名人,鉴于辜鸿铭当时在德国的声望,他也曾着意与其结交。晚年,杜里舒在自己的回忆录中曾详细叙述了他的这次中国之行,并特别提及这期间与辜鸿铭的交往。他在回忆录中是这样写的:"我结识过好多中国人、德国人和美国人,但这里我只想说一下与辜鸿铭的交往。在德国,有一些圈子里的人对他有所了解:他保持着旧式中国人的风格,并且可能是唯一的一个留辫子的中国文人。他的学问非常渊博,会说德语、英语、法语,而且能够自由引用歌德、莎士比亚和伏尔泰的作品。不过人们马上就会发现,这位先生特别自负。在中国年轻人那里,他根本什么都不是,与梁启超形成了鲜明的对比。当我们问中国朋友想不想认识他时,他们非常礼貌然而却是坚决地谢绝了。"④

杜里舒这段回忆文字篇幅比较短,没有详述他与辜鸿铭的交往细节。杜里舒与辜鸿铭之间是否有过当初德国哲学家凯泽林伯爵和辜鸿铭之间那样深

---

① Grosse: *Ostasiatische Erinnerungen eines Kolonial-und Ausland-Deutschen.* S. 221~222.

② Ebd., S. 222.

③ 倭铿(Rudolf Eucken,1846—1926),德国著名哲学家,精研古代哲学和历史,曾任瑞士巴塞尔大学、德国耶拿大学教授,与狄尔泰、柏格森一起同为生命哲学的主要代表。其哲学著作语言清丽易懂,曾使他于1908年获诺贝尔文学奖。20世纪初期,他的哲学与柏格森的生命哲学一起传入中国,当时颇受国人青睐。

④ Driesch: *Lebenserinnerungen.* S. 180.

人的观点交流,已经不得而知了。从杜里舒本人的表态来看,他对辜鸿铭还是颇为敬重的,应与德国国内的"辜鸿铭热"不无关联。与格罗塞对辜鸿铭的深情回忆不同,杜里舒的回忆文字多少显示出一个哲学家的审慎与客观。在这段回忆中,我们看不出杜里舒是否认真研读过辜鸿铭的著作,因为杜里舒对辜鸿铭最为核心的文明观未置一字评语。另外,杜里舒在介绍辜鸿铭的时候,语气非常冷静,还特别提及辜鸿铭在当时的中国被普遍拒绝的现实。众所周知,杜里舒结识辜鸿铭之时,政治立场保守的辜鸿铭经过五四时期的那场中西文化论战,头上已被紧紧地扣上了一顶复辟反动的帽子,辜鸿铭在国内国外境遇的强烈反差自然容易让杜里舒有所触动。不过总体而言,杜里舒虽然以哲学家的冷静看待辜鸿铭,评价比较理性,但他仍不忘指出,在当年中国讲学期间结识的众多中国文化名人中,他最想强调的是辜鸿铭。如此评价从杜里舒这样一位哲学家口中说出,一方面反证了辜鸿铭上世纪初对德国知识界的触动之深,另一方面也确证了辜鸿铭在中西文化交流史上的特殊价值。

  杜里舒对辜鸿铭的印象大致可以归纳为以下几点:对自身文化传统的坚守、渊博精深的学识、自负孤傲的性格、保守乃至反动的政治立场。这几点也基本涵盖了辜鸿铭最引人注目的几个方面,可以看作德国知识界在一场"辜鸿铭热"之后对辜鸿铭所做的客观评价。这样,辜鸿铭在德国由初步知名到声名大振,再到声望如日中天,直至最后归于沉寂,这一切也终于有了一个盖棺之论。

第四章 德国人眼中的辜鸿铭:见仁见智

如第一章中所说,辜鸿铭的意义主要在于他对中西文化交流的独特贡献。这种贡献最直观的体现就是他的思想观点在德国产生的影响。为厘清辜鸿铭与德国的关系问题,除了从史的角度纵向勾勒辜鸿铭影响德国的前后过程之外,还应该横向探讨德国各界人士对辜鸿铭评价的异同。本章拟以德国哲学界、神学界、汉学界和文学界人士对辜鸿铭的接受为例具体分析辜鸿铭对德国知识界的影响。

辜鸿铭本人极具哲学家气质,他对道德价值问题及东西文化关系问题的探讨虽然有其局限之处,却也颇具先驱性和一定的启发意义,引起了部分德国哲学家的重视;基督教在中国的传教活动是近代中西关系问题上的一个重要话题,鉴于辜鸿铭批判欧洲基督教会及其在华传教活动的一贯立场,梳理德国神学界对辜鸿铭的态度对于辜鸿铭与德国关系的研究无疑具有重要意义;在中西文化关系问题上,以研究中国的社会、历史、文化为己任的汉学界扮演着重要的中介角色,考察德国汉学界对辜鸿铭的看法无疑有助于加深我们对德国的"辜鸿铭热"这一文化现象的认识;文学是中西文化交流的一个重要组成部分,在一些文学作品中经常可以找到中西思想相互影响、印证和启发的痕迹,分析一下德国文学界对辜鸿铭的评价应该也是不无裨益的。在上述四个方面之外,当然也有其他知识领域的德国人关注过辜鸿铭,不过从总体上看,上述四个领域对辜鸿铭的评论更为集中,观点也更具有代表性,有助于我们全面深入地认识辜鸿铭在中德文化交流史上的意义和地位。

第一节 德国哲学界对辜鸿铭的接受

由第三章可以看出,辜鸿铭影响德国是一个历史的过程,在这一过程中,他在德国人心目中的形象前后也有所不同:在清末民初,辜鸿铭主要被西方视为一位爱国的民族主义者(Nationalist)、一位儒者(Konfuzianer)、一位作家(Schriftsteller)。这些是最常见的称谓。也有称他为哲学家(Philosoph)的,不过并不多见。随着第一次世界大战的爆发,辜鸿铭在西方,特别是在德国声誉日隆,他也越来越多地被人视为一个有着深刻洞见的哲学家。那么,德国哲学界是如何看待他们这位中国"同行"的呢?这里先以几位对辜鸿铭有过深入关注的德国哲学家为例。

凯泽林(Hermann Graf Keyserling,1880—1946)

凯泽林伯爵,著名俄裔德国哲学家,出生于爱沙尼亚,俄国十月革命后迁居柏林,并与俾斯麦孙女结婚,晚年隐居奥地利。凯泽林伯爵为著名的文化哲学家,曾创办"智慧学院"提倡东西文化融合,其文化哲学在上世纪20年代极受欢迎。代表作《一个哲学家的旅行日记》(*Das Reisetagebuch eines Philosophen*)是对其1911年至1912年世界之旅的哲学思考,1919年发表后曾在西方世界引起轰动。

凯泽林与辜鸿铭曾经有过直接交往。1912年春,周游世界的凯泽林经香港到达广东,三月底又到了青岛。在青岛逗留期间,由卫礼贤牵线,凯泽林与在那里避难的部分清朝贵族和官员有过频繁交流,对此,卫礼贤在其著作《中国心灵》(*Die Seele Chinas*,1926)中有过记叙:"应他的请求,我安排他接触了一连串的重要人物。其中,有些是高级官员,有些是学者。"总体上,这些前清官员及学者、特别是凯泽林伯爵后来在上海亲自拜访过的沈曾植给凯泽林留下了极为深刻的印象:"这些老年绅士眼光如此恬淡安闲、清楚明晰,而本性又如此朴实宽宏,这给他的印象简直太深了。"尽管如此,凯泽林伯爵对中国文人的评判依然有所犹疑——"中国人的这种本性恐怕比不上欧洲人的活力"。此时,卫礼贤便把辜鸿铭推了出来:"我告诉他,我只希望他能认识辜鸿铭,他的活力和刚健的耐久力丝毫不比任何欧洲人差。"[①]之后,凯泽林伯爵与辜鸿铭之间有过深入的思想交流。在《中国心灵》一书中,卫礼贤还生动地描述过辜鸿铭与凯泽林之间的一次秉烛夜谈:

> 有时,会突然有人敲门,然后辜鸿铭就走了进来,做他当天的夜访。当他还没有用完他要的那份简单的晚餐时,谈话的火焰就好像是闪开的火花一样迸射。在伯爵说话时,辜鸿铭总是迫不及待,等不到轮到他自己。他把中文、英文、法文和德文都混在一起,又说又写。这位东方哲人的心灵和头脑中充满了各种各样的思想和感觉,包括整个世界的历史和神圣的创造计划,以及远东的精神和西方的野蛮掠夺。他把所有的一切

---

① [德]卫礼贤:《中国心灵》,第146页。

都倾泻给伯爵。宴饮终于结束了,曙光透过窗棂照射进来。地上撒落着没踝的碎纸,上面写满了欧洲和中国的格言、各种建议、妙言警句和引语。辜鸿铭起身睡去,吉色林伯爵承认自己确实面对着一个充满活力的中国人。①

不久,凯泽林离开青岛前往济南,辜鸿铭顺路陪同,之后又一起去北京。在北京的约两周时间里,凯泽林遍游当地的文化名胜,辜鸿铭也几乎全程陪同,带他体验老北京的文化生活。②在这段时间里,凯泽林与辜鸿铭之间的意见交换是相当频繁的。在《一个哲学家的旅行日记》的"中国"部分,凯泽林就叙述了他在这一时期与辜鸿铭的密切交往:"我每天都有不少时间是与辜鸿铭以及他的朋友和追随者们一起度过的。"③在这部文化日记中,凯泽林着墨最多的中国学者就是辜鸿铭。

经过密切的交往,辜鸿铭给凯泽林留下的印象又是怎样的呢?照凯泽林自己的说法就是:"此人非常睿智,脾气也很火爆,让我有时候不由得想起一个说罗马语的人来。"④极有见地,可是脾气也不小,凯泽林对辜鸿铭的评语可谓一针见血。

显然,辜鸿铭的"睿智"让凯泽林伯爵印象极深,这是他通过频繁的意见交流得出的结论。从《一个哲学家的旅行日记》可以看出,辜鸿铭的不少见解确实打动了他。这里先举一个例子。像不少来华考察的西方学者一样,凯泽林也在认真观察思考中西民族性格的异同之处,同时也非常关注中国人对现代西方世界的看法。在对这类问题的思考上,辜鸿铭对西方技术文明和强权逻辑的批评就曾让他陷入深思:"中国人的感觉并非不深刻、不丰富,只不过和我们的有所不同而已。如果说他们缺少基督教的博爱精神,但却具有一种联系的感觉,这一点并不为我们所了解。他们高度发达的敬畏之情取代了我们的同情感。他们虽然有时候表现得冷酷、狡猾和残忍,但总体上还是比我们西方人温顺得多——他们和我们的关系与家畜和食肉动物的关系相比并无多大区别。这个比喻是辜鸿铭做的。我们给他们留下的典型印象就是无情、粗野、残忍。从他们的角度看,这种印象也许是有道理的。"⑤

从上面这个例子可以看出,凯泽林伯爵从西方人的角度对中国民族性格

---

① [德]卫礼贤:《中国心灵》,第147页。(吉色林伯爵现在一般译为凯泽林伯爵)
② Gahlings: *Hermann Graf Keyserling. Ein Lebensbild*. S. 86~87.
③ Keyserling: *Das Reisetagebuch eines Philosophen*. S. 399.
④ Ebd., S. 399.
⑤ Ebd., S. 390.

的描述明显透出了一种陌生感,不过他对中国人的态度还是比较友好的。他承认,辜鸿铭所谓西方民族是"食肉动物"的论断有合理之处,不过他对辜鸿铭轻视西方精神传统的立场同样有所保留,他接着便举例说:"如果我们认为他们的精神生活从多种角度看都需要改进,同样也是有道理的,例如,我们所说的爱,他们并不懂。"凯泽林举出的这一反例主要涉及宗教信仰问题,确有一定道理,联系到基督教作为西方文化血脉的现实,凯泽林作出这一比较并不令人惊讶。事实上,曾有不少西方学者宣称中国人的宗教情结不够浓厚,甚至出现过"中国人根本没有宗教信仰"的偏激论断。这里关涉到中国人的宗教信仰问题,此处不宜详论,不过无论如何,凯泽林这一反证中多少还是流露出了一丝西方文化的优越感。然而,凯泽林毕竟是一位极具世界视野的著名哲学家,他随后便对自己的观点加以限制:"不管怎么说,我们当中又有多少人能够达到这种最高意义上的爱呢?我们以为自己信仰的东西让我们超越了其他民族,但这些信仰大多只不过存在于理念之中而已。"①

在凯泽林看来,最能体现辜鸿铭的睿智和博学的,应首推他那汪洋恣肆的中西类比论证,从《一个哲学家的旅行日记》的具体内容看,这一点给他留下的印象最深。作为一位周游世界的文化哲学家,凯泽林每到一个国家都会深入研究当地的文化,并认真思考各民族文化间的关系以及人类文化的前途问题,中西文化关系当然也不例外。在这种情况下,辜鸿铭关于中西文化的一些类比自然引起了他的注意,而且让他颇感新鲜,久而久之,甚至连凯泽林自己也会不由自主地受到辜鸿铭的感染:"近段时间以来,我经常与辜鸿铭在一起,也许是他这种罕有其匹、不加节制的类比感染了我。"②当然,凯泽林伯爵非常清楚,类比是不可无限演绎的,因而他也小心翼翼地与辜鸿铭的观点保持适当的距离。关于这一点也可以举几个例子。

置身于中国的儒家文化环境中,凯泽林也像辜鸿铭一样在儒教和基督教之间找到了一些相似之处,但他马上提醒自己:"儒教和新教之间的类比不能走得太远,也许我在这一点上做得过头了。"③在他看来,两者之间的差异似乎更加深刻:"我还是要说一下儒教和新教之间看起来无从类比的方面。前者缺少激情,而对一个万能的、人格化的上帝的信仰却使新教徒的生活充满了激情。不管儒教徒如何英勇,他们的英勇精神绝不会具有严格的新教徒和穆斯林身上的那种壮观特质。儒教徒身上体现出的至多只是教条主义者的执着,

---

① Keyserling: *Das Reisetagebuch eines Philosophen*. S. 390.
② Ebd., S. 386.
③ Ebd., S. 386.

而非甘愿为一种伟大信仰而牺牲的精神。这种区别非常之大,以至于如果今天的新教徒也像中国人一样缺少这种激情,形象将会完全改变……儒教和新教之间的另一个极端区别是,后者缺少艺术特质,它不承认宗教生活和艺术生活之间有任何关系,也不在表现形式和内容之间建立必要的关联。因此,真正的新教徒通常很少具有形式感。儒教徒也许是所有人当中最具此种形式感的人。因此,当前不久一位满洲官员陪我去佛寺时,他对宗教问题的无知简直要让我绝望了;而当我在他家中与他一起无休无止地茶饮并谈论风格问题时,我再次绝望了。"①凯泽林此处关于儒教和新教差异的认真思考值得注意,这类思考文字在其《一个哲学家的旅行日记》中还可以找到许多。

再如,为了证明中西文化的对等,辜鸿铭反复强调中西文化发展进程的相似之处:"今天,他十分详尽地分析了欧洲人,尤其是汉学家的做法多么不公道,他们只从自己的视角观察中国文化的发展,并未和西方文化进行对比:因为两者其实是按相同模式向前发展的。两者都经历过相似的古代和中世纪,都出现过文艺复兴和启蒙运动、改革运动和反改革运动,历史上都有过希伯来文化和古希腊文化(如马修·阿诺尔德所说)、理性主义和神秘主义交互占据统治地位的情况。是的,这种相似还表现在一些具体的方面……"凯泽林承认辜鸿铭的类比分析颇有道理,但他也经常对其投以怀疑的目光:"我对中国的历史不够了解,无法验证他的类比是否有根据。像对他的大多数同胞那样,我对辜鸿铭同样很怀疑,无法赞同他的观点,因为它让人想起了南意大利的唯理智论。不过他的话基本上都是事实:所有历史现象都是人类整体自然形式的特殊表现,都由特殊情况决定。由于历史状况只有少数几种形式,其顺序也似有规律可循,基于所有民族的自然禀赋具有可比性,其发展阶段无疑也有可比性。因此,西欧人和中国人之间是绝对可比的,他们在本质上属于同一种类型,即善于表达的民族,而印度人和俄罗斯人就不在此列。也就是说,历史绝对可以类比。尽管如此,我还是很怀疑这种类比的价值所在。"②

还有,辜鸿铭常发一些抬高孔子而贬低老子的议论,对此,凯泽林伯爵就持相当的保留态度:"此外,辜鸿铭还抓住一切机会找老子的茬儿。他的基本观点是,孔子对道的理解与老子一样深刻,但他并未退出这个世界,而是通过掌握它来展示这个世界的深刻之处。因此,他比老子要伟大得多。如果真如辜鸿铭所说,孔子是这样一个人,有过这样的成就,那他当然就更伟大了。同一个人既完全生活在深刻之中,又是浮世生活强有力的塑造者,这似乎有违自

---

① Keyserling: *Das Reisetagebuch eines Philosophen*. S. 386~387.
② Ebd., S. 399~400.

然规律。这两项任务各自都需要一种特殊的心理结构。然而据我所知,一个人均匀地兼具这两种特质的情况还从未被证实过。孔子和老子代表着对立的两极,都能够通向完美;前者通过表象走向完美,后者通过意义走向完美;前者是有形的,后者是无形的。因此,两者不能用同一种标准来衡量。但在中国人眼中,当然还是孔子更伟大,因为他们整个民族都是极端的实践者,因而没有直接的手段走向深刻。"①可以看出,凯泽林伯爵对辜鸿铭的睿智和博学颇多欣赏,但他并未简单附和辜鸿铭的立场和观点。

由于认为孔子重生活实践而轻哲理思考,而以孔子学说为核心的儒家思想在根本上决定着中国的国家和社会秩序,凯泽林甚至对中国人的社会生活和精神理想是否有深刻的一面都产生了怀疑:"我和中国人接触得越多,就越能发现他们的想法是多么平淡无奇。思想对他们来说并不是最根本的:他们的存在本身就是他们深度的体现。因此,作为个人的辜鸿铭也比作为作家和思想家的辜鸿铭重要得多。"②

这就涉及凯泽林对中国传统文化的基本看法。大致来说,中国文化的丰富多彩曾使不少来华的西方人士感到目不暇接。德国著名记者和作家帕凯(Alfons Paquet)就曾说过,中国传统文化的赞美者和反对者都能够轻而易举地在中国找到大量支持自己观点的证据。③凯泽林对中国文化的感受同样很复杂。在他《一个哲学家的旅行日记》中,有大量关于中国社会、历史和文化的观察和评论,其中不乏前后似乎矛盾的地方,这里可以举几个例子。凯泽林对广州喧闹的商业生活印象不佳,认为它缺少灵魂,然而广州街道建筑的式样和色彩以及极富艺术韵味的夜景给人的感官享受却又让他无比陶醉,甚至流连忘返;凯泽林对中国人在艺术和生活中表现出来的精妙细微的形式感叹不已,但中国人对外部礼仪和形式的过分关注却又让他极不适应;凯泽林对所谓中国人不追问存在之本原、不关注彼岸世界颇有微词,但又表示中国人在传统生活中展示出来的哲理深度丝毫不亚于印度精深的哲学——"他们的生活就是道的直接表现形式"④。如此等等。总体而言,凯泽林对中国文化的感受虽然复杂,但对中国文化的最终评价还是很高的,他反复强调中国有着高度发达的文明(hochkultiviert)。如果说印度文化及其国民生活的整体状况给凯泽林留下的印象并不太好,那么,他对东方文化的某种失望无疑在中国得到了充分

---

① Keyserling: *Das Reisetagebuch eines Philosophen*. S. 401.
② Ebd., S. 401.
③ Ku Hung Ming: *Chinas Verteidigung gegen europäische Ideen*. S. 6~7.
④ Keyserling: *Das Reisetagebuch eines Philosophen*. S. 352.

的补偿。

游历了北京后,凯泽林又前往武汉和上海参观访问,最后由上海离开中国。在离开中国之前,凯泽林于1912年5月2日在上海做了一场题为"论东西方文化问题的内在关系"的报告,带着他对中国文化的观察与思考阐述了自己对东西文化关系的看法。在这篇报告中,我们可以清晰地找到他与辜鸿铭思想交流的痕迹。

在这篇报告中,凯泽林首先坦率承认东方对西方世界的批评有一定合理性:"东方最出色的学者对西方文明的批评主要在于它的物质主义特点。你们认为,西方民族过于重视生活的工具,以至于忘了生活本身。这种指责是有道理的。"①凯泽林这段话显然是针对辜鸿铭对欧洲现代文明物质主义倾向的批评而言。随后,凯泽林也对这种现象的成因做了分析。在他看来,欧洲对外部世界不知疲倦的征服与索取和古希腊以来的"唯智主义"传统有着密切的关系,确有一些值得检讨的地方。尽管如此,凯泽林还是为欧洲的科学主义传统做了辩护:"这种情况当然只是一个过渡阶段。我们绝大部分最出色的学者已经充分认识到了这一危险。"②这句话可以说鲜明地体现了第一次世界大战爆发之前西方知识分子对自身文化的自信,与其战后的表现泾渭分明。当然,凯泽林伯爵也虚心承认了东方传统思想对于西方文化建设的启发意义,表现出了宽广的文化视野:"当我们开始清楚地认识到内心世界的客观性时,东方智慧对于我们的意义也就一目了然了"③;"我们西方人之所以对古代印度和古代中国特别感兴趣,是因为我们发现自己还在寻找和追求的东西在那里已经达到和实现了(当然和我们已经习惯的道路完全不同)"④。

值得注意的是,在东西文化关系问题上,凯泽林伯爵还进一步提出了两个严肃的问题:"对于东方已经实现的理想,西方要不要照搬过来?""在西方开始'东方化'之时,东方是否还要再继续'西方化'呢?"

对于第一个问题,凯泽林伯爵明确表示,西方虽然承认东方思想对自身的启发意义,但在面对东方思想时绝不会奉行盲目的拿来主义:"我们西方人不会毫不犹豫地吸收、应用东方的智慧。"⑤理由非常简单:西方毕竟有自己的历

---

① Keyserling: Über die innere Beziehung zwischen den Kulturproblemen des Orients und des Okzidents. Eine Botschaft an die Völker des Ostens. In: Die Tat. 4. Jg. 1913. Jan. Heft. 10. S. 522.
② Ebd., S. 522~523.
③ Ebd., S. 526.
④ Ebd., S. 529~530.
⑤ Ebd., S. 531~532.

史和传统,而且"东方世界面临的问题和我们的完全相反"①。在这里,凯泽林伯爵实际上已经明确拒绝了辜鸿铭后来向欧洲建议的所谓"中国人的精神"。

在第二个问题上,凯泽林把目光投向了中国,认为中国绝不可盲目欧化:"这个国家有不少人追求极端的变革,还有人想用西方文明代替中国文明。对这些人,我可以把自己的坚定信念告诉他们(我知道,西方所有严肃的思想家都会赞同这一信念的):如果真的朝着这个方向发展,中国的文化将会成为历史。没有人可以过一种与自己完全不同的生活。西方文化的每个具体形态都是长期历史发展的产物,是成长起来的,不是思考出来的。其他民族如果全盘照搬我们的整个体系,得到的不是有机的、有生命力的东西,而是一部压迫人的、毫无生机的机器。一个文明要有价值,就必须从其有生命力的根茎中萌芽";"如果现在的中国认识不到这一点,而去挣脱自己的古老根基,表面上的'进步'将只不过是解体的前兆而已。它会失去自己的古老文化,却并没有一个新的文化取而代之"。②

基于上面的详细论述,凯泽林在报告中反复强调中国在改革中不可放弃自己的传统:"我越来越清楚地认识到:中国需要改革,但不是因为旧的体制不合适了,而是因为古老的精神在它身上消失了"③;"中国的新时代尽管可能更像一个西化的时代,我仍然衷心祝愿它实际上是在复活自己古老的传统精神。因为这种精神已经消失了,所以今天才要改革,它在重新复活后将成为现代中国人的灵魂"④。这些表述读来更像是辜鸿铭的独白和宣告,凯泽林伯爵对待中国传统价值观的立场与辜鸿铭何其相似! 联想到这场报告是凯泽林在游历了半个中国并与辜鸿铭有过深入的思想交流之后做的,辜鸿铭思想影响的痕迹可谓一目了然。

而且,凯泽林伯爵对中西文化关系问题的思考并未就此止步。他的目光开始越过与辜鸿铭的论争,转向人类文化的未来,转向一种永恒的、更高的存在:"我们发现,在丰富多彩的文化表象后面,有一个统一性作为基础。"⑤在凯泽林看来,这种统一性便是中西文化的共同目标:"终有一天,东方和西方不再

---

① Keyserling: *Über die innere Beziehung zwischen den Kulturproblemen des Orients und des Okzidents. Eine Botschaft an die Völker des Ostens.* In: *Die Tat.* 4. Jg. 1913. Jan. Heft. 10. S. 537.
② Ebd., S. 538~539.
③ Keyserling: *Das Reisetagebuch eines Philosophen.* S. 381.
④ Keyserling: *Über die innere Beziehung zwischen den Kulturproblemen des Orients und des Okzidents.* S. 539.
⑤ Ebd., S. 531.

像迄今那样针锋相对,而是并肩而立,手牵手走向未来","我们已经做到了让差异不再妨碍沟通。我们已经明白,我们所走的路虽然各不相同,但却走向一个共同的理想和目标"。①他还补充道,共同的目标和相异的道路并不矛盾:"原则上的统一性和现象上的多样性并不矛盾,没有比为了统一性而取消多样性更糟糕、更愚蠢的事情了。"②正是基于这种认识,在即将离开中国之时,凯泽林虽然承认中国文化给了他不少启发:"那里给我的教诲我几年都消化不完",然而他又宣称:"中国虽然给了我很多,但并没有改变我;我几乎和来时的我完全一样","这段异乡生活对于我来说似乎并无多大意义"。③原因也很简单,凯泽林始终都是一个欧洲人,一位欧洲学者。

总体而言,凯泽林伯爵对待东西文化问题的基本立场是非常明确的:西方人应该深入了解东方思想和文化,只有这样才能更好地认识自己;反过来,东方文明也要借鉴西方现代化的有益经验;东方与西方,任何一方都不能简单地模仿或照搬另一方的文化,应在互相学习的基础上交流合作,从而实现一种更完美的新文化。在日后著书和频繁做报告的生涯中,凯泽林伯爵始终坚持了这种超越差异、走向融合的文化观。1920年,他还身体力行,在德国小城达姆施塔特(Darmstadt)建立了著名的智慧学院(Schule der Weisheit),学院定期举办报告会,邀请一些当时的著名学者如泰戈尔、荣格、卫礼贤等前来做讲座。凯泽林伯爵将智慧学院定位为一个思想交流的平台:"智慧学院主要不是传授技能、知识或信仰,而是通过将精神和心灵重新联系起来的办法促进阐释作为整体的存在。"④融合东西文化自然从属于这个大目标。凯泽林还将学院的标志定为一个开口的角尺,以此象征开放与包容。

在这种开放包容的文化视野中,中国文化占了相当分量。到了20世纪20年代,辜鸿铭非但没有淡出凯泽林的视野,相反,凯泽林对他的评价似乎更高了,他把自己当年与辜鸿铭直接交往时保持的距离几乎彻底铲除,将中国传统文化代言人的桂冠送给了辜鸿铭。当然,此时的德国正处于一战后的东方文化热潮中,凯泽林此举虽然确实基于他对辜鸿铭的欣赏,但明显也有外部环境影响的因素。

在智慧学院的系列讲座和报告集《走向完美之路》(*Der Weg zur Vol-*

---

① Keyserling: *Über die innere Beziehung zwischen den Kulturproblemen des Orients und des Okzidents*. S. 530.
② Ebd., S. 531~532.
③ Keyserling: *Das Reisetagebuch eines Philosophen*. S. 429.
④ Gahlings: *Hermann Graf Keyserling. Ein Lebensbild*. S. 125.

lendung)第二期中,在评论德国作家邦泽尔(Waldemar Bonsel,1881—1952)的作品《厄洛斯和四福音书》(*Eros und die Evangelien*,1921)时,凯泽林伯爵特别强调了中国传统思想对欧洲文化摆脱困境走向再生的积极意义:"欧洲越是陷入混乱,研究中国智慧就越重要,中国智慧就越能得到更好的理解。"由此生发开去,凯泽林伯爵还高度评价了辜鸿铭面向欧洲阐释中国传统文化的做法:"每个人都不能忽视中国人的著作,它们就是为我们准备的。辜鸿铭的著作是其中最好的。他最近又出版了一本名为'呐喊'的集子,收录了他在战争期间写的一些文章,对于那些认为古代经典太难懂的人来说,这本书可以帮助他们了解中国这个榜样。"①

也许是为了呼应德国战后声势浩大的文化反思浪潮,凯泽林还摘引了辜鸿铭对西方社会的一段批评以期引起人们的注意:"下面这句话(S.24)就非常值得我们牢记:'无政府状态有三个阶段或层次。第一阶段指某国无有能力之国君;第二阶段指臣民对君主的统治公然或隐然不信任;第三阶段也是最糟糕的阶段,指举国的臣民不仅不相信君主的统治,而且不再信任王权本身,事实上已完全丧失辨认王权或人类自身价值的能力。我感到,欧洲和美洲正在迅速接近无政府状态的最后最糟糕的阶段……'人们可以略过这段话的君主主义外衣:确实,我们的根本缺陷在于,我们西方人已经非常堕落,连真正的领袖都辨别不出来了,这才是问题的关键。"②辜鸿铭这段话最早出现在《尊王篇》中,是对西方各国攻击义和团运动期间的中国已陷入无政府状态的反击。在战后这场"东方文化热"中,凯泽林重温辜鸿铭这段话,矛头所指自然是西方普遍陷入危机的精神状态,一战就是这种糟糕的精神状态的明证,从而肯定中国传统文化对欧洲文化再生的启发价值,特别是中国传统的德政理想对西方社会文化建设的积极意义,体现了一位真正学者的深刻反思态度。

在这场东方文化热潮中,凯泽林还开始为辜鸿铭的历史意义定位:"辜鸿铭的意义只能从欧洲的角度来评价,和罗宾德拉纳特·泰戈尔的情形很相似。两位智者都是沟通古老东方和现代西方的使者。他们主要是面向西方的。辜氏作为自己民族的代表无足轻重,中国所有的名流学者都有反对他的理由。相反,他却可以给予我们许多,原因正在于他并非一个纯粹的中国人,他所受的欧式教育似乎也在内心里影响了他。"③这段评语中,凯泽林格外强调辜鸿铭在精神上与西方的关联,除基于辜鸿铭的欧洲留学经历外,大约也考虑到了

---

① Keyserling: *Das Erbe der Schule der Weisheit*. S. 84.
② Ebd., S. 84~85.
③ Ebd., S. 85.

不少德国人对辜鸿铭颇有好感这一事实。凯泽林称辜鸿铭为沟通中西文化的使者,确实道出了辜鸿铭在中西文化交流史中的功绩和真正意义所在,这是又一位西方学者对辜鸿铭所做的积极而公允的评价。

其实,凯泽林对辜鸿铭的这一评价在某种程度上也适用于他本人。作为上个世纪 20 年代欧洲最富魅力的哲学家之一,凯泽林生前的足迹遍及世界各地,在他的无数场演讲和报告中,不同文化间的沟通与理解是一个永恒的主题。如果说辜鸿铭是沟通中西文化的使者,凯泽林则是沟通世界各民族文化的使者。这一点才是他们思想交流的基础。不过,历史最终赋予了两人不同的命运:凯泽林终生不懈地追求超越不同文化的羁绊,辜鸿铭则更多的是在为儒家学说在新时代的生存权而抗争。

潘维茨(Rudolf Pannwitz,1881—1969)

鲁道尔夫·潘维茨,德国 20 世纪著名哲学家和文化史家,发表于 1917 年的《欧洲文化的危机》(*Die Krisis der europäischen Kultur*)是他的代表作。此外,潘维茨还是一位诗人和作家,创作过一些诗歌、小说和剧本,不过得到的评价都不太高,远不如他的文化哲学思想引人注目。

《欧洲文化的危机》是一部反思欧洲文化传统的著作,比斯宾格勒的《西方的没落》还早一年出版。该书梳理欧洲的文化史,特别是欧洲文艺复兴后的历史,分析了欧洲历史上的文化危机,不乏真知灼见,发表后在德国引起轰动,一举奠定了潘维茨著名文化哲学家的地位。德国著名社会学家和哲学家舍勒(Max Scheler,1874—1928)就曾称赞说,《欧洲文化的危机》一书足以让潘维茨成为狄尔泰(Wilhelm Dilthey,1833—1911)的继承人[①]。在这部著作中,潘维茨还强调了东方思想于西方文化再生的意义,并详细分析了辜鸿铭的思想观点,给予了极高的评价。

在《欧洲文化的危机》的附录部分,潘维茨将目光完全投向了东方世界。他列举了几部已出版的关于东方文化的著作并做了简评,对世纪之交以来的欧洲知识界愈发关注东方思想的倾向表示了肯定。不过,潘维茨对欧洲翻译东方经典著作的现状却非常不满:"我们急需对东方经典著作的完美翻译。孔夫子还根本没有被翻译介绍到我们这里来,中国的东西都还没有怎么翻译过来。例如,卫礼贤博士对孔子《论语》和老子著作的翻译糟糕透顶,应给予最严厉的批评。简直难以描述,那些最精致的形象和思想是如何被一位牧师和候

---

① Rukser: *Über den Denker Rudolf Pannwitz*. S. 1.

补文职官员粗鲁、傲慢地搅拌成杂乱无章的德文的。"潘维茨彻底否定卫礼贤翻译的中国经典，批评语气之强烈令人瞠目，然而从这一段话以及上下文来看，潘维茨并未拿出切实的材料来证明自己的观点，这就使得他对卫礼贤的激烈批评被画上了大大的问号。不过，潘维茨严厉批评卫礼贤当然是有他的目的的，意在说明西方对东方世界的了解远非深入，至少译介的缺陷就限制了西方对东方的了解。因此，潘维茨对翻译中国经典提出了严格的要求："从中文进行翻译，即使是勉强过得去的翻译，一个人也必须具备比斯特凡·格奥尔格本人还要敏锐得多的语感和坚强得多的勇气，这就是标准。"①如果我们想象一下德国象征主义诗人格奥尔格（Stefan George，1868—1933）在20世纪初德国文坛的巨大影响力，潘维茨为德译中国经典设定的标准不能说不苛刻，不过这种苛刻的要求也让潘维茨对东方思想的景仰和渴望深入了解东方世界的急切心情跃然纸上。

对西方翻译中国经典状况的批评只是一个引子。接下来，潘维茨用了大量的篇幅介绍辜鸿铭及其著作："现在，辜鸿铭也用英语发表作品，甚至还从英语译成了德语。辜鸿铭了解欧洲，是中国传统文化忠实的拥护者，指出他分析中国文化和欧洲文化之区别的勇气以及他对这场战争的看法，是附录部分的第二项任务。"②潘维茨激烈批评大汉学家卫礼贤德译的中国典籍，对辜鸿铭的英文著作以及他翻译的儒家经典却无一字批评之语，不仅如此，他还明确指出对辜鸿铭思想观点的述评乃是他这部著作附录部分的核心内容，对辜鸿铭的重视和欣赏可见一斑。

从引用的情况看，潘维茨至少阅读过《清流传》和《中国人的精神》，在分析中则以《中国人的精神》为主。在简单追溯了中西之间的交往历史后，潘维茨详细点评了《中国人的精神》。在评述中，潘维茨毫不掩饰自己对辜鸿铭的欣赏。

《中国人的精神》以辜鸿铭对第一次世界大战原因及性质的分析作为导言，潘维茨对辜鸿铭思想立场的点评也是从这里入手的。在潘维茨看来，辜鸿铭对一战原因的分析无疑是非常精辟的："辜鸿铭很可能是唯一对欧洲的这场战争和欧洲本身作出了极有价值的评论的人，他通过压制一方而抬高另一方的方式呼唤一种现实的精神力量——中国文化，在我们这里很受欢迎。"③而且，在潘维茨看来，辜鸿铭观点的真正价值在于它实实在在地触到了西方文化

---

① Pannwitz: *Die Krisis der europäischen Kultur*. S. 228.
② Ebd., S. 228.
③ Ebd., S. 245.

的软肋:"对一个关键问题,即欧洲文化的危机这一事实及根本原因,他的看法要比今天的欧洲人正确。"①因此,潘维茨呼吁欧洲正视辜鸿铭的批评,反省自身,而非回避或简单拒绝:"正因为辜鸿铭唤醒了我们自身的羞耻感,正因为他对我们的触动远胜于我们对他的喜爱,我们才应该面对他而审视自己,才应在对自己的事业感到不满之前就先努力确定一点:我们欧洲人究竟有哪些与东方人不同的生命意识。恰恰在我们觉得辜鸿铭太'简单',而自己肯定又太'复杂'时,我们才应该尽可能地重视他。"②

在摆明了正视外来批评的基本立场后,潘维茨开始对辜鸿铭做详细的点评。对辜鸿铭在中西文化关系问题上的主要观点,即儒家的道德文明大大优越于西方的技术文明,欧洲摆脱战争困境的唯一途径就是采纳中国的"良民宗教",潘维茨深表认可:"从总体上看,他证明了我们进行自我批评的必要性,在一些方面也加深了我们对自己的认识。他认为,传统的中国文化比我们的文化更稳固、更完美,这也是有道理的。他推论说,欧洲的社会主义世界观是中国良民宗教的一种漫画形式,只有回到这种良民宗教(历史地看,欧洲的世界观肯定并非来自这里),欧洲才能有出路;欧洲的国家及国家观念尽管有各种意识形态,却都是骗人的东西,没有道德基础,因而没有人性根基。这些推论我们今天若要予以批驳,就意味着想使谎言升级为精神错乱。"③看来,潘维茨对辜鸿铭的批评令人惊讶地几乎要照单全收了,表述上似乎有些情绪化,不过潘维茨呼吁反思自身的勇气还是令人敬佩的。

对辜鸿铭的学识和睿智,潘维茨也很佩服,辜鸿铭对不少具体及原则问题的看法都让他深有同感。例如,辜鸿铭对歌德和孔子给予了毫无保留的赞美,并强调他们各自对欧洲和中国的道德模范意义,潘维茨就打心底里认同:"这位学识渊博、见解深刻的中国人对孔子和歌德的评价即使有片面的地方,但他至少说对了一半,难道欧洲没有与亚洲相同的一面吗?打个比方,孔子本质上就是一个希伯来人,有着希伯来人容易激动的性格,受过希腊人最好的理智文化的教育,接受了希腊人最好的理智文化能给予他的一切内容。正如欧洲的民族总有一天会认为,伟大的歌德是欧洲文明所培养出的最完美的人,是真正的欧洲人,同样,中国人也会认为,孔子是中国文化培养出来的最完美的人,是真正的中国人。与伟大的歌德一样,孔子太有学识,太有教养,以至于无法将

---

① Pannwitz: *Die Krisis der europäischen Kultur*. S. 247.
② Ebd., S. 248.
③ Ebd., S. 253~254.

他归入宗教创始人的行列。"①

再如,辜鸿铭喜欢在中西文化之间做横向的对比,曾多次就中西文化发展进程中的相似性做过分析,还反复强调欧洲18世纪的启蒙运动和儒家传统思想之间具有某种精神关联,潘维茨对此也深表赞同:"辜鸿铭就历史问题所做的几乎所有对比对我们来说都极具启发性。我们今天同样面临着老子所处的那种环境。欧洲以伏尔泰、歌德和拿破仑为顶点的最后一次复兴,在国家决策层、高尚的市民理想、美德的审美基础、合乎道德的宗教信仰、开明的专制政体以及人道主义传统等方面与中国是完全一样的。席勒最出色的思想纯粹就是孔子式的。"②

在潘维茨眼中,辜鸿铭就是一位高尚的道德主义者。然而现实的情况却是,辜鸿铭对西方现代文明物质主义倾向的激烈批评、对儒家伦理道德思想的激情阐发无论在西方还是在中国都曲高和寡,这引起了他的忧虑:"令人担忧的是,中国传统文化的捍卫者辜鸿铭今天是唯一还对文化抱有高尚想法的人:不是物质主义,而是理想主义,物质主义意味着走向堕落……他就是中国的德摩斯梯尼。"③忧虑之下,潘维茨挺身而出,起而应和辜鸿铭的"良民宗教"的观点:"我们别无选择,只能采纳孔夫子纯粹的道德宗教,以使自己从现实的社会问题中走出来。在这一点上,他完全是有道理的。如果我们现在不做欧洲人,那么,我们最终将成为中国人,无论如何都会有许多欧洲人愿意而且必须成为中国人。"④要求欧洲采纳中国的儒家文化,潘维茨这段话可谓惊人之语。联想到《中国人的精神》不久前在德国出版,德国知识分子对辜鸿铭向欧洲建言儒家"良民宗教"之举大都持驳斥立场,潘维茨对辜鸿铭建议的公然附和显得特立独行,甚至有些冒天下之大不韪的味道。

就上面的分析来看,潘维茨对辜鸿铭的欣赏几乎到了无以复加的地步,简直就是辜鸿铭的狂热崇拜者。当然,事实并非如此简单。尽管非常赞赏辜鸿铭弘扬儒家传统价值观的言行,作为哲学家的潘维茨最终还是不忘指出,儒家"良民宗教"有其地域性和民族性之局限,欧洲寻求出路终究还是离不开自己的传统:"如果我们现在果真抛弃我们的群氓崇拜,让自己有可能成为全面发展的人,然后在我们这里实践孔子的事业(这是毫无疑问的),撕毁我们的自由大宪章(自由),并代之以一个宗教大宪章(忠诚),但这并非像辜鸿铭向我们建

---

① Pannwitz: *Die Krisis der europäischen Kultur*. S. 248.
② Ebd., S. 254.
③ Ebd., S. 157.(德摩斯梯尼:公元前384—公元前322年,古希腊雄辩家)
④ Ebd., S. 248.

议的那样是轻而易举的事,并不像我们与自己的政府忠诚地缔结和约那样容易,因为在他看来,我们和中国人是一样的,至少也与东方人相同,然而,我们是欧洲人,只能忠于欧洲最根本的价值观。"①

　　潘维茨的结论就是,欧洲不能简单地照搬儒家思想,只能在借鉴吸收的基础上探索自己的路,也就是说,他最终还是否定了辜鸿铭的"儒家文明救西论":"一个我们所没有的宇宙观,我们是无法向它看齐的;一个2500年来基本与我们毫无关系的宇宙观,特别是一个孤立的道德体系(遗憾的是,这是最终目标!),我们今天还是不能最终接受。我们现在要做的是,真正独立自主地创造自己的宇宙观,并在此基础上创建自己的伦理体系,即使因此走向毁灭也在所不惜。"②

　　尽管最终承认不可能在欧洲施行儒家的"良民宗教",潘维茨对辜鸿铭思想立场的赞赏仍显而易见。归根到底,对辜鸿铭的这种赞赏是由潘维茨对儒家思想的格外推崇决定的。从《欧洲文化的危机》一书来看,在中国的传统思想中,潘维茨最欣赏的是儒家的伦理道德思想。相对于老子的玄想和神秘,相对于释迦牟尼对厌世者的感召,潘维茨更欣赏孔子的实践立场,特别是他的道德教化:"孔子最伟大,他让世人变得前所未有地高尚,甚至浑身沾满社会陋习的人也不例外。"③总体上,潘维茨对孔子的评价远高于他对老子的评价,曾有诸如"孔子是中国文化培养出来的最完美的人"、"要全面评价任何一种中国观点,都必须先彻底了解孔子的思想,否则,那些最深刻、最正确的思想在我们看来都会显得平庸、幼稚"④等判语,这与当时德国乃至整个欧洲知识界出现的老子热似乎有些不合拍。

　　不过也要说明一下,潘维茨对孔子及儒家传统思想的推崇在当时的德国知识界虽然不占主流,但也并非完全孤立。对于当时德国国内对中国传统文化的心态,德国著名文化史家利奇温在其著作《中国与欧洲:18世纪的精神和艺术关系》中就有过中肯的评论:"在今天的东方崇拜者心中,老子占据支配地位。但孔子也未彻底失去自己的导师资格,有人更乐意引用他的观点。这些人不太关注时代难题,他们冷静地寻找道路,试图重新在国家生活中推行健康、简易的标准。对这些人来说,老子的玄思或许深刻,却是一种脱离现实的幻想,其无政府主义的本质甚至是与人类现实生活相矛盾的。不能忽视的是,

---

① Pannwitz: *Die Krisis der europäischen Kultur*. S. 256.
② Ebd., S. 257.
③ Ebd., S. 260.
④ Ebd., S. 248~249.

严格的儒教徒辜鸿铭的著作早在战前就已经给我们留下了深刻印象。潘维茨的著作《欧洲文化的危机》尽管主要探讨一些疑难问题,但仍然回到一个无可质疑的榜样:按照稳定、可靠并能促进文化发展的原则建立一种社会秩序,正如孔子在古代中国所建立的那样。"①可以看出,在以传统道德原则重整社会秩序这一点上,辜鸿铭和潘维茨可以说是同道中人,孔子学说则是他们的共同财富。

更进一步说,潘维茨对辜鸿铭及儒家思想的格外关注也是由他的文化观所根本决定了的,而他的文化观又与尼采有着非常密切的关系。潘维茨是尼采的崇拜者。他曾经表示说,是尼采的著作启发了他,为他指明了方向。踏着尼采的足迹,潘维茨将自己定位为一位预言者和尼采的继承者:"尼采设计了一种新人,现在则是将其创造出来的时候了,这就是改造人类。"②在《欧洲文化的危机》中,潘维茨将整个欧洲的历史看作一部自我意识的悲剧,创造尼采所说的"新人"则是他这本书的真正目的。尼采曾表示,文化的综合(Kulturensynthese)是通往"新人"的途径,也是人类的目标,潘维茨完全继承了尼采的这一思想,宣称自己的目标就是将人类所有"被分隔开的、经常充满敌意的世界"融为一个完整的文化综合体。因此,曾有学者这样评价潘维茨:他追求的是"所有想象中和现实中的人类世界的整体"(Das Integral aller gedachten und gelebten Menschen-Welten)③。从这个角度说,潘维茨对东方传统思想和辜鸿铭的关注也是其文化观的必然结果。

文化的综合这一理想当然美好,然而横亘于东西文化之间的巨大差异也是现实的。关于这种差异,潘维茨在《欧洲文化的危机》一书中也多有论述,诸如"对东方,是永恒的神性;对我们,是变化的人性。在那里,是永恒的真理;在这里,是不断的创造。在那里,是恒常的宇宙,变化只是表象;在这里,是变化的宇宙,恒常只是表象……"④、"东方与西方,一个是未成的世界,一个是已成的世界;一个代表消极的力量,一个代表积极的力量;一个代表有神的宇宙,一个代表无神的宇宙"等等。然而,一个问题也随之出现了:"究竟哪个更具真理性呢?"⑤潘维茨的分析如下:西方文化虽然能给人"更多的自由","能创造更

---

① Reichwein: *China und Europa. Geistige und künstlerische Beziehungen im 18. Jahrhundert.* S.15.

② Jäckle: *Verschollene und Vergessene. Rudolf Pannwitz.* S.200.

③ Schuster: *Hugo von Hofmannsthal, Rudolf Pannwitz. Briefwechsel 1907—1926.* S.679~680.

④ Pannwitz: *Die Krisis der europäischen Kultur.* S.257.

⑤ Ebd., S.259.

多的真理",但人们的生活已完全"依赖"于这种无限的探索,"为体验一次这种最高的幸福而牺牲了其他的一切,强烈的战争观念每每在我们心中蠢蠢欲动"①,因此,人们应面向东方寻找启发:"在我们优秀的欧洲人英勇抛弃的地方,东方却给我们带来了巨大的安慰。"②显然,潘维茨的意图非常明确,他想强调的是,东方思想于西方的精神再生有积极作用,在某种意义上,东方乃是欧洲人的精神故乡:"东方生活在我们所知道的唯一存在的宇宙中,却又疏离这个宇宙,而我们则冲进这个宇宙。不黏滞于宇宙的东方兼具这两种倾向,是我们的源头,因为我们来自巴勒斯坦、印度、中国。"③

那么欧洲人应该怎么做呢?潘维茨的建议是拿来主义:"把东方取得的成果全部拿过来,抛开形而上学(包括我们自己的在内);走向创造的海洋,船和舵则来自东方,因为这是迄今为止最好的船和舵。"但新问题也出现了:"我们怎样才能既向另一个世界取经,又不失去自我呢?"潘维茨的答案是:学习东方,不过"不把东方作为起点,也不作为方向,而是作为永恒人性的滑动着的中点。"这句话读来有些玄奥。潘维茨接着解释道,欧洲必须立足于自古希腊罗马和文艺复兴以来的传统,但又不能因循传统,欧洲的真正任务既非照搬东方,也非延续传统,而是"以多种多样的单个不忠为条件"去实现一种"狄厄尼索斯式的忠诚":"目的地就是尼采给我们指出的新宇宙。只有这样,我们欧洲的任务也许才不会成为疯狂。"④显然,潘维茨所谓的"狄厄尼索斯式的忠诚"就是超越东方与西方的文化综合,因为"伟大与细微就像在佛身上那样并不矛盾,其实是一回事","将两者排除、拆开是野蛮的行为,看起来也不会成功"。⑤对于建设这样一种新文化,潘维茨满怀憧憬:"我们不是忠于过去,而是忠于未来;不是忠于我们的祖先,而是忠于人类的未来。"⑥

从上面的分析可以看出,在东西文化关系及人类文化的根本前途问题上,潘维茨和凯泽林的立场是颇为接近的,他们都看到了东西文化之间的差异乃至对立或冲突,也都致力于超越这种差异或冲突。应该说,在东西文化关系问题上,辜鸿铭的批评确曾给过他们启发,不过,尽管辜鸿铭也曾抱有中西融合的美好理想,历史的发展却使他最终走上了彻底批判西方文明、无条件美化儒

---

① Pannwitz: *Die Krisis der europäischen Kultur*. S. 258.
② Ebd., S. 258
③ Ebd., S. 259.
④ Ebd., S. 260~261.
⑤ Ebd., S. 249.
⑥ Ebd., S. 257.

家文明的不归路。这样,在现实的世界里,辜鸿铭最终还是被凯泽林和潘维茨所超越。

纳尔逊(Leonard Nelson,1882—1927)

莱奥纳德·纳尔逊,德国哥廷根大学哲学系非教席教授,新康德主义后期心理学派的主要代表人物,主要治学领域为逻辑学和伦理学,其哲学思想受德国哲学家弗里斯(Jakob Friedrich Fries,1773—1843)[①]的影响很大。在弗里斯的影响下,纳尔逊继承了康德批判哲学的路线,无论在理论上还是在实践方面都追求数学般的精确和严格,而且特别重视心理和内心经验分析对于哲学研究的重要意义,这也使他成为新康德主义后期心理学派的主要代表人物之一。在从事哲学研究的同时,纳尔逊还积极投身于政治活动和教育实践,不但终生追求政治思想的科学性,还强调把所获得的知识用于政治实践,尤其对德国的青年运动倾注了极大的热情。

对《呐喊》一书译者身份的澄清

说到纳尔逊教授,首先要澄清一个误会,这就是辜鸿铭《呐喊》一书的译者身份问题。《呐喊》(书名 Vox clamantis 为拉丁文)是辜鸿铭继《清流传》、《中国人的精神》后在德国出版的第三部论文集,收入了他写于一战期间的部分英文文章,译成德文后1920年在德国莱比锡出版。学术界在论及辜鸿铭与西方的关系时,常提到对辜鸿铭极为推崇的德国哥廷根大学哲学教授纳尔逊先生,认为是纳尔逊教授翻译了《呐喊》一书。其实这是一个误会。《呐喊》译者署名为亨利希·纳尔逊,而纳尔逊教授全名为莱奥纳德·纳尔逊。显然,这是两个人。更让人意想不到的是,两人还是父子关系,译者亨利希·纳尔逊是莱奥纳德·纳尔逊教授的父亲。

纳尔逊教授的父亲亨利希·纳尔逊先生是一位非常出色的律师,曾因成

---

① 雅各布·弗里德里希·弗里斯(1773—1843),德国哲学家,先后在耶拿大学和海德堡大学任教,曾与黑格尔在耶拿大学共事,然而关系不睦。弗里斯对费希特、谢林、黑格尔的思辨哲学不满,推崇批判哲学的分析性和描述性,受康德批判哲学的影响最大,其次为牛顿。治学领域涉及认识论、伦理学、法律哲学、逻辑学、数学和物理学。因弗里斯重视数学,其哲学思想受到不少自然科学家和数学家的重视。此外,他还强调对意识的内心经验的分析,也很有先驱性。主要著作有《心理人类学》(*Psychische Anthropologie*,1820)、《数学自然哲学》(*Mathematische Naturphilosophie*,1822)、《哲学史》(*Geschichte der Philosophie*,1837)等。

绩卓著获聘德国政府法律顾问,而且还颇具文学天赋,是一位知名的翻译家,曾将米开朗基罗的诗译为德语,并且颇受好评。亨利希·纳尔逊先生翻译《呐喊》一书的大致情况如下:1919 年初,纳尔逊教授不幸染上肺结核,再加上长期受失眠的折磨,在这一年的大部分时间里,他不得不中断在哥廷根大学的教学工作前往瑞士疗养。1919 年秋,他结束疗养从瑞士返回德国,很快注意到了辜鸿铭在一战后期及战后初期新发表的部分英文文章,产生了将它们翻译出版的想法。1919 年 11 月 30 日,他致信父亲亨利希·纳尔逊先生,请他完成翻译工作。其间,纳尔逊教授多次写信给父亲询问翻译进度并交流意见,直至全部文章 1920 年以书名"呐喊"结集出版。①翻译完成后,亨利希·纳尔逊先生还为《呐喊》写了序言。

纳尔逊与辜鸿铭

纳尔逊很早就已关注辜鸿铭。与凯泽林、卫礼贤、帕凯等人不同,纳尔逊从未与辜鸿铭谋过面。基于对辜鸿铭思想立场的认同,他在第一次世界大战期间多次联系辜鸿铭,均无功而返。但在 1919 年,疗养中的他终于和辜鸿铭取得了联系。在 1919 年 6 月 6 日写给哲学家罗素(Bertrand Russell,1872—1970)的一封信中,纳尔逊就曾提到他与辜鸿铭的书信往来,并向罗素高度评价了辜鸿铭:"我已经与辜鸿铭取得了直接的联系。我认为他是我们这个时代最高尚、最睿智的人。"②

在纳尔逊和辜鸿铭的关系上,纳尔逊在经济上资助辜鸿铭的事值得一提。当时留学德国并与纳尔逊有过接触的魏嗣銮先生后来曾在发表于《人间世》杂志上的一篇文章中回忆了事情的经过:1923 年,纳尔逊教授从伦敦《泰晤士报》上读到辜鸿铭陷入经济困境的消息后,便出面组织筹集钱物帮助辜鸿铭摆脱经济困难,由于担心辜鸿铭不愿接受救济,纳尔逊还决定以辜鸿铭著作在德国出版的稿酬的名义,将这笔款项寄给辜鸿铭。其关切之情曾令魏嗣銮大为感动。③

鲜为人知的是,著名科学家爱因斯坦也在这件事情上帮过忙。为了真正有效地帮助辜鸿铭,纳尔逊教授还给刚刚获得诺贝尔物理学奖的爱因斯坦写信,并将辜鸿铭的著作《呐喊》寄给他阅读,希望爱因斯坦能够通过他的渠道为辜鸿铭提供物质上的帮助。爱因斯坦的答复如下:"在读了辜鸿铭先生的《呐

---

① Franke:*Leonard Nelson*. S. 165.
② Ebd.,S. 166.
③ 黄兴涛:《旷世怪杰》,第 217 页。

喊》之后,我将尽我所能向他提供帮助。"爱因斯坦在回信中表示,他将联系自己在北京洛克菲勒基金会的朋友向辜鸿铭提供必要的帮助。这里说明一下,爱因斯坦与纳尔逊教授 1919 年即已相识。纳尔逊教授当时刚刚创建"国际青年团"(Der Internationale Jugendbund),支持青年运动的爱因斯坦也是该组织友人顾问委员会的成员,纳尔逊因此称爱因斯坦为"我们事业的忠诚朋友"。爱因斯坦晚年曾回忆说,他对纳尔逊教授的哲学观点比较模糊,主要缘于纳尔逊教授的政治活动而对他有些好感。①尽管两人关系并非十分密切,然而政治立场的接近还是让纳尔逊教授能够通过与爱因斯坦的关系对处于经济困境之中的辜鸿铭施以援手。只是援助辜鸿铭的详细情况不得而知。

当然,这次援助只是一段小小的插曲,更重要的是纳尔逊对辜鸿铭观点的认识和评价。据魏嗣銮回忆,纳尔逊曾对他说,他反复读过辜鸿铭的《清流传》、《中国人的精神》、《呐喊》,视辜鸿铭为一位思想深邃的大哲学家:"辜鸿铭的著作,我幸读了几种。据我看来,他的哲学,意义是很深厚的,我很佩服他";"我读辜鸿铭的书,至今已十几次了,多读一次,即更有所得一次。大凡一本书,倘若它的价值只够得上读一次,则它的价值必够不上读一次"。②赞赏之情溢于言表。

魏嗣銮先生是在十余年后回忆此事的,纳尔逊与他的谈话细节或有出入,但他关于纳尔逊对辜鸿铭崇拜之笃的描绘应该所言非虚,因为在十多年后依然能够记得这件事情,足见纳尔逊教授对辜鸿铭的崇拜给魏嗣銮留下的印象之深,甚至一度让他产生了是否"人情轻近而贵远"的疑问和感慨。

纳尔逊对辜鸿铭的推重是由衷的,他不仅在自己的文章著作中屡屡以辜鸿铭言论佐证自己的观点,还借他创建的政治组织将辜氏的道德理想附诸政治实践。一个最具代表性的例子是,纳尔逊曾以辜鸿铭的道德文明观反击斯宾格勒的道德相对主义立场。斯宾格勒《西方的没落》出版之后,纳尔逊迅速发表了一篇题为"骇人听闻:解析奥斯瓦尔德·斯宾格勒的预言术"(*Spuk, Einweihung in die Wahrsagerkunst Oswald Spenglers*)的评论文章,对斯宾格勒及其《西方的没落》颇多批评。其中最核心的一点就在于,纳尔逊与斯宾格勒对道德理想问题的论述尖锐对立。

纳尔逊教授是新康德主义后期心理学派的代表人物,早在中学时代就对康德的批判哲学产生了浓厚的兴趣。③作为一位新康德主义者,他对斯宾格勒

---

① Franke: *Leonard Nelson*. S. 166~167.
② 黄兴涛:《旷世怪杰》,第 216~217 页。
③ Franke: *Leonard Nelson*. S. 58.

在《西方的没落》中对康德道德哲学的解读极为不满。斯宾格勒的《西方的没落》对康德的"至善论"是这样评论的:"每一种文化都有自己的道德标准,它自始至终都只对这种文化有效。没有一种普遍的人类道德","可是,康德在论述道德理想问题时,却声称他的观点对所有时代的所有人类都适用"。从这几段话可以看出,斯宾格勒在道德价值问题上持的是道德和价值相对主义的观点。对此,纳尔逊完全不能认同。他的反驳如下:"事实上,康德所说的普遍适用性指的是道德理想问题上的普遍责任,他甚至认为这适用于所有的理性动物",当然,"也有不理解康德伦理学的人存在(确实有一些,甚至在西欧内部就有),但这与它的普适性并不矛盾,康德也从未否认或怀疑过这一点。斯宾格勒没有看到普遍责任和普遍承认之间的区别"。①

在反击斯宾格勒道德相对主义立场的同时,纳尔逊也不得不承认,斯宾格勒的观点其实正反映了世纪之交一种普遍的社会心理,即人们对真理绝对性的怀疑:"数学和物理成了真理相对性的牺牲品。在其他领域,人们更不相信真理的普遍适用性。顺理成章,伦理学也不得不接受科学的这种命运。"②尽管承认这一现实的存在,在康德道德哲学的普遍意义问题上,纳尔逊仍然坚持认为自己并不孤立,辜鸿铭即是他的同道:"不仅俄罗斯哲学家,当代中国也有一些人对康德学说表示理解,并且恰恰针对他的伦理学,他们的理解甚至可能比现代西欧人还要深刻。一位当代中国人在评论一本儒教问答手册时,就以康德《实践理性批判》中的一句话为篇首警句,这一事实背后并非没有深刻的原因(辜鸿铭:《中庸》,上海,1906年)。"

随后,纳尔逊连续引用了辜鸿铭英译《中庸》及《清流传》中对道德及道德标准问题的阐述:"'关于道德责任感,每一个曾经有过文明的民族,其最优秀的文学作品中都能找到以这种或那种方式所做的阐述。最引人注目的是,在现代欧洲学识最渊博、最伟大的思想家的最近著述中,都能找到与这本写于两千年前的书同样形式和语言的阐述'(《中庸》前言,第 16 页)。这就是那位中国当代学者所说的话,用以批驳现代'有教养'的欧洲人的相对主义:对于究竟什么是'道德'和'非道德'这个问题,他们的回答是,这是一个'观点'问题(《中庸》前言,第 3 页)。他们'根本不相信有所谓正确和错误的观点这种东西。'(注:《中国牛津运动故事》。德译本标题为'中国对欧洲思想的抗拒'。耶拿,1911 年。见其中《视野的扩展》一章第 18 页)。"在综述完辜鸿铭对欧洲相对主义道德观的抨击后,纳尔逊在评论中站到了辜鸿铭的一边:"在这位现代中

---

① Nelson: *Gesammelte Schriften in neun Bänden*. Bd. III. S. 534~535.
② Ebd., S. 534.

国人看来，现代西欧人的相对主义才是滑稽可笑的。对于现代和古代的中国人来说，康德用科学方法论证的西欧伦理学，其结论永远都是真理；然而对现代西欧的相对主义者来说，它们却是不可理解的，在他们眼中，这些结论是'绝对存在的表现形式'和标志，只具有滑稽可笑的价值。"①

上述文字清晰地揭示了纳尔逊和辜鸿铭大致接近的思想旨趣，即对绝对道德价值的推崇。这也是纳尔逊尊崇辜鸿铭的根本原因所在。纳尔逊是新康德主义学派后期代表人物。新康德主义流行于19世纪后期至20世纪初期的西欧各国（特别是德国），其时的欧洲社会处于大变革的时代，传统的文化、规范和信仰遭到怀疑，社会发展失去了方向感，尼采"上帝死了"、"重估一切价值"的口号撼人心魄。在这种变化了的历史条件下，新康德主义者高呼"回到康德去"，重新讨论价值和真理等问题，强调康德"至善论"道德哲学的普遍意义和永恒价值，这其实是对道德相对主义和价值相对主义的一种反拨，虽有空泛之处，对于现代社会漠视人类行为的道德动机和精神价值的倾向还是有一定批判作用的。从这个角度说，纳尔逊对斯宾格勒相对主义道德观的激烈抨击归根结底是两种时代思潮之间的交锋。

在纳尔逊对斯宾格勒相对主义道德价值观的抨击中，辜鸿铭显然被新康德主义者纳尔逊视为同一个战壕里的人。这毫不奇怪，因为康德正是辜鸿铭最欣赏的德国哲学家。一般而言，康德哲学确实具有普遍主义和理想主义的色彩，他的《纯粹理性批判》解决知识的普遍必然性的根据问题，《实践理性批判》则论证自由的绝对性和道德法则的客观有效性，反对者如黑格尔可以批评康德哲学过于形式主义，但继承者亦折服于它超时空的永恒魅力。康德的道德哲学以"至善"（人在自由意志的基础上，出于义务或职责，自愿地履行道德法则）为目的，对于坚信"人之初，性本善"，反复强调道德本性、道德责任和道德标准的辜鸿铭来说，以善良意志为基本出发点、以"绝对律令"为最高道德法则的康德道德哲学当然容易让他产生共鸣。这也正是纳尔逊教授与辜鸿铭思想沟通的交汇点。当辜鸿铭反复强调道德责任感的普遍性，即"关于道德责任感，每一个曾经有过文明的民族，其最优秀的文学作品中都能找到以这种或那种方式所做的阐述"时②，纳尔逊是不可能没有同感的。

不过，纳尔逊的引用和论证也曾多次招致部分知识界人士的质疑。例如，纳尔逊以辜鸿铭所谓"群氓崇拜"的说法论证群众和民主问题就引起过一些批评。他作于1920年的一个题为"领袖教育"（Erziehung zum Führer）的报告

---

① Nelson: *Gesammelte Schriften in neun Bänden*. Bd. III. S. 535~537.
② 《辜鸿铭文集》（下），第512页。

就以辜鸿铭"群氓崇拜教"的说法抬高领袖而贬低群众:"这种无计可施的现实,并非仅仅因为多年来接二连三的历史大事不断冲击群众,使他们丧失了活力,神经也被磨碎,还由于他们缺乏相应的精神武器,因而被历史事件征服:他们没有能力解释这些事实。辜鸿铭说,'生活的事实就像埃及斯芬克斯怪兽的谜语,如果解得不对,人和人类就会被吃掉。'"①纳尔逊另一篇题为"民主与领袖"(Demokratie und Führerschaft)的文章贬民众为群氓的语气更加明显,同样以辜鸿铭的"群氓崇拜教"作为佐证:"不过人们必须明白,根据这种观点,用更高形式的法律要求来限制多数人决议的责任就没有任何可能性了。这样就等于承认了民主原则与坚持更高的法律要求之间的不可调和性:群众是否已经成熟到可以适用民主原则这一问题就失去了任何意义,该原则的可靠形式似乎就只有辜鸿铭称之为'群氓崇拜教'的东西了。"②

显然,在群众与领袖、民主与集中这类问题上,纳尔逊倾向于突出领袖的优先地位而限制群众的作用。纳尔逊的民主观和群众观引起了一些批评。例如,针对纳尔逊的《民主与领袖》一文,《不莱梅人民报》上一篇题为"纳尔逊教授和他的宗派主义信仰"的文章评论道:"纳尔逊拒绝民主,他借用中国智者辜鸿铭的话,视民主为'群氓崇拜教'而予以丢弃。"③《莱比锡人民报》上一篇题为"是社会学还是哲学?"的文章也评论道:"这里展示的是对现实社会运动的无动于衷,因为当纳尔逊与辜鸿铭一起将民主称为'群氓崇拜教'时,我们或许只能作出这样的评价⋯⋯群众绝对没有如此麻木。"④ 对纳尔逊群众观和民主观的批评看来还颇强烈。

这要联系纳尔逊的国家和法律思想进行分析。纳尔逊认为,法律在社会中的贯彻必须依靠国家,只有国家才拥有超出其他一切社会力量的权力,而民主作为国家形式必须予以否定,因为客观的法律不能屈服于多数人决定的偶然性,否则就会带来"群众专制"(Massendespotismus)的后果。纳尔逊对民主的政治程序一直抱有某种疑虑,在他看来,这里存在着一个危险,即立法中可能只会考虑因自己的经济实力、组织技巧或说服动员能力出色而善于影响群众观点的那部分人的利益。纳尔逊认为,这才是民主的缺陷所在。为克服这

---

① Nelson: *Gesammelte Schriften in neun Bänden*. Bd. VIII. S. 500.
② Nelson: *Gesammelte Schriften in neun Bänden*. Bd. IV. S. 396.
③ Ebd., S. 417~418. Bremer Volkszeitung vom Okt. 09. 1925: *Professor Nelson und sein Sektiererglaube*.
④ Ebd., S. 417~418. Leipziger Volkszeitung vom Nev. 24. 1925: *Gesellschaftswissenschaft oder Philosophie?*

一缺陷,他主张重新引入柏拉图的"哲人王"统治。众所周知,柏拉图在他的理想国中将三阶级制国家的统治权完全交给了哲学家。纳尔逊在引入柏拉图"哲人王"理念的同时,也对现代社会中的"哲人王"统治做了进一步的限定和阐释。纳尔逊认为,确保政府不滥用权力的关键并不在"分权"(Gewaltenteilung),而仅在于"公共法律意识的道德力量"(moralische Macht des öffentlichen Rechtsbewußtseins),因此,现代社会中的"哲人王"统治要受法律和自由批评的制约,这个"哲人王"要通过科学的方式选出,同时还要通过专门的教育机构科学地培养"领袖",这是实施现代"哲人王"统治的关键。①除柏拉图外,在康德批判哲学上给纳尔逊深刻影响的弗里斯对纳尔逊的民主观和群众观也有重要影响。弗里斯认为,国家要由服从理性的君主或摄政者领导,他是政府的立法者和最高法官,摄政者和群众之间的法律关系只是"忠诚和信仰"②。总体上,纳尔逊的"领袖"就是柏拉图"哲人王"理念和弗里斯"理性的君主"观念的有机融合。从这个角度看,辜鸿铭关于"君子"、"忠诚"以及"群氓崇拜教"的论述对纳尔逊的政治理念而言显然是绝佳的佐证材料,他焉能不视辜鸿铭为同道中人?

  基于对康德和弗里斯哲学的认同,纳尔逊在政治上持一种非马克思主义的、以道德伦理为基础的自由社会主义立场。值得注意的是,纳尔逊的政治理念是与他的政治实践紧密相连的③,教育是他政治实践中的重要一环,而"教育工作应该服从政治目的"④则是他贯彻始终的教育原则。基于他的现代"哲人王"理念,纳尔逊教育主张的核心内容就是"领袖教育"(Führererziehung)。事实上,纳尔逊在"国际青年团"框架下成立的"政治哲学研究所"及其下属的教育学校一直坚持"领袖教育"的原则。总体而言,纳尔逊的全部政治实践都基于他的政治理念即伦理社会主义,这与他的哲学立场是一致的,也即"回到康德",社会要在理性的基础上走向道德正义,从这个角度看,他是很乐意以辜鸿铭的道德文明观及对儒家道德理想的阐发和对未来人类文明的道德思考为自己的政治立场和教育理念背书的。

---

① Franke: *Leonard Nelson*. S. 27.
② Ebd., S. 156.
③ Loska: *Lehren ohne Belehrung: Leonard Nelsons neosokratische Methode der Gesprächsführung*. S. 134. 纳尔逊曾与联邦德国前总理艾哈德(Ludwig Erhard, 1897—1977)的老师、著名经济学家及社会学家奥本海默(Franz Oppenheimer, 1864—1943)有过密切合作,纳尔逊政治理念的实践特色受奥本海默影响较大。
④ Nelson: *Gesammelte Schriften in neun Bänden*. Bd. VIII. S. 567. ("daß die Erziehungsarbeit dem politischen Ziel angepasst werden soll.")

例如,在他发表于 1917 年的论文集《通过自信教育革新观念》(*Die Reformation der Gesinnung durch Erziehung zum Selbstvertrauen*)中,辜鸿铭《文明与无政府状态》中的一段话成为全书的献题词:"欧洲的民族要想避免毁灭,唯一途径就是为一种新的道德文化而奋斗。在新的文明之下,受教育者的自由并不意味着他们可以随心所欲,而是可以自由地做正确的事情。农奴或没有教养的人所以不做错事,是因为他害怕世间的皮鞭或警棍以及死后阴间的地狱炼火。而新的文明之中的自由者则是那种既不需皮鞭警棍,也不需地狱炼火的人。他行为端正是因为他喜欢正义;他不做错事,也不是出于卑鄙的动机或胆怯,而是因为他讨厌为恶。在生活品行的所有细则上,他循规蹈矩不是由于外在的权威,而是听从于内在的理性与良心的呼唤。没有统治者他能够生存,可无法无道他则活不下去。因此,中国人把有教养的先生称为君子。——辜鸿铭《中国对欧洲思想的抗拒》"①

纳尔逊的伦理社会主义路线其实代表了欧洲 20 世纪初一种推动道德主义复兴的努力,而他自始至终对辜鸿铭的推崇还让他的努力透出一股"孔教乌托邦"的意味,因为,对辜鸿铭的推重实质上是对儒家学说的认同。这让我们的目光不由得又回到 18 世纪,一个欧洲对东方天朝帝国顶礼膜拜的时代。这种实践道德主义的努力,启蒙思想家已身体力行过一次了:怀着对理性王国的憧憬,他们致力于让"哲人王"道德政治真正在欧洲开花结果——开明君主专制,带着这种政治期望,他们在遍寻样板时于中国身上看到了一个"由高尚的哲学家治理的至善的国家"②及支撑它的"孔子的礼制、孟子的仁政,儒家哲学所代表的唯道德主义"③。20 世纪初的新康德主义者纳尔逊的伦理社会主义实践显然是又一次的"哲人王"道德政治尝试,纳尔逊心目中的"领袖"就是弗里斯"理性的君主"(显然是欧洲启蒙时代理性主义的余波)的变体,是现代版的"哲人王",他以"领袖"原则贯彻自己的伦理社会主义理念则是在证明新时代"哲人王"政治的现实性。为此,纳尔逊坚持重回康德"至善"的道德哲学,不过,他也同样强调儒家传统道德学说的借鉴意义。

还是以纳尔逊对斯宾格勒的批评为例。纳尔逊除激烈反对斯宾格勒相对主义的价值观和道德观外,对斯宾格勒的文化立场同样非常不满,他曾从分析斯宾格勒关于文化分期的论述入手,对斯宾格勒对儒家文化的看法提出疑问:

他的理论似乎直接与事实矛盾,这一点马上就能在中国文化身上看

---

① Nelson: *Gesammelte Schriften in neun Bänden*. Bd. VIII. S. 240~241.
② 周宁:《天朝遥远》(上),第 164 页。
③ 同上,第 167 页。

出来。因为,如果每种文化的生命都是 1000 年(S. 20,S. 158),那么中国文化这种现象该如何理解呢?就算我们可以承认,它现在就像"原始森林里一棵枯萎的巨树",只不过在"继续伸展其腐朽的枝桠数百年"(S. 154)而已,但这仍然令人费解,因为即使按照斯宾格勒的逻辑,它的"生命力"还是极为长久的。那么它如何能做到这一点呢?斯宾格勒是这样评论中国文化的:"可以肯定的是,孔子生活于中国文化成熟了很久之后,已经代表了文明阶段"(S. 387)。按照这种说法,儒家思想在中国的长期斗争及最终的胜利似乎已不再属于中国文化了。不过,为什么中国文化今天就该是一种死亡的文化,还是让人无法理解。这一难题,斯宾格勒至多只能这样解决:那里存在的实际上是一种新的文化。然而这种解释恰恰并不合适,因为中国的社会生活要想展示其最强大的建设性力量,而不是仅仅介绍和模仿欧洲的思想,就只能借助自己的古老文化。人们只需以辜鸿铭这样一位杰出的思想家为例就行了,他就在致力于让孔子的深刻智慧为当前的精神和政治生活提供丰富的养料。①

这段话中,纳尔逊明确宣示了对儒家思想的认同。在他看来,儒家传统的伦理道德学说具有普遍和永恒的价值,是现代中国文化复兴的精神源泉,这与他"回到康德"的精神显然是一致的,也与"儒家文明救西论"的坚定拥护者辜鸿铭不谋而合。纳尔逊后半生致力于将自己的政治理念付诸实践,在他的政治活动中,作为新康德主义者的纳尔逊同时几乎还是一个儒教信徒,辜鸿铭的影子若隐若现。

纳尔逊一生积极投身政治活动,全力支持学生运动,因而与哥廷根大学校方的关系长期不睦。在纳尔逊看来,第一次世界大战是一场民族屠杀(Völkermord),它宣告了西方现代市民社会的彻底破产。于是,纳尔逊将社会变革的希望寄托在了青年人身上,一度支持追求自决的"自由德意志青年"(Die Freideutsche Jugend),由于对该组织中立的政治立场和"怯"于行动非常不满,纳尔逊最终于 1918 年成立了自己的青年运动组织"国际青年团"(IJB)。他甚至动员自己主导的纯学术团体"雅各布·弗里德里希·弗里斯哲学协会"②的成员与自己一道致力于青年运动:"战争带来的困境让我们无法再将

---

① Nelson: *Gesammelte Schriften in neun Bänden*. Bd. III. S. 400.
② 纳尔逊很早即因阅读康德著作而对德国哲学家弗里斯的理性哲学着迷。他于 1903 年牵手弗里斯的后人一起成立了"雅各布·弗里德里希·弗里斯协会",吸引了一批知名的学者、科学家成为协会的会员,并定期召开研讨会,出版了数期弗里斯哲学研究论文集,将这位当时几乎已被世人遗忘的哲学家重新发掘了出来。

弗里斯的哲学限定在讨论和报告中,现在是在公共生活中实现弗里斯哲学的时候了,我们要在公共生活中实现'理性的统治'(Herrschaft der Vernunft)。"①纳尔逊部分地实现了目的,争取了一些同道中人,但也因此失去了一批在学术上支持他的重要人士。"国际青年团"以纳尔逊的理性和正义哲学为指导思想,最终目标是建立一个"理性的政党"(Partei der Vernunft)。20 世纪 20 年代中期,"国际青年团"遇到了严峻的困难,除内部危机外,主要问题在于德国社会民主党人(SPD)对它的敌意愈演愈烈,他们批评"国际青年团"反马克思主义、反民主的立场和内部浓厚的领袖崇拜色彩,而"国际青年团"成员在社会民主党青年组织中日渐膨胀的势力更进一步激化了矛盾。1925 年,社会民主党开始全面清除党内的"国际青年团"成员,最终,纳尔逊不得不宣布"国际青年团"解散。②

纳尔逊是"国际青年团"的精神领袖,他的理性哲学和追求社会正义的政治理念是该组织的思想基础,不过,他对中国传统文化的偏爱也在相当程度上影响了这个团体的政治生活。纳尔逊对儒家的理性精神和道德学说情有独钟,奉孔子的"贤人政治"为济世良方,称"孔子之学尤为鞭辟进里,易于实行",不仅自己以孔子为导师,在文章著作中频繁引用《论语》,更以孔子学说要求全体成员:"其党员之言行举止,一以《论语》为本,每有讲演,必引孔子格言,以为起落。"③作为纳尔逊眼中的当代中国圣哲,辜鸿铭的著作及思想也被他推荐给该团成员,以至于"凡属'国际青年团'之人,几无一人不知孔子,更无一人不知辜鸿铭"④。这种情形曾让当时正留学德国的魏嗣銮大为感慨:"记者尝与其党人往还,见其慎敬将事,诚笃待人,深愧虽读破孔氏书之东方人,未有以远

---

① Franke: *Leonard Nelson*. S. 148.
② 纳尔逊的政治理念非常坚定。"国际青年团"解散不久,他即在 1926 年 1 月成立"国际社会主义战斗联盟"(der Internationale Sozialistische Kampf-Bund)继续实践自己的政治理想,直至 1927 年病逝。纳尔逊去世后,"国际社会主义战斗联盟"由艾希勒(Willi Eichler)领导。1932—1933 年间,"国际社会主义战斗联盟"勇敢地走向战斗前台,它联合德国社会民主党和德国共产党等左翼党派组成反法西斯联盟,爱因斯坦、亨利希·曼、柯勒惠支都在它的呼吁书上签了字。纳粹上台后,这个签字成了柯勒惠支和亨利希·曼被逐出"普鲁士语言与创作科学院"(Preußische Akademie für Sprache und Dichtung)的理由,他们被迫流亡国外,而"国际社会主义战斗联盟"的成员则或者流亡国外或者转入地下抗争。
③ 黄兴涛:《旷世怪杰》,第 223 页。
④ 同上,第 220 页。

过也。德国青年之了解孔子,以辜鸿铭氏之力为多。"①

1921年的第4期《亚洲学术杂志》上的《德人之研究东方文化》一文曾经报道过德国"国际青年团"的一次代表大会。就这篇报道的内容来看,"国际青年团"对孔子学说的尊崇之笃的确令人动容:"该团每次开会往往先读《论语》一节,颇似耶稣徒之念《圣经》","即以此次开会而论,会场正面墙上高悬中国五色国旗二方,节以花叶,而德国三色国旗反不与焉","至于是日演说,更是屡次提及孔子,对于孔子文化所陶养之中国人,尤引为唯一无二之良友。大约德国青年中之崇拜孔子者,当以此为中心矣。"②这篇报道的作者在与"国际青年团"的成员交谈时还了解到,"纳氏不久将建立政治哲理大学一所,并拟聘请辜氏来德任教。纳氏常谓将使德国青年得有瞻仰东方伟人之机会云云"③。

关于邀请辜鸿铭赴德弘道一事,是否有过实际操作已经不得而知,但可以肯定的是,辜鸿铭自欧洲留学归来后再未赴欧。不过报道中所说纳尔逊即将建立的政治哲理大学是实际存在的,只不过译名有所差异,这就是在纳尔逊主持之下成立的"政治哲学研究所"(Die Philosophisch-politische Akademie)。在"国际青年团"成立之初,纳尔逊就已在计划建立这样一个研究所了,主要是为"国际青年团"的政治工作提供理论支持,出版相关的理论著作。该所1922年成立,后来还在卡塞尔(Kassel)附近的瓦尔科米勒镇(Walkemühle)建立了一所教育学校,按照纳尔逊"伦理社会主义"的政治立场(ethisch-sozialistische Anschauung)和"领袖教育"原则培训"国际青年团"的骨干人员。在纳尔逊建立的组织和机构中,位于瓦尔科米勒的这个政治哲学研究所是唯一一个保留到今天的(在第三帝国时期也曾遭到查封),1949年重新改组之后主要致力于促进对康德批判哲学的研究。

德国文化史家利奇温在评论20世纪初德国青年景仰中国文化的现象时,把这些青年归为两派,一派崇"老"(老子),一派崇"孔"(孔子),其中崇"老"一派势力尤大。显然,纳尔逊的"国际青年团"属于"孔"派,并不占主流地位。事实上,纳尔逊的政治立场让他在学术界显得比较突兀,他的"领袖教育"主张被指带有偶像崇拜色彩,他通过政治斗争追求社会道德正义的理念让他失去了一批在学术上支持他的同仁,而他争取外部人士支持的努力亦曾多次受挫,例如纳尔逊曾经试图争取罗素以及当时还是青年学生的波普尔(Karl Raimund

---

① 黄兴涛:《旷世怪杰》,第223页。
② 同上,第221页。
③ 同上,第224页。

Popper, 1902—1994)支持他的政治事业,然而都未成功①。事实上,纳尔逊的政治立场确属激进,他曾高度评价"十月革命"和列宁②,他在"国际青年团"解散后创立的"国际社会主义战斗联盟"(ISK)在行动上比德国社会民主党的左翼和德国共产党还要积极。

需要说明的是,纳尔逊激进的政治立场是与他的道德诉求紧密相连的。纳尔逊是一个新康德主义者,追求基于理性的道德正义,他的政治理念是建立在道德基础上的社会主义,或称伦理社会主义。正如康德和新康德主义者的哲学理念因其形式主义的特点而显得似乎空泛一样,纳尔逊的政治立场和实践也带有一种纯道德主义的、理想主义的色彩。不过,在19世纪后期20世纪初期非理性主义思潮盛行的历史条件下,纳尔逊以自己的理论研究和政治实践再次强调理性和道德的价值,他这种泛道德主义的努力对特定阶段的社会发展的纠偏意义还是不可抹杀的,须知康德哲学正是随着19世纪非理性主义的崛起而淡入历史的。此外还有一点也值得注意。我们不能因为纳尔逊教授执着的"领袖"观和他对民主政治程序的疑虑而简单地判定他就是敌视民主的,在当时特定的历史背景下,这一切在某种意义上更应该看作是为现代西方社会中出现的一个严重问题——"泛政治主义"——求解。一般而言,"泛政治主义"过于强调民主制度在形式上的合理性,而没有或忽略在道德理性上探讨它的根源。纳尔逊一生的理论研究和政治努力恰恰是为这个问题求解,只不过他给出的答案是重返康德和柏拉图,走向道德形而上学,他坚持在"国际青年团"中贯彻"领袖"原则意在以康德—弗里斯哲学的批判精神赋予民主制度一个道德形上学的基础。在世纪之交物质主义甚嚣尘上、价值秩序失范的欧洲社会,这无疑是一种纯化道德理想价值的努力,正是由于这个原因,纳尔逊对儒家的道德学说推崇备至,对辜鸿铭在儒家传统价值观上理想主义式的坚守更是报以崇高的敬意。

总的说来,在对待中国传统文化问题上,纳尔逊和潘维茨的立场比较接近,都格外垂青儒家的伦理道德思想,都尊孔子为人类历史上最伟大、最深刻的圣哲,与19世纪末20世纪初德国国内出现的那场"老子热"很不合拍。基于对道德绝对价值的信仰,新康德主义者纳尔逊"在辜鸿铭身上看到了一位志同道合者"③,对其尊崇有加。与凯泽林和潘维茨相比,纳尔逊对辜鸿铭的推崇不只停留在理论上,他还在自己的政治活动中将辜鸿铭的道德理念付诸实

---

① Franke: *Leonard Nelson*. S. 162~164.
② Ebd., S. 158.
③ Ebd., S. 165.

践,这让他的政治活动更具道德理想主义色彩。

《西方的没落》受了辜鸿铭的影响吗

斯宾格勒(Oswald Spengler,1880—1936),德国著名历史学家和历史哲学家,代表作《西方的没落》(1918)曾以惊人的论断和奇特的文风引起轰动。斯宾格勒自认为是历史学家,由于不重史料搜集和史实考证,他受到了不少历史学家的批判,但他却对一些哲学家、社会学家和文化人类学家产生过较大影响。从影响的角度看,说斯宾格勒是一个文化哲学家似乎更合适些,这就有了与辜鸿铭精神对话的可能性。不过斯宾格勒与辜鸿铭在现实中究竟有无精神上的联系,还应该深入分析。

从表面上看,《西方的没落》中并未出现辜鸿铭的名字,斯宾格勒的其他几本著作也是如此。他一生非常低调,同外界的联系并不多,在他有限的报告和书信中同样找不到关于辜鸿铭的评论。斯宾格勒究竟有没有读过辜鸿铭的著作?这已不得而知了,不过这并非问题的关键,读过并不等于受到影响。事实上,在上世纪一二十年代的德国,辜鸿铭曾经引起相当多知识分子的关注,读过他作品的学者想来应该不少,但我们却不能说他们都受了辜鸿铭的影响。

在上世纪90年代的"文化研究热"中,辜鸿铭与西方思想文化界的关系问题引起了研究者的格外关注,特别是辜鸿铭对西方现代文明的激烈批判与西方的反现代化思潮之间产生的碰撞。作为欧洲上世纪初文化反思潮流的代表作,斯宾格勒的著作《西方的没落》也映入了人们的眼帘,于是有观点认为,斯宾格勒及其《西方的没落》也受到了辜鸿铭的影响。实际上,部分地缘于外文资料的欠缺,对辜鸿铭与西方思想界的关系这一课题的探讨目前尚不够深入,一些观点依然缺乏支撑,诸如斯宾格勒的《西方的没落》受了辜鸿铭影响的看法就非常值得商榷。

关于这种观点,可以举个例子:"虽然这本书中找不到关于辜鸿铭的内容,但此书根本的论断——西方文明已经走到了尽头——却是受辜鸿铭影响的。"[①]笔者认为这种看法有武断之嫌。综观辜鸿铭的文章著作,他关于东方文明优越的观点虽然萌芽较早,但在中国积贫积弱、饱受西方列强欺凌的现实下,他在相当长的时间内追求的乃是中西文明价值对等——"欧洲作家习惯谈论基督教文明是比远东人民的儒家文明更高级的文明,其实这两种文明的目

---

① 孔庆茂:《辜鸿铭评传》,第197页。

标无疑是相同的,即保证人们道德的健全和在世界上维持国民秩序"①,他明确宣称西方文明崩溃是在《中国人的精神》的前言中,导火索则是一战的爆发,如果说辜鸿铭启发了斯宾格勒,显然只能是他的《中国人的精神》。问题在于,当《中国人的精神》德文版 1916 年在德国出版时,斯宾格勒《西方的没落》上卷早已完稿。斯宾格勒在该书序言中表示,他是在世界大战的征兆开始出现的背景下着手构思这本书的:"这本书的整理手稿,是三年写作的成果,在世界大战爆发之前,即已完成。"②由此推算,斯宾格勒大约是在 1911 年开始动笔写作的。上卷完成后,却没有出版社愿意出版,直到 1918 年才在维也纳正式问世。单从时间上看,认为辜鸿铭的《中国人的精神》影响了《西方的没落》的假设就难以成立,只有出版于 1911 年的《清流传》德文本才有可能,但《清流传》中并没有西方文明已经走向没落的表述,相反,辜鸿铭在《清流传》中苦苦追求的却是中国传统文化在强势的西方文明步步进逼之下的生存权:"我们是只能听任自己古老的文明被扫除净尽呢,还是有什么办法能避免这样一场灾难?"③由该书德译本书名《中国对欧洲思想的抗拒》也可见端倪。

更重要的是,斯宾格勒所说的"西方的没落"与辜鸿铭所谓的"西方文明的崩溃"根本不是一回事。斯宾格勒的这一结论是以他对文化的有机性和宿命性的认识为基础的。斯宾格勒认为,文化正如人的一生,"每一个文化,都要经过如同个人那样的生命阶段,每一个文化,各有它的孩提、青年、成年和老年时期"④;每一种文化都会经历春、夏、秋、冬四个发展期,他分别称之为前文化时期、文化早期、文化晚期和文明时期,这四个时期又可进一步归纳为前后相连的文化阶段和文明阶段;凡是进入文明阶段的民族都会没落,也就是通常所说的盛极而衰,任何一种文化都逃脱不了必然灭亡的命运:"每一个活生生的文化,最后都会达到其内在与外在的完成状态,达到其终结——这便是所有的所谓历史的'没落'的意义。"⑤西方文化当然也不例外。在对西方文化做了史的考察之后,斯宾格勒认为西方文化已经走过了文化的创造阶段,正处于因循守旧、物质享受的文明阶段,将迈向无可挽回的没落:西方文化在"十九世纪已越过了文化的境界,而进入了'文明'"⑥。按照斯宾格勒的客观分析,我们必然

---

① 《辜鸿铭文集》(上),第 177 页。
② [德]斯宾格勒:《西方的没落》,第 4 页。
③ 《辜鸿铭文集》(上),第 386 页。
④ 同上,第 97 页。
⑤ 同上,第 97 页。
⑥ 同上,第 213 页。

也能得出"东方的没落"的说法。事实上,在斯宾格勒划分的八大自成体系的伟大文化中,除西方文化之外的其他七种文化在他看来都已死亡或僵化了,当然,西方文化自身也在劫难逃,但如果他再进一步推论出一部《东方的没落》来,相信辜鸿铭会第一个站出来批驳。在辜鸿铭看来,西方文明是"纯粹的机械文明,没有精神的东西"①,由于不以道德力约束,虽外表"让人叹为观止",却是一种"基础尚不牢固的文明",甚至并非"真正的文明"②,像中国文化这样一种"建立在一个依赖于人的平静的理性基础之上的道德文化"才真正"更难达到,而一旦实现,就将会永恒持久,不衰不灭"③;由于相信人的本性是恶的,心和脑是分离的,西方人在社会生活中只重物质索取,不讲道德正义,信奉实利至上原则,必然会陷入强权崇拜、群氓崇拜,最终走入无政府主义、军国主义乃至战争的死胡同,第一次世界大战的爆发即是明证,在这种情况下,欧洲的唯一出路就是采纳中国以忠诚为最高原则的儒家"良民宗教"。

可以看出,斯宾格勒"西方的没落"的观点是一种客观的理论分析,其中并不含有任何价值判断,相反,辜鸿铭所谓"西方文明的崩溃"是以他的东方道德文明优越论为前提的,其中蕴含了他对西方现代文明强烈的不屑,两者之间很难看出因果联系。换言之,此"没落"非彼"没落",说其中有影响确实勉为其难。再进一步说,斯宾格勒和辜鸿铭对"文化"、"文明"以及东西文化关系问题的认识毫无交集,这根本决定了他们对西方文化的批判视角之间没有关联,不具有可比性。

对"文化"和"文明"的理解。认为斯宾格勒《西方的没落》受了辜鸿铭影响的观点还有一个证据:"文化和文明在他那里有明显的划分,这与辜氏持论大抵相近。"④不过,这个证据疑问颇大。确实,"文化"和"文明"是两人著作中的核心概念,可是具体含义差异极大。在辜鸿铭的著作中,"文化"和"文明"这两个概念都曾出现,不过辜鸿铭显然并未加以区分,基本上是当作一个词混同使用的。这种情况并非偶然,事实上,"文化"和"文明"不加区分的现象在晚清至新文化运动以前确是比较普遍的。⑤至于辜鸿铭对"文明"一词的理解,本书在第一章中已有论述,辜鸿铭持的是一种道德文明观,他的基本立场是,"文明"

---

① 《辜鸿铭文集》(下),第309页。
② 同上,第303~304页。
③ 《辜鸿铭文集》(上),第177页。
④ 孔庆茂:《辜鸿铭评传》,第198页。
⑤ 龚书铎:《近代中国文化结构的变化》,载《中国近代文化探索》第14页。转引自黄兴涛《文化怪杰辜鸿铭》第153页。

的真正含义是人的精神状态和道德修养水平,物质和技术成就并不属于"文明"范畴。尽管在具体论述时他的侧重点常有游移,但对"文明"的这一核心认识他始终未变。斯宾格勒则对"文化"和"文明"两个概念做了严格的区分,在使用时是非常慎重的。只有理解了这一点,才能把握《西方的没落》的精神实质。在斯宾格勒看来,"文化"和"文明"是文化发展的两个基本阶段,每一种文化都会经历从"文化"阶段向"文明"阶段的过渡:"文明是文化不可避免的最终命运","文明,即是文化的结论。文明到来时,已经生成的事物,替代了生成变化的过程,死亡跟随着原来的生命,僵化替代了原来的扩张"。[①]具体说来,"文化"阶段侧重于精神文化的发展,以艺术、宗教和哲学为核心,而"文明"阶段侧重物质文明的发展,以科学和技术为核心,换言之,"文明"是已然定型的事物,死板僵化,"文化"则是生成变化中的事物,充满了活力,一种文化一旦进入"文明"阶段,就意味着已逐渐丧失自己在"文化"阶段的创造力,一味沿袭和继承,却没有创新和变化,因而必然走向没落,正如斯宾格勒在书中所说:"文化和文明——前者是一个灵魂的活生生的形体,后者却是灵魂的木乃伊。"[②]可以看出,斯宾格勒和辜鸿铭各自心目中的"文化"与"文明"含义其实相去甚远。以下我们从两个方面作进一步的分析。

对中西文化关系的看法。辜鸿铭对中西文化关系的看法在第一章中已有论述。大体而言,在辜鸿铭看来,西方文化以物质为本,中国文化以道德为本,基于中国重道轻器的传统观念,中国的德性文化自然要优越于西方的物性文化,中西之间当然可以实现优势互补,不过要以东方文化优越为前提,第一次世界大战的爆发更使他明确提出西方文化已经破产的观点,认为欧洲必须全面采纳儒家文化,这便是他轰动一时的"儒家文明救西论"。很显然,在中西文化关系问题上,辜鸿铭的观点带有强烈的功利色彩和明确的价值评判,表现出一种以自我为中心的倾向。即便是他晚年的东西交流互补论也是有条件的,它以东方文明优越为前提,以西方文明走向东方文明为根本方向,对中国来说,则是在坚持儒家道德传统之本的同时,适当吸纳西方现代文明的部分成果并予以超越,主从优劣可谓泾渭分明。

斯宾格勒并未具体论述中西文化关系,他基本是以更广的视野看待文化关系问题的。他划分了八大文化体系。就他的论述来看,每种文化都是一个独立自存的整体,各有自己生长的土壤和独特个性,都要经历相同的发展过程,时间上的先后并不重要,不同文化的人和事完全可以具有相同的意义,因

---

① [德]斯宾格勒:《西方的没落》,第29页。
② 同上,第255页。

而文化并无优劣之分。这样,斯宾格勒就否定了西方文明中心论,同样,东方文明中心论在他那里也是不成立的,其文化观有鲜明的非中心倾向——"在我的系统中,不承认古典文化或西欧文化,相对于印度、巴比伦、中国、埃及、阿拉伯及墨西哥文化而言,有何特殊的地位"①,这无疑与辜鸿铭的观点大异其趣。斯宾格勒还进一步推论,每一种文化的人都只能站在自己的文化中看待一切——"每一个文化,都有其自己的方法,来观察与了解自然世界","要使一个文化中的人,真的了解另一文化的'自然'观念,还是非常困难的"。② 换句话说,不同文化间的了解与沟通基本上是不可能的,文化交流不过是表象,相互隔绝才是本质,这样,文化间拯救与被拯救的关系当然也就无从谈起了。此外,在斯宾格勒看来,根本就没有什么世界史,也没有统一的历史发展线索,有的只是一系列互不联系、自成体系的文化统一体——"人类历史根本毫无意义可言,而深度的象征意义,只存在于个别文化的生命历程中"③。换言之,笼统地谈论世界的历史或人的价值根本没有意义,意义仅存在于具体文化的生活进程当中,所谓永恒真理、终极理想之类都是一些没有意义的话题——"世上没有什么东西是永恒的、普遍的"④。显然,斯宾格勒持的是一种相对主义的真理观和价值观,这与辜鸿铭对永恒道德价值和道德责任感的推崇截然不同。

可以看出,斯宾格勒和辜鸿铭在文化关系问题上的立场大异其趣。在斯宾格勒看来,文化根本就是自身循环的,宿命是不可抗拒的,因而文化间并不存在谁拯救谁的问题,这与辜鸿铭咬住东西文化孰优孰劣不放松的做法南辕北辙。

在德国第一次世界大战后出现的"东方文化热"中,斯宾格勒和辜鸿铭的著作共同成为社会各界文化反思的养料,不过也有学者注意到了两人在文化观方面的显著差异:"中国的智者辜鸿铭想保护自己的祖国免遭西方思想的入侵。他在世界大战期间曾提醒人们注意,欧洲面临着没落的危险(《中国人的精神和战争的出路》)。面对西方肤浅的文明和人的机器化倾向,他大力宣扬儒家文化的内在道德价值,认为这是拯救患病的西方世界的良药。他和斯宾格勒都很接近浪漫主义的立场:要灵魂的文化,不要外部的文明;要个人的价值,不要生活的精细化;要权威,不要社会主义和民主",但是,"斯宾格勒并未试图改造人类,并未试图改变他们的看法。他认识到,这种抗拒历史车轮前进

---

① [德]斯宾格勒:《西方的没落》,第14页。
② 同上,第103页。
③ 同上,第342页。
④ 同上,第22页。

的想法是徒劳的。因此,他将新文化无可阻挡的胜利看作解体和没落","斯宾格勒不是一个劝人忏悔的布道者","他预言了我们的命运,想让我们认清并顺从这种命运"。① 上述评论算得上一个很好的注脚。

比较式研究方法。这大约是唯一能把斯宾格勒与辜鸿铭联系起来的理由。总的说来,比较和类比是辜鸿铭最擅长的论证手法,特别是他关于中西文化所做的一些类比,虽然牵强之处不少,但也经常颇有新意,最典型的就是他的《清流传》,其中有大量关于中西历史、政治及文化人物的比附,前面已有论述。同样,斯宾格勒《西方的没落》也将比较作为一种重要的研究方法,从某种意义上说,《西方的没落》还是比较文化学的经典之作。这种情况是与斯宾格勒对文化和历史研究的认识分不开的。在斯宾格勒看来,研究历史首先就是要研究历史上各种不同的文化,人类的历史就是各种文化自生自灭的舞台;而在具体的研究过程中,一方面要弄清各种文化产生、发展和衰亡的过程,另一方面也要对不同文化的发展轨迹进行比较研究,从而找到它们变化发展的共同规律。可以看出,比较式的研究方法既是斯宾格勒文化观的逻辑结果,也是他写作《西方的没落》的必然要求,从中并不必然得出辜鸿铭曾在比较式研究方法上影响过斯宾格勒的结论。

综合上面的分析,断言斯宾格勒《西方的没落》一书的主旨受了辜鸿铭的影响显然是不太妥当的。如果说斯宾格勒阅读过辜鸿铭的文章或著作,这种可能性当然是存在的,甚至推测斯宾格勒做过针对性评论,这也有可能,不过如果认为《西方的没落》的核心思想受了辜鸿铭的影响,则是言过其实了,这种看法似是而非,更多的是在斯宾格勒"西方必然走向没落"的理性结论和辜鸿铭所谓"世界大战证明西方文明已经崩溃"的激情道白之间简单地画等号,难以令人信服。

哲学史著作中的辜鸿铭

部分地拜德国第一次世界大战后的"东方文化热"所赐,在 20 世纪 20 年代,德国学术界有几部研究中国哲学史的著作问世,其中比较有代表性的有:岑克尔(Ernst Viktor Zenker,1865—1946)所著《中国哲学史》(*Geschichte der chinesischen Philosophie*,1926)、哈克曼(Heinrich Hackmann,1864—1935)所著《中国哲学》(*Chinesische Philosophie*,1927)、著名学者福克(Alfred

---

① Franz, Erich: *Der Untergang des Abendlandes*. In: *Die Hilfe*. Jg. 1920. Nr. 24. S. 363.

Forke,1867—1944)所著《中国古代哲学史》(*Geschichte der alten chinesischen Philosophie*,1927)。1938年,福克又出版了《中国近代哲学史》(*Geschichte der neueren chinesischen Philosophie*,1938),作为他前部著作的续集。这几部著作中,福克所著的中国哲学史现在依然为研究者所重视。

福克的著作稍晚于岑克尔和哈克曼。他对此前出版的这两本著作都不满意,认为它们对中国近现代哲学重视不够,这也是他花费大量精力写成《中国近代哲学史》一书的主要原因。他在《中国近代哲学史》序言中这样评论道:"在哈克曼那本还算不错的中国哲学史中,古代部分大约占了220页,中世纪部分90页,近现代部分65页。岑克尔的著作340页用于古代,200页用于中世纪,130页用于近现代","如果不算王阳明,哈克曼仅用了一页便叙述完了近代的元、明两个朝代,清代则为2页;岑克尔用于元、明两代的篇幅为3页,清代部分多了些,但他关于圣谕、张之洞、辜鸿铭和胡适的叙述却很少涉及哲学本身,他对康有为和梁启超做了一些介绍,但这一时期的其他哲学家他却并未提到。哈克曼至少还提到了几位哲学家的名字,并做了简要的描述"。①福克在列举中国近代的哲学家时提到了辜鸿铭,将辜鸿铭与张之洞、康有为、梁启超、胡适等人并列,似乎给了辜鸿铭知名哲学家的头衔,然而,在《中国近代哲学史》的正文中,福克对张之洞、康有为、梁启超、胡适等人的思想观点都做了详细的评述,对辜鸿铭却一字未提。看起来,辜鸿铭在精研中国哲学的著名学者福克眼中似乎并不能算作一位哲学家。

哈克曼的《中国哲学》也很相似。在这部著作中,哈克曼对中国近代哲学着墨较少,只简略论述了清末民初包括康有为在内的几位思想家,同样没有提到辜鸿铭。不过,哈克曼曾以传教士身份于世纪之交在上海传教十年,在基于这段传教经历写成的《东方的世界》(*Welt des Ostens*,1912)一书的结尾部分,哈克曼用了一定篇幅评论20世纪初欧亚关系的现状,特别引用了辜鸿铭的观点,主要依据是《清流传》,从中,我们可以看出对中国哲学颇有研究的神学家和汉学家哈克曼对辜鸿铭的评价。

哈克曼对当时欧亚之间的关系非常不满,认为双方之间缺乏深入的沟通,欧洲对亚洲在"精神上的了解仍处于一个非常原始的阶段",亚洲对欧洲的认识同样是"在黑暗中摸索",相关"资料越来越丰富",却不过是"各种观点和看法的大杂烩"。在哈克曼看来,主要问题在于,"这类分析大多含有偶然因素。每个人都可以随处拣起一根绳线任意编织。人们按自己的方式说明问题,将碎片织成整体。实际知识越是不足,偏见、误解、个人爱憎以及各种倾向,特别

---

① Forke:*Geschichte der neueren chinesischen Philosophie*. Vorwort. S.5.

是政治倾向的介入就越厉害。人们越过最困难的问题和最复杂的现象的办法便是大胆的概括"①。

为进一步说明问题,哈克曼引了辜鸿铭《清流传》中关于"立场"的说法,并认为辜鸿铭的评论已开始切中东西关系问题的要害:"中国作家辜鸿铭在其著作《中国对欧洲思想的抗拒》中(第18页)曾经指出,相互之间实现理解的可能性之所以很小,是因为每个人都有自己的'立场',不相信有一个普遍正确和错误的'立场'存在。事实上也的确如此。掩盖在'立场'这个词后面的,无非是个人盲目拼凑起来的一堆对当前问题自以为是的看法。"不过,哈克曼随后又指出,辜鸿铭虽然看到了问题,但并未对如何解决问题提出可行的建议:"但辜鸿铭似乎并未看到,一个巨大的困难在于,我们怎样才能达到真正客观的立场。为了能够相互进行评价,我们急需评价异质文明的正确标准",而"这种可以让我们区分本质与非本质、让我们透过各种现象清晰地把握本质的正确标准,我们今天根本没有,将来很长的时间里也不会有。亚洲人在观察我们的精神生活时,同样也没有这种标准"。

那么,正确的解决办法是什么呢。哈克曼给出了他的建议:"这种标准并不会简单地通过良好的愿望或少数人的正确观点产生,只能通过持续不断地扩展我们的知识而逐步实现,就像结晶的形成过程一样,需要人们数十年、数百年的努力";"尽量避免那些一般性的判断,即使是导致这类判断的提问也要避免,除此之外没有更好的办法了。相反,我们要大胆致力于对具体现象的研究,同时还要不断学习。即使在那些初看起来黑暗、封闭的地方,我们也要努力观察。我们必须训练、扩大自己的吸收能力"。②可以看出,在东西关系问题上,哈克曼提倡的是深入研究具体事实,反对虚无缥缈、无根无据的空想、臆测和偏见。他本人就曾身体力行,在传教的同时深入考察东方社会,并借此写下了生活观感《东方的世界》。

值得注意的是,关于东西文化关系,哈克曼对当时的两种现象表示了不满。一是东方对西方现代文明的批评。"有观点认为,欧洲虽然在'物质文化'方面是庞然大物,但在'精神文化'方面却落后于亚洲的天才思想。"哈克曼对此的评价是:这类论调"其实太幼稚、太肤浅,不值得转述。实际上,欧洲和亚洲之间的区别更为深刻,不是这类空话所能把握的。贸易和战舰其实并未展示出西方世界的全貌,目前对外部生活水平的狂热追求只是西方生活的一个阶段,很可能只是通往新的、更深刻、更广泛的存在方式的一个过渡阶段而

---

① Hackmann: *Welt des Ostens*. S. 432~433.
② Ebd., S. 434~435.

已。"二是对中西文化之间的简单类比现象。对于这种倾向,哈克曼同样不以为然:"最近,令人惊奇的对照和类比特别受欢迎,但也特别容易误导人。康德和歌德被拿来与孔子或老子对比,李鸿章和张之洞与俾斯麦和格莱斯顿(Gladstone)比肩,画家米芾或唐寅被比作惠斯勒(Whistler)和阿亨巴赫(Achenbach),如此等等。可以理解,这是在试图给人们对西方的模糊认识增加更多的色彩和轮廓,但形象性的获得是以真实性为代价的。"①

不管哈克曼的回击中有多少西方文化自豪感的因素在起作用,但他显然是作为一个严肃的学者客观看待问题的,其回击表述得相当理性,绝少情绪化论调,而且确实很有见地。在他的两点批评中,哈克曼并未直接说明是针对辜鸿铭的,但无论是对西方文明物质主义倾向的激烈批评,还是在中西文化之间进行对比,辜鸿铭在当时的中国学者中无疑都最具有代表性,而且,哈克曼在前面刚刚以辜鸿铭的《清流传》为例评论过中西文化关系的现状,他的批评应该是有感而发,导火索就是辜鸿铭的《清流传》。从哈克曼的评论来看,他显然认为辜鸿铭的立论有欠公允,论证方式过于简单,缺乏一个学者应有的科学态度和客观立场,这大约也是他在《中国哲学》一书中未将辜鸿铭归入中国近代哲学家行列的原因之一。

不过,岑克尔在其《中国哲学史》的近代部分却给了辜鸿铭极大的关注。从相关评论看,岑克尔对辜鸿铭的主要著作和思想倾向非常熟悉,他开列的论述孔子思想的参考书目中,辜鸿铭的英译《论语》和卫礼贤的德译《论语》并列其中,而《尊王篇》、《清流传》和《中国人的精神》更是他评论辜鸿铭思想观点的主要依据。

岑克尔主要是以儒家学说从清初到民初的命运波折为线索介绍中国近代哲学的。他首先对儒家学说自 19 世纪后期起面临西方思想严峻挑战的现实做了详细介绍,并以张之洞调和儒学理想和欧洲新学之间矛盾的折中立场为典型例证。张之洞应对时代挑战的办法是采取双重道德标准:作为个人的中国人要严守儒教原则,作为一个民族的中国人则须采纳欧洲新学,也即"君子"是个人的榜样,"食肉动物"则是民族的目标。岑克尔对张之洞为传统寻出路的立场深表理解:"张之洞和清流党正代表了那些束手无策的儒教徒,他们以最善良的愿望和最出色的才智再次试图找到一条革新之路。"与此相连,岑克尔对辜鸿铭维护儒家传统价值观的言行也是格外关注:"辜鸿铭是张之洞的密友和最忠实的信徒,在欧洲也很有名,他为张之洞所做的辩护几乎是最典型、

---

① Hackmann: *Welt des Ostens*. S. 435~436.

最悲壮的。"①在评论张之洞主张的同时,岑克尔曾大段引用辜鸿铭在《清流传》第七章中对张之洞"中体西用"说的评论。

大致来说,对于张之洞的"中体西用"说,辜鸿铭还是多有不满的,认为这是在放弃儒家原则,是"奇特而荒唐的调和"②,不过,他也承认张之洞乃是迫不得已,因为"单是用严正的儒教原则,要对付诸如法国舰队司令孤拔那配备有可怕大炮的丑陋而骇人的战舰一类的东西,是无济于事的"③。岑克尔也持类似观点,在他看来,儒家学说在历史发展中已经与中国的政治、社会和精神生活密不可分,因此,张之洞调和中西学说的折中立场固然可以理解,是否可行却大有疑问:"与我们一起领略了儒家思想发展历程的读者很容易看出来,将孔子学说降格为纯粹的个人道德,使其与公共福祉和国家生活脱钩,就意味着彻底放弃这种学说。"④

在岑克尔看来,解决传统与现代的冲突是现代中国学者无可回避的历史使命,辜鸿铭当然也不例外。随后,岑克尔详细分析了辜鸿铭在这个问题上的观点,但他同样也对辜氏主张在现代中国的可行性提出了疑问:"辜鸿铭本人在内心深处将儒家思想与他在英国和德国的大学里吸收的西方思想融合了起来。他在儒家学说中看到了'良民宗教',它在任何情况下都能把'义'和'礼'联系在一起。他同样在《春秋》中发现了完美的、真正的孔子,认为他的基本观念'名分大义',即关于忠诚和义务的伟大原则,是国家和民族得以维系的唯一途径。这非常好,对我们欧洲人来说甚至还非常动听,然而在中国人眼里,这不过是新儒家的论调,是宗教替代物,而非宗教。这是儒家的实用主义观念,它以对皇帝的忠诚和义务代替了对一个全能上帝的信仰,以对种族不朽的信仰代替了对灵魂不朽的信仰,这并不能驱走风暴。"⑤

不过,岑克尔并未否定张之洞和辜鸿铭的积极意义,在他看来,无论张之洞的折中、辜鸿铭的保守,还是坚持让儒家学说从神坛上走下来的胡适,都是在为中国的未来寻求出路,因为中国正处于一个何去何从的十字路口:"中国正处于这样一个动荡不安、前途迷茫的时代,针锋相对的观念出人意料地迅速相互取代;今天得到了最热烈的掌声,明天便会遭到嘲笑和咒骂。在今天的中国,哲学观念看起来也像政治和社会局势一样动荡不安。除了胡适这样的美

---

① Zenker: *Geschichte der chinesischen Philosophie*. Bd. I. S. 314.
② 《辜鸿铭文集》(上),第 321 页。
③ 同上,第 315 页。
④ Zenker: *Geschichte der chinesischen Philosophie*. Bd. I. S. 316.
⑤ Ebd., S. 316.

式实用主义者外,信奉基督教的冯玉祥将军也在勇士的簇拥下加入了进来,获得了同样热烈的掌声;像辜鸿铭这样儒雅的绅士,中国可能仍有许多;一度激进的梁启超现在则成了佛教徒。"①

最终,岑克尔将中国20世纪初的各种思潮归纳为两种文化观念的交锋:"中国目前正在激战的两种力量,代表了两种针锋相对的思想观念",一派代表着"冷漠的实用主义、物质主义和残酷打击异己",另一派则代表着"自由、人性和社会道德秩序"。在岑克尔看来,胡适是前者的代表,辜鸿铭则属于后者,各有存在的意义。至于中国的未来,在岑克尔看来依然是未知的:"预言未来中国事物和观念的形态,这是鲁莽的举动;要预言那里将如何对待西方的精神价值,同样是鲁莽的。"②

岑克尔的《中国哲学史》分上、下两册,近700页,清初至民国部分却还不到30页,介绍得极为简略,但就在这么短的篇幅里,岑克尔却没有忘记给辜鸿铭一席之地,将他与张之洞、康有为、胡适并列,显见对辜鸿铭的重视。问题在于,岑克尔将主要篇幅都用在了背景介绍上,真正针对哲学思想的分析并不多,而且,岑克尔似乎并未深入研究这一时期的中国哲学,清初的王夫之、顾炎武、黄宗羲,稍后的戴震等重要的思想家他都未提到,至于梁启超,岑克尔也只有一句话提及。应该说,岑克尔对辜鸿铭和胡适的格外关注主要还是缘于两人因各自的著作在海外树起的声望,并非是以中国哲学发展的内在理路为着眼点。福克批评岑克尔这本著作过于主观,特别是对近代部分的描述很少涉及哲学本身,显然是不无道理的。

从前面的分析可以看出,在致力于中国哲学研究的德国学者眼中,辜鸿铭似乎并不能进入中国哲学家的行列:哈克曼和福克在其所著中国哲学史中都未给辜鸿铭一席之地,岑克尔在其《中国哲学史》近现代部分倒是对辜鸿铭有过较大篇幅的评述,但正如福克指出的那样,岑克尔的评论基本上并未深入哲学思想本身。

德国学者的结论当然是有依据的。事实上,辜鸿铭本人虽颇具哲学家气质,但他确实不是一个严格意义上的哲学家,他虽然是以孔孟为代表的中国儒家传统思想的坚定拥护者,却又不像同时代的康有为、梁启超那样是有严密理论建树的中国传统学者。他对西方现代科技文明有过大量的评论,紧紧抓住西方现代工业文明"物性"、"机器化"的一面,坚称现代欧洲已陷入了精神危

---

① Zenker: *Geschichte der chinesischen Philosophie*. Bd. I. S. 327.
② Ebd., S. 328.

机,应向东方文明取经。现在看来,这其实已涉及对现代性的先驱性批判,他对西方现代文明"物性"特征的评判正彰显了现代社会人与自然关系的异化,与海德格尔批判西方现代社会人与世界的关系是一种主体与客体相对立的关系(即技术对世界的统治、对自然的征服与掠夺)倒是有些神似。不过,辜鸿铭对现代性的这种先驱性批判虽与稍早于他的尼采及稍后的海德格尔有着类似的视角,即都基于对现代欧洲精神危机的认识,但辜鸿铭并未像尼采和海德格尔那样将对西方现代社会的批判反思上升到哲学的层面予以系统思考,进而形成自己的哲学观点,而是纠缠在千丝万缕的现实政治和社会利益考量之中。这样看来,辜鸿铭著名哲学家的头衔似乎成了疑问。

然而,在第一次世界大战后期及战后的一段时间里,辜鸿铭被不少西方人视为东方文化的代言人、一位思想深邃的哲学家,在德国尤为明显,这又是一个不容否认的事实。关于这一点,人们同样可以找到不少佐证。

1924年再版的《中国人的精神》德文本封三上就专门摘引了《莱茵—威斯特法伦报》上刊登的一则评论文字:"辜鸿铭对欧洲和欧洲人的熟悉程度,几乎没有第二个中国人可以比肩。他不是一位政治家,而是一位哲学家。我们对他的认识和评价,首先要有这样一个基本概念","假若我们读过辜鸿铭的著作,就必然会承认,它所涉及的全部是一些深刻的问题。书中论述了东方同西方所谓的'自由主义'的思想斗争。不过,他所谓的这种思想斗争是高境界的,与时下到处充斥着的那种白种人和黄种人斗争的陈词滥调毫无共同之处"。[①] 再如,英国作家毛姆在他那篇著名的访问记中恭敬地称辜鸿铭为哲学家,艾恺也曾依据《中国人的精神》法文本序言指出辜鸿铭的书"是欧洲大学哲学课程所必读"。一个更有说服力的证据是,不少德国哲学家,如凯泽林、潘维茨、纳尔逊、杜里舒等人,都曾关注过辜鸿铭,并给了他相当积极的评价。无疑,辜鸿铭的思想观点确有值得人们深思的地方。

在德国哲学界,关注辜鸿铭的学者大致可以分为两类:一类以纳尔逊教授最为典型,代表德国部分学院派哲学家;另一类则以凯泽林和潘维茨最为典型,代表德国当时的一些文化哲学家。两类哲学家关注辜鸿铭的切入点各有侧重。

大体上,对辜鸿铭颇多推崇的德国学院派哲学家大多属于新康德主义一脉,纳尔逊教授便是后期新康德主义的主要代表人物之一。新康德主义兴起后,一度雄霸德国大学的哲学讲坛,艾恺所说的辜鸿铭的著作成了大学哲学课程的必读书目,指的就是新康德主义哲学。新康德主义各派除了从不同角度

[①] 《辜鸿铭文集》(下),第154页。

阐释康德的认识论外,尤其注重发展康德的伦理学,强调道德价值的绝对意义以对抗当时的真理相对主义和价值虚无主义倾向,最具代表性的是西南学派文德尔班的普遍价值理论。文德尔班不仅承认康德道德哲学的普遍和永恒的意义,还把康德的道德理想与人类真理观结合起来,从中引申出道德的绝对价值观,力图对人们的道德判断作出指导,巩固人们的道德理念,其"普遍价值"实质上就是康德作为最高道德原则的"绝对律令"。

总的说来,康德以"至善"为目的的道德哲学(人在自由意志的基础上,出于义务或职责,自愿地履行道德法则)具有纯洁的理想主义色彩,较多重视原则而忽略效果,主张行为的最高准则是"应当这样"行动,必须按照"良心"行动,在这一点上,反复强调道德责任感之绝对性和永恒性的辜鸿铭自然极易产生共鸣,这是他反复引用康德墓志铭的根本原因。同样,新康德主义者从讨论价值问题入手,厘清道德、价值、真理等概念的内涵,在继承康德道德哲学的基础上重塑普遍有效的价值尺度,突出道德的绝对价值以对抗道德相对主义和价值虚无主义,辜鸿铭对道德价值之绝对性和永恒性的坚守得到德国新康德主义哲学家的青睐是顺理成章的事。

作为一种哲学思潮,新康德主义是对古典唯心主义浪潮消退后在科学和社会领域泛滥的唯物主义乃至科学主义思潮的反拨,由于流行于19世纪后期至20世纪初,正值西方社会在科技及经济高速发展的同时人们却日益失去方向感的时期,某种意义上正暴露了现代资本主义社会自身的矛盾,即现代性的危机。德国社会学巨匠马克斯·韦伯(Max Weber,1864—1920)对现代资本主义制度有过精彩的分析。在韦伯看来,合理性是西方现代资本主义社会的本质,他通过对"形式合理性"(重实效,立足于精密的计算)与"实质合理性"(重信仰,无视行为的功利结果)概念的区分,指出资本主义社会虽然借助采用技术性手段的理性化过程建立起了比传统社会更高效的、更具合理性的经济、政治、法律、社会的结构和秩序,但在这种以技术性手段为核心的形式合理性(工具合理性)所造就的现代社会制度机器中,事实与价值、效率与理想之间的紧张关系却不断加剧,由于形式合理性和实质合理性的冲突最终走向实质合理性臣服于形式合理性,现代资本主义社会高效的、全方位理性化的发展必然导致"意义的丧失"和"自由的丧失"这两个悲剧性的命题。韦伯对现代性的先驱性研究深刻地揭示了现代性本身隐含的矛盾,表明现代资本主义社会的文化价值本身存在着不可避免的冲突。随着现代资本主义社会的全方位理性化,这种冲突具有了普遍的社会意义,涵盖了现代社会的政治、经济、法律、文化等各个领域,构成了现代性的根本难题。这种现代性的危机在19世纪末20世纪初终于开始走向激化,这也是那个年代的欧洲知识界特别是众多的人文主义知识分子经常陷入精神苦闷的根源所在。从这个意义上说,在那个越来越机器化、精神空间日渐逼仄的现代欧洲社会中,新康德主义者(尤其中后期新康德主义者)呼吁重新回到康德,赋予精神价值以特别重要的意义和人人皆需要遵守的、全人类的性质,特别是道德原则的价值,试图将人们的目光重新拉回到伦理、宗教、艺术的领域,可谓对经济发展与社会道德之关系的先驱性探索,其思想主张虽然像康德的道德哲学一样显得有些空泛和形式化,但它的积极意义还是不容抹杀的,更可视为欧洲源远流长的反现代化思潮的一支同盟军。作为新康德主义的后期代表人物之一,哥廷根大学哲学教授纳尔逊坚持以道德正义统摄自己的理论研究和政治实践,他对儒家的道德学说情有独钟,引辜鸿铭为自己的同道,以一种唯道德主义式的不妥协立场抗拒泛科学主义思潮,为了实践孔子的"贤人政治"这一济世良方,在欧洲重建一个"孔教理想国",他更在自己亲手组建的政治组织中推行道德领袖原则,甚至不惜对带有"形式合理性"色彩的现代民主政治程序采取敌视立场。透过以纳尔逊为代表的德国新康德主义哲学家对抗泛科学主义思潮的唯道德主义努力及其对辜鸿铭立场观点的热烈回应,我们依稀看到了辜鸿铭在欧洲那场现代性危机中留下的独特印记。

部分德国学院派哲学家对辜鸿铭的推崇还可由魏嗣銮先生发表于1934年第12期《人间世》上的一篇回忆散文《辜鸿铭在德国》佐证。魏嗣銮先生上世纪20年代初在德国留学,与纳尔逊教授有过直接交往,曾亲眼见证纳尔逊教授对辜鸿铭的推崇,他回忆纳尔逊教授与辜鸿铭关系的这篇文章也常为辜鸿铭研究者引用。20世纪30年代初期,魏嗣銮再次前往德国,让他大为惊奇的是,"辜鸿铭热"仍依稀可辨,虽然辜鸿铭和纳尔逊教授其时皆已故去,德国的大学中仍有哲学教授推崇辜鸿铭:"去年冬月,我复来德,客中遇着一位留学生章用先生。他是学数学及哲学的,成绩极佳。他向我说,现在所从学的两位哲学教授,都很敬仰辜鸿铭。其中一位名G. Misch,他还只是向学生特别介绍辜鸿铭。至于其余一位名H. Nohe的,他的学生若不懂辜鸿铭,他便不准其参加讨论,其折服于辜鸿铭,于此可见了。"[①]

魏嗣銮所说的G. Misch教授就是德国历史学家和哲学家格奥尔格·米施(Georg Misch, 1878—1965),曾继哲学家胡塞尔(Edmund Husserl, 1859—1938)之后执掌哥廷根大学哲学系教席。米施教授是德国哲学家狄尔泰(Wilhelm Dilthey, 1833—1911)的学生和女婿,主要以自传史研究著名,代表作是四卷巨著《自传的历史》(*Geschichte der Autobiographie*),其哲学研究

---

① 黄兴涛:《旷世怪杰》,第218页。

涉及狄尔泰的生命哲学、胡塞尔的现象学和海德格尔的存在主义哲学。1919年,米施开始以教席教授身份执掌哥廷根大学哲学系,此时纳尔逊为该大学哲学系的非教席教授,两人是同事。米施教授向学生推荐阅读辜鸿铭的著作,其中有无纳尔逊教授的影响,已经不得而知。总体上,纳尔逊教授的学术生涯多有波折,他不仅与哥廷根大学校方的关系长期不睦,与一些学界同仁也多有争执,比如他与哥廷根大学哲学系前任教席教授胡塞尔的关系就极不融洽,胡塞尔甚至利用自己的职位之便给纳尔逊教授的学术活动制造障碍。不过,纳尔逊教授和米施教授的关系还算平稳。如果从哲学倾向看,米施教授是狄尔泰的弟子,而狄尔泰的哲学思想和康德哲学极有渊源,某种意义上继承、发展了康德的哲学,从这个角度说,米施教授本人对辜鸿铭抱有好感应该也是可以理解的。至于文中提到的 H. Nohe 教授则情况不详,但从他推崇辜鸿铭的狂热程度看,丝毫不亚于他曾经的同事纳尔逊教授,应该也属于或接近已然没落的新康德主义一脉。

除新康德主义哲学家外,一些文化哲学家也给了辜鸿铭极高评价。不过,与新康德主义哲学家主要关注辜鸿铭的道德理念不同,文化哲学家们更看重的是辜鸿铭有关文明的本质及中西文化关系问题的论述,凯泽林和潘维茨就是他们中的典型代表。关于辜鸿铭对文明和中西文化关系的认识,第一章已有论述。总体而言,辜鸿铭持的是一种道德文明观,坚持认为"文明"的核心在于一国国民的精神状态和道德修养水平,在这个问题上格外强调道德的价值,理解上确有片面之处,然而他对西方现代工业文明缺陷的批评却实实在在地透出一个文化保守主义者的睿智。事实上,在当时的欧洲社会,市场经济的"逐利"逻辑盛行,颠倒了包括义利观在内的传统社会的价值观,物的法则开始大行其道,人变成了物的奴隶,"金钱拜物教"终至社会道德底线的逐渐失守。辜鸿铭对东西文明异同的分析比较虽有偏激或牵强附会之处,却也不乏思想的火花,常富真知灼见,某种意义上也开了比较文化学研究的先河。尤其是他还给西方文明贴上了"食肉动物"的标签,因为逐利原则必然导致欲望膨胀的欧洲走向扩张之路,他强烈抨击西方列强对东方古老文明的经济殖民、政治干涉、军事征服和文化侵略,既洋溢着正义的爱国主义和民族主义热情,也给反思近代东西文化关系提供了有益的材料。事实上,辜鸿铭对西方自工业化以来愈演愈烈的功利主义和庸俗化倾向的批判、对西方物欲至上和对东方文明奉行强权逻辑的抨击立场,在一些具有世界文化视野的学者那里确有警醒作用,这是致力于文化理解与包容的凯泽林从他身上得到启发的主要原因;辜鸿铭对西方现代文明物质主义弊端的批判还激起了部分反思自身文化传统的学者的共鸣,如潘维茨就对辜鸿铭表示了极高的敬意,这一点也是辜氏《清流传》

德文本在德国出版后引来一片喝彩之声的主要原因。若说随着新康德主义哲学走向沉寂,辜鸿铭在德国学院派哲学家视野中逐渐消失是必然的,那么,在关注东西文化关系问题的德国学者眼中,辜鸿铭已被定格在了东西文化交流的史册上,毕竟,文化交流是无止境的。

在今天,德国知识界在论及辜鸿铭时,仍不忘在东西文化交流这一大背景下肯定他的积极意义。这里举个例子。近年出版的《世界文化哲学》(*Philosophie der Weltkulturen*, 2006)一书中的《中国哲学》一章,在介绍儒家传统思想在近现代的发展状况时,特别分析了儒家思想在19世纪末20世纪初西方思想潮涌而入的背景下面临的严峻挑战及中西文化冲突背景下中国传统知识分子的心灵煎熬和艰难抉择:"中国很晚才缓慢地转向西方的科学、技术和民主生活方式,同时,中国也开始接触西方哲学的思维方式,并在迟疑中接受。然而,保守的思想家担心中国文化因此丧失自我,他们仍认为,他们古老的文化至少从道德的角度看远远优于欧洲的文化。"

关于这场中西文化冲突,该书主要以康有为、辜鸿铭为例,并特别强调了辜鸿铭的思想立场:"像其他许多年轻的中国人一样,辜鸿铭在欧洲上过大学,了解欧洲的生活方式。他越来越相信西方的自然科学世界观绝对能与儒家道德哲学和平相处,因为这种哲学对国民共同生活的思考是无与伦比的。中国人的语言主要是从心灵和情感出发,它比基于理性的欧洲语言更为本原。欧洲人片面强调技术理性,因此他们的情感世界一片荒芜。他们片面追求权力和统治地位,因而只生活于存在的表层。他们远远偏离了人类的原始本性,现在需要重新学习心灵的语言。中国的文学也参与了民族性格的塑造,它展示了中国人心灵的深沉、博大和生活方式的淳朴。中国人长期以来像大孩子一样以感情生活,但他们现在必须成长起来,要开发自己的批判理性。中国科学家也要学习数学、物理、化学和技术,人民大众必须接受这些教育。因为只有这样,中国才能赶上欧洲人、美国人和日本人的文化优势。但他还是预言,中国道德哲学的古老价值必须保持,要适应新时代。中国人不能仅仅模仿欧洲人,必须在批判理性和欧洲人所缺少的深情之间寻求平衡,应该同时以成年人的头脑和孩童的心灵生活。科学和宗教可以并行不悖,新文化不一定要废除宗教,但必须能够避免欧洲人进行的许多战争。"[①]

这段对辜鸿铭的述评主要依据《中国人的精神》一书,基本符合事实。从内容上看,该书将辜鸿铭的观点完全放在世纪之交中西文明碰撞的大背景下考察,从而肯定了辜鸿铭现象的历史意义所在。基于这种认识,这段评论还略

---

① Grabner-Haider: *Philosophie der Weltkulturen*. S. 86~88.

有为辜鸿铭文过饰非的倾向,至少从表面上看,现实中的辜鸿铭要比这段述评的内容偏激不少。

最后再次回到辜鸿铭的哲学家头衔问题,其意义我们或许可以这样理解:从中国哲学自身的发展历程看,辜鸿铭确实难以在中国近代哲学史上占有一席之地,他本人虽然具有一定的哲学家气质,但并非严格意义上的哲学家,不过,从他对道德理想的呼吁获得了德国部分新康德主义哲学家的热烈回应这一历史事实来看,他又确实在一个价值相对主义盛行的年代向西方展示了儒家传统伦理道德思想富有价值的一面;更为重要的是,辜鸿铭对西方现代技术文明弊端的指陈、对东方传统文化心灵魅力的阐发与西方上世纪初的文化反思浪潮产生了强烈的共振,一定程度上使中西文化冲突有最终超越民族主义情绪羁绊的可能,从而在更高层次上实现中西之间的理解与交流。从这个意义上说,辜鸿铭是否是哲学家其实并不重要,其东方大哲、东方文化代言人的头衔只是特殊时代的产物,辜鸿铭的文化立场和文化活动在特定时代给中西文化关系带来的触动和启示才是他的意义所在。再次借用美国汉学家艾恺博士的那句话:"在战时与战后欧洲悲观与幻灭的氛围中,与泰戈尔、冈仓等成为东方著名的圣者的,是辜鸿铭,不是梁漱溟或梁启超。"

第二节　德国神学界对辜鸿铭的接受

除哲学界以外,德国神学界对辜鸿铭的评论也很集中,一些长期工作、生活在中国的传教士对辜鸿铭尤多关注。辜鸿铭批评西方文明的物质主义倾向时,经常把原因归结为基督教道德约束力的破产。总体上,辜鸿铭对欧洲基督教会的抨击是非常激烈的,这自然容易引起欧洲神学家的注意。与对基督教会的批评相关联的,是辜鸿铭对基督教在华传教活动的抨击,由于基督教在中国的传教活动是近代中西文化交流的一个重要方面,梳理德国神学界和传教界对辜鸿铭的接受对分析辜鸿铭与德国的关系而言无疑具有特殊的意义。此外,综合迄今为止的辜鸿铭研究,欧洲神学界对辜鸿铭的接受依然是辜鸿铭与欧洲关系研究的盲点,因而更有必要就这一点做详细分析。首先以几位曾经深入关注过辜鸿铭的德国神学家或传教士为例。

罗尔巴赫(Paul Rohrbach,1869—1956)

罗尔巴赫,德国著名的新教神学家和政治评论家,长期关注德国对外政策并亲身涉足过外交,曾在南部非洲主持德国殖民地事务,后入柏林商学院执教,主讲殖民地管理。罗尔巴赫曾两次来华游历考察,在德国报纸杂志上发表过大量的关于殖民地和外交问题的评论文章,在德国国内引起过强烈反响,最能反映其思想主张的著作是《世界中的德意志观念》(Der deutsche Gedanke in der Welt, 1912)。

罗尔巴赫的政治主张常被称为"道德帝国主义"(ethischer Imperialismus)。在罗尔巴赫看来,德国在对外关系方面不能简单地以经济影响代替政治殖民,还应充分认识到自己的人道主义使命,从而成为一个更伟大的道德国家:"德意志思想不能通过政治统治或物质殖民,而只能纯粹作为一种世界文化因素才能拥有一个光辉的未来,这是我们任务的实质,必须及时认清这一点"[1];"德国知识分子面临的使命是:走出来,在全世界为德意志思想而奋斗"[2]。不过,需要说明的一点是,罗尔巴赫格外强调德意志民族在世界中的道德和文化责任,其中虽也流露出一种德意志民族的文化优越感和民族自豪感,但罗尔巴赫的立场和德国的大国沙文主义思想又有着本质的区别,他主要是从文化和人道主义的角度出发思考国际关系问题的。事实上,罗尔巴赫本人在第二次世界大战期间一直都被纳粹视为异己分子。

罗尔巴赫长期关注中国问题。1908年,罗尔巴赫初次来华游历、考察,这次中国之行极大地促成了他的"道德德国"的政治理念。第二年,罗尔巴赫便出版了《德中研究》(Deutsch-Chinesische Studien, 1909)这部著作,主要介绍中国的国情,其中也有不少篇幅评论德国的对华政策。在这本书中,罗尔巴赫虽然基本赞同德国的对华政策,但更强调在精神上影响中国的重要性。在出版于1912年的代表作《世界中的德意志观念》中,罗尔巴赫的"道德帝国主义"理念正式定型。他认为对中国人、土耳其人这样的文化民族,德国必须走"道德征服"(Moralische Eroberung)的道路,只有通过既尊重又影响的办法实现互动,才能真正展示德意志精神的价值和影响力。在同年出版的《德国在中国走在前列!》(Deutschland in China voran!, 1912)以及1916年出版的《德国与中国的精神生活》(Deutschland und das chinesische Geistesleben, 1916)两部著作中,罗尔巴赫还进一步详细阐发了他以德意志精神影响和促进中国文化复兴的主张,并反复引用辜鸿铭的著作佐证自己的观点。

罗尔巴赫一直都对德国在中国文化复兴进程中的积极作用充满信心。一方面,这源于他对德意志精神的无比自信:"我们德国人必须明白,没有任何民

---

[1] Rohrbach: Der deutsche Gedanke in der Welt. S. 235.
[2] Ebd., S. 250.

族像我们这样天生负有帮助中国人的使命"①,"中国进入了改革时代,这并非因为它打心底里喜欢西方思想,而是因为它想通过吸收'西方的科学'以保持自己的独立性。中国改革运动的真正口号,也是唯一的口号就是:中国是中国人的(中国各派别在这一点上是一致的)!不过,中国在这个问题上也需要德国的大力支持"②。另一方面,罗尔巴赫的这种自信心又由于部分中国知识分子对德国的好感而增强:"我不得不经常回想起与一位中国学者的谈话,此人曾长期留学德国。他一再对我说:在你们的国家、你们的人民那里,我们最有可能找到自己需要的东西,因为你们是一个热爱秩序和科学的民族与国家,你们的学者善于耐心地对待其他民族的语言和知识!这种看法,即德国是一个必须严肃对待的国家,我不止一次在中国的高级学者那里听到。"③在上面这段话中,罗尔巴赫并没有说出这位中国学者的姓名,不过从具体内容看,他指的显然就是辜鸿铭。事实上,罗尔巴赫此时对辜鸿铭已有比较深入的了解,而且在自己的文章和几部著作中频繁引用辜鸿铭的观点。

相信自己只是问题的一个方面,另一个方面则是了解别人。罗尔巴赫认为,必须对中国文化的特质了然于胸,德意志精神才能真正对中国文化的复兴乃至对中国的精神生活产生影响:"要想了解中国,了解我们的文化在中国精神生活中的作用,至少要对中国文化观念的基本特点以及它与我们文化的区别有所认识"④,"如果我们不能根据中国的历史特质评价中国,那么,我们用德意志精神影响旧中国向新中国转变进程的伟大目标将永远无法实现"!⑤首先,德国人需要认真对待的就是两千年来一直作为中国社会思想基础的儒家学说:"对我们来说,要想建立精神上的联系,最重要的是理解中国文化特有的内在基础:儒家世界观","如果我们不努力理解儒家思想,那么,要想把握中国文化的实质、与中国学者进行深入的交流,是绝对办不到的"。⑥正是出于这种认识,罗尔巴赫还特地评价、推荐了两本著作帮助人们了解中国传统的儒家思想,其中一本是卫礼贤译为德语的《论语》,另一本就是辜鸿铭的《清流传》德译本。在罗尔巴赫看来,卫礼贤翻译的《论语》是德译儒经中的经典,"将来很长一段时期内都无法被超越"⑦;对辜鸿铭的著作,罗尔巴赫同样非常重视,他在

---

① Rohrbach: *Deutschland und das chinesische Geistesleben*. S. 11.
② Ebd., S. 32~33.
③ Ebd., S. 11.
④ Rohrbach: *Deutschland in China voran*!. S. 20.
⑤ Rohrbach: *Deutschland und das chinesische Geistesleben*. S. 11.
⑥ Ebd., S. 12.
⑦ Ebd., S. 12.

自己的文章著作中曾反复大段引用辜鸿铭的原话。

大体上,罗尔巴赫对儒家文化的整体评价还是很高的:"人们只要深入研究儒家的思想,再经由曾受过中式教育的欧洲人或受过欧式教育的中国人的介绍而亲身体验一下中国思想的精华,认识到儒家思想体系是多么独特,其中蕴藏了多么高的道德价值,就会越来越钦佩并且感到惭愧。"然而,罗尔巴赫紧接着话锋一转,强调中国文化面临着复兴的历史重任,而中国文化的复兴必须借鉴、吸收西方思想,这便为德意志精神和新教传教士在中国精神生活中的作用留出了地盘:"中国仅靠儒家思想无法实现再生,因为儒家思想虽经历史的发展已然成熟,但它缺少与西方文化的内在联系,而中国现在应该而且必须融入西方文化。将中国古代思想与西方思想融合成一个富有创造力的伦理—文化的新生物,这是中国目前所需要的。"①

当然,否认儒家文化活力的内生性,这是罗尔巴赫个人的看法,正确与否我们暂且不论,不过他认为中国的改革有必要借鉴西方,这对当时的中国来说却是具有现实意义的。不过,中国究竟应该向西方借鉴什么,如何借鉴?这就涉及中西文化的异同及中西文化关系问题。在中西文化关系问题上,罗尔巴赫注意到了中国知识界对西方文化物质主义倾向的批评,并认为辜鸿铭的观点最具有代表性:

> 显然,这种世界观与我们的世界观的根本区别在于:在中国人看来,我们生活中的进步建立在利益对立的基础上,建基于作用与反作用的能量,简言之就是基于"斗争乃万物之父"(Kampf der Vater der Dinge)这一原则,因而没有教养,非常残忍。中国的文学家辜鸿铭,一位极有修养并且熟悉欧洲的知识和语言的儒者,在他的著作《中国对欧洲思想的抗拒》中曾引用了歌德的一段话:"每种天赋都是重要的,人们必须促使其发展。如果某一个人只促成美的事物,另一个人只促成有用的事物,那么,这两个人合在一起才构成一个人。有用的事物能自行发展,因为众人都在促成它,所有的人都少不得它;美的事物必须由人去扶植,因为能创造它的人很少,需要它的人却很多。"②

对辜鸿铭所谓西方人纯然以物质利益为准绳而忽视道德修养的指责,罗尔巴赫自然不能不表明自己的立场。在他看来,辜鸿铭的指责虽有一定道理,却也未免失之偏颇:"对我们西方人来说,这种看法某种程度上也是有道理的。我们已经习惯的是,不仅个人道德修养的完善,不仅个体及民族共同生活的政

---

① Rohrbach: *Deutschland in China voran*!. S. 41.
② Ebd., S. 21.

治、社会管理水平的提高,而且对外部自然界愈发完善的控制以及在此基础上不断提高的生活水平,都被看作文化的进步。然而,中国的世界观只要还没有摆脱从过去继承下来的行之有效的遗产,它对技术就是漠不关心的、怀有敌意的。这同样适用于文明社会其他表面上的进步。通过进一步征服自然而获得文化成就,就像我们在过去的几个世纪里所做的那样,通过物理实验的方式观察、探究围绕着我们的外部世界,从而不断满足了,而且还将不断继续满足我们的生活需求,在中国人看来,这并不是文化。确实,依照传统的儒家观点,自然规律不应成为'不虔诚'的实验研究的对象,因为它与历史及道德规律一起以神秘的方式构成了一个有机体。也就是说,中国的文化概念中很少,甚至根本没有认识自然和征服自然的思想。"①

显然,罗尔巴赫并不认为西方人不重视道德修养和精神建设。在他看来,问题的关键在于,西方人比中国人更加重视科学技术在社会进步中的作用。罗尔巴赫对辜鸿铭指责西方文化粗野低下持保留态度,归根到底缘于两人对"文化"内涵的不同理解,也即物质和技术的进步是否属于"文化"的范畴。对这个问题,辜鸿铭的回答是截然否定的,罗尔巴赫的回答则正好相反。罗尔巴赫本人也看到了这一问题的症结所在:"中国的世界与我们的世界最根本的区别就在于文化概念!不论孔子本人,还是当今他这一思想体系真正有教养的门徒,他们对文化进步(Kulturfortschritt)的理解和我们有着根本的不同,培养高尚的人格(Verfeinerung der menschlichen Persönlichkeit)对他们来说至关重要。我们当然也会毫不犹豫地承认,这一点属于人类文化发展的内容。然而,一旦我们引入人类普遍进步的概念(Begriff des allgemeinen Fortschritts),分歧便出现了。儒家学说中并无这一内容,它的文化理想是:人类要有一个确定的、在过去的历史中真正出现过的、能够以其为榜样复制的伟人,这也是努力向'君子'迈进的单个人的道德目标。通过实现道德的完美,也就是生活方式中理想的善和美,君子便达到了目标,一种宁静、知足、虔诚和稳定的物质存在的状态便会从他这里向中国的民众(按照中国的传统观念,他们便是有教养的人)传播,以君子的生活方式为榜样便实现了儒家的文化理想。"②

可以看出,对支配中国2000多年的儒家学说的道德原则,罗尔巴赫是有深刻认识的,评论也很客观。为了进一步说明中西文化观念的差异问题,罗尔巴赫还连续大段引用辜鸿铭在《清流传》中关于中西文化根基之差异的论述。

---

① Rohrbach: *Deutschland in China voran!*. S. 21~22.
② Rohrbach: *Deutschland und das chinesische Geistesleben*. S. 22.

例如:

像辜鸿铭这样一个受过西式教育、同时保持了自己儒家世界观的中国人,对欧洲精神生活的某些阶段,如前面提到的启蒙时代,有一种亲近感,对技术占主导地位的西方文化的现代烙印,他却予以拒绝。辜鸿铭认为,相对于中世纪以宗教教条为特征的文化和近代的"无畏战舰"文化,可以把伏尔泰和蒙田的时代称为欧洲历史上的"道德"文化时代。随后,他又将欧洲文化和中国文化做了对比。他是这样写的:"这两种文化(欧洲基督教文化和中国儒家文化)的目标无疑是相同的:保证人们道德的健全和在世界上维持国民秩序。但是人们必须承认,尽管一个建基于希冀和敬畏之情的文化或许更为强大,更为严格,但可以肯定的是,一个建立在人的平静的理性基础之上的道德文化,纵使不是一个更高层次的,也是个极其博大的文明。这种文化可能更难达到,而一旦实现,将更为持久。事实上,在我看来,不仅对于欧洲的民族,而且对于整个人类的命运与文明来说,真正的危险在于,欧洲民族要学会新的道德文化是有困难的,然而黄种人的文化中却没有这种危险。对于中世纪文化的活力与神圣性,欧洲民众大多已丧失了感觉,但是,可以用作维护国民秩序的约束力量的新文化尚未真正建立起来。欧洲目前在维持社会秩序时,不仅随便依靠某种道德力,而且还依靠警察或所谓军国主义粗野的物质力量。"①

辜鸿铭这段话出自《尊王篇》,对中西文化特质的论述已经带有相当的价值评判色彩,是辜鸿铭东方文明优越论的初步萌芽。针对辜鸿铭这一段话,罗尔巴赫前后所做的评论不尽相同,个中意味值得深思。在1912年的《德国在中国走在前列!》一书中,罗尔巴赫是这样评论的:"在这段话中,这位有教养的中国人面对欧洲文化时的自信心非常明显。在他看来,欧洲文化基本上是野蛮的。我们眼中的'力的自由运动'(das freie Spiel der Kräfte)(这一概念尽管在一些具体问题上有过偏差,但在总体上对于文化的进步来说必不可少),在这位中国人看来,是人的真正本质之外的东西。"②可以看出,对辜鸿铭否定西方技术文明的观点,罗尔巴赫的评论虽然比较委婉,但不以为然的语气还是比较明显的。也就是说,对科技进步之于欧洲文明的巨大推动作用,罗尔巴赫是持肯定态度的,而且非常自豪。然而四年之后,当罗尔巴赫在《德国与中国的精神生活》(1916)中再次引用辜鸿铭这段话时,语气却有了明显的变化:"如

---

① Rohrbach: *Deutschland in China voran*!. S. 22.
② Ebd., S. 23.

话。"①罗尔巴赫还特地用黑体将他这句话在文中专门标出以提醒读者注意。显然,这是第一次世界大战影响罗尔巴赫思想观点的痕迹。事实上,此时的罗尔巴赫以德意志精神影响中国文化复兴进程的基本立场并未改变,然而第一次世界大战的爆发却使他不得不更加认真地思考辜鸿铭批判西方技术文明缺陷的合理性,这也从一个侧面印证了辜鸿铭在中德文化交流中所起的积极作用。

以上是罗尔巴赫在论述中国传统文化特质和中德文化关系时对作为辜鸿铭思想核心的中西文化观的引用和评论。可以看出,罗尔巴赫对辜鸿铭的基本思想立场是非常重视的,辜鸿铭的主要著作如《尊王篇》、《清流传》、《中国人的精神》他都反复引用。对辜鸿铭本人,他也相当敬重,反复称辜鸿铭为一位"高尚的、有教养的儒者"②,一位"爱国者"③。应该说,罗尔巴赫对辜鸿铭的推重也符合他在世界事务中尊重民族传统文化的一贯立场。如前所述,罗尔巴赫对中国传统文化是非常敬重的,正是出于这种敬重,罗尔巴赫反对割裂自身传统的激进改革和革命,对世纪之交中国的西化浪潮和辛亥革命,他都持保留态度。在罗尔巴赫看来,"孙文及其同党"的路线乃是"对美国和日本模式极端的、肤浅的仿效"(verständnislos-radikaler und oberflächlicher Amerikanismus und Japanismus)④,而以辜鸿铭为代表的传统儒者则属于"绝非仇视改革、只不过非常审慎的一派"(keineswegs reformfeindliche, aber besonnene Richtung)⑤,因此,当辜鸿铭宣称中国的改革派和革命派面临着"盎格鲁—美国传染病的危险","他们拷贝过来的并非英国和美国思想中的优秀内核,而只是低级的表象"时,罗尔巴赫无疑是深有同感的。⑥

当然,罗尔巴赫对辜鸿铭的观点并非一概赞同。举个例子,辜鸿铭曾以自己的逻辑方式论述过启蒙运动时期的欧洲与儒家中国在精神实质上的相似性,对此,罗尔巴赫一方面承认中国传统的儒家文化确曾对欧洲的启蒙思想家有过启发,另一方面也对辜鸿铭所谓欧洲启蒙精神的真正源头在中国的说法表示不以为然:"不错,不仅伏尔泰和蒙田,启蒙时代其他主要的思想家们也研

---

① Rohrbach: *Deutschland und das chinesische Geistesleben*. S. 28.
② Rohrbach: *Yüan Schi Kai*. In: *Die Neue Rundschau*. 1912. Bd. II, S. 1311~1312.
③ Ebd., S. 1310.
④ Ebd., S. 1310.
⑤ Ebd., S. 1310.
⑥ Ebd., S. 1309.

究过中国的制度和思想家,例如孔子的学说,其材料来自耶稣会士,撇开传教和宗教倾向不计,这些耶稣会士都是真正的中国通。尽管如此,人们还是不能说,我们称之为理性主义或启蒙的精神运动,驱动力来自中国。其根源主要还是来自于对中世纪期间统治西方所有文化的神权的颠覆。"① 由此,罗尔巴赫甚至还对辜鸿铭是否真正领会了欧洲文化的精神内核发出了疑问:"辜鸿铭认为,无论欧洲的基督教文化,还是中国的儒教文化,其根本目标是相同的:保证人们道德诚实并在世界上维护国家秩序。从这句话看,他并未领会我们的道德文化概念,更少触及严格的基督教思想。"②

尽管不赞同辜鸿铭的某些观点,但罗尔巴赫对辜鸿铭的总体评价还是非常积极的,他不仅重视辜鸿铭的文化立场,对辜鸿铭的学识也很欣赏,尤其是辜鸿铭在宏观论述中西文化过程中所显示出来的渊博的知识和睿智的眼光:"辜鸿铭对欧洲政治人物所做的评价经常很奇怪,人们无须全部认同,例如张伯伦就像普通英国人那样特别让他反感,但辜鸿铭的观点却都非常引人注目。令人惊奇的是,他对英国、德国和法国的文学、哲学、政治人物和作家是那么博学多识。"③ 举个例子。在阅读辜鸿铭的英译《论语》时,罗尔巴赫注意到了辜鸿铭对《颜渊》第一章中"颜渊问仁"一句所做的注解:"对这段广为引用的话,辜鸿铭的评论是:孔子回答颜渊的第一部分就是歌德所说的自我否定(Selbstverleugnung):'如果你一天不能理解,这就是:死而转生!你只是个郁郁的寄居者,在这黑暗的凡尘';而第二部分,也就是对颜渊再次提问的回答,则是古希腊罗马艺术追求的理想,正如歌德所说,其本身便是宗教。"总之,对辜鸿铭在英译《论语》中对"克己复礼"所做的阐释,罗尔巴赫的评价就是两个字——"佩服"。"辜鸿铭非常清晰、敏锐地注意到了孔子的克己与歌德的'死而转生'(Stirb und Werde)之间的相似之处。"④

此外,作为一位神学家,罗尔巴赫自然格外关注基督教的传教活动,无论是在国际关系问题上还是在东西文化关系问题上,他都不忘强调基督教传教活动的重要意义,强烈反对轻视或矮化传教作用的观点,这一点同样适用于中国:"我们不能……将我们在中国的宗教和人道主义理想置于国家目标和经济

---

① Rohrbach: *Deutschland und das chinesische Geistesleben*. S. 26~27.
② Ebd., S. 27.
③ Rohrbach: *Yüan Schi Kai*. In: *Die Neue Rundschau*. 1912. Bd. II, S. 1312.
④ Rohrbach: *Deutschland in China voran!*. S. 37.

目标之后,我们不能仅仅把自己视为这类国家目标和经济目标的先锋和仆人。"①殖民地官员的经历更开阔了罗尔巴赫的文化视野,他从分析中国人的宗教观入手,指出基督教在中国的传教活动必须以理解和尊重中国的传统文化为前提,必须充分考虑中国人宗教信仰的特点:"我们从孔子身上可以清楚地看到,中国人的宗教想象力比较贫乏","中国人心目中根本没有一个人格化的上帝,也就是说,没有绝对的善的概念"②,"因此,如果我们或基督教的其他派别怀着传教的目的来到中国,却只从自己的问题、自己的宗教信仰出发在中国做宣传,我们将会彻底失败。中国人并不理解我们,因为他们根本没有我们心目中的宗教问题,只懂得道德问题和政治问题。可以这样说,个人道德感和国家秩序感对中国人的意义正如宗教观念在我们心目中的地位"③。

罗尔巴赫也注意到,基督教在中国的传教成果事实上是差强人意的。对此,他从中西文化交流的角度对造成这一局面的原因做了深入分析:"新教和天主教传教士在中国人那里的传教工作得到的评价基本上是否定的。必须承认,这类批评大多是有道理的。原因在于,迄今为止,只有很少的传教士在传教工作中对中国文化的精神价值有足够的认识。由于通常无从接触上层人士,传教工作者只是随便在部分下层民众中开展工作。众所周知,这里除了表面的贫困之外,还有大量的迷信、物质及偶像崇拜现象存在。从这个角度看,似乎可以将我们程式化的传教概念轻而易举地套用在中国身上,就像我们用它滋养那些多少有些原始的'异教'民族一样。事实上,这种方法是错误的,这是因为,要想在宗教上,甚至在精神上影响中国的民众,从来不可能自下而上,而只能采取自上而下的途径。受过教育的阶层,即文人和官员(在中国,这两个方面是合二为一的),其道德权威重要而深远,遭到该阶层抵制的思想在中国是不可能取得成功的。不过,为了能够与有教养的儒者讨论精神文化、哲学、宗教诸问题,除了要精通文学及学术的语言之外,还要熟悉儒家的精神,领会它的思想观念和理想,仅有一般的传教知识是不够的。"④

尽管基督教在中国的传教现状远不能令人满意,但罗尔巴赫以德意志精神"影响儒家文化观念转变"⑤的信念却丝毫没有动摇。在罗尔巴赫看来,传

---

① Rohrbach: *Der Umschwung im chinesischen Bewußtsein und die Aufgabe der evangelischen Mission*. In: ZMR. 1909. S. 149.

② Ebd., S. 138.

③ Ebd., S. 139.

④ Rohrbach: *Deutschland in China voran*!. S. 41～42.

⑤ Ebd., S. 42.

教乃是弘扬德意志文化精神的一个重要环节,应该坚定不移地执行下去,不过,基督教在中国的传教方法应有所调整,只有这样,基督教在华传教的不利局面才有改观的可能。罗尔巴赫的思考和建议如下:"通过向一个民族布道的方式,说服一些中国人加入基督教的某个派别,不管是罗马派、路德派、长老会派还是浸礼会派,这些想法都是毫无前途的。有人认为,将成千甚至上万的中国人争取到我们的信仰阵容中来,这符合基督教或中国人民的利益。这便是一个证据,表明持这种观点的人并不了解中国当前问题的实质。我们应该采取其他的办法:传教士们在传播科学知识、现代世界观和完美的断念能力从而在中国建立西方宗教的分支机构时,要通过细致认真的授课、通过推广文学作品、通过与受过教育的中国人建立私人关系等途径,将基督教的道德和宗教力量发挥出来。而其前提是完全自由,例如,要停止直接的洗礼活动,这就肯定能够在儒教和基督教之间逐渐实现内心的互动,基督教的观念也就能够对中国思想产生强烈的影响,但影响的形式我们现在至多只能猜想。"①

从前面几段评论可以看出,由于神学家的知识背景,罗尔巴赫对中国文化的剖析,包括他对辜鸿铭思想观点的述评,还有为基督教在华传教事业服务的目的。罗尔巴赫在传教问题上的基本立场是:传教是一项文化使命,但不把握中国传统文化的思想特质,基督教观念和德意志精神就不可能深入持久地影响中国文化的复兴进程。也就是说,罗尔巴赫尊重以儒家思想为代表的中国传统文化,但他对所谓德意志精神的世界使命同样充满了信心。罗尔巴赫对传教士的一个重要提醒就是:他们在中国面临的是一个有着悠久历史的文化民族,因而只可影响,不能征服。

罗尔巴赫的文章著作中还有一个地方值得注意,即罗尔巴赫的言论对中国格外友好:"我们不像英、俄、法、日那样与中国接壤,而是远离中国,我们既没有为自己捞取实利的诱惑,也没有这种可能性","其他国家都只想为自己捞好处"②;"德国在中国的真正利益不是削弱中国和让中国崩溃,而是让中国统一、强盛"③。不过,罗尔巴赫当然也并非一个无私的国际主义者,他主张德国帮助中国,很大程度上也是为德国在中国的利益,特别是经济利益考虑,因为中国的富强有助于提升德国的贸易,中德之间维持长期的密切关系对德国有利。他不无忧虑地提醒道:"如果中国非常虚弱,不能抵挡自己的邻居,我们的

---

① Rohrbach: *Deutschland in China voran*!. S. 42~43.
② Rohrbach: *Deutschland und das chinesische Geistesleben*. S. 11.
③ Ebd., S. 33.

境况将是最糟糕的。"① 因此,罗尔巴赫的文章著作中常有较大的篇幅分析中国的经济和外贸状况。与此相关,罗尔巴赫对德国工商界对中国重视不足颇有微词,他忧心忡忡地看到英国"通过影响中国的教育系统,将中国正在建设的新文化变成了盎格鲁—撒克逊文化的一个分支"②,"中国人民知识和生活水平的提高也将改善这个国家进口英国商品的能力"③,总而言之,"从精神上影响中国的结局是,英国在中国的商业和政治影响力将会得到保证和扩大"④。一种渴望扩大德国在华影响力的急切心情溢于言表。

总体上,罗尔巴赫对辜鸿铭的推重是与他对儒家文化的景仰联系在一起的。在罗尔巴赫看来,辜鸿铭是一位极有见解的学者,深入了解他的思想观点有助于实现德国在东亚地区的道德使命。作为一位著名的神学家和有过海外殖民地管理经历的学者,罗尔巴赫对中国传统文化和辜鸿铭著作的评论有为基督教在中国的传教活动和德国国家利益出谋划策的一面,然而我们也要看到,罗尔巴赫的文化视野还是非常开阔的,比较关注文化冲突问题,并提倡文化宽容:一方面,他对德意志精神和基督教文化的历史使命非常自信,另一方面,他又不忘强调对异质文化的尊重。罗尔巴赫对辜鸿铭著作的评述正是建立在这一思想基础之上的。

威 特(Johannes Witte, 1877—1945)

威特,德国新教同善会传教士,著名神学家,长期在日本和中国传教,终生关注东西文化关系问题,曾在基督教杂志《传教学与宗教学杂志》(*ZMR*)上发表过大量关于东亚局势和传教问题的评论文章,并著有《东方的神奇世界》(*Die Wunderwelt des Ostens*, 1913)、《东亚与欧洲:两种世界性文化的角力》(*Ostasien und Europa: Das Ringen zweier Weltkulturen*, 1914)、《以域外传教活动支持家乡的工作》(*Aus dem Missionsleben draußen für die Arbeit daheim*, 1919)、《东亚的文化宗教》(*Die Ostasiatischen Kulturreligionen*, 1922)、《德意志信仰与基督教信仰》(*Deutschglaube und Christusglaube*, 1934)等著作。

威特对辜鸿铭有过长期的关注。辜鸿铭几部著作的德文译本出版时,如

---

① Rohrbach: *Deutschland und das chinesische Geistesleben*. S. 33.
② Ebd., S. 34.
③ Ebd., S. 34.
④ Ebd., S. 35.

《清流传》(ZMR. Jg. 1912. S. 279~280)、《中国人的精神》(ZMR. Jg. 1916. S. 296~312)、《呐喊》(ZMR. Jg. 1921. S. 255),他都做过或长或短的评论;辜鸿铭去世之时,他同样迅速做了相关报道(ZMR. Jg. 1928. S. 216~217)。这些在第三章中已有分析。

由于辜鸿铭对欧洲基督教会和基督教在华传教活动持强烈的批判立场,作为神学家和传教士的威特经常就此发表评论。在威特关于东亚和中国问题的评论文章及著作中,辜鸿铭的立场观点也不时被论及。总的说来,威特从神学和传教立场对辜鸿铭所做的评论最多,也最为集中,这显然与威特的职业有直接的关系。

针对19世纪末的几起反洋教事件,辜鸿铭曾发表《为吾国吾民争辩——现代传教士与最近骚乱(教案)关系论》一文,强烈抨击基督教在中国的传教活动。在辜鸿铭看来,传教士想从三方面影响中国人:提高民德、开启民智、慈善工作。他采取了一一批驳的办法全面否定了基督教在华的传教活动和成果。针对辜鸿铭对基督教传教活动的颠覆式批评,作为传教士的威特当然没有保持沉默,在《东亚与欧洲:两种文化的角力》一书中,他对辜鸿铭的批评就有过直接回应。

一开始,威特坦承辜鸿铭观点的影响力,承认他的批评有合理之处:"今天,辜鸿铭的观点对许多中国知识分子的思维方式依然有重要的影响。无须否认,他是有一定道理的。"随后,威特大段引用了辜鸿铭的原话综述辜鸿铭对基督教在华传教活动的立场,因为"简述一下他的观点非常值得,也很重要"[1]。关于辜鸿铭对基督教在华传教活动的批评,威特的基本立场是:不能一概而论,应做具体分析。

辜鸿铭对在华传教活动的第一项批评是:基督教未能提高中国的民德。辜鸿铭的论据是,基督教对中国上层社会和知识阶层几无影响:"我请求每一个真正了解中国那些最优秀和最有教养者心思的外国人说,是否这些人能够被吸引入教?是否他们民族信仰的基础能够容忍像传教士带入中国的基督教形式这样一种上层建筑?我以为答案是否定的。"相反,传教士在中国只能吸引一些泼皮无赖之徒入教,他嘲讽道:"一个公开的秘密是,只有中国人中那些最糟糕、软弱无知、贫困堕落之徒,已经或能够说皈依了基督教,除了这些人之外,传教士们还吸收了谁呢?"辜鸿铭的结论是:"通过传播基督教使中国人道德水平更高、变得更好和更高尚""被证明已惨遭失败"。[2]威特承认传教工作

---

[1] Witte: *Ostasien und Europa*. S. 184.
[2] 《辜鸿铭文集》(上),第42~43页。

在布道对象上的局限以及由此给基督教形象带来的损害,承认辜鸿铭的批评有一定道理,不过他同时也指出了问题的另一面:"传教士接收这些人完全是有道理的。我们不能够先教育一些理想的人,然后再由他们组成一个圣人的团体。事实上,我们自己国家的宗教团体也并非圣人团体。教会是最有价值的教育机构之一,作为教会成员可以受到比在外面更好的影响。因此,每一个真心想成为基督徒的人,我们都应该给他洗礼。不过也得承认,这些人既无较为深刻的宗教思想,也没有坚定的道德信念,但他们成为基督徒后都必将获得这一切。传教士在这些人身上所做的,对这些人无微不至的关怀,正体现了一种惊人的舍己为人的博爱精神。即使这些人目前的道德水平还不太高,但传教士的教育工作肯定会有效果的。此外,我们的教团并非只由这些人组成,其中也有道德修养水平很高的人士。在义和团运动期间,成千上万的人英勇地拒绝否定耶稣,甘愿受折磨而死,证明了他们思想品质的纯真。这一切辜鸿铭都视而不见。今天,就连他也再不能否认,很多领袖人物都认同和赞美基督教。在这一点上,有一个事实让辜鸿铭的评判根本站不住脚:传教士至少已经在致力于提高下层人民的道德水平,而儒教徒和佛教徒什么都没有做,也根本没打算去做。"①应该说,威特的回击是有一定道理的,虽然他的部分说法尚有疑问,如他关于义和团运动期间成千上万的人甘愿为耶稣而死的说法,再如他据此对儒教和佛教的指责,但他"普度众生"的博爱情怀显然要比辜鸿铭的精英知识分子态度更能打动人。不过,由于职业的缘故,威特似乎没有更多地在传教士身上找原因。其实正如罗尔巴赫所说,传教士大多对中国文化研究不深,无从走进中国普通民众的内心深处,无法与中国的精英知识阶层深入交流,这限制了沟通的途径。没有真正的沟通,又何来真正的影响呢?

对辜鸿铭的第二个批评,即基督教并未能够在中国实现开启民智的目的,威特基本上是认可的:"辜鸿铭的第二项批评是有道理的。"不过,辜鸿铭这项批评的逻辑是,传教士的基督教信仰和科学知识之间本来就是矛盾的,要传教士来传授科学知识是一件十分可笑的事,从而根本否定了传教士履行这一使命的可行性:"对于任何一个完全了解欧洲这种为了智识启蒙而斗争历史的人来说,这些在欧洲焚烧和残害科学家的教中人,却在中国这儿把自己打扮成为科学和智识启蒙事业的斗士,这看起来该多么奇怪和荒唐可笑。"②他嘲讽道:"新教传教士最近带来了大量他称之为科学和科学之教的东西,他能毫不犹豫地告诉他当地的学生:清朝官员愚蠢到对月食大惊小怪;但在下一次祈祷时他

---

① Witte: *Ostasien und Europa*. S.186.
② 《辜鸿铭文集》(上),第44页。

不会告诉同样的学生,太阳和月亮仍然听命于犹太耶稣会长约书亚而停滞不动吗?不会告诉同样的学生,那本记录了其真实情况的书,是一本由全知全能的造物主所口述的圣书吗?"①他并断言:"如果就传教士传播福音这一合理合法的目的本身而言,鉴于人们仍可以抛开其纯粹的基督教外在形式而相信其精神,所以它对中国人来说还有某种好处,起码没什么害处,而他们以反科学的把戏来传播科学的这种伪装,肯定连这样一点儿好处也谈不上。"②威特无从直面辜鸿铭的论据,也未引证不少新教传教士受过良好教育的事实,他仍然只能以《圣经》自辩:"正统的《圣经》观点对有思想的东亚人毫无影响"。③

威特最不能接受的,是辜鸿铭对基督教慈善事业的批评。在威特看来,基督教在中国的慈善事业是他们的骄傲所在:"但辜鸿铭对第三个方面的批评毫无道理,因为基督教在那里最出色的工作就是慈善活动了,当地的宗教没有一个投身于这项事业。"辜鸿铭的一个根据是,在华传教士生活腐化,滥用慈善拨款。对这一说法,威特是明确反对的:"认为传教士生活奢侈,这同样是毫无根据的。传教士的生活几乎可以说是非常节俭的。"在否认辜鸿铭这一指责的同时,威特还适时地反戈一击,他的根据就是中国官场中泛滥的腐败现象:"即使中国不用支付大量赔款,这笔钱也绝不会用到穷苦人身上","此外,提出这种指责的也不应该是一个中国人,因为官员的徇私舞弊在那里是司空见惯的事,传教界无须担心这一指责"。④威特的反击显然不无道理。此外,威特还拿佛教的慈善事业做了对比,用以证明基督教为贫病群众提供的帮助最多:"东亚并非完全没有救助麻风病患者、病人和穷人的观念",不过,"佛教虽然视行善为重要的美德,却从来没有严肃对待过。这样说并没有冤枉佛教。与基督教不同,它的寺院并非救助穷困者的慈善机构,而是厌世之后寻求清净的避难所。佛教徒们对民众的惊人苦难无动于衷。这在中国和日本都是一样的"。威特还列举了他在日本的所见所闻:"走进那些最贫穷、最堕落的城市的,都是日本的基督徒和欧洲的传教士,并没有佛教徒。"通过这种对比,威特得出的结论是,"人道主义观念之所以没有像欧洲和东亚的古典主义时期那样停留于苍白的理论,应该归功于基督的爱,辜鸿铭为他的民族渴求的也正是这种爱"⑤,从而凸显了基督教人道主义观念的伟大和普世意义。客观地说,威特以传教

---

① 《辜鸿铭文集》(上),第 43~44 页。
② 同上,第 44~45 页。
③ Witte: *Ostasien und Europa*. S. 186.
④ Ebd., S. 187.
⑤ Ebd., S. 128.

士身份尽可能贬低儒、佛两家以抬高基督教,其论据和观点中先入为主的意味太浓;同样,辜鸿铭对基督教慈善事业的批评虽有一定的根据,但全盘否定还是不足取的,一些虔诚的欧洲传教士怀着爱心默默地致力于中国的慈善事业,这也是一个不可否认的事实,面对辜鸿铭的批评,威特自然有充足的理由予以反击。此外,威特对旧中国腐败盛行却昧于慈善的批评也击到了要害。所谓欲正人,先正己,辜鸿铭对传教界的批评因爱国热情而有其正义的一面,但宽于律己、严以待人的态度还是不足取的。

应该说,在传教问题上,威特还是敢于正视辜鸿铭的批评的。在评价基督教在华传教活动的成果时,他坦承效果不佳:"总体上必须承认,在中国的传教成果,就教徒状况而言,无论数量还是质量都并不特别令人满意,但在目前情况下也只能如此了。"尽管现实不尽如人意,威特仍然对基督教在中国的传教前景充满了信心:"很可能在较长的时间内,中国传教工作的真正途径都只能通过学校、文字和慈善工作影响普通百姓","不能强求洗礼和归化,时机还没有成熟,应将所有的重心都放在间接的工作上,以后自然会有宗教方面的收获"。①

上面是威特对辜鸿铭在反洋教运动中的激烈评论所做的回应。对辜鸿铭对基督教的批评,威特也没有沉默。例如,辜鸿铭《中国人的精神》德文本出版后,威特曾撰长文评论。文中,对辜鸿铭维护文化传统的立场于现代中国的积极意义,威特给予了充分的肯定,但辜鸿铭对基督教的批评,威特坚决反对。

在辜鸿铭看来,中国的佛寺道观以及佛教、道教的仪式主要用于消遣娱乐,真正道德教化的作用很小。他得出的结论是:中国没有宗教,或者说中国人并不需要宗教。这就从根本上否定了传教活动的必要性,威特显然是不能接受的,他有根有据地回击道:"从多种角度看,辜鸿铭关于中国宗教和社会生活的论述都会激起激烈的批评。中国的神仙和庙宇绝非没有特定的宗教意义。只要看一眼那些诚惶诚恐地跪在寺庙里祈祷的中国人,马上就能看出:人们在因困境而向神仙求救,它们便是他们最后的安慰。"辜鸿铭还有一个重要观点,中国的祖先崇拜并非建立在对来世的信仰之上,而是建立在对族类不朽的信仰之上,这一切都源于孔子的忠诚之道。对此,威特同样不以为然:"祖先崇拜并不能满足人们对永生的渴望,这为东亚的佛教敞开了大门,使它在群众中获得了支持者,因为它(以当地流行的形式)满足了人们解脱死亡的渴望。辜鸿铭在祖先崇拜问题上还突然谈到了一种对重逢的期望。祖先崇拜中的这种期望,也就是在一种更美好的生活中重逢,是毫无根据的,通过祖先崇拜使

---

① Witte: *Ostasien und Europa*. S. 187.

死者永生,从而与之重逢,这并没有多少吸引力。"①

按照辜鸿铭的逻辑,中国人之所以不需要宗教,是因为中国人"拥有一套儒家的哲学和伦理体系,是这种人类社会与文明的综合体儒学取代了宗教"②,并做了一番独特的论证。显然,辜鸿铭这是进一步从理论上否定基督教在华传教活动的必要性,这一结论对传教士的活动来说显然是灾难性的,威特自然无法认同:"至于他以儒教为根据对基督教的批评,此处无须深入反驳,只需举两个例子即可。一个例子是:基督教要求人们做一个好人,当然也包括做一个好儿子和好市民在内。但基督教的伦理思想走得更远,它展示的前景要伟大得多,要求不同民族的人民,进而所有的民族都友好相处,因为基督教要求它的信徒爱所有民族的所有成员,即使他们是我们的敌人也不例外。在温良、懂'礼'这一点上,没有什么能够超过真正的基督的爱,这是它的本质所在。另一个例子是:模糊宗教之间的界限,认为真正的宗教是由地球上所有最具学识、最纯洁的人组成的。如果认为地球上所有高贵的人中有道德团体存在,这种说法绝对有一定道理。但这种观点是曲解的,总体上看也是不对的,因为从道德的角度看,没有上帝,就不会有完美的人类生活,没有对上帝共同的爱,也就没有完美的人类群体。"③其实,一般而言,传统儒家思想确有准宗教的特点,辜鸿铭所谓儒学在中国取代了宗教的说法并非毫无道理,但他并未刻意做严格意义上的神学论证,主要还是为了凸显儒家"忠恕之道"的永恒价值及普世意义,不过威特的这段反驳读来同样牵强,不像是理性的说服,倒似一场基督教信仰的狂热独白。显然,两人其实都在各说各话,并非真正地理论交锋。

关于辜鸿铭对基督教的否定评价,威特的最终结论是:"总体上,辜鸿铭根本不明白宗教是什么,不知道宗教对个人及人类的意义所在。他所说的'宗教',实质上就是一种统治人的工具,用以维护社会秩序,而我们的一些政治家也这样看待和评价宗教。可是,在这种只关注现世生活、纯粹诉诸心灵的道德主义说教中,他却觉得自己无比崇高。"④显然,在威特看来,辜鸿铭根本不懂宗教,不明白信仰的意义所在,其不屑和居高临下的态度一目了然,对辜氏的

---

① Witte: *Ku Hung Ming, Der Geist des chinesischen Volkes und der Ausweg aus dem Krieg*. In: ZMR. Jg. 1916. S. 309~310.
② 《辜鸿铭文集》(下),第 38 页。
③ Witte: *Ku Hung Ming, Der Geist des chinesischen Volkes und der Ausweg aus dem Krieg*. In: ZMR. Jg. 1916. S. 310.
④ Ebd., S. 312.

批评不可谓不激烈。

需要说明的是,由于场合不同,辜鸿铭对基督教和传教活动的立场又经常有所游移。他一方面坚持批判基督教会,另一方面又赞扬耶稣精神的伟大,这就给了威特为传教活动做宣传的好机会:"辜鸿铭与我们的牧师卫礼贤博士成了好朋友。卫礼贤向我们传了他的话过来:'我们中国人需要基督教,不是以现有的任何一种信仰形式,它们都为人而存在,而不是像它们想给人的印象那样,即人为它们而存在。不过,我们所没有的,我们所不能少的,是耶稣身上体现出来的爱的力量。人们向中国慷慨提供的一切现代成就,我都能够轻松地拒绝。没有火车,可以步行。这比过高估计生活工具的作用给真正的文化带来的损失要少得多,欧洲目前看来就是这种情况。''我们并不缺少文化和知识。至于机器文明,它可以来,不管是否和基督教一起来,不过,我们所缺少的,是爱。'"①辜鸿铭的这些话曾被威特反复引用。威特从中得出的结论就是,"人们不能不认识到:中国需要基督教"②,从而借辜鸿铭的原话为基督教在中国的传教活动做了宣传,达到了他为文的目的。

从上面的分析可以看出,归根到底,威特对辜鸿铭的批评缘于他神学家和传教士的身份,缘于他虔诚的基督教信仰。正是基于这种虔诚,威特对任何不利于基督教和基督教传教活动的言行都针锋相对。举个例子。在上世纪初德国国内出现的"东方文化热"中,有德国学者建议通过学术研究促进欧洲对佛教的了解,当时的德国驻日本大使 Dr. Solf 还致力于促成在大学设立专门的教席研究佛教,并称在儒学和佛教中看到了东方民族的"强大的道德力量",对此,威特坚决反对:"这并非是从教会的角度担忧基督教的生存,而是因为我们在基督教中找不到任何需用儒教补充或完善的地方。人们可以拒绝基督教,而选择做佛教徒或儒教徒,但基督教越是不受异教渗透,就越有影响力。从根本上说,基督教不需要任何补充或完善。如果人们希望基督教从内部自我更新,清除各种缺陷,以重新焕发活力,那么更好的办法就是以基督教信仰为指导,相信它的活力。"③威特这段独白听起来很有一种"只许州官放火,不许百姓点灯"的味道,其对基督教信仰的执着由此可见一斑。其实,这些德国学者强调的是加深对东方文化的认识,他们主要是从文化研究的角度看问题的,在

---

① Witte: *Ku Hung Ming, Der Geist des chinesischen Volkes und der Ausweg aus dem Krieg*. In: ZMR. Jg. 1916. S. 305.

② Witte: *Aus dem Missionsleben draußen für die Arbeit daheim*. S. 36.

③ Witte: *Vorschläge für eine buddhistische Missionsarbeit in Europa*. In: ZMR. Jg. 1916. In: ZMR. Jg. 1928. S. 17~18.

大学设立研究佛教思想的教席就是服务于这一目的的,并非像威特所说的那样是要在欧洲传播佛教,威特的反应显然是过头了,所谓"佛教要在欧洲传教"的标题太夸张了。信仰本身无所谓对错高下,问题在于威特不愿对等承认东方世界的宗教,在他心目中,基督永远高于一切。

而且,作为一位资深的传教士,威特这种执着的基督教信仰是与他对东西文化关系的立场紧密联系在一起的。在威特看来,19世纪末20世纪初的东西文化冲突乃是一场"观念之争",在这场斗争中,欧洲观念"证明了自己的世界意义,显示了自己的优势力量"①。这里,一种文化优越感已经跃然纸上。当然,传教活动对他来说是至关重要的一环。辛亥革命前后,中国出现了"废孔"的呼声,在中国的传统信仰走向分崩离析之际,威特看到的是基督教在中国的机会:"如果现在不能成功地将基督教带给这些信仰失据的人,将会产生什么样的后果呢?"②

出于职业的原因,第一次世界大战的硝烟刚刚散去,威特最先考虑的一个问题就是:这次大战有没有动摇东方世界对基督教的态度?他承认,残酷的一战带来的负面影响是无可回避的事实:"这场战争在许多领域严重损害了传教事业。"他进而指出,"早在世界大战爆发前,就有目光犀利的非基督徒认识到,基督教民族中常见的残忍杀戮与基督教的理想难以协调","人们可以读一下中国人辜鸿铭于1901年发表的《总督衙门论文集》"③,大战爆发后对欧洲的批评则以辜鸿铭的《中国人的精神》和泰戈尔的《民族主义》为代表④。尽管有这些不利因素的存在,威特仍然坚信基督教的传教前景:"如果非基督徒们现在表示,'我们再也不想知道基督教的事了',这也绝非事实。在这些民族中,只有极个别的声音认为:这场战争宣告了基督教的破产(见辜鸿铭《中国人的精神和战争的出路》,1916年)",然而"辜鸿铭的见解并无多少说服力,因为它们事实上是在美化中国的现实"。⑤

尽管对传教前景依然充满了信心,威特却也不得不承认,第一次世界大战让世界各主要宗教间的信仰竞争更加激烈了:"整个地球都在展开一场壮观、紧张的宗教竞争:伊斯兰教和佛教在欧洲造势,基督教则在他们那里展开宣

---

① Witte: *Ostasien und Europa*. S. 6.
② Witte: *Götter-Tötung in China*. In: ZMR. Jg. 1913. S. 52.
③ Witte: *Die Wirkungen des Krieges auf die religiöse Stimmung und Haltung der nichtchristlichen Völkerwelt*. In: ZMR. Jg. 1920. S. 205.
④ 同上,S. 211.
⑤ Witte: *Aus dem Missionsleben draußen für die Arbeit daheim*. S. 12.

传。战争只不过稍稍延缓了这场竞争,它依然在继续着。"①威特还格外关注康有为关于向西方传播儒教的设想,②表现出他作为一位传教士本能的危机感。不过,部分地缘于第一次世界大战给他内心带来的震撼,威特此时虽然执着于自己的传教使命,却也表现出了一个有良知的知识分子的心胸,更少地纠缠于东西方宗教甚至东西文化究竟谁能压倒谁的问题:"希望这场竞争能帮助人类实现内心深处的平静,实现道德的至善,并从他们的困境中解脱出来,尤其在目前这种困苦、分裂的情况下,只有宗教才能拯救人类。在这一点上,我们的观点或许是一致的。"③事实上,此时的威特对中国传统文化的关注视野更加开阔了,对中国国内维护传统文化和价值观的呼声表现出了更多的宽容和理解,他甚至还写了一部介绍墨子的著作:《墨子:中国古代宣扬普遍的人类之爱和社会公平的哲学家》(Me ti, der Philosoph der allgemeinen Menschenliebe und sozialen Gleichheit im alten China, 1928)。

除了在宗教信仰和传教活动问题上激烈批驳辜鸿铭的观点外,威特对辜鸿铭关于一些具体问题的偏颇见解也极为不满,尤其是辜鸿铭关于中西文化差异问题的论述。在威特看来,辜鸿铭行文的最大缺陷就是有欠公允,对中国文化片面美化,对西方文化则只看缺点。一言以蔽之:辜氏的观点不够客观。可以举两个例子。

上世纪初,英国学者和作家狄更森(G. L. Dickinson,1862—1932)发表了一部书信体小说《一位中国学者的来信》(1903)。全书假托中国学者之名,洋溢着对西方文明的深深失望和对中国传统文化的热切向往,重现了 18 世纪欧洲人心目中乌托邦中国的图像。在 20 世纪 20 年代的"东方文化热"中,小说也被译为德语出版(Die Briefe eines chinesischen Gelehrten, 1925)。威特阅后的评论如下:"这位'中国学者'为何不说出自己的名字呢? 没有人会把他的头颅拧下来的。辜鸿铭对欧洲人的看法要比这位匿名者激烈得多。我还是那个老观点:这类没完没了的匿名写作总让人难堪,特别是因为这类指责都是针对欧洲和基督教的。书中的漫谈很有趣,但与辜鸿铭、汤良礼以及其他远东学者的观点并没有什么两样:狂热地将自身生活理想化,没有任何自我批评,对

---

① Witte: *Die Wirkungen des Krieges auf die religiöse Stimmung und Haltung der nichtchristlichen Völkerwelt*. In: ZMR. Jg. 1920. S. 221.

② Witte: *Ku Hung Ming, Der Geist des chinesischen Volkes und der Ausweg aus dem Krieg*. In: ZMR. Jg. 1916. S. 306.

③ Witte: *Die Wirkungen des Krieges auf die religiöse Stimmung und Haltung der nichtchristlichen Völkerwelt*. In: ZMR. Jg. 1920. S. 221.

仅仅从表面上描绘的西方世界却予以最激烈的攻击。这些'书信'只不过证明了这种情绪而已,实际上并没有什么价值。"①

再如,经济学家汤良礼曾是国民党左派人士,后投靠汪伪政权,其英文著作《动荡的中国》1927年译成德文(*China im Aufruhr*)出版。杜里舒和蔡元培曾为该书写序。对这本书,威特也持批评的态度:"像辜鸿铭一样,作者描绘了一幅纯粹理想化的中国图景。遗憾的是,作者还把这种理想图景当作现实。不知内情的读者很可能落入陷阱,幼稚地接受这幅理想化的中国图景,以为这就是现实……汤良礼在这本书中对中国只看到美好的一面,对外国人则只描写他们恶劣、黑暗的一面。"②

从上面的评论可以看出,每当读到立场有欠客观的文章著作,威特首先想到的一个典型例子就是辜鸿铭。显然,辜鸿铭在中西文化关系等问题上的部分偏颇论述已深深印在他的脑海里了。威特对狄更森的批评、对汤良礼的批评,实质上也是对辜鸿铭的批评。原因也都一样:立场不够客观,丑化西方,美化中国。

另外,辜鸿铭在论证中有时会因特定的目的而枉顾事实,这一点同样让威特非常不满。前面提到,辜鸿铭曾论证过中西历史进程的相似性,进而表示欧洲启蒙运动的精神源头是中国的儒家思想,甚至声称欧洲的现代观念都源于中国。对辜鸿铭这一几乎信口开河的观点,威特嗤之以鼻,比罗尔巴赫在此问题上对辜鸿铭的批评要激烈得多:"中国人辜鸿铭在他的著作《中国对欧洲思想的抗拒》(1911)中非常严肃地声称,所有成为20世纪现代欧洲文化标志的优秀观念,诸如尊重人权、法律面前人人平等、人类大同以及真正的人道主义观念,都是在当时从中国传到欧洲的。此人看似严肃,其实并不值得我们嘲笑。"③辜鸿铭这一类比的出发点在于凸显中国儒家传统文化的价值,以求得与西方文化的对等地位,并强调不同文化间的启发意义,虽然颇有见地,但是明显走过了头,饱受批评是意料之中的事。

再如,辜鸿铭在《中国人的精神》之《中国的妇女》一节中,借对中国理想女性的描写阐发中国传统文化之美,角度颇为巧妙,但也存在一些弊端。比如,他极力美化中国的旧式婚俗,无视妇女在中国长期遭受歧视的现实。在这一问题上,读者可以很容易地联想到他为裹脚、纳妾等传统陋习张目的言行。对辜鸿铭在妇女问题上文过饰非,甚至是颠倒黑白的做法,威特同样不以为然:

---

① Witte: *Briefe eines chinesischen Gelehrten*. In: ZMR. Jg. 1928. S. 384.
② Witte: *Tang Leang Li, China im Aufruhr*. In: ZMR. Jg. 1928. S. 92~93.
③ Witte: *Ostasien und Europa*. S. 12.

"妇女在婚姻中毫无权利,纳妾成为一种风俗,辜鸿铭在他的新书中甚至公然为此辩护"[1],"正是在这一点上,辜鸿铭的说法完全颠倒了事实"[2]。威特长期工作生活在东亚地区,对"单个的人并非作为个体而受到尊重"[3]的东亚传统文化有着深刻的认识,作为一位虔诚的传教士,他对中国妇女低下的社会地位和悲惨的命运更是表示同情,显示了一位知识分子的良知。应该说,威特在这类问题上对辜鸿铭的批评是合理的。

总的说来,威特对辜鸿铭保持了一贯的关注和重视,他反复评论辜鸿铭的观点便是明证。他的著作还常将辜鸿铭的作品列入参考书目,如《东亚与欧洲:两种世界性文化的角力》的参考书目中有《尊王篇》和《清流传》,《以域外传教活动支持家乡的工作》的参考书目中有《清流传》和《中国人的精神》。在评价方面,对辜鸿铭为维护中国传统文化和价值观所做的努力及其意义,威特给予了充分的肯定,对辜鸿铭的渊博学识,他也相当佩服,但辜鸿铭的反基督教言行及片面的论证风格也让他极为不满,总体而言毁誉参半。需要特别说明的是,威特对辜鸿铭的整体评价虽基本客观,但虔诚传教士的身份毕竟还是使他在东西文化关系问题上的视野受到了一定的限制。

厄勒尔(Wilhelm Oehler,1877—1966)

厄勒尔,德国著名新教传教学家和牧师。1906 年被巴塞尔传教协会派往中国广东地区传教多年。1920 年重返欧洲后,先在图宾根教授传教学,1926 年起担任巴塞尔传教协会负责中国教务的高级行政人员数年,同时还在巴塞尔大学任教,此后又曾在德国多地担任资深牧师。主要著作是两卷本的《德国新教传教史》(*Geschichte der deutschen evangelischen Mission*,1949—1951)。

厄勒尔一直关注中国的历史和现实问题,著有多部与中国有关的著作,如《太平天国运动:一个中国基督教天国的故事》(*Die Taiping-Bewegung: Geschichte eines chinesisch-christlichen Gottesreichs*,1923)、《中国在民族、经济、社会、思想和宗教领域的觉醒》(*Chinas Erwachen auf dem nationalen, wirtschaftlichen, sozialen, geistigen und religiösen Gebiet*,1925)、《中国和基督教传教事业的历史与现实》(*China und die christliche Mission in Ge-*

---

[1] Witte: *Aus dem Missionsleben draußen für die Arbeit daheim*. S. 36~37.
[2] Witte: *Maximilian Kern, Das Licht des Ostens*. In: ZMR. Jg. 1923. S. 284.
[3] Witte: *Aus dem Missionsleben draußen für die Arbeit daheim*. S. 36.

schichte und Gegenwart, 1925)、《上帝的中国之路》(Wege Gottes in China, 1931)等,此外还写有大量探讨中国问题的报告和文章。

厄勒尔有过在中国长期传教的经验,其牧师身份和新教传教学家的学术背景也使他长期关注中西文化关系问题。在这个问题上引起过德国知识界广泛关注的辜鸿铭自然也进入了他的视野。在著作《中国在民族、经济、社会、思想和宗教领域的觉醒》中,厄勒尔曾以康有为、梁启超、孙中山等人为例,分析中国20世纪初西化改革乃至革命风潮的思想背景。厄勒尔注意到一个现象,这些主张改革或革命的中国人大多都有留学海外的经历,由此,他联想到了此时在德国早已大名鼎鼎的辜鸿铭:"在那些充分吸收了欧洲思想的中国人当中,辜鸿铭也是一位。他因自己的著作《中国对欧洲思想的抗拒》和《中国人的精神》而在我们这里很有名气。辜鸿铭绝对是在世的最聪明的中国人之一。他不仅掌握了现代欧洲的语言,对它的文学也非常熟悉,因而能够轻而易举地以原文引用路德、莎士比亚或伏尔泰的著作。不过他并不在这场复兴运动的推动者之列,因为他被自己的同胞称为'精神分裂者',对他的国人并无任何影响,而且他的书也都是用英语写成的。"①这段话是厄勒尔对辜鸿铭的简要评价,即语言天才、渊博的学识和保守的政治立场,这也可以说是大多数德国知识分子对辜鸿铭的总体评价,基本客观。

厄勒尔阅读过辜鸿铭的文章著作,了解辜鸿铭的基本思想倾向。鉴于辜鸿铭令人印象深刻的渊博学识,更由于辜鸿铭在战后德国的崇高威望,厄勒尔著文经常引用辜鸿铭的观点。例如,他的著作《中国和基督教传教事业的历史与现实》中有不少介绍中国国情的文字,内容涉及中国社会、历史和文化的方方面面,厄勒尔在该书的论述中就曾多次引用辜鸿铭的观点。这里举两个例子。

在介绍中国的国情时,厄勒尔也向德国读者分析了汉语的特点,并引用了辜鸿铭《中国人的精神》中《中国的语言》一章中的一段话帮助说明问题:"不过,中国的口头语言本身并不比其他的外语种类难学。那位通晓多国语言的中国人辜鸿铭甚至认为,汉语是所有语言中继马来语之后最容易学的语言。他说:'这种口头语言没有语格、时态,又没有规则和不规则动词,实际上没有语法,或者说不受任何规则束缚。汉语的口头语言是一种孩童的语言。因此,我奉劝那些试图学会汉语的外国朋友们:首先必须使自己像一个孩童,然后你就不仅能进入天国,而且也能够学会汉语。'当然,对欧洲人来说,这种语言的

---

① Oehler: *Chinas Erwachen auf dem nationalen, wirtschaftlichen, sozialen, geistigen und religiösen Gebiet*. S. 91.

简单之处也正是它的难点所在。妇女和儿童通常比受过教育的男士更容易学会汉语,这是有道理的。"①辜鸿铭所谓汉语是最容易学的语言,当然并非学理论证,其意只在于说明中国人的精神气质,他虽然指出了汉语语法灵活性的事实,随后的论证却不乏情绪性的表达。尽管如此,厄勒尔仍然加以引用,这在很大程度上要归功于辜鸿铭当时的威望。

再如,对中国人热情好客,并且非常注重礼节这一特点,厄勒尔特地以辜鸿铭的"温良的中国人"为佐证:"中国人的基本特征在上面对儒教的介绍中已经描绘过了,因为孔子就是中国人的代表。这里只想说明一下这些基本特征在实际生活中是如何起作用的。中国的忠诚概念重视外在的形式,要求个人适应社会关系,这一点令初来中国的外国人感觉非常舒服。他最先遇到的就是看起来相当夸张,但通常又让人感到非常惬意的客套,整个民族都精于此道(例如好客、敬老)。那位中国人辜鸿铭这样写道:温良和友善是中国人的基本特征,每个外国人对此都记忆尤深。与日本人相比,中国人的礼貌更让人感到温暖,显得不那么做作。辜氏接着表示,由于中国人非常懂礼貌,即使犯了很多错误,外国人也能够原谅他,外国人即便在中国遭到粗野的对待,也不会像在欧洲和美洲那样过分。在这一点上,人们可以赞同他的看法。"②对中国人的礼貌和客套,来华的外国人大都印象颇深。凯泽林在《一个哲学家的旅行日记》中也有类似的描绘。应该说,这类描述大多是以实地观察为基础的,其中多无恶意,对中国人的态度也多是友好的,一定程度上可与辜鸿铭的"温良的中国人"一起作为反对"黄祸论"(die Gelbe Gefahr)的有力证据。

不过,厄勒尔也并未因辜鸿铭的盛名而曲意逢迎,特别是在一些涉及中西关系的重大政治问题上。例如,在叙述义和团运动的前后过程时,厄勒尔就明确反对辜鸿铭为慈禧太后所做的辩护:"这位女皇帝让人包围在北京的外国人,同时又向各省发电报,下令清剿外国人。电报内容如下:'只要是外国人,务必斩杀;外国人若逃跑,同样格杀勿论。'"在这一句的后面,厄勒尔以注解做了专门的说明:"辜鸿铭的否认是徒劳的。"③从历史的角度看,义和团运动尽管有不足之处,但它无疑是一场反对帝国主义的、正义的爱国民族运动。然而在当时,一般外国人却对它怀着极大的偏见,"拳匪"便是他们对义和团团员的常用称谓,厄勒尔同样未能免俗。客观地说,辜鸿铭对慈禧太后的极力美化虽不足取,但他为义和团运动仗义执言的举动却很难得,鉴于他坚定的"群氓"观

---

① Oehler: *China und die christliche Mission in Geschichte und Gegenwart*. S.38.
② Ebd., S.102~103.
③ Ebd., S.207.

点,这种言行就更是难能可贵了。

总的说来,厄勒尔对辜鸿铭还是颇为尊重的。但是,他对辜鸿铭观点的引用直至对中国问题的探讨,最终都服务于他的传教理想,这一点鲜明地体现在《中国和基督教传教事业的历史与现实》的序言中:"我们称1900年之后的中国为'新中国',新事物层出不穷。如果说以前的中国很乐意按欧洲的模式改革,今天的中国则更愿意创造属于自己的一种新文化。现在,中国不再满足于取消科举考试、改革学校和司法体系等措施,一种新的思潮正在形成,它强烈地影响了整个国家。不过,中国也在寻找一种新的生活方式,现在没有任何问题能够压倒对生活意义的探讨。中国现在才算真正做好了接受欧洲,特别是美国影响的准备。德国的科学、法国的激进主义、俄国的布尔什维主义、美国的民主主义,这一切都一股脑地涌进了年轻中国人的头脑里。可是,真正领会了这些新思想的中国人依然是多么少啊! 在今天的中国,工业化仅局限在少数几个大城市,数亿人依然在以极其古老的方式经营着自己的田地。思想领域同样如此,绝大部分中国人几乎从未接触过这些新思想。即使那些自认为代表了新思想的中国人,他们的新生活其实只是大海表面的浪花。但从根本上说,古老的中国特质并未改变,这一特质世世代代只有一个名字:孔子! 只有当这位活在每个中国人心中的孔子向耶稣基督恭身行礼时,我们的传教使命才算真正完成! 中国人是完全接受欧美的文化,还是排斥异质文化,重新回到自己的文化传统中并使之适应新的时代,这只是一个次要的问题。"①

让孔子向耶稣基督低头行礼,这便是厄勒尔心目中传教活动的使命! 联想到厄勒尔这部著作写于第一次世界大战结束数年之后,部分神学界和传教界人士对基督教传教事业的执着由此可见一斑。也许厄勒尔本人并无文化侵略的企图,他的这番话只是出自他对基督教的虔诚,但他显然还是逊于凯泽林伯爵在世界文化关系问题上的宽广胸襟,这应该是由其传教士的职业背景所决定了的。神学界及传教界人士在面对东西文化关系这个大课题时,往往摆脱不了身份的局限。在这一问题上,卫礼贤是一个例外,不过他已走出了神学,而迈入了汉学的广阔天地。

和士谦(Johannes Carl Voskamp, 1859—1937)

和士谦是柏林传教协会(Berliner Mission)的资深传教士,曾被授予名誉

---

① Oehler: *China und die christliche Mission in Geschichte und Gegenwart*. Einleitung.

神学博士学位。1884年受派来华,长期在中国传教,起初是在广东,1898年至1926年一直在青岛传教,短暂离开数年后于1930年重回青岛定居,直至1937年在那里去世。和士谦长期关注中西关系问题,发表过大量评论文章,相关著作主要有《以十字架的名义在龙的旗帜下》(*Unter dem Banner des Drachen und im Zeichen des Kreuzes*,1892)、《列强在中国的破坏和建设》(*Zerstörende und aufbauende Mächte in China*,1898)、《来自中央之国的形象和力量》(*Gestalten und Gewalten aus dem Reich der Mitte*,1906)、《中华古今》(*Das alte und das neue China*,1914)、《中国的矛盾》(*Chinesische Gegensätze*,1924)等。其中最有名的是他的日记《在青岛被围困的日子里》(*Aus dem belagerten Tsingtau*,1915),描写1914年日军大举围攻下的德国殖民地青岛,当时在德国曾被大量发行。

和士谦与辜鸿铭有过直接交往,对辜鸿铭相当了解,多次在自己的文章著作中谈及辜鸿铭。早在1902年,他就在德国人在青岛办的一份名为《德亚观察》的周报上发表了一篇题为"一个现代中国人"(*Ein moderner Chinese*)[①]的文章,介绍当时初露锋芒的辜鸿铭;1912年,他在德国殖民政府的官方报纸《胶州通讯》上发表的一篇题为"中国革命的精神先驱"(*Die geistigen Urheber der chinesischen Revolution*)[②]的文章也曾论及辜鸿铭;在著作《中华古今》中,和士谦在介绍中国20世纪初的形势时又曾专门评论辜鸿铭,并视其为旧中国的代表。

和士谦是一位资深传教士,职业身份让他格外关注中西文化关系问题。从他的文章著作看,他对中国传统文化是颇多尊重的,对中国人也很有同情心,尤其注重在与普通中国人打交道的过程中切身体会中国人的心理。事实上,数十年在华传教的经历让他与中国人和中国文化结下了不解之缘,晚年的他甚至选择定居中国并客死青岛。总体而言,和士谦对东西之间的文化交往是有美好期待的,对世纪之交东西之间相互冲突、敌视的现实,他一直深表忧虑:"人们看到,欧洲和东亚的思想武器在此交锋。你打过来,我击回去,以夸张的言辞针锋相对,以嘲笑和讥讽应对傲慢和轻蔑,最后则在冷笑中抛出一句威胁的话:'你们小心着!'"

为形象地说明那个时代不少西方人对中国固有的偏见和轻视,和士谦专

---

① Voskamp: *Ein moderner Chinese*. In: *Deutsch-Asiatische Warte*. 4. Jg. Nr. 14. 02. April. 1902.

② Voskamp: *Die geistigen Urheber der chinesischen Revolution*. In: *Kiautschou-Post*. 5. Jg. 1912.

门引了英国人弗雷德里克·特里乌斯(Frederick Treves,1853—1923)爵士来华游历时所写的一段广州观感:"广州是一个梦魇般的城市,一切都是那样令人不可思议。街道阴暗狭窄不见天日,空气中散发着令人窒息的恶臭。巷子里挤满了菜色的人群,有的衣着肮脏,有的裸露着黄皮肤。他们光着脑袋龇牙咧嘴,他们战战兢兢,鬼鬼祟祟,从一条巷子移向另一条巷子,带着诡秘奇异的神情,使人一看见他们,就不由自主地想到他们的邪恶、可怕的暴乱和刻毒的残忍。"①

毫无疑问,特里乌斯这段描写可谓暴露了部分西方人在面对东方民族时根深蒂固的文化优越感和种族偏见,读来令人生厌。由于这段文字对说明当时的中西文化关系状况非常具有代表性,厄勒尔在其著作《中国在民族、经济、社会、思想和宗教领域的觉醒》中追溯中西文化交往的历史时,也曾予以引用。在引述了特里乌斯这段广州观感之后,和士谦本人并没有直接评论这位英国人对广州乃至对中国人的糟糕印象,而是继续引用了辜鸿铭对这位英国爵士的激烈回击:

> 一位当代的中国作家,辜鸿铭,引用了这段混合着陌生、傲慢和惶恐不安情绪的描述,并以严厉的措辞回击了这位英国游客的惊呼:"对于这样一个没有思想的英国贵族来说,一个衣着肮脏、拖着豕尾、黄着皮肤的中国人,只不过是一个拖着豕尾、皮肤泛黄的中国人而已。他无法透过表面的黄皮肤看到其内在之物——那种中国人的道德特质和精神价值。如果他能够的话,他将看到在拖着豕尾、黄着皮肤的中国人的内里,还别有洞天。在那里,他将看到道教及其胜过古希腊男神女神的神仙群像;他将看到佛教及其无限悲天悯人的诗歌,它们与但丁那深邃的诗歌一样的美妙、伤感和深沉;最后,他还将发现儒教及其君子之道。几乎没有英国人能够料到,这种包含君子之道的儒教,总有一天将改变欧洲的社会秩序并摧毁欧洲文明。"②

辜鸿铭这段文字出自《中国牛津运动故事》。在这一段最后一句,即"这种包含君子之道的儒教,总有一天将改变欧洲的社会秩序并摧毁欧洲文明"中,辜鸿铭的儒家文明优越论和儒家文明将拯救欧洲的观点已初步成形。不过,无论特里乌斯对中国人"混合着陌生、傲慢和惶恐不安情绪"甚至污蔑的评论,还是辜鸿铭以牙还牙的激烈回击,和士谦都未过多评论,他的意图在于用事实说话,将19世纪后期20世纪初期东西文化冲突的一个缩影清晰地呈现在人

---

① Voskamp: *Das alte und das neue China*. S. 67.
② Ebd., S. 67.

们面前。简言之:提出问题,引人思考。

总的说来,和士谦的文化视野颇为开阔,他对辜鸿铭的评价也是放在分析中西文化关系这个大前提下进行的,此外,他还注意从中国文化自身发展进程的角度给辜鸿铭定位。在评述中国20世纪初革新及革命运动潮流的思想背景时,除康有为、梁启超等文化名人外,辜鸿铭也是他关注较多的一个人物。

关于辜鸿铭其人,这里以和士谦在《中华古今》中的一段介绍为例:

> 我在前面曾经引用过辜鸿铭的一段话。此人的名字近来也经常出现在东亚的媒体中。他并不在这场革命的精神先驱之列。他在欧洲的大学受过教育,作为中国官员,他几乎只是扮演了一个翻译的角色,这一切却使他成了满洲贵族的坚定支持者。这种矛盾非常少见。我认识辜鸿铭的时候,他是张之洞的翻译,正因为国学底子薄而遭到嘲笑,不过他对德语、英语、法语却惊人地精通。在朋友的支持下,他作为"中国学者"在德国出了名。他只用英语写成的著作被译成了德语,其中的一本被寄给了托尔斯泰,并促使他写了一封有名的"致一位中国人的公开信"作为回复。但这位只以英语写作的作家对他的国人并无任何影响,人们把他看作一个"精神分裂"者。我不知道他是否真的是一个中国人和一个马来女人的后代,是否曾在传教士所办的学校中受过基础教育,但不管怎样,他在传教界的名声非常坏,人们认为正是他在张之洞的武昌官邸里煽起了对新教和天主教传教士的仇恨,使他们遭到了严厉的迫害。他的那篇引有德国名言"Hier stehe ich, ich kann nicht anders"(吾岂好辩哉,吾不得已也)的煽动性文章《为吾国吾民争辩》(*Defensis Populi*)最能够体现他的卑劣作风。有一次,他向我表白说,他在英国成了一个虔信主义者,在德国成了一个民族主义者,在法国则成了一个无神论者。①

这段关于辜鸿铭的介绍文字内容颇为全面,包括了辜鸿铭的欧洲留学经历、出色的外语水平、坚定的尊王立场、国内外评价的反差、家庭出身、对基督教及其在华传教活动的仇视等等。值得注意的是,整段文字明显透出一种贬损的口气。看起来,和士谦对辜鸿铭相当反感。在这段描述文字的后半部分,和士谦特别指出了辜鸿铭由于攻击基督教在中国的传教活动而在传教界名声很坏的现实,鉴于和士谦的资深传教士身份,这显然是他对辜鸿铭非常反感的一个重要原因。

和士谦的这种反感还与他同辜鸿铭打交道的切身体验有关。和士谦在广东传教之时,正值两广总督张之洞坐镇广州,因而有机会和他的幕僚辜鸿铭直

---

① Voskamp: *Das alte und das neue China*. S. 72~73.

接交往。在《中华古今》一书中,和士谦曾描述过他与辜鸿铭交往的细节:"我在广东经常会见到他,我们和一些对研究中国经典著作感兴趣的朋友常在已经去世的布德勒(Hermann Graf Budler)领事那里聚会。这位穿着蓝绸大褂、举止优雅的中国人站在我面前,面容睿智却稍显憔悴。他经常将谈话引向自己设定的某个话题,而事后总能证明,这些话题他事先都借助百科全书做过精心的准备。之后,他就在总督官邸中吹嘘自己赢了那些愚蠢的欧洲人。他曾经告诉我说,他已经把歌德的诗译成了汉语,还交给了广东茶馆里的歌女们弹唱。"[①]从这段叙述文字看,和士谦对辜鸿铭的人品也是颇有微词的,辜鸿铭在这类交往中给他留下的印象主要是爱耍小聪明,喜欢吹嘘,行事不够光明磊落,这些给他留下的印象都很深。

随着辜鸿铭对基督教在华传教活动的猛烈攻击,特别是在长江教案发生后,和士谦对辜鸿铭的负面评价开始升级:"张之洞被调往武昌时,把这位年轻而且爱虚荣的翻译作为多余的幕僚留在了广东。辜鸿铭紧追了过去。据说,他后来写了一些阴险的文章攻击基督教的传教事业,以此重新赢得了这位老上司的青睐。过了不久,扬子江流域爆发了迫害基督教徒的运动,这场运动与哥老会有关,而辜鸿铭则被公共舆论称为这场血腥的迫害运动的始作俑者。在他的那本有名的《总督衙门论文集》中,他尽情地嘲讽德国,美化拳民,把他们的所作所为与荷马史诗中的英雄之举相比。无论如何,上面的内容已经足以为这位现代中国人画像了:他受的是彻头彻尾的欧式教育,却疯狂地攻击基督教,只不过他的攻击言论非常巧妙,而且还以渊博的学识为基础。不过,即使一些高尚的中国人也看不起他。"[②]这段描述辜鸿铭的文字依然充满了嘲讽、贬损的语气,诸如"阴险"、"疯狂"等字眼都给这段贬抑性评价定了调。为增强自己观点的说服力,和士谦还巧妙地提到了辜鸿铭在当时中国知识界的孤立处境,以佐证自己鄙夷辜鸿铭其人的合理性。

从上面的描述文字可以看出,和士谦认可辜鸿铭的渊博学识,然而无论辜鸿铭的人品还是他的思想和文化立场,他都持批判态度。其中,辜鸿铭对基督教及其在华传教活动的抨击尤其让他不能容忍。不过,虽然不屑于辜鸿铭的人品,也异常愤怒于辜鸿铭的攻击,和士谦对辜鸿铭仍多有评述,因为在他看来,辜鸿铭的立场观点至少对探讨当时的中西文化关系还是具有一定价值的。

尽管如此,和士谦仍然认为辜鸿铭并不能代表中国,也不值得西方世界关注。在和士谦看来,辜鸿铭代表的只是旧中国,而西方世界真正应该关注的是

---

① Voskamp: *Das alte und das neue China*. S. 73.
② Ebd. , S. 74.

能够代表新中国、代表中国未来的知识分子。那么,究竟哪位中国思想家可以享此殊荣呢?和士谦在他的《中华古今》中作了分析,并给出了他的答案。

在谈到中国文化的命运和未来时,和士谦最关注的中国思想家是康有为和梁启超。那么首先看一下和士谦对康有为的评价。

和士谦与康有为也有过交往,曾将他的前辈、德国著名传教士花之安(Ernst Faber,1839—1899)研究中国经典的著作拿给康有为指正。对康有为,和士谦的整体评价是:"康有为只是一个文学家,他并不是一个新时代的领袖。皇帝不久把他揽入政府,从而大大增强了他的影响力,希望他用聪明的折中办法对待既有的古老观念,或者用强人的手腕将他极端的政治理论付诸实施,但他却没有做好。"①换言之,康有为只是一位杰出的文坛领袖,他的入仕并不成功,而且也无力担当将中国引向繁荣的历史重任,因此,康有为代表不了中国社会的未来。

和士谦的答案是:梁启超!在当时的中国知识分子当中,和士谦对梁启超的评价最高:"新中国最睿智、最有影响力的作家无疑就是梁启超了。"在和士谦看来,梁启超才真正代表着中国的未来。他的著作《中华古今》前半部分描述世纪之交的中国社会状况,后半部分完全是对梁启超部分文章的翻译和摘录,其中就包括《少年中国说》,几乎占了整部著作五分之二的比例,显见和士谦对梁启超的重视和推崇。

和士谦对梁启超的观点格外关注,特别是梁启超的宗教观。众所周知,梁启超信佛,与佛教极具殊胜因缘,晚年更是不问政治而转向佛教研究。出于传教士的职业本能,和士谦详细梳理过梁启超的宗教观:伊斯兰教根本不在中国的考虑之列;儒教"只是一种教育体系,而非宗教体系";"基督教也不适合成为中国的宗教";只有佛教的"内涵最丰富"。显然,和士谦非常清楚,梁启超是独崇佛教的,这对他的传教使命来说应该并不是什么好消息;特别是梁启超还从根本上否认基督教在中国的适用性,他的一个事实证据就是,基督教曾经与西方的殖民政策同流合污,未能忠于自己的原则。关于梁启超对基督教在中国前途的根本否定,和士谦避而不谈,他更倾向于在这位东方大哲的言论中寻找一些对自己有利的地方。比如,除教育之外,梁启超特别强调宗教在中国社会发展中的重要作用,梁氏对宗教的这一原则立场就让和士谦非常欣赏。再如,梁启超虽然格外推崇佛教,但也"批评佛教的轮回转世之说,认为这是让信徒迅速进入天国",这又让和士谦欣喜地看到了基督教在中国的希望:梁启超对佛教的这种批评"对基督教思想是有利的"。总而言之,时刻不忘自己传教使

---

① Voskamp: *Das alte und das neue China*. S. 72.

命的和士谦虽然无法在梁启超那里挖掘到多少对其在华传教活动有用的东西，仍反复强调梁启超代表中国的未来并竭力向西方世界推介，与他对辜鸿铭的贬抑性评价形成了鲜明的对比："为了从本质上了解新中国，向欧洲的读者介绍梁启超比介绍辜鸿铭更有意义"，因为梁氏"对世界上最大民族的心理世界的展示最出色"。①

总体上看，和士谦对中国历史与现实的看法还是比较正面的，也颇为尊重中国的传统文化。对中国的辛亥革命，他是持赞赏态度的，认为中国的出路在于改革，在这一点上，他与辜鸿铭的观点完全相左；不过，和士谦对中国传统文化的价值也未视而不见，认为改革的中国不能完全丢弃传统，因而与辜鸿铭的立场观点又有一些重合的点或面。作为一位颇有良知的知识分子，和士谦认真研究中国传统文化并呼吁加强中西之间的文化交流；作为一名长期在华传教的资深传教士，他对中国传统文化的研究和对中西交流与理解的呼吁又与他的传教使命息息相关。

德瓦安纳（Theodor Devaranne，1880—1946）

德瓦安纳，德国著名神学家，新教自由派和改革派的代表人物，长期关注基督教传教问题，特别是新教在东亚的传教问题，曾在德国的报纸杂志上发表过大量评论传教和文化问题的文章，对中国多有关注。德瓦安纳一生著作颇丰，其中涉及东亚和中国的主要有《基督、佛陀和孔子》（*Christus, Buddha, Konfuzius*，1918）、《中国的大众宗教》（*Chinas Volksreligionen*，1924）、《当前争夺东亚的思想斗争》（*Der gegenwärtige Geisteskampf um Ostasien*，1928）、《世界中的孔子》（*Konfuzius in aller Welt*，1929）、《上帝面前的远东》（*Fernost vor Gott*，1935）。

基于对东亚传教问题的关注，德瓦安纳对儒家思想有过长期系统的研究，《世界中的孔子》是这方面的代表作，德瓦安纳在书中分欧洲、日本和中国三部分梳理了孔子学说的接受史。其中，在讨论近现代中国的儒学状况时，德瓦安纳特别介绍了中国清末民初的废孔、尊孔之争，并将辜鸿铭视作尊孔派的主要代表。德瓦安纳对辜鸿铭的基本评价是："中国最有趣的人物之一"，"作为一个狂热的儒者和君主主义者，他在现代中国确实不受欢迎，但被视作一位学识渊博、极有性格的人物"。德瓦安纳还特别强调了辜鸿铭在东西文化关系问题上的基本立场："他对西方的理论认识和亲身经历使他成了西方世界的严厉批

---

① Voskamp: *Das alte und das neue China*. S. 74～77.

评者,成了儒家思想的热烈拥护者。"①

作为一位神学家,德瓦安纳首先对辜鸿铭有关中国人宗教观的论述给予了重点关注:"中国人究竟是否需要宗教,或者说,他们是否是一个没有宗教,只需要纯粹的市民道德的民族?辜鸿铭基本是这样看的:'与其说中国没有宗教,还不如说中国人不需要宗教、也感觉不到这种需要更确切……有人说,儒学不是宗教。的确,儒学不是欧洲人通常所指的那种宗教,但我认为儒学的伟大之处也就在于此,儒学不是宗教却能取代宗教,使人们不再需要宗教。'"如前所述,辜鸿铭以儒家思想取代宗教的观点曾遭到神学家和传教士威特的严厉驳斥,可以想象,作为神学家的德瓦安纳显然也不会认同辜鸿铭的观点。下面简析一下他对辜鸿铭观点的回应。

德瓦安纳注意到,辜鸿铭论证儒家思想所起的宗教作用时,是从强调祖先崇拜的宗教意义入手的:"辜鸿铭是这样理解的:'当一个中国人面临死亡的时候,他并不是靠相信还有来生而得到安慰,而是相信他的子子孙孙都将记住他、思念他、热爱他,直到永远。在中国人的想象中,死亡仿佛是将要开始的一次极漫长的旅行,在幽冥之中或许还有与亲人重逢的可能。因此,儒教中的祖先崇拜和忠诚之道,使中国人民在活着的时候得到了生存的永恒感,而在他们面临死亡的时候,又由此得到了慰藉。在其他国家中,这种对大众的慰藉则是来自信仰来世的宗教。'"按照辜鸿铭的观点,正是由于中国儒家文化的祖先崇拜和与之相连的忠诚之道给了人们心灵的安全感和永恒感,儒家思想才能够完全取代宗教在国外所起的作用。

对辜鸿铭关于儒家文化中祖先崇拜的宗教意义的论述,德瓦安纳当然要给出自己的分析,只不过,他的分析结果是否定的:"它可能并不像辜鸿铭所说的那样能够带来慰藉,因为中国人的古老观念中并无重逢这种说法,而且,祖先崇拜通常在死者去世后的第三代就会停止。也许富人家庭是个例外,他们的祖庙有足够的地方供奉所有的先辈及家谱。不过,在这个方面填补了缺陷的正是佛教,因为它通过对天堂和地狱的描绘为人们提供的对彼岸世界的期望要形象和明确得多。"

顺理成章,德瓦安纳接着便否定了辜鸿铭所持的中国人不需要宗教的观点:"迄今并没有证据表明中国人的灵魂在世界各民族中地位特殊,既无宗教天赋,也无宗教需求。可以肯定的是,每个关注亚洲民族的人都会注意到宗教天赋及实践在量上的区别:宗教在日本和印度似乎极受重视,高度发达,在中国却发展得很不够,在老百姓中的形式也更加原始。但这并不能证明中国不

---

① Devaranne: *Konfuzius in aller Welt*. S.101.

需要宗教!像其他民族一样,宗教本性同样适用于中国人的灵魂,看一下今天的中国依然有人拜庙上香的现实,绝对会有这种印象,他们心中的归依感、敬畏感和信任感与其他地方的人并没有什么两样,同样都在通过誓言、祈祷和祭品与自己心中的神灵交流。"

客观地说,儒家学说有其准宗教的一面,然而辜鸿铭用祖先崇拜和忠诚之道解释中国人的来世观、以儒家思想阐释宗教的本质,确有局限之处,也不完全符合中国人宗教信仰的历史与现实,德瓦安纳以佛教的来世观和佛教在中国的存在及流行予以反驳,就显得有理有据。这让我们不由得想起威特所谓辜鸿铭"不懂宗教"的评语。德瓦安纳批驳辜鸿铭的办法其实非常简单,那就是用事实说话,并最终归结到人类信仰和灵魂生活的普遍性上:"一个民族的生存并非只靠公民正义,同样也不能仅靠士兵、煤矿和高额外汇!还要依靠非理性的价值,依靠神的旨意!"①

除宗教观外,扬名德国的辜鸿铭的文化立场是德瓦安纳关注的另一个焦点,其中首要的就是辜鸿铭的"儒家文明救西论"。对辜鸿铭给困境之中的欧洲开出的"儒家良民宗教"药方,德瓦安纳的态度是否定的,他的办法仍是用事实说话,把人们的目光直接引向了儒家学说在现代中国的尴尬命运和中国军阀混战的现实,其意不言自明,既然儒家思想在它的发源国都已很难再起作用了,又如何谈得上拯救欧洲呢:"他忽视了一点,这种学说即使在中国也未能通过他所说的考验","在生命的最后几年,他不得不目睹群氓崇拜和群氓骚乱正在他的国家作出了人类历史上最暴虐的行径,不得不目睹孔子影响下的人民在这个问题上是多么无能为力!不过他或许已经认识到,只见树木、不见森林是多么容易!也许中国会出现一个较为平静的时期,人们会重新认识到儒家蔑视群氓、拒绝权力崇拜的意义所在"。②

此外,与传教士威特一样,德瓦安纳也对辜鸿铭在中西文化关系问题上美化自身文化的片面倾向表示不满:"辜鸿铭将儒家思想誉为世界的福音,有两层含义:可以纯化个体的内心世界,进而彰显它对国家及国家间相互关系的价值。至于基督教具有同样高尚的理想以及更为崇高的目标,他却视而不见,其做法便是将一方的理想与另一方的现实相比。"③当然,在批评辜鸿铭文化立场有欠公允的同时,德瓦安纳对基督教价值的宣扬其实也昭示了自己视野的局限。不过,德瓦安纳在东西文化关系问题上还是比较宽容的,事实上,他对

---

① Devaranne: *Konfuzius in aller Welt*. S. 124~125.
② Ebd., S. 102~103.
③ Ebd., S. 103.

辜鸿铭忧虑中国传统文化命运的言行还是给予了充分的理解的:"他认识到这一问题的深刻意义,即在帝制崩溃并引进了西方文明之后,儒家思想是否依然能够作为中国的精神、道德和宗教基础。"①

德瓦安纳看到,辜鸿铭维护儒学传统的立场是一贯的:"他的两本著作《中国对欧洲思想的抗拒》和《呐喊》,对西方的批评过于激烈,反而对他所赞颂的儒家思想有些不利。在这两本著作之间,他还出版了《中国人的精神和战争的出路》。从这本书中并不能直接看出他对儒家思想在中国的未来是如何设想的,他只是把这种学说作为摆脱战争的唯一出路推荐给西方,不过从他对作为儒家思想核心的'良民宗教'的描述中还是可以看出,他显然认为这是他的祖国光明前途的基础。"②

德瓦安纳也看到,辜鸿铭维护儒家传统思想的立场在当时的中国其实也并不绝对孤立:"陈焕章博士继承了刚刚去世的辜鸿铭的路线。"他注意到康有为的得意弟子陈焕章于1913年8月15日联合多位"孔教会"代表上书当时的民国政府参、众两院③,呼吁在宪法中将孔教定为国教的事,并特意引用了陈焕章充满信心的一句话:"孔教会能够将中国现代化,只要中国制定了宪法,完全保障思想自由,儒家思想将重新繁荣起来。"④此外,德瓦安纳也注意到,不仅一些文化界人士,以阎锡山为代表的一些地方官员对重振孔教行动予以支持的现象也依然时有所见。

显然,这些现象的背后肯定蕴含着某种合理的东西,即在新时期该如何评价传统儒学的作用。换言之,这里涉及的是传统与现代的冲突,是儒家传统思想在现代中国的存续问题。德瓦安纳正是从这个角度思考问题的。一方面,他坚持认为传统是不可以人为中断的,儒家思想在现代中国依然有一定价值,尤其是它的道德学说:"中国现在或将来找到统一之路后,道德儒家的不少内容绝对应该成为衡量一个好公民的准绳";"清除这个本已受到限制的遗产,将会摧毁历史的连续性,并将中国迅速推入危险的洪流中"。另一方面,德瓦安

---

① Devaranne: *Konfuzius in aller Welt*. S. 101.
② Ebd., S. 101~102.
③ 陈焕章(1880—1933),历史文化名人,师从康有为,与梁启超是同学。12岁取秀才,23岁中举,24岁考取进士。1905年奉派为留美学员,1911年获哥伦比亚大学哲学博士学位。归国后把毕生精力投入到实践和弘扬孔教思想的活动之中。1912年在上海创立"全国孔教总会"。袁世凯复辟帝制,他坚决反对。1927年赴东南亚各国传扬孔教。1928年赴瑞士日内瓦参加世界宗教和平大会,被推举为副会长,并在欧洲讲学。1929年从欧洲返回香港,设"孔教学院",自任院长。1933年病逝于香港。
④ Devaranne: *Konfuzius in aller Welt*. S. 106.

纳又认为儒家思想在现代中国的作用应与它在中国历史上扮演的"政教合一"角色不同,并对儒学的适用范围做了限定,将其定位为一部"公民通用道德准则"(Bürgerliche Durchschnittsmoral):"在这个诞生了它的国家,它是一部公民道德法典,大致相当于西方国家中世纪的通用法典。只能作为公民道德法典,不可越位! 因为,它也许就只能起到这种作用。"①

只是一部公民道德法典! 这就是神学家德瓦安纳针对儒家传统思想在现代中国社会中的作用和意义所下的断语。在德瓦安纳看来,儒家思想在现代中国必须固守道德规范这一本位,一切将儒家思想向政治、哲学和宗教等领域延伸或予以神化的做法都是不合时宜的。在德瓦安纳看来,辜鸿铭的思想观点也只有以此为基础才有其现实意义:"为了在革命之后重新迅速获得平衡,重新找到与过去的联系,一个得到提纯和净化的道德儒家对中国来说似乎非常适合,因为历史的发展不是突变式的! 从这个意义上说,人们可以期待孔子在未来的新中国扮演一个重要角色,不过,是作为一个好公民的形象,而不是像辜鸿铭所理想化的那样!"②

总的看来,德瓦安纳对辜鸿铭思想观点的评论是放在探讨儒家思想在现代中国的命运这一大框架中进行的,其中有不少理论探讨,值得注意。《世界中的孔子》这部著作出版之时,德国20世纪20年代的"东方文化热"已经成为历史,辜鸿铭也已作古,德瓦安纳的评价在某种程度上可以看作德国神学界对辜鸿铭思想观点的最终结论。

德国神学界对辜鸿铭的高度关注,既表现在神学家和传教士对辜鸿铭的深入评论中,也表现在宗教刊物对辜鸿铭的持续报道上。翻阅这一时期德国几种主要的宗教杂志,在关于传教问题或东亚局势的报道和评论中,辜鸿铭的名字并不少见。例如,一向关注辜鸿铭的威特,他对辜鸿铭的评论就大多发表在《传教学与宗教学杂志》上,正因为该刊经常援引辜鸿铭的观点,威特才会在他评论《中国人的精神》的文章中开篇就指出:"辜鸿铭在我们杂志的读者中已经非常有名了。"③

其中,关于东亚传教问题的评论和报道对辜鸿铭的观点最重视。举个例子。1912年的《传教学杂志》在"传教评论"栏目下刊登了关于基督教在中国

---

① Devaranne: *Konfuzius in aller Welt*. S. 115~116.
② Ebd., S. 112.
③ Witte: *Ku Hung Ming, Der Geist des chinesischen Volkes und der Ausweg aus dem Krieg*. In: ZMR. Jg. 1916. S. 296.

的传教现状及前景的系列分析文章(S. 138~164，S. 207~238，S. 307~330)，对辜鸿铭的观点格外重视。全部文章以辜鸿铭《文明与混乱》中的一段话开篇："毫无疑问，对许多人来说，所谓的远东问题无非是中华帝国的最近前景。但人们只要对此稍微认真地加以思考，就不能不注意到问题并未就此完结，因为在贸易和金融的纯经济问题，以及因国际物质利益纠纷而引起的和平与战争的政治问题之上，远东问题还涉及一个道德的问题，一个比中华帝国的政治前途更为严峻抑或更为现实的巨大难题。"随后的评论则进一步道出了引用目的："中国文人辜鸿铭的这段话揭示了传教在这一系列复杂问题中的重要意义。"①显然，文章在不失时机地借辜鸿铭的相关论述反证基督教在华传教活动的合理性和重要性。

接下来的评论中，辜鸿铭的一些看法被反复引用。如，在介绍基督教在中国传教过程中遇到的困难和挑战时，文章特地引用了辜鸿铭当时已初步成型的"儒家文明优越论"："如果我所讲的欧洲古代和现代的道德文化是不错的话，那么我想就必须承认，尽管建立在一个依赖于希冀和敬畏之情的道德文化基础之上的文明或许是个极其强大甚至更为严格些的文明，但可以肯定，建立在一个依赖于人的平静的理性基础之上的道德文化，纵使不是一个较高层次的，也是个极其博大的文明。这一文明人们更难达到，而一旦实现，就将会永恒持久，不衰不灭。"②引用辜氏这段话意图很明确，就在于展示传教在中国面临的一个巨大挑战，这就是耶稣会士当年也曾在中国遇到过的儒家传统文化对基督教思想的抵制："中国的儒者，即文人和官员，是反基督教运动的发源地"，这个知识和政治精英阶层"一直以来都是基督教传教活动所遇到的最大难题"③。

如果说上面的挑战主要来自中国的知识和政治精英阶层，是精神上的挑战，那么现代传教士在中国还面临着另一个挑战，是感情上和政治上的挑战，这一挑战是当年的耶稣会士没有经历过的。这就是传教士在中国的尴尬角色，是中国上至政府下至普通百姓对基督教和传教士的反感乃至仇视，原因就在于基督教及其传教活动与西方列强侵华政策之间千丝万缕的联系："中国人之所以反感基督教，最深层的原因并不在作为宗教的基督教本身，而在于它与

---

① *Missionsrundschau. China.* In：*Zeitschrift für Missionswissenschaft*，Jg. 1912. S. 138.

② 《辜鸿铭文集》(上)，第 177 页。

③ *Missionsrundschau. China.* In：*Zeitschrift für Missionswissenschaft*，Jg. 1912. S. 140.

保护国在政治上的紧密关系。但中国并不信任这些国家,它以仇恨和反感回应这些国家对其内部事务的粗暴干涉。当中国看到传教士总是寻求保护国的武装保护,总是在保护国的支持下赢得同中国政府的诉讼并获得补偿,那么它对教会和传教士同样反感和不信任也就不奇怪了,教会和传教士成了中国政府当局的眼中钉、肉中刺。如果说这类原因主要是在上层社会中激起了一种对传教界非常不利的情绪,那么许多中国文人故意挑起对外国人的仇恨,使不少普通民众也强烈抵制西方人的入侵,这让情况变得非常艰难,而传教界在这种缺乏保护的环境中则受害最深。"①著名记者帕凯曾这样评论传教界与列强殖民政策互相利用带来的后果:"迄今为止,传教界与政界的联合行动只不过是向中国人证实了两者内心的不诚,这种不诚慢慢地在各方面都造成了不利后果,于是有识之士提出来要清晰切割两者间的关系。"②可以想象,在中国自19世纪中期开始不断遭到西方列强侵略的大背景下,中国人普遍在心理上排斥和仇恨西方人,在华传教士即使并没有助纣为虐,他们在中国人心目中的形象受到连累也是很容易的。为此,文章专门引了辜鸿铭所谓西方各国都是"食肉动物的民族,只认强力,不讲道理"的观点来佐证中国人对西方的排斥和仇恨心理。③

可以看出,在讨论基督教在中国的传教现状时,无论是对中国知识及政治精英阶层心理的分析,还是对中国普通民众社会情绪的认识,神学界和传教界人士都非常重视参考辜鸿铭对这类问题的看法,进而反思西方的对华政策和基督教在中国的传教策略。随着对辜鸿铭的跟踪报道,其著名学者的地位在德国神学界和传教界逐渐得到认可。1915年4月1日,辜鸿铭应邀出席部分在华德籍人士在北京举办的纪念俾斯麦100周年诞辰大会并做了演讲,《新教同善会传教专刊》(*Missionsblatt des Allgemeinen Evangelischen Missionsvereins*)就曾以"北京的一场俾斯麦庆祝会"(*Eine Bismarckfeier in Peking*)为题做了报道,还全文刊登了辜鸿铭的演讲,称其为"一位学问至为渊博的中国人",该称谓还特别以黑体字标出。④

不过,辜鸿铭对基督教及在华传教活动的批判立场却无法得到德国神学

---

① *Missionsrundschau. China.* In: *Zeitschrift für Missionswissenschaft*, Jg. 1912. S. 142.

② Paquet: *Li oder Im neuen Osten.* S. 223.

③ *Missionsrundschau. China.* In: *Zeitschrift für Missionswissenschaft*, Jg. 1912. S. 143.

④ *Eine Bismarckfeier in Peking.* In: *Missionsblatt des Allgemeinen Evangelischen Missionsvereins.* Jg. 1915. S. 82~85.

界和传教界人士的认同。《清流传》德文本出版后虽得到了不少德国知识分子的肯定,然而书中对基督教和传教活动的批判内容也引起了神学界和传教界人士的不满。这里就以刊登在1912年《传教学杂志》上的一篇对《清流传》的简评为例:

> 作者在书中显示的宗教和历史哲学观点将受到基督教界人士的严厉批判。辜鸿铭对天主教和耶稣会采取敌视的态度,不过看起来他的相关认识仅来自一些具有论战色彩的文章。我认为,辜鸿铭是一个诚实的真理追求者,因此建议他向他周围的耶稣会人士作更详细的了解,索取合适的材料,通过亲自阅读天主教著作来认识天主教。对天主教在中国的传教事业来说,辜鸿铭的这本书是一个新的信号,它表明在中国的教会人士要真正了解实际情况,从而可以影响中国的精英知识分子,这件事情现在已经是迫在眉睫了。①

可以看出,德国神学界和传教界人士对辜鸿铭的反基督教立场非常不满,然而鉴于辜鸿铭的名气越来越大,对他的批评还是相当委婉的,甚至谨慎地将原因归结为辜鸿铭只是尚未真正研读基督教经典而已,显然非常希望将这位名人争取到自己的阵营中来,对辜鸿铭的重视溢于言表。此外,辜鸿铭对基督教及传教活动的抨击显然也惊醒了德国神学界和传教界,他们中的一些人开始反思传教中遇到的问题及调整传教策略的必要性,也间接触发了他们对中西文化关系问题的思考。

这就涉及辜鸿铭的反基督教立场。辜鸿铭对基督教的批判是从19世纪90年代的反洋教运动开始的。长江教案爆发后,他发表了《为吾国吾民争辩》一文,强烈抨击基督教在中国的传教活动。如前所述,辜鸿铭根据传教活动的三个目标,即提高民德、开启民智和慈善工作,采取一一批驳的办法全盘否定了基督教在中国的传教活动及成果。客观地说,辜鸿铭对基督教传教活动的批判洋溢着强烈的爱国主义热情,而且他的批驳确有合理因素。事实上,部分在华传教士超出了自己的本职工作,在政治、经济和军事上配合西方列强的侵华战略,甚至干涉中国内政,这也是清末多起群众反洋教运动的重要原因。其实,鸦片战争以后进入中国的传教士和早期来华的耶稣会士已颇有不同,他们是在洋枪大炮和不平等条约的庇护下进入中国的,一开始就容易给中国人留下"侵略者帮凶"的印象,而他们在中国事实上享受的"治外法权"以及他们在一些不平等条约的签订过程中扮演的不光彩角色更是在中国人心中埋下了仇

---

① *Missionsrundschau. China.* In: *Zeitschrift für Missionswissenschaft*, Jg. 1912. S. 177.

恨的种子。对此,德国著名汉学家卫礼贤就有过客观分析:"欧洲人用炮舰说话,中国在残暴的武力威胁下被逼无奈,不仅要作出让步,还要不断地划给教会特权。一种对外国人的仇恨之情便在中国人民心中油然而生,从而对那些洋人传播的思想完全予以排斥"①;"来自各教派的数千名传教士在帝国各地自由行动,全都不受中国的司法管辖,并享受在任何其他主权国家都享受不到的权利,这些都是中国人对我们没有好感的原因"②。然而,我们也要承认欧洲传教士在中西文化交流领域所起的积极作用,早期的耶稣会士作为欧洲历史上最早的汉学家在沟通中西文化交流方面就起到了桥梁作用,即便19世纪中后期来华的传教士,他们中间也涌现出了诸如理雅各(James Legge, 1815—1897)、翟理斯(Herbert Allen Giles, 1845—1935)、卫礼贤这些杰出的汉学家,他们是中学西传的功臣。此外,传教士也给中国带来了欧洲的近代科学技术知识,一些传教士还极富爱心,长期默默无闻地致力于慈善工作,尤其值得一提的是他们对近代中国教育和医疗事业的贡献,这些都是不能抹杀的。

  总的说来,从评论反洋教运动开始,辜鸿铭对基督教及其传教活动的批判立场基本上是一以贯之的。不过,对这个问题应做具体分析。严格来说,辜鸿铭也并没有彻底否定基督教:"现在很多人都倾向于认为,基督教已经崩溃了,我并不完全赞同这种观点。"③辜鸿铭对基督教经典《圣经》的评价其实是非常之高的:"欧洲中世纪道德文化起源于基督教《圣经》。基督教《圣经》作为歌德所说的一部'世界文学'典籍,有如荷马的《伊利亚特》和维吉尔的《埃涅阿斯记》,是一部非常了不起的巨著,它永远也不会在这个世界上完全消失。"④然而对基督教会,他却给予了最严厉的批判:"如果说基督教没有崩溃,那么,根据当今欧洲的精神状况来看,基督教会在今天的确已经崩溃了"⑤,"基督教会今天在所有的基督教国家,正如同道教的宫观和佛教的喇嘛庙一样,已经变成了纯粹的装饰物"⑥。

  辜鸿铭一方面肯定基督教的价值和《圣经》的伟大,另一方面却抨击基督教会,这似乎自相矛盾。其实,辜鸿铭的逻辑还是非常清晰的,他肯定的是基督教的精神,矛头所指则是教会机构,因为在他看来,近代以来的基督教会

---

① [德]卫礼贤:《中国心灵》,第186页。
② Wilhelm: *Die Beziehungen Chinas zum Ausland im Laufe der Geschichte*. In: ZMR. Jg. 1909. S. 302.
③ 《辜鸿铭文集》(上),第495页。
④ 同上,第175页。
⑤ 同上,第495页。
⑥ 同上,第511页。

已背离了基督教的精神,变得越来越物质化、越来越堕落:"在中世纪,基督教会还是一个很好的有道德的教会。基督教教士也是虔诚的。整个中世纪的欧洲,和平与秩序占据着主导地位。然而后来,基督教会不再是一个合乎道德的好教会,它不再理解真正的宗教,也就放弃了宗教,抛弃了先前所传授的安于清贫、虔诚与纯洁的教诲。"①

如果用当今社会的流行语来概括辜鸿铭对基督教和基督教会的评价,就是:经是好经,可惜被歪嘴和尚念歪了!辜鸿铭这一判断让我们想起了梁启超对基督教的批评:欧洲基督教会和在华传教士没能做到与西方列强对中国的侵略和殖民路线划清界限,没能忠于自己的信仰和原则,因此没有资格承载中国的未来!换句话说,辜鸿铭真正质疑的并不是基督教,而是基督教会,他认同的是真正的基督教精神,是耶稣身上体现出来的那种伟大的爱,也正是在这个意义上,他认为中国也是需要基督教的,它需要的是基督教的博爱精神,这与他坚持宣扬以孔孟为代表的原儒家思想而对宋明理学多有批评道理相同。显然,辜鸿铭对基督教会的批判和他对西方文明物质主义倾向的抨击思路是一致的,第一次世界大战的爆发更强化了他对基督教会的批评:"战争的真正原因是欧洲人民可怕的精神状态。那么谁应对欧洲民众的精神状态负责呢?至少在官方看来,基督教会对此负有不可推卸的责任。"②

从上面的分析可以看出,辜鸿铭对欧洲基督教会的批判态度是由他一贯的道德至上立场决定的,是他抨击西方现代文明物质主义倾向的必然结果和组成部分。在辜鸿铭看来,正是由于教会自身的堕落导致基督教道德约束力的彻底破产,使得对金钱和权力的狂热追捧主导了一切价值取向并成为大众主流意识,整个社会物欲横流,道德沦丧,贪婪成为时代的标志。至于对基督教在华传教活动的抨击,辜鸿铭则更多的是从爱国主义和国际关系的立场出发,背景就是世纪之交中西之间日益激化的民族矛盾,因而他的宗教评论经常流露出一股浓厚的政治解读的味道。总的说来,辜鸿铭对欧洲基督教会的抨击与他纯化儒家传统道德理想的言行一脉相承,体现了他在那个信奉物质和强权的时代对伦理、道德乌托邦的坚守,而他抨击基督教在华传教活动的言行所表现出来的爱国主义的正义立场也是毋庸置疑的。

然而,辜鸿铭并非一个神学家,过多地从政治、社会、国际关系等角度解读宗教和传教问题容易削弱、排挤真正的宗教理论探讨。可以想象,他的批评在德国神学界和传教界激起强烈反弹也是必然的。从前面《传教学杂志》上刊登

---

① 《辜鸿铭文集》(上),第511页。
② 同上,第495页。

的那篇对辜鸿铭《清流传》的书评即可看出,德国神学界和传教界人士的直观反应就是,辜鸿铭并未真正理解基督教,甚至是"不懂宗教",威特、德瓦安纳等人对辜鸿铭宗教观的批评也都指向这一点。不过,威特和德瓦安纳对辜鸿铭的批评虽有根据,然辜氏也非毫无道理。下面就以辜鸿铭在宗教问题上的一个核心观点为例予以分析。

众所周知,辜鸿铭对基督教在中国的传教活动一向持拒斥立场,在他看来,中国的儒家思想完全满足了中国人的心灵和信仰需求,因此中国人不需要宗教。这种观点自然激起了威特和德瓦安纳的强烈反对。我们姑且不论德瓦安纳从中国人宗教信仰的历史与现实出发,以学术文笔有理有据地用佛教的来世观和佛教在中国的存在及流行对辜氏观点的反驳,这里只谈辜鸿铭对儒家学说宗教性的认识和论证。应该说,辜鸿铭关于儒学在中国取代了宗教的观点并非没有根据。把儒家学说视为宗教,这种观点不仅在群众中存在,在学者中也不乏支持者,事实上,儒家的宗教性问题也是多年来学术界讨论的焦点问题之一。当然,主导性的观点均认为儒家学说和一般宗教之间存在着很大的差别,儒教论反对者最有说服力的理论依据就是宗教的定义和基本特征。但是也有学者认为,儒家学说虽然在古代中国的确离真正的宗教有相当大的距离,然而自宋明理学以后,它也确实具备了一些宗教化的特征,因而有学者倾向于将宋明理学之后的儒学称为"半宗教"或"准宗教"。而且,上世纪初的辜鸿铭在这个问题上并不孤立,如康有为就是"孔教"的坚定支持者,尤其在戊戌变法以后,康一直致力于将"孔教"提升到"国教"的地位,将"保教"提升到"存国"的高度,甚至发动他的弟子(典型如陈焕章)将"孔教"推向世界。答案显然还是要到儒学本身去寻找。一般来说,儒家思想的核心是伦理学,在中国漫长的家族社会历史中,儒家的伦理情感确实展示出了准宗教情感的意义,因此,当辜鸿铭以优美的散文笔法阐发儒学的宗教内涵时,他也是有根据的,显示出了一个儒者的深情。在这种意义上,辜鸿铭显然有理由为儒家学说的宗教色彩辩护:"如果说信从基督教的西方人是在上帝的怀抱中获得永恒的话,那么,信从儒学的中国人则在其建构的大家庭中获得生命的温暖和不朽。"①如果仅从这个角度看,德国神学界和传教界人士对辜鸿铭宗教观的激烈抨击也难说能够完全站得住脚。

然而问题在于,辜鸿铭对宗教问题的论证方式值得商榷,他经常并非从宗教学的角度讨论宗教问题,对基督教和传教活动的批评常受现实目的的羁绊,而辜鸿铭的知识又极为渊博,其汪洋恣肆的文笔常忽略论证的严谨性,从而为

---

① 高旭东:《中西文学与哲学宗教》,第186页。

他人对他的批判埋下伏笔。如,辜鸿铭频频攻击基督教会和基督教在中国的传教活动,然而他的论证最后又常常归结到"心灵的扩展"或"有教无类"这类他擅长的文化话题,这就超出了宗教的范围,从而涉及更为宽泛的东西文化关系问题,这就很容易给德国的神学家和传教士们留下反击的把柄,德国天主教神学家德尔根斯引经据典对辜鸿铭的驳斥就非常典型,威特批评辜鸿铭"根本不懂宗教"也不是毫无缘由的。

神学家和传教士虽然对辜鸿铭攻击基督教会和传教活动的言行极为不满,但对辜鸿铭的民族主义立场大多是表示理解的。辜鸿铭去世之时,威特发表过一则短讯概述了辜鸿铭的一生,其中的一句评语就非常中肯:"他最为忧心的是,假如延续了数千年的传统被西方在政治、经济和文化上全部残酷摧毁,他的国人将会变成什么样子。"①此外,辜鸿铭坚持面向西方阐释中国的传统文化,也受到一些神学家的赞赏,认为他的著作对西方人了解中国的精神生活和社会状况很有帮助,罗尔巴赫对辜鸿铭的相关评价就很有代表性。不过需要指出的是,德国神学界对辜鸿铭阐释中国传统文化的欣赏经常也非纯粹学术意义上的,归根结底还是为了有利于西方思想在精神上影响乃至左右中国的新文化建设,直接表现就是为基督教在中国的传教活动服务:"要想了解中国人,就要了解他们的思维方式。要想影响中国人,让他们信仰基督教,就要与他们的真理观建立联系。不过,要做到这一点,我们自己必须对此有所了解。"②事实上,这也是在华传教士的基本立场。德国传教士花之安就反复强调,传教士在传教过程中必须充分合理地利用儒家思想。这样看来,神学家们对辜鸿铭的欣赏难免有其局限性,这也是由他们对以孔子为代表的儒家思想的整体评价所决定了的,最典型的就是德瓦安纳对儒学和辜鸿铭意义的评价。

总之,辜鸿铭对基督教及其在华传教活动的激烈批评是他对西方文明批判立场的一个重要方面,相应地,德国神学界和传教界对辜鸿铭的批评作出了持续而深入的回应,这种回应虽有宗教实利的考虑,却也促进了当时西方世界对东西文化关系的再思考和对中国传统文化的尊重。整个过程既有批评,也有反驳,既有不屑,也有尊重,一定程度上是当时中西文化冲突与理解的一个缩影。就当时的中西文化关系而言,德国神学界和传教界与辜鸿铭之间的互动应是一个值得注意的方面。

---

① Witte: *Ku Hung Ming gestorben*. In: ZMR. Jg. 1928. S. 217.
② Kind: *Pfarrer Wilhelms Gespräche des Konfutius*. In: ZMR. Jg. 1910. S. 235.

第三节　德国汉学界对辜鸿铭的接受

在中德文化关系这个大题目上,以全面研究中国文化为己任的德国汉学界无疑担负着极为重要的责任,它是沟通中德文化交往的一座桥梁。鉴于辜鸿铭是 20 世纪初中德文化关系中的一个特殊现象,梳理德国汉学界对辜鸿铭思想观点的回应显然很有必要。我们知道,辜鸿铭的学术之路是从评论西方汉学开始的,对整个西方汉学界,他都持强烈的批判立场,而这主要集中在《一个大汉学家》、《中国学》等几篇文章中,总体而言,除少数几位汉学家的部分研究成果外,辜鸿铭对西方汉学研究的成就几乎是全面否定的。那么,在辜鸿铭曾经产生过巨大影响的德国,汉学家们又是如何看待他的呢? 先来看看几位德国汉学家对辜鸿铭的评论。

福兰阁(Otto Franke,1863—1946)

福兰阁,德国现代最著名的汉学家之一,在德国汉学界素有"元老"之誉,1888 年曾以德国外交译员的身份来华,在中国工作生活长达 13 年之久。福兰阁一生著述甚丰,发表过大量的研究文章,最负盛名的著作是五卷本的《中国通史》(Geschichte des Chinesischen Reiches),这也是他的代表作,在 20 世纪三四十年代的欧洲非常流行,极受重视,将德国汉学在西方汉学界的地位提升到了一个新的高度。

福兰阁对辜鸿铭是相当了解的,只是鲜有评论,不过,他在文章著作中间接提及辜鸿铭时的零星点评仍然可以给我们不少启示。在 1924 年的《东亚杂志》上,福兰阁发表过一篇针对德国著名文化史家利奇温(A. Reichwein)的著作《中国与欧洲:18 世纪的精神和艺术关系》的书评。在评论这本书的整体结构时,福兰阁也提到了辜鸿铭:"导言是整本书中最薄弱的一个部分,完全可以拿掉它,并不会对其余部分造成多大损害。这一部分以一种青春艺术风格概括了'今天的青年一代'表现出的一种朦胧的思想倾向,即'对东方世界的向往'。当代物质和精神双双崩溃的现实将他们推向了那里,可是,东方思想本身也正处于崩溃之中。这个过程中,我们无从回避的老子当然起到了最主要的作用。那位爱吹牛的辜鸿铭也在此列,一些受人尊敬的德国人都遭到了他的嘲笑,而性格与他完全相反、耽于空想的泰戈尔也与他走到了一起(不过这并不是他所希望的)。现在的问题是,在这种思想氛围中成长起来的青年人,并不能够将德意志世界从深渊中拯救出来。"①

显然,辜鸿铭在福兰阁心目中的印象可以说是非常糟糕的,一句"爱吹牛"的评语便形象地表达了他对辜鸿铭的不屑。从这段评论文字还可看出,对德国在第一次世界大战后出现的那场"东方文化热",福兰阁不以为然。初看起来,福兰阁似乎对中国和东方文化印象不佳。其实不然,福兰阁有过长期在中国工作生活的经历,他既有史学家的眼光,也非常了解和景仰中国的传统文化。他甚至还曾这样表示,如果可以用"东亚"一词指称远东的文化世界,那么用"中国"来指称也完全可以达到同样的效果,中国是东亚文化当之无愧的主体,②对中国的传统文化给予了极高的评价。

如果联系到福兰阁在世界文化关系问题上的基本立场,他对德国"东方文化热"的消极态度以及他对辜鸿铭的否定评价其实也是比较容易理解的。

在世界文化关系问题上,福兰阁视野极为开阔。第一次世界大战爆发前后,德国国内狭隘的民族主义和大国沙文主义极度膨胀,福兰阁却极力呼吁文化宽容和文化平等:"海洋应是敞开的,所有民族都应按照自己的禀赋自由发展,通往人类文化更高阶段的道路应该是畅通的,人人都应能够自由地踏上这条道路。"③他甚至还旗帜鲜明地指出这场战争对世界文化关系的启发意义:"这场战争已经让标榜'白种人'的共同文化无比优越的观点再也站不住脚了。我们要维护并发扬我们的德国文化,不管何处发现好的东西,我们都要重视,尤其要尊重每个民族内在的道德和政治价值,而不是依据它的肤色或某些模糊不清的种族关系。"④正是基于对民族文化的尊重,福兰阁反对德国"东方文化热"中出现的盲目否定自我的倾向。同样,对中国上世纪初欧化热潮中出现的彻底抛弃儒家传统的观点,他也不以为然,认为机械模仿,而非从自身传统生发出来的东西是不会有生命力的,并以中国引入欧美国家的共和政体为例:"今天,出现在中国国家制度中的这种新生事物乃是西方国家制度的漫画形式,是中国传统思想中的一个异物,没有根基,也不会长久。"⑤

从上面的引用和分析可以看出,福兰阁真正反感的是德国"东方文化热"中出现的盲从倾向,反对的是对自身文化传统的妄自菲薄。他认为,德国当然

---

① Franke: *Adolf Reichwein, China und Europa, geistige und künstlerische Beziehungen im 18. Jahrhundert*. In: *Ostasiatische Zeitschrift*. Jg. 1924. S. 66.

② Franke: *China als Kulturmacht*. In: *Zeitschrift der deutschen morgenländischen Gesellschaft*. Bd. 77. 1923.

③ Franke: *China und Deutschland vor, in und nach dem Krieg*. S. 28.

④ Ebd., S. 27.

⑤ Ebd., S. 28.

需要反思,但抛弃传统却非德国的出路所在,因而无论辜鸿铭的"东方文化优越论"还是泰戈尔对西方的批评,他都持谨慎甚至拒斥的态度。换句话说,福兰阁否定德国战后的"东方文化热"和他反对辜鸿铭"儒家文明救西论"的基本出发点其实是一致的。

福兰阁的这篇评论文章有个地方值得注意,即对老子《道德经》翻译状况的评论:"利奇温感到奇怪,因为'有些汉学家只知道气愤地指责(《老子》)翻译中偏重哲学思想的缺陷'。为了证明这一点,他引用了我在宗教科学档案馆所做的关于'翻译癖'的演讲。很可惜,成为这种'翻译癖'牺牲品的,并非只有《道德经》。利奇温谈到了'翻译癖'现象,但他要么没有读过我就这一点所做的说明,要么就是没有读懂。遗憾的是,'翻译癖'这一说法今天已经不足以说明问题了。必须将《道德经》翻译问题上出现的胡闹现象定性为一种坏风气。一些没有翻译资格的人并无任何语言知识,对中国的历史传统或中国周代的精神生活状况也一无所知,就去大胆地翻译一篇令人费解的中国文章,这就不仅仅是'哲学思想缺陷'的问题了。"[①]

作为一位治学态度十分严谨的汉学家,福兰阁上面对德国乃至整个欧洲《道德经》翻译状况的批评其实是有感而发的,针对的就是《道德经》虽然译本多多,但不少译者自身汉语修养并不过关或对中国文化缺乏深入研究的现象。这不由得让我们想起辜鸿铭在《一个大汉学家》一文中对翟理斯翻译儒家经典的激烈批评:"缺乏哲学家的洞察力","能够翻译中国的句文,却不能理解和阐释中国的思想"。[②]初看起来,辜鸿铭和福兰阁对欧洲中国典籍翻译中存在问题的批评似乎针锋相对,但仔细分析即可发现,由于分析问题的着眼点不同,两人关于西方世界翻译中国典籍的批评其实各有所据,正好分别涉及了翻译中"形"似和"神"似的问题,应该说各有自己的道理,只不过,福兰阁严谨的历史学家及汉学家的气质和辜鸿铭才华横溢、狂放不羁的哲学家气质决定了两人看问题的角度难以重合,以至于是在各说各话。

其实,福兰阁和辜鸿铭在汉学研究问题上并非没有共同之处。比如,辜鸿铭曾经批评西方世界对中国的历史缺乏深入的研究,认为这种状况限制了汉学家们对中国文化精神的理解:"一个研究者只有用所研究民族最基本的原则和概念武装起来之后,才能把研究目标对准该民族的社会关系,然后再看这些原则是如何被运用和推行的。但是,一个民族的社会制度、礼仪风俗并非像蘑

---

① Franke: *Adolf Reichwein, China und Europa, geistige und künstlerische Beziehungen im 18. Jahrhundert.* In: *Ostasiatische Zeitschrift.* Jg. 1924. S. 66~67.
② 《辜鸿铭文集》(下),第108页。

菇一样在一个晚上就能生长起来,而是历经了漫长的岁月。因此,研究该民族的历史是必要的。现在,欧洲学者对于中国人民的历史迄今为止近乎无知。"①应该说,辜鸿铭对西方汉学界的这种批评还是很有道理的。事实上,西方世界长期以来一直缺乏翔实、可信的研究中国历史的资料,多为简易读物或辗转传抄的二手资料,罕见专家学者之笔,这让西方的汉学研究未免根基不牢,德国汉学界由于常常转借英文、法文资料,这个问题就更严重。在出色的中国经典翻译和汉学研究应该建基于对中国历史、文化的深入了解这一点上,福兰阁和辜鸿铭持论大抵相近。福兰阁本人也正是这样做的,他以大量中国原始历史资料为依据撰写的五卷本《中国通史》便是明证。

尽管如此,福兰阁显然并未将辜鸿铭视为一位严谨的学者,他给辜鸿铭下的"爱吹牛"这一判语就可以清楚地说明问题,对辜鸿铭的评价并不高。究其原因,辜鸿铭对西方汉学研究的批判基本上是颠覆式的,这种彻底否定的立场应该是作为汉学家的福兰阁绝对无法接受的,辜鸿铭虽汪洋恣肆但却有失严谨的论证文风则更加重了福兰阁的反感。进一步考察两人的文化立场也可以发现,虽然辜鸿铭对儒家传统文化价值的坚守与福兰阁对中国传统文化的景仰有产生交集的理由,然而他的"儒家文明救西论"与福兰阁包容的文化观及对民族文化的尊重却是背道而驰的,正如德国学者对辜氏的儒教药方几乎整齐划一地拒绝或严厉挞伐一样,辜鸿铭在东西文化关系问题上贬西褒中的立场同样也无法得到福兰阁的认同。总而言之,在福兰阁看来,辜鸿铭的结论和论证经常过于片面、褊狭,这非严谨学者所为,因此,他对辜鸿铭鲜有点评甚至斥其"爱吹牛"也就并不让人感到惊讶了。

何可思(Eduard Erkes,1891—1958)

何可思,德国现代汉学家,是著名汉学家、德国汉学"莱比锡学派"创始人孔好古教授(August Conrady,1864—1925)的女婿和得意门生,上世纪30年代任莱比锡大学教授,纳粹统治期间被迫离开大学讲坛,二战结束后重返莱比锡大学,任东亚系教授,直至成为前民主德国汉学界的领袖。何可思长期致力于研究中国的传统典籍,也研究中国的文字、语言、文学,此外还涉足中国的历史、宗教、艺术和民俗等领域。

何可思读过辜鸿铭的文章著作,对其观点非常了解,甚至还曾在自己的著作中加以引用,不过与福兰阁类似,罕见详细深入的评论。下面略作分析。

---

① 《辜鸿铭文集》(下),第129页。

总体而言,何可思是一位治学态度严谨的学院派汉学家,在中国传统典籍方面造诣精深。不过,他也写过一些介绍中国国情和文化的通俗读物,其中偶有涉及辜鸿铭的地方,这些片言只语的点评颇能说明问题。例如,他的《中国人》(*Chinesen*, 1920)一书在介绍中国传统政治制度的特点时是这样评论的:"同样难有定论的是,中国的君主制度究竟是绝对集权式的还是议会式的"①,"处于统治地位的皇帝绝不是权力毫无限制的专制君主,并不像表面上看起来的那样。由于他不得不时刻考虑到群众的情绪,他的权力受到了很大的限制,尤其是他并没有任何将不得人心的规定付诸实施的统治手段。这就是那些不能够惠及普通百姓的改革措施在中国特别难以得到推行的主要原因。这与实行贵族政治的日本正好相反。在日本,尽管实施的过程异常缓慢,但是政府的每一个指示都会立刻得到执行的。因此,将古代中国称为一个君主专制的国家,这种说法并不完全正确。还是哲学家辜鸿铭所下的定义更准确些,他将中国的这种政治制度称为'没有成文宪法的议会君主制'(Eine konstitutionelle Monarchie ohne repräsentative Verfassung)"②。

何可思称辜鸿铭为哲学家,说明他对辜鸿铭还是颇为认可的。这段描述的主旨在于阐明中国传统政治观念中的"德政"理想。为此,一方面,何可思引孟子的话做解:"正如孟子在公元前3世纪时明确而又严厉地宣称的那样,在中国人心目中,统治者其实是最次要的,劳动群众才是整个民族最重要的因素。在中国的整个历史中,这样的例子层出不穷,这就是:中国的普通群众不断行使自己的权利,将无能或无德的统治者及其王朝赶下台。"③另一方面,他也借辜鸿铭的观点来说明问题。虽然晚清王朝日益风雨飘摇,迫于各方压力不得不宣布实行宪政改革,辜鸿铭却站出来坚决反对,他宣称中国无须模仿欧洲各国实行宪政改革,因为中国本身已有完美的"议会君主制":"非常奇怪,似乎没有人知道中国政府是一个不折不扣的立宪政府"。对自己这一特立独行的结论,辜鸿铭当然需要作出令人信服的说明:"在中国,上至皇帝,下至地方官,若得不到人民的拥护和支持,便会一事无成",无论地方官还是皇帝,"如果他违反了'道义上的'宪法,人民就会造他的反","人民对皇帝和官员们的服从,不是一种'法律上的'服从,而是一种'道义上的'服从,是基于道德法律和儒家的'君子之道'","因此,我认为,中国的宪法是一种道德宪法"。④辜鸿铭

---

① Erkes: *Chinesen*. S. 41.
② Ebd., S. 44.
③ Ebd., S. 42.
④ 《辜鸿铭文集》(上),第 326 页。

这一立场自《尊王篇》既已萌芽,而且一以贯之。一战的爆发大大增强了辜鸿铭对西方世界的道德优越感,他在《宪政主义与中国》一文中明白无误地总结道:在中国,"皇帝与人民的关系是一种道德关系";"中国人没有现代意义上的成文宪法的原因有二:第一,中华民族是一个拥有廉耻感——一种高度道德标准的民族;第二,中国政治赖以建立的基础不是'功利',而是道德。一句话,中国人之所以没有成文宪法,是因为他们拥有道德宪法"。① 大约是呼应德国一战后出现的"东方文化热"这一时代潮流,何可思几乎完全照搬了辜鸿铭的相关论述来阐释中国传统的伦理政治和"德政"理想,毫不掩饰自己对中国传统文化的赞赏。不过,也正是由于这个原因,传教士威特曾严厉批评何可思的这本《中国人》是在"对中国进行无条件的美化"②。

两年后,何可思又出版了另一本有关中国文化的著作《中国文学》(Chinesische Literatur, 1922),也是一部通俗读物。在这本书中,在分析近代中国文学的哲学背景并点评现代中国主要的哲学家时,何可思再次给了辜鸿铭一席之地:"当代的学术研究大致面临着这样一种趋势:采用欧洲的方法将语文—历史知识领域中的传统学科提升到国际水平的高度,另一方面又通过翻译出版欧洲的著作将中国此前仅以古代方法从事的自然科学本土化。当代哲学的代表人物当中,除了已经提到的康有为、梁启超等人之外,胡适之尤为突出。他是第一个撰写中国哲学史的人,其著作涵盖了整个民族精神发展的全部历程。此外还有蔡元培,他是康有为路线最坚定的反对者之一,与该派代表人物的主张尖锐对立,认为中国的未来不在于继续发展古代的原则,而应该与之完全决裂。最后就是彻底陷入孤立的辜鸿铭了,他是一位在西方受过教育的学者,浑身散发着欧式教育的气息;不过,他却像宋儒那样保持了自己正统儒者的本色,既坚定地反抗康有为及其路线,也坚定地反对欧洲的影响;由于受的是外国教育,辜鸿铭对中国的书面语言并不怎么熟练,因而著作不得不用英语写就,这使得他的保守主义观点看起来更加奇特。"③

何可思这本《中国文学》属于简史性质的著作,是一本普及中国文化知识的通俗读物,重点在于勾勒中国文学发展的历史脉络。上面这段文字大致介绍了上世纪初中国国内的社会思潮及思想界、文化界的主要代表人物,相对于其他几位中国文化名人,他对辜鸿铭的着墨最多,这也从一个侧面印证了当时西方知识界对辜鸿铭的重视。尽管如此,在突出介绍辜鸿铭的生平及文化立

---

① 《辜鸿铭文集》(下),第180页。
② Witte: *Dr. Eduard Erkes, Chinesen*. In: ZMR. Jg. 1921. S. 224.
③ Erkes: *Chinesische Literatur*. S. 80.

场的同时,何可思也不忘指出辜鸿铭政治立场的保守以及他在国内遭到冷落的现实,评价基本客观,鉴于辜鸿铭当时在欧洲尤其是在德国的崇高威望,这段评论显示了何可思作为一位严谨学者的客观态度。

关于辜鸿铭,何可思尽管有针对性的评论并不多,但还是对辜鸿铭的不少见解给予了首肯。与福兰阁相比,他对辜鸿铭的态度算是比较友好的。不过值得注意的是,何可思提及辜鸿铭的两本著作都写于上世纪20年代初,也即德国的"东方文化热"期间,正值辜鸿铭在德国的声誉如日中天之时,而且两本书都是通俗读物,鉴于普通德国人对辜鸿铭的好感,引用辜鸿铭的观点大约也有迎合读者的考虑。颇为遗憾的是,何可思并未从汉学研究的角度分析辜鸿铭的思想观点,并未针对辜鸿铭对西方汉学研究的激烈批评直接作出回应。换句话说,何可思关注过辜鸿铭,但这种关注仍然是有限的,而且受外部环境的影响似乎较多。

申德勒(Bruno Schindler,1882—1964)

申德勒,德国现代汉学家,德籍犹太人。早年因担任著名犹太学者加斯特(Moses Gaster,1856—1939)的私人秘书而对东方文化产生了浓厚的兴趣,在著名汉学家孔好古教授的影响和指导下,他开始关注中国问题并研究汉学。此外,他还长期致力于汉学研究的出版工作,曾创立重要的东方学杂志《亚洲学刊》(Asia Major)。

作为汉学家的申德勒敏锐地注意到了20世纪之初德国知识界热议辜鸿铭的现象。《中国人的精神》德译本出版后不久,他就在《东亚杂志》上发表文章,详细评论了辜鸿铭的这部著作。申德勒开篇先做了个综述,肯定了辜鸿铭扬名欧洲的事实:辜鸿铭面向欧洲出版了三部著作,先有《尊王篇》《清流传》,现在又有《中国人的精神》,都引起了广泛关注,因此,"辜鸿铭在欧洲已经是一个有名的人物了"。[①]

评论的前半部分,申德勒主要分析了辜鸿铭忠、义、礼并重的"良民宗教"的基本含义。随后,对辜鸿铭将儒家文明推向世界的意图,申德勒明确表示了自己的批判立场:"详细说明辜鸿铭关于中国文明形成过程的论述是多么站不住脚,这不是我们的工作。辜鸿铭根本不了解中国封闭的国家制度独特的产生历史,不懂得这种国家制度是建立在古代农耕生活方式基础之上的。他也

---

① Schindler: *Ku Hung Ming. Der Geist des chinesischen Volkes und der Ausweg aus dem Krieg*. In: *Ostasiatische Zeitschrift*. 1916—1918, 5. u. 6. Jg. S. 125.

不了解中国社会生活的基础,对欧洲复杂的社会生活状况同样非常陌生。他只知道中国的理想人格也就是君子的一些主要特点,然而,这种完美的伦理道德模范在中国只是一种理想而已。从中国的历史中也可以看出,即使社会中最出色的人士也难以达到这种理想。儒家学说的精髓在于,公民们以君子为目标,通过履行五种基本的义务(即对父母和上级保持忠诚、对朋友和妻子履行义务)实现自我完善。整个社会在这一点上达成了共识,因为只有这样,才能奠定社会和谐平静、帝国繁荣发展的基础,不过这种原始的国家道德力量一直是中国文明所特有的。"① 申德勒从儒家文明赖以形成的独特的历史和社会条件入手指出儒家文明的民族性和地域性特点,从而否定了辜鸿铭的儒家文明救世论,思路非常清晰。显然,申德勒的汉学修养还是相当扎实的,对儒家文化的道德特质及其在中国传统政治和社会生活中所起的重要作用,他的分析也颇为精到,这让他对辜鸿铭意图的批评显得有理有据,多了一分客观。

当然,申德勒也承认,欧洲的基督教文明也有自己的局限,确有反思的必要,但他又指出,欧洲基督教文明存在缺陷的事实并不能得出须以儒家文明取而代之的结论:"欧洲文化在发展过程中却缺少这种道德特质,或者应该这样说,这种道德特质并非欧洲土生土长的。基督教世界观尽管在欧洲受到推崇,但它实际上是披着古希腊外衣的亚洲产品,是被嫁接到原始的欧洲文化里来的,每出现一次较大的文化动荡,它都会走向瓦解。不过,我们还是可以提一个问题,即一个建立在上面所说的道德基础之上的文明能否防止战争。我们认为,对此必须作出否定的回答。中国由于地理位置特殊,必须排除在外。一个社会不管多么和平,一个国家不管道德基础有多高,都不能避免经济和社会摩擦。科学不论如何进步,都不能防止战争⋯⋯只有科学知识以及一种土生土长的道德体系才能给欧洲人民带来'永久的和平'。而辜鸿铭是鄙视知识的,他认为只需采用这种带有浓厚道德意味的独特的中国文明就足够了,而且还向我们公开兜售。基督教世界观对欧洲人来说曾经非常陌生,可是现在若要用欧洲人同样陌生的'良民宗教'取而代之,不通过战争的方式是不可能实现的,而这种方式实现的前提条件则是欧洲国家的一体化。"②

为了增强文章的说服力,申德勒还适时地以子之矛攻子之盾,他以中国历史和现实中的多元文化否定了辜鸿铭在世界上独尊儒家文明的合理性:"此外,我们还必须看到,这个印度支那帝国尽管有着独特的地理位置,却并不能

---

① Schindler: *Ku Hung Ming. Der Geist des chinesischen Volkes und der Ausweg aus dem Krieg*. In: *Ostasiatische Zeitschrift*. 1916—1918, 5. u. 6. Jg. S. 127.

② Ebd., S. 127.

防止在儒家的'良民宗教'之外出现其他的政治和社会体系。'良民宗教'曾经而且现在依然只适用于上层阶级,中国第三甚至第四等级的民众却是在佛教和更古老的道教中寻找自己的幸福。儒家的国家理想显然只对君子适用,只适用于最上层的知识分子。"①

对辜鸿铭的论证方式,申德勒更是不敢苟同,他甚至还对辜鸿铭的知识水平和学术能力提出了疑问:"在他看来,通过这种最好的世界观,他的祖国在社会和文化上发展得最完美。他认为西方的物质文化只在某些方面对中国有用,因为中国的精神内涵,特别是它的社会和道德文化要远远优越于整个欧洲。为了更好地证明这一观点,辜鸿铭从两种文化中挑出一些他自己认为重要的方面,并且刻意突出两者之间的对立之处。认真的读者可以发现,辜鸿铭并未透彻把握他自己国家的文化。与其说他是一个行家,毋宁说他只是浅尝辄止。尽管他的著作得到了广泛认同,但他对欧洲文化的了解仅止于一些最常见的流行语而已。尽管辜氏得出的结论有一定的道理,但我们也不必过于惊讶,只需注意一下他文章中大量的错误、疏漏、夸张的言辞,不恰当的类比,特别是他思维方式中典型中国特色的跳跃式逻辑,尽管他引用马修·阿诺尔德、爱默生、弗洛德、华兹华斯甚至歌德的话非常动听,仍然掩盖不了这些缺陷。辜鸿铭论证自己观点的方式有时很像萧伯纳之流:论证过程自相矛盾,结论却很正确。如交给教师评分,他的文章将因'结论正确,论证错误'而被判为'不及格'。""辜鸿铭在作品中以中国式的散文笔法论证自己的观点,像马赛克一样拼在一起的各个章节将这位中国学者暴露无遗。"②

申德勒对辜鸿铭论证方式的批评是有道理的,表现出了一个学者的严谨。事实上,辜鸿铭行文中粗漏偏颇之处确有不少,招来严厉批评并不令人感到意外。更值得注意的是,在这段评论中,申德勒对辜鸿铭学识的两点批评几乎是颠覆性的:他不仅质疑辜鸿铭对欧洲文化精神的把握,还干脆否定了辜鸿铭对中国传统文化精神的体认。对辜鸿铭来说,后一项批评尤为致命,因为它触到了辜鸿铭心中永远的痛,也即他的身份认同问题。辜鸿铭长期留学欧洲,却终生不分青红皂白地为中国传统文化辩护,态度之偏激即使与国内那些最顽固保守的士大夫相比也是有过之而无不及的。美国汉学家艾恺博士曾有如下分析:"他是既非西方亦非东方的,或可说决非纯然是中国的——生在外国,西方受的教育,只讲马马虎虎的北京话,和日本人结婚,没有中国的科举名位,辜氏

---

① Schindler: *Ku Hung Ming. Der Geist des chinesischen Volkes und der Ausweg aus dem Krieg.* In: *Ostasiatische Zeitschrift.* 1916—1918, 5. u. 6. Jg. S. 127~128.

② Ebd., S. 125~126.

乃一没有安全感的'外人',他无疑被中国的饱学之士视为外人,而看他不起。说不定辜氏始终要证明他是真正的中国人,他遂借对中国所有事物不分青红皂白的呵护支持来证明他并非'假洋鬼子'。"①

艾恺博士的分析并非没有根据。如前所述,与辜鸿铭有过直接交往并对他极有成见的传教士和士谦就曾提到辜鸿铭由于国学底子薄而遭到中国同僚嘲笑的事情。与辜鸿铭一度关系密切的卫礼贤生前对辜鸿铭也有过类似的评论:"今天,他成了以中国文化反对欧洲文化的坚定代表。不过,尽管他蓄起了辫子,并一直戴到今天,而且只要辫子的状况还能过得去,他就坚持不剪,但他从未成为一个真正的中国人,或许正是出于这种原因,他对中国的传统文化保持着一种浪漫的偏爱。"②申德勒、卫礼贤、艾恺三位汉学家的分析和评论表明,身份认同确是一个长期困扰辜鸿铭的大问题,这一事实可以帮助我们更加全面深入地认识辜鸿铭在中西文化关系问题上执着乃至偏激的立场,并一窥辜鸿铭那复杂、敏感、痛苦的内心世界。

对辜鸿铭给欧洲开出的这剂"中国人的精神"药方,申德勒的评价是:"辜鸿铭以他的文章'中国人的精神'作为他这本书的总标题,并这样结尾:'真正的中国人同时拥有成年人的智慧和童子之心,中国人的精神是心灵和理智的有机结合','这种能使我们洞悉物象内在生命的安详恬静、如沐天恩的心境,便是富于想象力的理性,便是中国人的精神'。不过很遗憾,这一章的结论还算正确,然而论证从总体上看却是不成功的,也难以说明能够应用到欧洲来。"③申德勒的看法是,辜鸿铭对中国文化精神的阐发对欧洲虽有一定的启发意义,然而论证并不能自圆其说。就这样,他既否定了辜鸿铭的论证方式,也否定了他向欧洲建议的"儒教道路"。

申德勒在不少问题上对辜鸿铭的批评虽然激烈,但他并未彻底否定辜鸿铭。对辜鸿铭维护中国传统文化和价值观的努力,他是表示理解的:"只要不带偏见地读一下他的著作,马上就能看出来,这是一位对儒家世界观抱有炽热爱心的中国知识分子。"对辜鸿铭文中显示出来的渊博学识,申德勒也予以首肯:"尽管错误多多,辜鸿铭的文章里还是有很多很好的想法的,特别是'中国的妇女'和'中国的语言'两章,其中有大量精彩的论述。"此外,申德勒在如何评价辜鸿铭问题上还表现出了学者的严谨。尽管越来越多的欧洲人开始关注

---

① [美]艾恺:《世界范围内的反现代化思潮》,第140页。
② Wilhelm: *Politische Entwicklungen in China*. In: *Sinica*. Jg. 1927. S. 157.
③ Schindler: *Ku Hung Ming. Der Geist des chinesischen Volkes und der Ausweg aus dem Krieg*. In: *Ostasiatische Zeitschrift*. 1916—1918, 5. u. 6. Jg. S. 128.

辜鸿铭,他却呼吁人们抛开各种外部因素的干扰,不要盲从,要给辜鸿铭一个客观的评价:"人们在谈论辜鸿铭比较中国和欧洲的社会和道德文化的努力时,经常会谈到他的人生经历。我们认为,要想得到一个客观的评价,就必须彻底抛开这类个人经历因素的干扰。"①

总的说来,申德勒对包括儒家思想在内的中国传统文化还是相当尊重的,对辜鸿铭的爱国立场也表示理解,但他对辜鸿铭的行文方式非常不满,更以理性的论证批驳了辜鸿铭让欧洲乃至世界儒教化的意图,总体有褒有贬,立场还算客观。

卫礼贤(Richard Wilhelm,1873—1930)

卫礼贤,德国现代伟大的汉学家,在华工作生活20余年。卫礼贤最初以传教士身份来到中国青岛,在华期间将精力投入办教育(创建礼贤书院)和医院,并潜心研究中国的传统文化,曾将中国经典《论语》、《老子》、《庄子》、《易经》等译为德语,并著有《中国哲学》、《孔子与儒教》、《老子与道教》、《中国文化史》、《中国文学》等著作。还曾受聘于北京大学,回国后任教于德国法兰克福大学,并创建"中国研究所"(China Institut)。在中西文化交流史上,卫礼贤是"中学西传"的一位功臣,被誉为"两个世界的使者"(Botschafter zweier Welten)。

卫礼贤与辜鸿铭有过长期交往,正如格罗塞所说:"因事业操劳而被死神过早夺去生命的汉学家卫礼贤(他的一个儿子现在主持着北京大学德国研究所的工作),生前曾与中国著名学者辜鸿铭保持着密切的联系。"②卫礼贤与辜鸿铭结识的时间已经不得而知了。1902年,辜鸿铭因公第一次赴青岛,以湖广总督张之洞秘书的身份拜会了当时的德国驻青岛总督特鲁佩尔(Oskar von Truppel),给这位德国总督留下了深刻的印象。此时,卫礼贤来青岛已三年,频频在中国的英文报纸上发文评论时事的辜鸿铭在驻华外籍人士中早已颇有名望,两人此次是否晤面尚不清楚,不过可能性极大。1910年,卫礼贤在归国的船上与著名记者帕凯结识,受其委托,卫礼贤在随后的时间里将辜鸿铭的《清流传》译为德语,并于次年在德国出版,定名《中国对欧洲思想的抗拒》,在

---

① Schindler: *Ku Hung Ming. Der Geist des chinesischen Volkes und der Ausweg aus dem Krieg.* In: *Ostasiatische Zeitschrift.* 1916—1918, 5. u. 6. Jg. S. 125.

② Grosse: *Ostasiatische Erinnerungen eines Kolonial-und Ausland-Deutschen.* S. 216.

德国知识分子中间引起了不小的反响。德国人得以了解辜鸿铭,卫礼贤的功劳不小,这无疑拉近了他与辜鸿铭的距离。

历史给了两人密切交往的契机。1911年辛亥革命以后,一部分清朝王公贵族和大臣避难到了德国人统治之下的青岛,其中就有不少饱学之士,卫礼贤与这些贵族和文人过从甚密,甚至特地在他创立的学堂礼贤书院①(Deutsch Wilhelm Schule)内增建了一所"尊孔文社",组织中国士大夫在此聚会,并将这里办成了一个东西方文化交流的场所。这一时期的辜鸿铭同样避居青岛,并经常往来于青岛和北京之间,在这里与卫礼贤有过密切的交往。在后来的《中国心灵》一书中,卫礼贤曾生动回忆了他与辜鸿铭的交往细节:"那一时期,有许多客人到青岛做短期的访问","辜鸿铭经常做些或短或长的停留。他总是像流星一样突然出现,诅咒和诟骂新时代、革命和该为这一切负责的外国人,满脑子奇思妙想,情绪变化无常。他会对中国文化进行纵览,揭示先哲智慧中最深刻的内涵,富于想象地描绘古代精神生活和文学作品中的画面;然后,他又会在中国和欧洲的人及其时代之间做表面的对比;之后,他的坏脾气会再次发作。他对所有的事情都不满,没有一个人他不曾辱骂过,他因此也搅黄了许多事。就连那时秘密拟议中的王朝复辟计划,也因琐碎的争吵破产了。辜鸿铭执意要做外交大臣,这引起了许多人的不满"。②

从这段回忆文字可以看出,辜鸿铭的脾气确实不好,这一点给卫礼贤留下的印象颇深,不过,基于与辜鸿铭的深入交流,辜鸿铭的才识给他留下的印象也同样深刻。从现有资料看,至少辛亥革命前后几年中,卫礼贤对辜鸿铭是相当敬重的,这也是他将辜氏《清流传》译为德语的思想基础。这里还可以再举两个例子。

1912年春,德国哲学家凯泽林伯爵在他的世界之旅期间来中国访问,并在青岛逗留。在卫礼贤的牵线搭桥下,凯泽林与在青岛的前清官员和学者有过深入交流,中国传统士大夫恬淡安闲、朴实豁达的气质给这位文化哲学家留下了非常深刻的印象。尽管如此,凯泽林依然面带怀疑地表示:"中国人的这种本性恐怕比不上欧洲人的活力。"此时,卫礼贤便把辜鸿铭抬了出来:"我告诉他,我只希望他能认识辜鸿铭,他的活力和刚健的耐久力丝毫不比任何欧洲人差。"之后,凯泽林伯爵与辜鸿铭之间开始了面对面的直接交流,前文已有详述,此处不赘。在深入交流(甚至秉烛长谈)的基础上,凯泽林伯爵终于"承认

---

① 礼贤书院是清末"废科举,兴学堂"运动中创办较早的中学之一,也是现青岛市第九中学的前身。
② [德]卫礼贤:《中国心灵》,第145~146页。译文略有改动。

自己确实面对着一个充满活力的中国人"。①这一时期,辜鸿铭在卫礼贤眼中俨然成了中国文化精神的代言人。

再如,辜鸿铭代表作《中国人的精神》的核心章节《中国人的精神》,最初是辜鸿铭1913年春在美国驻华使馆所做的一次报告。后来,辜鸿铭将报告略加修改,与他在北京东方学会所做的其他报告合集,定名为《中国人的精神》,并于1915年出版。卫礼贤在1913年的《给支持我们在华事业的友人的秘密信息》杂志上全文刊登了辜鸿铭的这篇报告。他为这篇报告写了前言,还摘录了他翻译的《清流传》中的部分段落加以补充。在前言中,卫礼贤对辜鸿铭报告的核心思想深表赞同:"他(辜氏)给出的事实中,尽管有一些初看起来非常奇特,但都是正确的。"辜鸿铭关于"中国人的精神"的论述甚至对卫礼贤颇有触动,以至于他对自己的传教使命都产生了疑惑:"如果基督教真像辜鸿铭所认为的那样……那么它在(试图给处于革命危机之中的中国人民以帮助)这方面将遇到一个难以克服的局限。在我们看来,基督所能给予的远远超过人类迄今为止从他身上获得的,因而也能给中国人民的精神生活以馈赠。"②在卫礼贤的这段自省中,我们隐约可以看到他从一个新教传教士转变为一个儒家信徒的痕迹,辜鸿铭在他心目中的重要地位由此可见一斑。

应该说,卫礼贤格外推重辜鸿铭,归根到底缘于他们相近的思想旨趣:对儒学的痴迷。辜鸿铭回国后很快服膺儒家文化,终生都是孔孟之道的坚定捍卫者;卫礼贤对中国文化的涉猎虽广,儒道都为他所喜爱,但最推崇的还是孔子和儒学,前期尤为明显。至少直到辛亥革命前后,卫礼贤依然完全沉浸在儒家思想中。正因为如此,辜鸿铭抨击西方现代文明的物质主义倾向、强调儒家文明道德价值的立场才会得到卫礼贤几乎毫无保留的认同与支持。此外,出于对孔子及儒学的唯美化和理想化认识,卫礼贤在这一时期不仅在学术兴趣上与辜鸿铭非常接近,甚至在政治立场上,卫礼贤也是同情辜鸿铭的,他的"礼贤书院"和"尊孔文社"并非只是遗老聚集活动的场所,还成了部分遗老和前清官员谋划复辟的地点,辜鸿铭本人就参与过张勋的复辟活动。卫礼贤格外欣赏辜鸿铭,政治上的同情也是重要因素。

然而,随着时间的推移,卫礼贤对辜鸿铭的看法逐渐出现了变化,特别是

---

① [德]卫礼贤:《中国心灵》,第147页。

② Wilhelm: *Ku Hung Ming-Der Geist des chinesischen Volkes*. In: *Vertrauliche Mitteilungen für die Freunde unserer Arbeit in China*. Jg. 1913. Sep. S. 32~52.《给支持我们在华事业的友人的秘密信息》是部分在华德国传教士自办的出版物,未得新教同善会认可,仅在小范围内传阅。

进入20世纪20年代以后,他在一些评论文章中提及辜鸿铭时,由衷的赞美之词已消失不见,批评色彩开始鲜明起来。前面关于辜鸿铭火暴脾气的回忆已露端倪,我们可以再看看《中国心灵》一书中其余几处对辜鸿铭的描述。

卫礼贤对辜鸿铭的基本评价是:"晚清年间最有特点的人物……虽然受过欧式教育,但执着于中国古代传统,激烈反对一切外国的东西。"这一评语大致中性,但他随后的几处论述时时透出一种不以为然的语气。例如,卫礼贤开始直接指出辜鸿铭政治上的无知和反动:"尽管辜氏狂热地仇视外国人",张之洞"却长期庇护他,不过并不让他参与重要事务"①;"蔡元培确定了思想自由的原则,最勇敢、最革命的人在这里可有一席之地,而极端保守的教师也能够不受干扰地参与教学工作,甚至反动的辜鸿铭都曾在大学任教过一段时间"②。在卫礼贤对辜鸿铭与袁世凯关系的描述中,也透出一丝揶揄的语气:"辜鸿铭可谓是他的死敌之一,他不放过任何一个攻击袁世凯的机会。不仅用中文,连英文也用上了。不过,对于辜鸿铭这样一个有放浪形骸意味的学者来说,花钱的门道是很多的,但他又不愿接受任何来路不明的钱,所以他总是缺钱。当袁世凯得知此事后,他就指名邀请辜鸿铭做他儿子的家庭教师,每月薪水五百美元。而且辜鸿铭的言论等一切都可以照旧,他依然有诋毁袁世凯的自由,谁也没有要求他言语应该温和一点。当然,当人们都知道他为袁世凯服务后,他的指责和抱怨的影响力就不如以前了。"③尤其值得注意的是,对自己亲手译为德语的《清流传》的基本思想倾向,卫礼贤此时的评价已经转为否定:"(辜鸿铭)描述了这场运动,并把它与牛津运动相比,但他夸大了这场运动的意义,这不过是一群理想主义的知识分子不自量力地试图进行的一次反动。整个运动

---

① [德]卫礼贤:《中国心灵》,第28页。中译本此处误译,辜鸿铭被错译成袁世凯。这一段的德语原文:"Tschang Tschi Tung war ein Mann des Kompromisses. Er war freilich von weit stärkerem Kaliber als sein langjähriger Sekretär Ku Hung Ming, den er trotz dessen fanatischer Fremdenfeindlichkeit lange duldete, ohne ihm jedoch Einfluß auf die Geschäfte zu gestatten."

② 同上,第67页。对照原文,中文译文有漏译,因而略有改动。这一段的德语原文为:"Ts'ai Yüan P'e hat die unbedingte Freiheit der Wissenschaft zum Prinzip gemacht. Auch die kühnste revolutionärste Weltansicht kam zu Wort, aber auch stark konservativ gerichtete Lehrkräfte konnten sich unbehindert beteiligen. Selbst der Reaktionär Ku Hung Ming war eine Zeitlang Dozent an der Universität."

③ 同上,第41页。

悲惨地失败了,它几乎连中国改革历史上的一段插曲都算不上。"①

最具代表性的评价是卫礼贤在发表于 1927 年的一篇题为"中国的政治进程"的文章中对辜鸿铭的评论。在这篇文章中,卫礼贤对辜鸿铭的生平做了如下综述:

> 辜鸿铭受的教育完全是欧洲式的。他在苏格兰获得了他的硕士学位。他出身于英属殖民地的华侨世家,出生地在新加坡,祖籍为福建。他的英语相当好,也能阅读德文书籍,德语文笔也非常好,法语和日语同样出色。他还是周游过世界的中国人中的一位。辜鸿铭虽然了解欧洲文化,某种程度上也很欣赏它——他一再向我保证,他认为歌德是人类历史上最伟大的人物之一,可是这位辜鸿铭先生却成了一个脾气暴躁的中国人,他把自己对西方的全部知识都用在了论战上。中国对异质文化的反抗是他论战的核心主题,他总是花样翻新地一而再、再而三地论证他的这一观点。在中国人看来,他只不过是一个归国后改变了自己信仰的家伙。在伦敦,在爱丁堡,他是一个欧洲人。现在,他回到了中国,发现了中国,就像一个欧洲人发现了中国一样,他还爱上了中国,就像每一个来到中国后就不得不爱上它的外国人一样。他还学习最初非常陌生的中文,最终到了以中文自由写作的地步。今天,他成了以中国文化反对欧洲文化的坚定代表。不过,尽管他蓄起了辫子,并一直留到今天,而且,只要辫子的状况还能过得去,他就坚持不剪,但他从未成为一个真正的中国人。或许正是出于这种原因,他对中国传统文化保持着一种浪漫的偏爱。在文化界,他成了一位很重要的人物,他的著作也在欧洲出版了。我们可以看到,他阐释的中国传统文化对我们来说非常通俗易懂,他还直率地说出一些令我们欧洲人感到难堪的事实。然而,在政治上,他只是一个小孩子。在那次试图将满清贵族重新扶上皇位的复辟行动中,辜鸿铭曾经想当外交部长;他作为外交部长所要实施的那些想法很美好,但在英、法、俄等国看来,都不过是浪漫主义者的梦幻而已。这样,辜鸿铭终生都是一个浪漫

---

① [德]卫礼贤:《中国心灵》,第 25 页。对照原文,对误译处做了改动。这一段的德语原文为:"Ku Hung Ming ... erzählt von dieser Bewegung, die er mit der Oxfordbewegung in England vergleicht. Er überschätzt ihre Bedeutung. Eine Handvoll literarischer Ideologen suchte eine Reaktion in die Wege zu leiten, ohne der Sache gewachsen zu sein. Die ganze Bewegung scheiterte kläglich und bedeutet kaum eine Episode in der Geschichte der chinesischen Reformen."

主义者。①

上面这段文字可看作卫礼贤对辜鸿铭的最终评价,基本上毁誉参半:对辜鸿铭政治上的理想主义、顽固的保皇立场以及他在中国近代政治进程中所处的位置,卫礼贤都是持否定态度的,不过,对辜鸿铭向西方传播中国传统文化的功绩以及他对西方现代文明弊端发人深省的抨击,他还是非常欣赏的。相对于辛亥革命前后对辜鸿铭由衷的溢美之词,卫礼贤此时对辜鸿铭的批评语气明显增强。

卫礼贤后期对辜鸿铭的批评,还可从他对其他中国名人的评价中看出来。1927年,康有为去世,卫礼贤撰文悼念:"他是一位改革者,一位友善的老人……但没有人会料到,在这张微笑的白发苍苍的面孔后面,有怎样一座火山在怒吼","如果不任性而为,他本可以成为现代中国无可争议的领袖"。文中,卫礼贤详细分析了康有为的学术思想,最后无限惋惜地说:"随着他的去世,最后一位伟大的君主主义者永远离开了我们。"②王国维自沉之后,卫礼贤同样撰文悼念:"这位学者是古代文化研究领域最为彻底的研究者之一。他平易近人、和蔼谦虚的态度让人们比较容易和他打交道。令人惊奇的是,在与他深入交谈的过程中,人们会逐渐发现他的知识是那么渊博,而他做学问的态度又是那么严谨","他的死是整个汉学界无可弥补的损失"。③然而,辜鸿铭于1928年春去世时,曾经崇拜他的卫礼贤却只字未提。在次年发表的《中国人是一个正在消亡的文化民族吗?》一文中,卫礼贤表达了对中国前途的信心,还列举了现代中国继往开来的重要人物,辜鸿铭同样不在其列:"尽管政治局势非常悲惨,但文化传统并未中断。前几个世纪人文传统最后的代表人物在新的时代里依然是领袖。我在这里举几个例子:康有为、梁启超、章太炎、蔡元培。中国已在孙中山的理论中发展出了一套社会发展计划,将对人类前途作出极有价值的贡献。"④显然,在卫礼贤看来,辜鸿铭已被时代的发展超越了。

卫礼贤后期对辜鸿铭的批评并不偶然,一时的狂热毕竟要让位于他严谨客观的治学原则。以对中国传统文化的态度为例,在中国的传统文化中,儒家

---

① Wilhelm: *Politische Entwicklungen in China*. In: Sinica. Jg. 1927. S. 157.(卫礼贤说辜鸿铭出生在新加坡明显错了,连与辜鸿铭有过密切交往的卫礼贤对辜鸿铭的身世经历都模糊不清,更不用说其他德国学者了。)

② Wilhelm: *K'ANG YU WE$^+$*. In: Sinica. 2. Jg. 1927. Nr. 2. S. 26~28.

③ Wilhelm: *WANG KUO WE$^+$*. In: Sinica. Jg. 1927. S. 77.

④ Wilhelm: *Sind die Chinesen ein sterbendes Kulturvolk?* In: Sinica. Jg. 1929. S. 204.

思想对卫礼贤的影响最深,事实上,他本人曾长期痴迷于儒学,这是他与辜鸿铭交好的思想基础。不过,与辜鸿铭独尊以孔孟为代表的原儒家思想的做法不同,卫礼贤在其治学生涯中对中国儒家文化基本上做到了兼收并蓄,对儒家之外的其他思想派别如道家等也持开放的态度,在华期间,他与各种立场的中国学者都打交道:"他们大部分都是相信儒家思想的,但也有一些人信仰道教和佛教。"①这种开放性也表现在他对 20 世纪初关于中国民族文化前途之争的态度上。对 20 世纪初中国思想界的代表人物如康有为、梁启超、胡适、梁漱溟等人的观点,卫礼贤都有过认真的分析,认为这些观点因角度不同而各有道理,对中国的新文化建设都是有益的:"这些认识可以为建设一种新的人类文化作出非常重要的贡献,我们对此可以充满信心。"②也就是说,卫礼贤在研究中国文化方面视野是相当开阔的,辜鸿铭则表现出一种偏执的倾向,这种治学态度的差异终究埋下了他日后批评辜鸿铭的种子。

更为重要的是,卫礼贤对东西文化关系的认识比较辩证,不像辜鸿铭那样执着于价值判断,即东西文化孰优孰劣。在他看来,每种文化都有价值——"今天的人类面临的任务是建设相互理解的文化,其中的每一种文化都要适应它所服务的时间和空间状况。"③因此,卫礼贤认为,东西双方其实各有所长,应该互相学习,反对任何一方抛弃自身传统:"人类要想摆脱时间和空间的束缚,需要两样东西:深入到自己的潜意识中去,让所有充满活力的、需要通过神秘的整体观照而直觉地体验的东西都从这里得到解放。这是东方的财富。另一方面,它要对自主的个体进行最终的强化,直到获得能与外部世界全部压力相抗衡的力量。这是西方的财富。在此基础上,东方和西方将成为唇齿相依的好兄弟。"④基于这种认识,在世纪之交东西之间的文化冲突中,卫礼贤一直质疑西方咄咄逼人的征服立场,对东方文化表示同情;对德国在一战后出现的东方文化热潮,他同样不以为然,坚决反对盲目的文化崇拜:"那些将我们东方化的尝试肯定会失败";"将东方思想完全照搬过来,既不受欢迎,也不可能。因为东方思想不是一种可以随意切割、传输的东西,而是与它赖以产生的土壤联系在一起的。如果我们模仿它,发展出的将不是文化,而只是一种时髦。我们的力量并不会增强,而只会减弱。因为从未有人通过学习异己的东西而致

---

① [德]卫礼贤:《中国心灵》,第 146 页。
② Wilhelm: *Das geistige Leben im modernen China*. In: *Die Tat*. Jg. 1924. Okt. Heft 7. S. 492.
③ Wilhelm: *Die Krisis der chinesischen Kultur*. In: *Sinica*. Jg. 1928. S. 228.
④ Wilhelm: *Ost und West*. In: *Die Tat*. 1925/26. Bd. I. (17. Jg. Heft 6). S. 416.

富。致富的方式只能是有机地发展自身的财富源泉"。①这段话其实也是对辜鸿铭"儒家文化救西论"的间接否定。可以看出，在中西文化关系问题上，辜鸿铭坚信儒家道德文明优于西方技术文明，表现出一种偏执的立场，卫礼贤则更强调文化的对等，反对轻率地抛弃自身传统，展示出一种兼收并蓄的包容心胸。这种文化立场的巨大差异也决定了卫礼贤对辜鸿铭的批评是必然的。

尽管后期对辜鸿铭的批评语气大大增强，卫礼贤却并未从一个极端走向另一个极端，从字里行间仍可看出，他始终肯定辜鸿铭的价值所在，并一直视辜鸿铭为一位值得重视的学者。换言之，在卫礼贤眼中，辜鸿铭身上确有不少闪光之处。

首先，辜鸿铭格外强调维护中国的传统价值观，在这个问题上，他得到了卫礼贤一贯的理解和支持。在卫礼贤看来，辜鸿铭维护儒学价值的呼声对世纪之初因民族虚无主义盛行而陷入迷茫的中国应属难能可贵。卫礼贤本人也是这样做的。辛亥革命前后，针对中国国内日益高涨的"废孔"呼声，卫礼贤表示："应该帮助中国避免精神生活的断裂，这将导致道德混乱，要加倍维护中国传统文化和文学中一切优秀的、有价值的内容，直至现代中国重新认识到这些古老价值的意义。"②当中国陷入军阀混战时，他依然宣称中国的复兴不能脱离传统："我也不相信中国文化会灭亡。我相信的是，新中国必须以一种新的方式建设一种新的文化，正如我们所做的那样；这种文化必须利用过去的遗产。"③也就是说，卫礼贤和辜鸿铭在尊重传统这一点上其实是志同道合的，他只是对辜鸿铭全盘否定西方现代文明的做法不以为然。在卫礼贤看来，中国维护自身传统和吸收外来经验完全可以并行不悖，辜鸿铭正因为否认这一点才被逐出了中国的文化舞台："那些全力排外的人物，在新文化的奋斗者行列中逐渐被淘汰出局。辜鸿铭，一个极富见解的人物，把他对欧洲文学的理解全部用于在中国，甚至也在欧洲贬低欧洲的文化，他在今天已经失势了。中国要建设的这种新文化不仅要吸收欧洲的技术，也要吸收欧洲的伟大思想，诸如个人自由、坚定不移的真理观，至少也要承认人权，这些都是西方文化的组成部分，也正是它们从根本上保证了欧洲文化不会走向崩溃。"④

---

① Wilhelm: *Die Bedeutung des morgenländischen Geistes für die abendländische Erneuerung*. In: *Deutsche Rundschau*. Jg. 1928. Bd. Apr. -Jun. S. 202.
② Wilhelm: *Der Konfuzianismus im neuen China*. In: *ZMR*. Jg. 1912. S. 341.
③ Wilhelm: *Die Krisis der chinesischen Kultur*. In: *Sinica*. Jg. 1928. S. 228.
④ Wilhelm: *Das geistige Leben im modernen China*. In: *Die Tat*. Jg. 1924. Okt. Heft 7. S. 487~488.

其次，辜鸿铭不遗余力地抨击西方现代文明的物质主义倾向和强权逻辑，在卫礼贤看来也有合理之处。在1924年的《行动》(Die Tat)杂志上，卫礼贤发表了一篇题为"现代中国的精神生活"的文章，该文回顾了欧洲由启蒙时代的尊华到近代侵华的转变过程，以辜鸿铭对西方的激烈批评为例向西方世界提出了忠告。卫礼贤认为，西方人应当正视隐藏在辜鸿铭激烈批评之后的东西，即中国人对西方强势技术文明的不屑和仇恨，并反思产生这种局面的根源及其合理性："在中国人看来，欧洲的文化和科学无非就是以技术为基础的优势武器，是一头嗜杀成性的野兽。人们应该读一读辜鸿铭的作品，从而一窥中国人的灵魂世界，并体会一下他们在面对欧洲新式科学时的感受。"①显然，在卫礼贤看来，就反思自身传统和中西文化关系而言，辜鸿铭的批评值得西方认真对待。事实上，德国知识界对辜鸿铭的关注之所以如此强烈、深入、持久，除辜鸿铭本人对德国的偏爱、其著作中正义的爱国热情和民族主义立场以及德国在第一次世界大战中战败的时代背景外，辜鸿铭对西方技术文明的抨击与西方的反现代化思潮产生碰撞才是根本原因，这在一战末期及战后初期的德国尤为明显。辜鸿铭的著作正因为与这一反思声音产生了合流，才在德国知识界激起了强烈的共鸣，无论《清流传》在德国出版后引起的热议，还是《中国人的精神》在一战后期和战后初期热销德国，莫不如此。

再次，卫礼贤除肯定辜鸿铭文化立场中的一些积极因素外，还认为辜鸿铭是一位知识渊博、颇有创见的学者，例如，辜鸿铭就中西文化所做的类比论证就给他留下了深刻印象。我们知道，辜鸿铭喜欢宏论中西文化，他的中西对比研究为比较文化学做了开拓性的工作，而基于长期的留欧经历和执着的国学研究，他关于中西文化的对比虽有片面偏激之处，却也不乏真知灼见，卫礼贤就曾多有引用。

举个例子。辜鸿铭论证过宋儒和新教虔信派之间的相似性，这一观点给卫礼贤留下的印象颇深，他曾在自己的著作中多次提及辜鸿铭这一观点。在《东亚：中国文化圈的形成与变迁》一书中，在论述了佛教对宋代哲学的重要意义后，卫礼贤特意引用了辜鸿铭关于宋代哲学的评论："但宋代哲学并非只注重理论思考，它的重要特点就在于，它同样非常认真地对待道德实践问题，这就是辜鸿铭将它与新教历史上的虔信派运动相比拟的原因。在这种学说中，既有对情感的推崇，也不乏严肃的道德精神。"②在此前的《中国文学》一书中，

---

① Wilhelm: *Das geistige Leben im modernen China*. In: *Die Tat*. Jg. 1924. Okt. Heft 7. S. 485.

② Wilhelm: *Ostasien. Werden und Wandel des chinesischen Kulturkreises*. S. 102.

在介绍宋代文学的哲学背景时,卫礼贤也曾引用辜鸿铭这一观点。①在著作《中国文化史》中,在论述宋代的书院和考试制度时,卫礼贤再次引用了辜鸿铭的这一类比:"这种亲密关系在教育机构(书院)中有实现的可能。这些书院是作为公共考试体系的对立物出现的。这种考试越来蜕化为一种冰冷的形式,只被视为进入官场的敲门砖。人们希望体验亲近、热情和严肃的信仰,教育的目的应在于完善人的品行,而不应该成为赤裸裸的进入仕途的工具。从这个意义上说,辜鸿铭将新儒家思想比作欧洲新教史上的虔信运动,也是有一定道理的。"②显然,卫礼贤对辜鸿铭关于宋儒和新教虔信派之间相似性的对比分析是相当欣赏的,而且深有感触,因此一再引用。

不过,卫礼贤对辜鸿铭的中西类比并非一味附和,而是小心翼翼地限定着它的适用范围。例如,在《中国文化史》一书中,在介绍管仲的生平事迹时,卫礼贤提到了辜鸿铭将管仲比作俾斯麦的观点,但这一次他显然并不认同辜鸿铭的看法:"我们可以清楚地看到,管仲的思想意图究竟是什么,他又是如何实现这一点的。辜鸿铭称管仲为那个时代的俾斯麦,所有这样的类比肯定都不太恰当。我们大约可以这样说,管仲非常幸运地管理了一个知足常乐的国家,因而很好地扮演了一个无私的调停人的角色。"③可以看出,卫礼贤欣赏辜鸿铭中西类比论证的新意和睿智,但反对过度演绎。卫礼贤的态度并非孤例,与辜鸿铭有过深入交流的凯泽林伯爵也有过类似的体验:一方面,辜鸿铭汪洋恣肆的中西类比确实一度影响了他——"也许是他这种罕有其匹、不加节制的对比感染了我",另一方面,他又与辜氏观点保持着距离——"类比不能走得太远,也许我在这一点上做得过头了"。

尽管并不完全认同辜鸿铭的类比,凯泽林却保持了对辜鸿铭的敬意,后来更将辜鸿铭推为中国传统文化的代言人;同样,卫礼贤虽然对辜鸿铭的论证方式和部分观点有所保留,对其学者地位的认识却从未动摇,他的几部汉学著作中,辜鸿铭的作品一直都在参考书目之列:《东亚:中国文化圈的形成与变迁》(1928)的参考书目中有《清流传》和《中国人的精神》;《中国文化史》(1928)的参考书目中有《清流传》;《中国哲学》(1929)的参考书目中有《中国人的精神》。从卫礼贤反复引用辜鸿铭的观点也可看出,他对辜鸿铭的关注确实是一贯的、深入的。

总体上,在辜鸿铭与德国的关系中,卫礼贤起到了重要的桥梁作用:他将

---

① Wilhelm: *Die chinesische Literatur*. S. 163.
② Wilhelm: *Geschichte der chinesischen Kultur*. S. 263~264.
③ Ebd., S. 127.

《清流传》译为德语,使辜鸿铭的著作第一次有了德译本,更多的德国人得以了解辜鸿铭;他还间接地促成了部分德国学者和辜鸿铭之间的交流,扩大了辜鸿铭在德国知识分子中的影响。不过,卫礼贤对辜鸿铭的看法前后有着明显的差别,特别是他后期对辜鸿铭的批评语气比较强烈。尽管如此,卫礼贤对辜鸿铭学识及思想价值的整体评价还是比较客观的,既承认辜氏文化立场的现实意义,又对他思想上乃至学术上的局限提出批评,表现出了真正学者的风范。卫礼贤向来被称为一位伟大的汉学家,这既缘于他的等身著述对西方汉学研究的杰出贡献,也缘于他包容的心胸和宽广的文化视野。今天,卫礼贤与辜鸿铭的关系仍是一段值得我们深思的插曲。

从上面几个例子可以看出,与德国哲学界和神学界相比,德国的汉学家们对辜鸿铭的关注并不太多,总体评价也不算高。在德国学院派汉学家中,何可思算是对辜鸿铭的态度比较友好的一位。卫礼贤由于传教士的身份,一度不被德国学院派汉学家所认同,不过,德国的汉学家中也只有他由于长期在中国工作、生活,又曾与辜鸿铭有过密切的交往,因而对辜鸿铭有过持续而深入的关注,虽然他对辜鸿铭的看法前后有较大的变化,但他对辜鸿铭的整体评价还是比较客观的,尤其值得一提的是,他对辜鸿铭的政治立场和学术观点能够做到区别对待,难能可贵。

德国研究亚洲和东方文化的杂志对辜鸿铭的评论报道也不多,与宗教杂志对辜鸿铭持续而深入的评论形成了鲜明的对比。当然,德国当时有关东方学或汉学的杂志本就不多,不过相对而言,这类刊物对辜鸿铭的反应仍然偏于平淡。其中,《东亚杂志》对辜鸿铭关注较多。《中国人的精神》德文本出版后,鉴于德国知识界对辜鸿铭的热议,《东亚杂志》也刊登了汉学家申德勒的一篇评论文章,还报道了辜鸿铭过60岁生日的消息[1];《呐喊》(1920)在德国出版后,《东亚杂志》也刊登了一则书讯,不过姗姗来迟,时间是在1925年,但书讯对《呐喊》内容的评价还算正面:"《呐喊》,文学硕士辜鸿铭对战争及其他问题的思考,北京,1917年。由亨利希·纳尔逊译为德语,新思想出版社,公共生活系列20/24,莱比锡,1921年。106页,平装本。习惯了该书将中国式和盎格鲁—撒克逊式表达方式相融合的写作方法后,会发现该书中的一系列文章绝对值得注意,思路也不错。里面有不少关于中国人思想观念和传统习惯的

---

[1] Schindler: *Ku Hung Ming. Der Geist des chinesischen Volkes und der Ausweg aus dem Krieg*. In: Ostasiatische Zeitschrift. 1916—1918, 5. u. 6. Jg. S. 125—128, S. 204.

内容,值得我们学习……"①再如,《中国人的精神》法文本于1927年在巴黎出版后,卫礼贤主编的《汉学》(Sinica)杂志也刊登过一则简讯:"辜鸿铭的著作《中国人的精神》1915年出版于北京,1916年译为德文后由耶拿·迪特里希斯出版社出版。现在,它的法文本也能够买到了。鉴于这位曾经十分活跃的中国人那些引起轰动的观点,这也许是最合适的一个象征了!"②

总的看来,与哲学界和神学界对辜鸿铭的高度关注和深入分析相比,德国汉学界对辜鸿铭的反应和评价明显偏于平淡。

这种情形有必要联系辜鸿铭对西方汉学的批判立场进行分析。某种意义上,辜鸿铭的学术之路就是从他于19世纪80年代发表评论西方汉学研究的文章开始的。从相关的评论可以看出,辜鸿铭对西方汉学持几近彻底的批判立场,主要的西方汉学家鲜有能博得他几句赞赏的。金无足赤,西方汉学研究的历史功绩当然不能彻底抹杀,辜鸿铭的批评确有偏颇之处,但他的批评也非空穴来风,而是有一定根据的,基于他自己对西方文化经典的广泛涉猎和长期深入的国学研究。其中一个很重要的方面就是,辜鸿铭对西方的中国经典翻译非常不满,在他看来,西方的汉学家要么是中文水平根本不过关,翻译中硬伤累累,要么就是迷失于字词考据而不得中国文化之神,而德国汉学家常常由英文或法文译本转译,就更容易出问题。在辜鸿铭看来,由于翻译充满缺憾,在此基础上的中国研究也必然要大打折扣,这些都会直接或间接地对西方人看待中国文化和中国人的立场带来负面影响。

辜鸿铭没有空泛地批评,而是以理服人,他进一步以西方汉学在译介和研究中国文学方面的不足为例对西方的汉学研究提出批评。其一,选本非常有限:"欧洲人了解中国文学主要是通过翻译过去的小说,而且并不是最优秀的,只是其中一些最平常的小说。这就好比一个外国人通过布劳顿女士的作品,或是通过那类学龄儿童和保姆的阅读小说来评价英国文学一样可笑。当威妥玛爵士发狂地指责中国人'智力贫乏'的时候,他头脑里装的肯定正是中国文学中的这类东西。"其二,研究方法很成问题:"一个民族的文学,如果要研究它,一定要将其视作一个有机的整体去系统地研究,而不能割裂零碎,没有计划或程序,正如迄今为止绝大多数外国学者所做的那样!"但实际情况是:"我们看到,研究中国的外国人将中国文学视作一个整体来把握的是多么稀少!

---

① Bernhardi: *Vox clamantis. Betrachtungen über den Krieg und anderes von Ku Hung-Ming.* In: *Ostasiatische Zeitschrift.* 1925. S. 103.

② Kou-Houng-Ming, *L'esprit du peuple chinois.* Buchbesprechung. In: *Sinica.* Jg. 1929. S. 235.

因此他们不大能够认识到其价值和意义,事实上真正懂得它的人也实在稀少!变成他们手中理解中国人民性格的力量也就太小!"①

在辜鸿铭看来,西方汉学家翻译过去的中国小说在中国都属于二三流,甚至还不入流,即使是《聊斋志异》在辜鸿铭眼中也"仍然不属于中国文学的最上乘之作"②。辜鸿铭认为,正是西方翻译中国文学作品方面存在的这种局限和不足,使得不少西方人对中国文学的评价极低。按照辜鸿铭的观点,"从民族文学中,既能窥见他们最美好最高妙的特性,也能看到他们最糟糕的性格方面"③,西方在中国文学翻译研究方面的局限不仅会影响西方人对中国文学的评价,还会影响中国人在西方人心目中的形象。应该说,辜鸿铭的例证和论断并非夸张,而是颇有道理的,我们可以很容易地在中西文化交流史中找到现成的例子。

在中西文化交流史上,耶稣会士曾经扮演过重要角色,他们可以说是欧洲最早的汉学家,他们译介中国典籍,同时还与欧洲的主流思想家保持联系,在中西之间起到了桥梁作用。为了传教,耶稣会士主要致力于研究作为中国社会规范之根基的儒家学说,在他们译介的以道德教化为主要特征的儒家典籍中,后来的启蒙思想家们又欣喜地找到了所谓解决欧洲现实问题的答案和佐证,这也是欧洲 18 世纪"中国热"的根本原因所在。不过,耶稣会士翻译的重点是儒家典籍,只附带译介了少量的文学作品,而这类作品"大都受儒家理性主义思想影响,作品中没有放纵的情感、无穷的想象、梦幻和神秘,一切来自理性的安排"④。基于这类阅读经验,在不少欧洲人眼中,中国文学作品基本等同于道德说教,中国则是一个纯粹由儒家理性思想规约的道德王国,教条有余而激情不足。歌德就曾经这样评价中国文学:"在他们那里,一切都是可以理解的,平易近人的,没有强烈的情欲和飞腾动荡的诗兴";而德国浪漫派理论家弗·施莱格尔(Friedrich Schlegel,1772—1829)也认为,中国文化缺乏情感和生机这种"崇高的源泉",只是躬身于纯粹的"理性主义"。⑤

这显然是对中国文化的误读。中国人当然既有理性精神,也不乏浪漫情怀,这一点无须辩白,重要的是要从这一现象中获得启示。一方面,我们当然无需强求西方作家对中国作地道的阐释,因为他们"关于中国的描述,与其说

---

① 《辜鸿铭文集》(下),第 127 页。
② 同上,第 122 页。
③ 同上,第 126 页。
④ 卫茂平:《中国对德国文学影响史述》,第 106 页。
⑤ 同上,第 169 页。

明中国,不如说明作家本人和他所代表的某种文化心理;与其说明西方人关于中国的知识,不如说明西方人关于中国的想象和这种想象所意味的他们文化潜意识中的某种自足结构"①;另一方面,这一史实也让我们深刻认识到文化交流的意义所在,因为欧洲人历史上对中国文学和中国文化的偏颇印象一定程度上也是缘于译介的局限。事实上,在相当长时间里,除间接地通过有限的贸易往来外,西方知识界主要是通过翻译过来的儒家典籍和少量深受儒家思想影响的文学作品了解中国文化的。我们知道,儒学的核心即伦理思想和中庸精神带有浓厚的理性色彩,从这个角度说,欧洲在历史上一度存有的对中国文化的偏颇看法也是有合理性的。问题在于,中国文化其实是多元的,比如我们常说的儒、释、道,中国不仅有主用的儒家,还有对人生和艺术采取审美态度的道家;儒学本身确有局限,从文艺创作的角度看,它不谈虚妄的理性态度容易限制人的艺术想象力,不过,道家浪漫超脱的精神气质为文艺创作提供的广阔精神天地可以很好地弥补这一缺陷。非常可惜的是,长期以来,"西方人一般都非常蔑视道家学说,他们并不把它看成是一门哲学,而是看成一种低劣的、非常迷信的宗教形式"②;"在1820年之前,西方人一直没有想到老子这个人",极具浪漫气质的庄子,则更晚才为西方知识界了解③;至于长期遭到正统儒生嘲笑的道教,它在欧洲人那里得到的评价也是负面的。总之,在"1875年之前,写有关道家问题的文章数量上相对来说比较少"④。只是到了19世纪末,道家思想才真正引起欧洲知识界的格外关注,这无疑不利于欧洲人全面了解中国文学和中国文化。这样说当然不是要抑儒扬道,主要目的在于说明交流的局限给文化认知带来的负面影响。

至于辜鸿铭所说的因选本局限而导致的西方人对中国文学的偏见,这里也可以举一个比较典型的例子。小说《玉娇梨》,又名《双美奇缘》,描写书生苏友白和一对表姐妹白红玉、卢梦梨的爱情故事,是一部典型而又俗套的才子佳人小说。如果从中国文学史的角度看,它实在只是一本普通至极的小说而已,然而,就是这样一部普普通通的才子佳人小说,它在欧洲历史上的影响却不可小觑:早在鸦片战争爆发前的1821年,《玉娇梨》就被译成了法文,英文和德文译本随后也很快出现;歌德读过它,黑格尔在《历史哲学》一书中也提到过它,

---

① 周宁:《永远的乌托邦——西方的中国形象》,第19页。
② [美]马森:《西方的中华帝国观》,第308页。
③ 同上,第302页。
④ 同上,第303页。

更有甚者,不少欧洲人还认为《玉娇梨》就是中国最好的一部小说①。这不由得让我们联想到一个事实:在相当长的一段时间里,西方人对中国叙事文学作品的主流看法是,纠缠于日常生活中的琐屑杂事,重复、冗长、乏味。西方人曾经对他们的这一结论深信不疑,并据此对中国文学的水准以及中国人的审美标准、审美能力提出了疑问,可叹的是他们这一结论的材料依据本身就是大有问题的,以《玉娇梨》作为中国小说的杰出代表显然是一叶障目,不见森林。尽管这些都已成了历史,然而西方世界对中国文学的认识上曾经出现的这种偏差不能不说是中西文学和文化交流史上的一件憾事,在这类问题上,脚踏中西两种文化的辜鸿铭对西方汉学的批评可以说是一针见血,极有见地,担负着译介和研究重任的西方汉学家们应该是难辞其咎的。

虽然对西方汉学界在翻译、研究中国文学方面的不足提出了批评,率性直言的辜鸿铭却从未列出他心目中"真正一流"的中国小说,也从未给出相应的标准,或者以他出色的外文水平翻译一部他心目中真正一流的中国小说,这就给西方的汉学家们留下了反击的把柄,福兰阁批评辜鸿铭"爱吹牛"也不是没有原因的。

需要注意的是,辜鸿铭对西方汉学的批评并未局限于学术范围内。他的另一个批评就是,一些传教士、汉学家探讨中国人和中国文化的著作充满了偏见,强化了西方人的种族和文化优越感。辜鸿铭的这一批评同样不是没有根据。举个例子。美国传教士和汉学家明恩溥(Arthur H. Smith,1845—1942)曾在中国生活了数十年,对中国人民有一定的感情,对中国社会和文化的研究也很深入,他的代表作《中国人的性格》甚至得到过鲁迅、潘光旦两位先生的称赞,然而,一个不能否认的事实却是,由于职业和立场的局限,明恩溥对中国社会的描绘虽然基于他长期细致的观察,书中偏颇之处却也不少,对中国民族性格的描绘就有不少偏见,有些地方甚至可以说是嘴下无德,以至于该书的德文本1900年在德国出版时,译者迪比希(F. C. Dürbig)在前言中就特别提醒读者注意书中的偏见:"由于职业原因,作者看问题时是戴了有色眼镜的,所有这些地方我都已用'＊'号标出并做了说明。"②这里需要说明的是,鲁迅先生颇为欣赏这部著作,一定程度上也与鲁迅先生本人当年对国民劣根性的激烈批判态度有关。我们当然应该勇于承认,明恩溥在书中对中国文化及中国人性格的分析有不少值得我们深思反省的地方,作为现代人的我们完全可以像对待柏杨的《丑陋的中国人》一样对待这本书,然而问题在于,在当时东西文化冲

---

① [美]马森:《西方的中华帝国观》,第260～261页。
② Smith: *Chinesische Charakterzüge*. S. 4.

突异常激烈的时代背景下,对那些于中国文化和中国人并没有多少了解的普通西方读者来说,书中关于中国人的大量消极评价所起的误导作用也不小。

事实上,自1848年鸦片战争以来,随着西方资本主义国家对中国军事侵略、政治控制、经济和文化渗透的逐步加深,西方人逐渐滋生出对中华民族的优越感,对中国文化和中国人普遍抱有一种歧视乃至敌视的心理,在这种情形下,像明恩溥《中国人的性格》这样的著作不可避免地会起到推波助澜的作用。福兰阁在他晚年的回忆录中就曾描述过19世纪末20世纪初普通德国人对中国的负面印象,他是这样写的:"中国人肮脏、胆小、落后、令人生厌,我们的使命就是去没收他们的财产,踩着他们的脊背实现自己的梦想。研究中国的文化问题是智力平庸的标志,充其量不过是学者的一种怪僻举动。这个民族一无是处,没有任何地方值得认真对待。"①当然,我们不能一味地指责西方汉学界的不是,中国自近代以来社会经济的发展逐渐全面落后于西方,这是中国遭到西方歧视和侵略的根本原因,但是,面对中西文化关系的这种悲惨现实,西方的汉学家们是否也应该在自己身上找找原因呢?他们自己对中国社会、历史和文化的研究是否还不够深入、全面,是否因西方中心主义视野的局限而使自己的研究渗入了太多的文化和种族优越感呢?因为,消融中西之间因种种原因形成的隔阂、偏见和敌意,增进中西之间的交流和理解,这本就是西方汉学界义不容辞的责任,听一听辜鸿铭的如下批评于自己只会有益无害:"我告诫想研究中国语言、中国文学的欧美人:你们必须抛弃物质主义的骄傲自大,应该学会透过人的穿着和肤色来认识社会价值和人格价值。"②

公允地说,辜鸿铭对西方汉学研究的批评有一定的根据,而且也颇具眼光。辜鸿铭的批评主要集中在两个方面:一是西方汉学未把中国文化当作一个有机的整体系统地加以研究,二是研究立场上的西方中心主义。尤其他的《中国学》一文一定程度上确实可以起到纠正西方对中国社会、历史和文化研究中存在的错误倾向的作用。此外,鉴于对西方儒经翻译状况的不满,辜鸿铭还身体力行,用英语翻译了《论语》、《中庸》,是第一个把儒家经典《论语》、《中庸》等译为英文的中国人,其独特的阐释式翻译也自成一家。当然,翻译中存在着见仁见智的问题,辜鸿铭的译本未见得是更权威的译本,但他的译本颇受称道却也是事实。如林语堂先生就曾对辜鸿铭的英译儒经及其对中西文化交流的贡献给予过很高的评价:"他了不起的功绩是翻译了儒家《四书》中的三部,不只是忠实的翻译,而且是一种创作性的翻译,古代经典的光透过一种深

---

① Franke: *Erinnerungen aus zwei Welten*. S. 98.
② 《辜鸿铭文集》(下),第327页。

的了然的哲学的注入。他事实上扮演了东方观念和西方观念的电镀匠",因为"中国的古经典从来没有好的译本,那些外国的汉学家译得很糟,中国人自己都忽略了这件事"。① 至少,辜鸿铭的英译儒经可以丰富西方儒经研究的资料。令人遗憾的是,德国乃至欧洲的汉学界似乎并未直面辜鸿铭对西方汉学研究的批评,当然就更谈不上有良性的互动了,这既是他个人的遗憾,也是时代的遗憾。

第四节 德国文学界对辜鸿铭的接受

考察中国传统思想对德语文学的影响史,19世纪末到20世纪初期是一个非常重要的阶段。巧合的是,德国的"辜鸿铭热"正好出现于这一时期。对于在中德文化交流史中具有独特意义的辜鸿铭现象,德国文学界是否也曾给予过关注呢?答案应该是肯定的。下面就以几位曾对辜鸿铭有过评论的德语作家为例。

施密茨(Oskar Adolf Hermann Schmitz,1873—1931)

奥斯卡·施密茨,德国现代作家,青年时期主要致力于诗歌创作,像20世纪初不少青年作家一样,他也是德国著名象征主义诗人斯特凡·格奥尔格的热烈崇拜者。后期,施密茨将主要精力放在了社会、政治和文化问题上,并在频繁的游历中实践他的社会和文化批评。此外,他对星相学也颇有研究。散文集《哈希施》(Haschisch,1902)是施密茨最受欢迎的一部作品。

施密茨非常关注文化问题,文化立场颇具世界视野,尤其倾心于东方的传统文化及思想资源,对印度和中国都倾注了较大的热情,他与此相关的一部研究著作《精神分析和瑜伽》(Psychoanalyse und Yoga,1923)就曾给瑞士心理学家荣格以不小的启发,让青年时期即对东方思想表现出一定兴趣的荣格看到了精神疗法与东方心灵训练方法的契合性②。在辜鸿铭与德国的关系问题上,施密茨也是一位不可不提的人物,曾将辜鸿铭代表作《中国人的精神》译为德语。施密茨与辜鸿铭还有过书信往来,在《中国人的精神》德译本序言中,他就提到过辜鸿铭写给他的一封信:"世界大战爆发前两年,辜鸿铭曾致函于我。

---

① 黄兴涛:《旷世怪杰》,第61页。
② Clarke: C. G. Jung und der östliche Weg. S.13.

他在信中认为……欧洲'文化'会因英国实利主义的胜利而迅速衰落。……德国应该奋起拯救欧洲文化。"①在这封信中,让我们印象尤为深刻的是辜鸿铭鲜明的褒德贬英立场。大致说来,辜鸿铭对德意志文化精神的青睐有加也是他与部分德国学者保持联络的思想基础,在施密茨这里也不例外。通过下面施密茨对辜鸿铭的评论,我们可以清楚地看到这一点。

施密茨对辜鸿铭的评价集中在《中国人的精神》德文本序言里。序言中,在略述了辜鸿铭的生平之后,施密茨以在德国颇受好评的《清流传》为据对辜鸿铭的思想倾向和文化意义做了一个总评,主要针对辜鸿铭在东西文化关系问题上的基本立场。他是这样评价辜氏的:"他希望从东西方文化新的接触中,通过两种文化的深入交流和彼此渗透,使得两种文化分别得到促进。他是以实事求是的批判态度来对待东西方文化的。人们只要通读此书,就不能不相信,作者的这些思想并非是空想的乌托邦。"②这无疑是一个相当积极的评价,施密茨意图透过表象见本质,在东西文化交流的大背景下为辜鸿铭定位。事实上,早期的辜鸿铭确曾对东西交流互补抱有一定期望,只不过现实的发展最终使他坚定地走上了贬西扬中的偏执道路。

基于对辜鸿铭文化愿景的理解,施密茨还由辜鸿铭对西方文明的批评做了一个推理:由于"辜鸿铭的写作立场是不偏不倚的"③,因此他对西方文明的批评定有合理的一面,西方有反思的必要。不过,西方究竟该反思什么,施密茨未做明确阐述,但他还是给出了某种暗示。在梳理了《清流传》的基本思想后,施密茨特意全段摘引了辜鸿铭在《清流传》中对西方自由主义思想的一段评语:"在那本值得推荐的小书中,他的观点在下面一段话里得到了充分的表达:'前一世纪欧洲的自由主义有文化教养,今日的自由主义却丧失了文化教养。过去的自由主义读书并且懂得思想,现代的自由主义为自身利益却只看报,断章取义、只言片语地利用过去那些美妙的自由主义惯用语。前一世纪的自由主义为公理和正义而奋斗,今天的假自由主义则为法权和贸易特权而战。过去的自由主义为人性而斗争,今天的假自由主义只是卖力地促进资本家与金融商人之既得利益。'"④在这段文字中,辜鸿铭将批评的靶子对准了西方现代自由主义,这当然只是他批判西方现代文明物质主义倾向的一个侧面,施密茨为之背书,显然是因为对现代社会日益陷入拜物教泥潭不能自拔抱有某种

---

① 《辜鸿铭文集》(下),第150页。
② 同上,第148页。
③ 同上,第151页。
④ 同上,第150页。

忧虑。公允地说,辜鸿铭言论虽不无偏激,但他对西方自由主义思想的评论确实道出了西方社会近代以来愈演愈烈的技术至上、唯利是图的倾向。在施密茨的这段引用中,我们隐隐听到了德国一战之后文化反思浪潮的先声。

给施密茨留下深刻印象的还有辜鸿铭文章著作中强烈的民族主义情绪:"他在很大程度上是一位具有民族主义思想倾向、深深打上了本民族文化印记的中国人。"对辜鸿铭这种似乎过于强烈的民族主义情绪,施密茨的看法是有所保留的:"他完全是一个秉性古怪的人,其放荡不羁、我行我素的天性,根源于其狭隘的民族局限和动摇不定的国际主义思想。"这显然有批评辜鸿铭的因素。不过,尽管对辜鸿铭的狭隘立场有些不以为然,施密茨对辜鸿铭的爱国主义立场,特别是辜鸿铭维护中国传统文化的努力仍给予了充分的理解:"他对那些主张自己国家完全欧化的观点最为不满,但同时又充分意识到,只要不因此背叛自身的传统,中国利用欧洲文化及其科学知识是能够促进自身的,不过在辜鸿铭看来,这种促进无论如何应以保留本国文化的特质为前提。"①这段评论很容易让我们想起威特在辜鸿铭去世之时给他下的那个盖棺之论。关于辜鸿铭对中西文化交流,特别是对中国转折时期的传统文化的价值和意义,仍然是作为局外人的德国学者再次展示了可贵的客观立场。

辜鸿铭向来对德国颇多偏爱,一战期间更曾著《义利辩》一文为德国辩护。在某种程度上,他的崇德立场也拉近了他和部分德国知识分子感情上的距离,施密茨就是一个比较典型的例子。施密茨着手翻译《中国人的精神》之时,第一次世界大战已然爆发。在《中国人的精神》的序言中,辜鸿铭曾对第一次世界大战的爆发与德国军国主义的关系做了一个别出心裁的评论,为德国鸣冤叫屈,将一战爆发的真正责任算到英国人头上,对不少普通德国人来说,他的挺德言论读来是很顺耳的,而施密茨的相关评论也颇耐人寻味。

如第一章所述,在评论德国世纪之交的强权路线时,辜鸿铭曾将其归结到自普鲁士王国以来的军国主义传统,它是道德卫士德国的有力武器。一方面,辜鸿铭认为德国挥舞军国主义利剑是出于德意志民族的道德禀赋而在欧洲维护社会秩序的需要,是合理的;另一方面,德国在以强力手段维护欧洲的道德秩序时("在公理通行之前,只有依靠强权")却走过了头,整个民族越来越偏执地专注于"磨砺文明利器"。对后一点,辜鸿铭颇多忧虑,认为德国若不改弦更张,甚或招致亡国之祸,其中自然不无批评之意。对辜鸿铭关于德国对外政策中的强权色彩的评论,施密茨表示认可:"这样一种观点是很正确的,即没有人会像我们一样对强权流露出如此多的热情。"对辜鸿铭关于德国战争责任的独

---

① 《辜鸿铭文集》(下),第 148~149 页。

特论断,即虽然欧洲各国,尤其是英国的群氓崇拜导致了德国的军国主义,是一战爆发的根本原因,然而德国的军国主义即强权崇拜则加速了一战的爆发,施密茨也承认有道理:"恐怕辜鸿铭的下述说法也是对的,即我们的强权意识体现为军国主义,间接地是发动战争的动机。"

看起来,施密茨似乎谦虚地接受了辜鸿铭对德国的批评。但事实并非如此,因为施密茨随后即开始为德国的军国主义路线辩护:"但是我们知道,之所以会这样,是因为没有一个民族像我们一样,在欧洲中部完全被具有敌对倾向的邻国所包围。"沿着这一思路,施密茨顺理成章地为德国开脱战争责任:"然而这也不意味着因此就威胁了其他国家,恰恰相反,这一点正是其他国家的傲慢无礼和狂妄自大所造成的。只有这样,才能完全认识我们。从这种军国主义中应该看到,一个长的延伸的边界是为了维持自我生存的民族所必需的防御手段。而我们敌对者的军国主义则与此不同,他们意在发动侵略战争,这就完全超出了他们生存的需要。"

施密茨的立场并不孤立。在上世纪初的德国,这种对本国在欧洲地位与形势的看法是相当普遍的;在政治操弄之下,赞同军国主义路线的观点在当时的德国就更加流行。如果我们回顾一下自普鲁士崛起至 20 世纪初的德国历史就会发现,鉴于德国在欧洲的地理位置和在欧洲历史上后发国家(居英、法之后)的地位,德国在国家崛起的过程中和周边国家如英国、法国、丹麦、瑞典、波兰、奥地利、俄罗斯等都发生过严重的利益冲突,由此而产生的国家危机感不仅存在于统治阶层,也广泛流布于精英知识分子阶层和普通民众中,这也是诸如"争取生存空间"之类的口号为何直到第三帝国时期依然能在德国找到生存土壤的一个重要原因。施密茨的分析不过是再次表达了不少德国人内心的真实感受罢了。他此处之所以循着辜鸿铭的评论为德国的军国主义路线辩护,是因为辜鸿铭也是类似立场,我们可以清楚地回想起辜鸿铭在《义利辩》一文中对德国现实处境的同情:在"全球强国几群起而环攻之"的情况下,德国的所作所为"其为情亦可伤矣"。至于辜鸿铭坚称德国的强权崇拜是由欧洲,特别是英国的群氓崇拜所导致的,是被逼迫的结果,这话就更是说到了德国人的心坎里,因此,施密茨不失时机地把辜鸿铭拉进了自己的阵营中:"辜鸿铭对普鲁士—德意志军国主义所做的历史描述,表明他对我国的军国主义是理解的,每一个德国人都只能赞同他的观点",虽然第一次世界大战的爆发确实给世人带来了新问题,但是《中国人的精神》可以帮助我们回答这些问题"。①

实事求是地说,辜鸿铭在一战期间为德国"仗义执言"的举动某种程度上

---

① 《辜鸿铭文集》(下),150～152 页。

使他获得了更多德国人的好感。不过,他的言论在战时的德国对抑制军国主义狂热其实是有百害而无一利的。鉴于当时德国国内的偏执氛围,施密茨在德文译本的前言中专门对辜鸿铭关于德国军国主义的评论做了上述诠释,可能也有为自己的译作做宣传的考虑,毕竟,辜鸿铭在《中国人的精神》中表现出的挺德立场让普通德国人比较容易接受。施密茨这种做法可以理解,然而似乎不够理性。

但总的说来,施密茨将辜鸿铭代表作《中国人的精神》译为德语,在帮助普通德国人了解辜鸿铭方面功劳不小,他本人对辜鸿铭的整体评价也较正面,遗憾的是他对辜鸿铭思想立场的介绍也有利用的一面,这又是时代和他个人的局限。

黑塞(Hermann Hesse, 1877—1962)

赫尔曼·黑塞,现代最负盛名的德语作家之一,1946年获诺贝尔文学奖,在小说、诗歌和散文创作方面皆有精深造诣。黑塞是一位极富人道主义精神的作家,文化视野开阔,终生关注以印度、中国为代表的东方文化,对中国的传统文化,特别是道家思想更是青睐有加,他的著名小说《悉达多》(*Siddhartha*, 1922)和《玻璃珠游戏》(*Das Glasperlenspiel*, 1843)就是他神游东方的结晶。从中德文学关系史的角度看,黑塞无疑是一位极具代表性的作家,尤其值得我们深入研究。

黑塞对辜鸿铭有过评论,但并不多见。1911年,辜鸿铭《清流传》德文本在德国出版,在德国知识分子中间激起了不小的反响,一向关注东方文化的黑塞也注意到了辜鸿铭的这部著作。1912年,黑塞在《三月》杂志上发表了一则针对《清流传》的短评,全文如下:"现在,辜鸿铭一部题为'中国对欧洲思想的抗拒'的著作出版了。关于这本书,阿尔方斯·帕凯先生在几个月前就以专文做了述评(详见帕凯先生发表在《三月》1911年第38—39期上的文章)。在这本书中,人们可以了解到不少关于中国主要政治人物的信息,特别是李鸿章时代的政治人物,其中的一些信息令人颇感惊奇。可以毫不夸张地说,这本书的作者高雅、聪慧,让人很有好感,他是中国古老文化和道德传统的代言人。中国文化当然应该对欧洲采取抵制态度,毕竟作者的观点是有道理的:我们欧洲人给中国人带去的好东西没有多少,坏东西倒是一大堆。不过,辜鸿铭本人虽然对欧洲有透彻的了解,但他并未进一步说明,那些好战的商人和殖民主义者其实并不是西方文化的真正代表。"①

在这篇简评中,黑塞对辜鸿铭及《清流传》思想主旨的整体评价还是相当正面的,他甚至还表示了对辜鸿铭的某种好感,称其"高雅、聪慧"。应该说,黑塞对辜鸿铭的这种好感也比较容易理解。事实上,黑塞一直对东方文化特别是中国传统文化抱有浓厚的兴趣,对中国传统文化的敬意也是与日俱增,这样,辜鸿铭维护中国传统文化精神的言行很容易得到他的肯定,他将辜鸿铭定位为中国文化精神和道德传统的捍卫者和代言人也就顺理成章了。不过,对于辜鸿铭对西方文化的批评以及他在东西文化关系问题上的立场,黑塞的评论则一分为二:一方面,黑塞对辜鸿铭在书中呼吁的中国对欧洲思想的抗拒是持赞赏态度的,基于对东方文化的研究和尊重,黑塞批评西方的对华殖民政策给中国传统文化带来的消极影响,认为中国的抗拒是合理的,中国应该维护自己的传统和本色;另一方面,黑塞也对辜鸿铭对西方文化的片面解读表示了不满,在黑塞看来,辜鸿铭将西方近代以来的物质主义倾向和强权路线等同于西方文化,在对西方文化的认识上存在以偏概全的倾向,得出的结论必然不够客观。显然,在世界文化关系问题上,黑塞对辜鸿铭的认识和评论要比施密茨辩证得多,这种客观的立场也显示出黑塞对西方精神传统的自信。

不过,尽管辜鸿铭给黑塞留下了还算不错的印象,黑塞对他的好感仍然是有限的,这突出地表现在他对《清流传》的评论非常简短,前后寥寥数句,并未对辜鸿铭的思想观点做详细的阐发,而且,由"在这本书中,人们可以了解到不少关于中国主要政治人物的信息"这一评语还可看出,黑塞似乎更多地将辜鸿铭归入了时政评论家的行列,并未引申到辜鸿铭现象对重新审视世界文化关系的意义上来。

如果对比一下黑塞对《清流传》的评论和他对同时期出版的另一部以中国为主题的著作所做的评论,可以更清楚地说明问题。在辜鸿铭《清流传》德文本出版的当年,德国著名宗教哲学家和语文学家马丁·布伯(Martin Buber,1878—1965)编译的《中国神怪和爱情故事集》(*Chinesische Geister-und Liebesgeschichten*,1911)也在德国出版了。这部故事集主要取材于蒲松龄的《聊斋志异》,引起了黑塞的极大兴趣,他写了一篇详细的书评,称这部故事集乃是他"继《诗经》和庄子寓言之后从中国文学中读到的最有价值的作品"②。在文章的结尾,黑塞是这样总结的:"马丁·布伯出版过一些有趣的书,不过没

---

① Hesse: *Chinas Verteidigung gegen europäische Ideen*. In: *März*. Jg. 1912. Bd. I. (10.02.1912). S. 240.
② Ebd., S. 179.

有一本比这本神怪故事集更精彩的,我非常乐意读到更多这样的好书。"①显然,黑塞对《中国神怪和爱情故事集》的好感要远远超过他对《清流传》的认同。及至后来,当辜鸿铭代表作《中国人的精神》的德文本在德国出版时,更是未见黑塞置一字评语。

这种情况一方面要联系黑塞对中国传统文化的研究和接受,另一方面也要联系黑塞本人的创作倾向和个人气质进行分析。

虽然从未到过中国,黑塞却有近60年与中国文化结缘的经历,从1907年发表第一篇关于中国主题的书评《论〈中国的笛子〉》开始,到1961年的诗作《禅院的小和尚》,半个多世纪中他一直未停止对中国文化的研读,他的家庭图书馆中还专门设有一个"中国角"。黑塞终生孜孜不倦地从中国传统文化中汲取养料,这种中国养料既丰富了他的创作,也滋养了他的生活:在创作方面,尽管黑塞直接塑造中国形象的作品并不多,但中国因素却是他几部代表作品的重要内容,诸如《德米安》、《克林索尔最后的夏天》、《悉达多》、《荒原狼》、《纳尔齐斯与歌尔德蒙》、《玻璃珠游戏》等无不如此;在黑塞本人的生活中,人们也可以很容易地找到中国文化精神影响的痕迹,如他所说,在第二次世界大战期间,他家庭图书馆中的"中国角"甚至起到了精神避难所的作用。越是到晚年,黑塞对中国文化的迷恋就越深,在他身上,人们也越来越看到一位中国文化中"知天达人"的智者的形象。

具体来说,代表中国传统文化的儒、道、释三家黑塞皆有研究,由于黑塞对佛家的认识更多体现在他对印度文化的研究中,此处只论儒、道。从黑塞本人关于中国主题所做的评论以及他的创作情况看,他最欣赏的显然还是道家。我们可以对比一下黑塞对孔子和老子的评价,由此反观儒、道两家在他心目中的不同地位。对于孔子,黑塞是视其为中国古代的圣贤和智者之一而表示了敬意的:"这些中国圣贤和智者……都惊人地简单质朴。……孔夫子是老子的最大竞争对手,他是制度订立者和道德家,是道德秩序的卫护者和制定者,是中国古代圣贤中唯一多少具有庄严气度者";对《论语》,他也给予了正面评价:"我并不后悔为这部《论语》花费的光阴……因为我们对自己的个人主义文化也必须不时从对立角度予以比较、观察"。在自己作为编委参加的《三月》杂志上,黑塞还选登过汉学家卫礼贤翻译的《论语》片段。②然而,我们如果再读一下黑塞对老子、《道德经》和《庄子》的评论,就会发现孔子及其《论语》在黑塞那里得到的评价其实要逊色得多。在评论卫礼贤翻译的《道德经》时,黑塞是这

---

① Hesse: *Chinesische Geistergeschichten*. In: *März*. Jg. 1913. Bd. I. S. 182.
② Hesse: *Kung Futse. Gespräche*. In: *März*. Jg. 1910. Bd. III. S. 168.

样说的:"通过卫礼贤的翻译工作,我多少认识了另一些中国著作,倘若没有读到这些书,我不知道自己会如何生活下去,这就是中国的道家思想";"老子哲学因其生动活泼,乍一看几乎不像中国思想",然而"在众所周知的远东思想家中,并无一人像老子那样在伦理观念上让我们雅利安人感觉亲近和关系密切,拿他与我们近年来如此热衷研究的哲学——提倡遁世,又经常过于烦琐和冥思的印度哲学——进行比较,老子的中国智慧赋予人绝对纯朴和实际的感觉……他为发展人性所做的工作也比许多西方学者更为伟大而合乎目标"。在阅读了《庄子》后,黑塞也由衷地赞叹道:"我过去仅仅对佛教的以及由佛陀学说转化来的古老东方哲学思想有所了解,而这本奇妙的书却给予我绝对全新的认识价值,我原以为在东方亚洲,在佛教和基督教之间,并不存在发展成为哲学思想的民族宗教"。①概而言之,儒道两家在黑塞心目中的位置高下还是相当明显的,以老子、庄子为代表的中国道家思想给他留下的印象最为深刻,而且直达内心深处,成为他灵魂的支撑。细读黑塞的小说,同样可以很容易看出这一点,尤其是他的代表作《玻璃珠游戏》。

至于原因,其实不难理解。

一方面黑塞是一位作家,而且是一位极富性灵的作家,与不谈虚妄、只议伦理道德的儒家思想相比,蕴含着丰富想象力和神奇瑰丽内容的道家思想对他的吸引力无疑更大,更能给他带来创作的灵感:"我绝未料想到,竟有如此奇妙的中国文学、如此特殊的中国人和中国精神,使我三十岁以后不仅热爱和尊重,而且还超出界限,让中国成了第二故乡和精神避难所。我既不识中文,也未曾到过中国,却有幸通过自己的想象寻找出一种精神气息和精神故乡而陶醉其中,如同我以往醉心于自己与生俱来的母语世界的著作里一样。"②精神故乡!黑塞与中国道家思想及受其影响的中国文学作品是多么契合,对它是何等深情!而黑塞对《中国神怪和爱情故事集》的评价远高于对《清流传》的评价,根本原因就在于浸润其中的道家和道教神怪思想所铸造出的一个奇诡的世界令黑塞乐而忘返:"书中所涉及的既非有教育意义的文学游戏,也非对所谓民间传说进行的无足轻重的一般加工,而是开辟了一个对我们来说完全陌生的童话世界。"③

另一方面,作为"欧洲浪漫派的最后一位骑士"的黑塞是一位人道主义者,一生创作的核心是作为个体的人,作品的主基调是个体精神的解放和自由发

---

① 张佩芬:《黑塞研究》,第337~338页。
② 同上,第337页。
③ 同上,第338页。

展——"绝大多数人始终是复制品,他们根本不了解个性化的需要","在两种对抗力量——一种是纯私人的渴望,另一种是环境的要求——的矛盾中,人才得以形成"。对一切试图阻碍、压制、约束个性发展的人和事,黑塞都保持着深深的警惕:"到处都是让社会变得千人一面的要求,到处都在尽可能地限制人的个性,我们一定要与这种倾向做斗争。"①从这个角度看,轻个体发展、重集体秩序的儒家传统思想与黑塞的思想趣味和创作倾向显然是不太合拍的。相反,道家思想倒能给他颇多启发。在写给卫礼贤的一封信中,黑塞就曾表白说,吸引他的是中国道家的超脱、玄妙,而非儒家严格的伦理道德思想:儒家"卓越的道德秩序令人敬佩,但我这个与社会格格不入的人却感到非常陌生"②。一句话,黑塞对儒家是敬而远之的!这样,辜鸿铭在文章著作中对孔子和儒家伦理思想的赞美无法在内心深处打动他也是必然的。

其实,在东西文化关系问题上,黑塞的立场非常积极,他提倡的是东西之间的交流互补,希望东方思想能为欧洲的精神世界提供有益的补充:"东方知识不会把我们导入陌生歧途,而会给我们一种愉快的经历,我们早就该把它们视为自己的优秀财富来深深珍爱了。"③与此相关,在个人的发展问题上,黑塞也提倡从异质文化中吸收养分,开阔视野,以克服自身的对立冲突达致和谐的人格,因此,他终生努力从不同的文化中吸收养分,试图加以融通综合,从而让自己成为一个真正的"人"。黑塞曾经表示,在致力于译介中国文化经典的汉学家卫礼贤身上,他看到了一位理想的未来欧洲人的形象,因为卫礼贤通过"综合东方与西方"而真正克服了横亘在东西文化间的鸿沟,成为了一个"和谐的人"(ein Mensch der Harmonie);在卫礼贤身上,东西方的伟大理想,"中国与欧洲、阴与阳、思想与行动、力行与沉思已经和谐地融为一体了"④。这样说来,在东西交流互补这一点上,黑塞和辜鸿铭其实是可以有共同语言的,因为正如本书第一章所分析的那样,东西融合也曾经是辜鸿铭早年的理想,只不过时代的发展最终使他坚定地走向了"东方文明优越论",他甚至给欧洲开出了以忠诚为核心的儒家"良民宗教"药方,但这一点恰恰取消了沟通的可能性。事实上,黑塞虽然对传统中国和东方文化青睐有加,但他始终都是一个欧洲人,立足的从来都是欧洲的文化和精神传统,坚持欧洲的道路最终必须由欧洲人自己找出:"我们不能,也不可以成为中国人,内心里也根本不想这么做。我

---

① Hesse: Brief vom 02.1929. GB. Bd. 2. S. 210.
② Hsia: *Hermann Hesse und China*. S. 108.
③ 张佩芬:《黑塞研究》,第 338 页。
④ Hesse: *Blick nach dem Osten*. S. 440~441.

们不能在中国、在某个过去的时代寻找理想和最高的生活图景,否则,我们就会失去自我,只能依附于偶像。我们必须在自己身上寻找中国和对我们有意义的东西。"①基于黑塞在中西文化关系问题上的这一立场,辜鸿铭向欧洲兜售儒教道路的做法不可能得到黑塞的认可,这样,黑塞对辜鸿铭文化民族主义色彩浓厚的《清流传》颇有好感,对《中国人的精神》却未置一字评语就是可以理解的了。

总的来说,以对《清流传》的简评为标志,黑塞曾经关注过辜鸿铭,不过这种关注是附带的、短暂的,仅是昙花一现。从根本上说,黑塞本人的精神气质和创作风格决定了辜鸿铭所宣扬的儒家思想对他并无多少吸引力,相反,道家思想真正给了黑塞不小的启发,这在他的代表作《玻璃珠游戏》中表现得尤为明显。

霍夫曼斯塔尔(Hugo von Hofmannsthal,1874—1929)

霍夫曼斯塔尔,奥地利著名戏剧家和诗人②,欧洲19世纪末20世纪初唯美主义和象征主义文学的杰出代表,也是德语文学中少有的天才,在诗歌、散文与戏剧创作方面都成绩斐然,其唯美主义文学思想深受德国著名象征主义诗人格奥尔格的影响,前期尤为明显,后期的他更多转向了欧洲的人道主义和基督教文化传统,创作中的象征主义色彩也愈加浓厚起来。

霍夫曼斯塔尔出身奥地利的银行家家庭,生活富裕,却终生与悲观主义结缘,作品中经常流露出一种浓郁的世纪末感伤和听天由命的悲观情调,不过,他的文化立场却颇具世界视野。此外,在中德文学关系史上,霍夫曼斯塔尔也是一位值得重视的作家,他曾多次在自己的创作中改编或化用中国题材。

霍夫曼斯塔尔很早即与中国结缘。出于本性中对奥地利帝国主义时期社会的厌恶和恐惧,早在青年时代为自己的精神归宿寻求源泉之时,霍夫曼斯塔尔就曾将目光投向过遥远的中国。在19世纪末20世纪初,随着社会危机和精神困境的日益显性化,越来越多的欧洲知识分子开始关注亚洲的传统思想,霍夫曼斯塔尔敏锐地捕捉到了时代氛围的这一变化,他甚至还注意到了辜鸿铭。在1916年做的一篇题为"关于'欧洲'观念"(*Die Idee Europa*,1916)的报告中,霍夫曼斯塔尔生动地描述了欧洲知识界向东方文化寻求启示的迫切

---

① Hsia:*Hermann Hesse und China*. S.7.
② 德国、奥地利、瑞士同属德语区,由于历史原因和传统习惯,德国文学史一般也将奥地利和瑞士包括在内。

心情,一定程度上开启了德国一战后"东方文化热"的先声:"困境带来了压抑感。走向亚洲成为时代标志,但与18世纪有所不同。托尔斯泰害怕欧洲。罗曼·罗兰对金钱本质感到恐惧。托尔斯泰与中国人通信:那是一个法则的国度,不同于我们对自由的推重。走出自身成为克服困境的途径";"欧洲痴迷地注视着亚洲,给它送去了象征胜利的桂冠"。①

在这篇报告中,霍夫曼斯塔尔接下来还指出了另一个事实,这就是,来自欧洲的热切目光反过来也使亚洲人的自我意识日渐觉醒:"亚洲的自信,找到了无数的表现形式……;听一听对欧洲精神的谴责吧:它并非庄严高贵、毫无争议,而是一个毁灭性的威胁。你们听着,亚洲正在站起来,意识到了自己的整体性,只不过它依然强调自己的二元性,喜马拉雅山常年不化的雪山并未将它分开:亚洲意识到了自己的宝贵遗产,意识到了自己对宗教思想的长子继承权。"随后,霍夫曼斯塔尔引了辜鸿铭的一段话来佐证20世纪初亚洲自我意识的觉醒和自信心的增强:"亚洲各个民族从他们祖先那里继承下来的一种共同的民族性,使他们能够创造出世界上所有伟大的宗教,也使他们有别于地中海和波罗的海的那些沿海而居的民族,这些民族都倾向于关注细节问题和寻找具体的解决方案,而不是探讨生命的终极意义(辜鸿铭语)。"②不过,霍夫曼斯塔尔在征引之后并未做进一步的阐发或评论,从上下文来看,他显然只是把辜鸿铭这段关于东方文化优越性的论述作为"亚洲的觉醒和自信"这一时代新貌的注脚,他关注的焦点在于这种时代现象及其发展趋势,并非辜鸿铭本人在东西文化关系问题上的立场和观点。

霍夫曼斯塔尔对辜鸿铭观点的引用,应该归功于潘维茨的推荐阅读。这一点可以从霍夫曼斯塔尔与潘维茨之间的书信往来得到证明。在1917年7月29日写给潘维茨的一封信中,霍夫曼斯塔尔提到了他在挪威所做的那场演讲,并特别强调了自己对辜鸿铭著作的引用。霍夫曼斯塔尔在信中是这样说的:"您的分析现在深深地感染了我。请您相信,今年冬天,当斯德哥尔摩的大学生们请我就当前的共同困境谈一下自己的看法时,我别无选择,只能从辜鸿铭的那本书出发。"③两天之后,潘维茨就给霍夫曼斯塔尔回了信。潘维茨在回信中写道:"您提到了在斯德哥尔摩的经历,提到了辜鸿铭……这一切都让

---

① Hofmannsthal: *Gesammelte Werke in Einzelausgaben. Prosa*. III. S. 379~380.
② Ebd., S. 380.
③ Schuster: *Hugo von Hofmannsthal, Rudolf Pannwitz. Briefwechsel* 1907—1926. S. 12.

我非常高兴。"①

霍夫曼斯塔尔之所以接受潘维茨的推荐而阅读了辜鸿铭的著作,缘于他在这一时期对潘维茨近乎崇拜的尊重。霍夫曼斯塔尔自与潘维茨结识后,交往一度十分密切,潘维茨几乎成了霍夫曼斯塔尔的精神教父——当"现存事物的不断解体和精神上的孤立无助让霍夫曼斯塔尔的精神几乎陷于崩溃"之时,潘维茨的著作《欧洲文化的危机》"就像黑暗中的一道闪电",给霍夫曼斯塔尔的精神世界带来了光明②。我们在前面已经有过分析,潘维茨对辜鸿铭推崇有加,既然辜鸿铭是"精神教父"推崇的人,霍夫曼斯塔尔阅读辜氏著作甚至在报告中加以引用就不足为怪了。附带说明一下,曾经有一段时间,霍夫曼斯塔尔对潘维茨伟大预言家的历史使命毫不怀疑,因此无论在物质上还是在精神上都给了潘维茨极大的支持,然而随着时间的推移,两人的观点分歧日渐明显,潘维茨在精神上的极端自负和在物质上的无限索取更激化了这种分歧,在多种不利因素的交汇下,两人之间的交往终至断绝。

尽管由于潘维茨的推荐,霍夫曼斯塔尔阅读了辜鸿铭的作品,然而从他只是在特定场合对辜鸿铭著作片言只语的引用来看,辜鸿铭的思想立场给他留下的印象显然还远谈不上深刻,并未在内心深处征服他。这一情形有些类似于黑塞。不过,黑塞毕竟对辜鸿铭的思想立场做了虽然简单却也算中肯的评论,霍夫曼斯塔尔则仅是出于特定目的而孤立地引用过辜鸿铭的一段话,未有分析或评判之语。这样看来,辜鸿铭著作给他留下的印象比在黑塞那里还要淡漠不少。

归根到底,这是由霍夫曼斯塔尔的精神气质和思想趣味所决定了的。的确,在那个动荡不安甚至烽火连天的岁月,霍夫曼斯塔尔也曾走出神话和传奇的世界,认真思考欧洲的出路问题,甚至还萌生了向中国取经的念头。不过,在中国的传统思想资源中,真正给霍夫曼斯塔尔带来启示的,显然并非辜鸿铭所宣扬的儒家的"良民宗教",而是老子和道家思想。这一点与黑塞的情况非常相似。

对中国的传统儒家思想,霍夫曼斯塔尔鲜有直接点评,态度比较漠然。就以他对辜鸿铭那段话的引用为例,其意仅在说明东方的觉醒,应景的色彩非常浓厚。至于辜鸿铭思想的核心成分,也就是他给欧洲开出的"良民宗教"药方——以忠诚为最高原则的儒家伦理道德思想,并未进入霍夫曼斯塔尔的眼

---

① Schuster: *Hugo von Hofmannsthal, Rudolf Pannwitz. Briefwechsel* 1907—1926. S.15.

② Volke: *Hugo von Hofmannsthal*. S.152.

帘。梳理霍夫曼斯塔尔涉及中国题材的创作,也很难找到儒家传统思想的影子,偶有间接涉及之处,批评的意味却很明显。举个例子。青年霍夫曼斯塔尔在寻找自己的精神归宿时也曾将目光投向中国,写过一首名为"中国皇帝说"(1897)的诗,内容是一个中国皇帝的独白,间接涉及儒家思想。诗中,霍夫曼斯塔尔观察中国文化的角度非常独特,全诗从建筑入手,中心词是"围墙",中国皇帝的描述从他所在的中心即皇宫逐层扩展开去,直至四海的臣民:"随着这类围墙群组的每一次扩展,便产生了不可逾越的等级和次序。"表面上,霍夫曼斯塔尔描绘了中国"从坊墙到宫墙、城墙""每一层都四合封闭的独特的中国建筑形式",本质上则体现了他对中国传统社会和政治秩序的认知,虽未直接评判,字里行间却流露出一种拒斥的意味:"围墙本身也被赋予一种强调集权统一、否定平等自由的象征意义。"①对中国这种"围墙"式的社会,霍夫曼斯塔尔的疏离感还是比较明显的,在这种否定的意味中,我们很难想象青年霍夫曼斯塔尔的目光在掠过遥远的中国时,会在这一社会秩序的根基——传统的儒家思想里驻足找寻他的精神家园。这里,我们似乎再次体味到了黑塞对儒家思想的陌生感和畏惧感:儒家严格的道德秩序"令人敬畏,却与我的本性格格不入"!

相反,对道家思想,霍夫曼斯塔尔却是由衷地欣赏,且不吝赞美之词。作为对比,这里仍以他1917年初作于斯德哥尔摩的那篇报告为例。在描述了东方的觉醒之后,到了报告的关键部分,也就是霍夫曼斯塔尔以自己的作品为依据阐述他对社会和时局的看法和建议时,他给出的答案就是:要"寻找一种超越个人和个人之外的规律或道路","在一个万物不断变化的世界上,诗人应该追问存在(Sein),追问道路(Bahn),追问规律(Gesetz),追问永恒(das Bleibende),追问那个在中国的典籍中被称为道(Tao)的东西"。②我们知道,诸如"道路"、"规律"等概念都是德国知识界对老子"道"的翻译,由此不难看出,霍夫曼斯塔尔真正强调的是道家思想对欧洲摆脱困境的启发意义:中国道家的"道"才是人类精神的出路所在。

事实上,霍夫曼斯塔尔得益于中国文学的创作或改编,同样多与道家和道教思想有着千丝万缕的联系,而与儒家思想几无关联。如前所述,布伯编译的《中国神怪和爱情故事集》主要以蒲松龄的《聊斋志异》为依据,道教神怪色彩浓厚,极受黑塞喜爱,也同样引起了霍夫曼斯塔尔的注意,甚至还给了他改编的灵感。他的芭蕾舞剧本《蜜蜂》(1914)的题材就来自《聊斋志异》中的《莲花

---

① 卫茂平:《中国对德国文学影响史述》,第318页。
② Hofmannsthal: *Gesammelte Werke in Einzelausgaben. Prosa. III.* S. 355~356.

公主》(在布伯的集子中被译为《梦》),这个故事的神话色彩和象征意义无疑给了霍夫曼斯塔尔极大的启发。①霍夫曼斯塔尔青年时代写的"幕间小喜剧"《白扇》(1897)也是中国文学影响的一个产物,是对《今古奇观》中《庄子休鼓盆成大道》故事的改编,在这个剧本中,霍夫曼斯塔尔主要传达了人生如梦境、名利似浮云的思想,与庄子的虚无主义立场极为契合。②残篇剧本《二神》(1917)中,一神为亚述女王塞弥拉弥斯,代表主动、有为的原则,另一个神则是她的儿子尼恩雅,代表被动、无为的原则,"二神"分为阴阳两极,互为依存,互相斗争,中间甚至还塞入了六段《老子》引文③,整个剧本几乎就是霍夫曼斯塔尔对道家思想所做的文学性阐释。当然,从霍夫曼斯塔尔几部带有道家思想因素的作品看,他显然没有像黑塞那样对道家思想有过系统而精深的研究,尽管如此,他借鉴东方传统思想为现代欧洲寻求精神出路的努力还是令人肃然起敬的,这其实也是当时德国知识分子心态的一个缩影。

总的来说,虽然霍夫曼斯塔尔对中国传统文化的关注远不如黑塞那样深入、持久,他们两人身上却有一个共同点,即两位作家对中国传统文化的关注不约而同地集中在了道家思想身上,这既与两位作家的精神气质和创作风格相一致,也与当时德国国内乃至整个欧洲格外关注道家思想的社会氛围有直接的关系。事实上,霍夫曼斯塔尔对中国的道家思想期许甚高,希望借助它为西方世界找到克服精神混乱状况的良方,这既体现在他的相关评论中,也体现在他的创作中。

帕凯(Alfons Paquet,1881—1944)

阿尔方斯·帕凯,德国现代作家,曾任《法兰克福日报》记者,在撰写通讯报道的同时写了大量的游记作品,并有不少随笔、剧本、诗歌、小说、日记问世,是一位多产的作家。帕凯还是一位著名的社会活动家,也是一个和平主义者和人道主义者。1932年,帕凯当选普鲁士艺术科学院院士,纳粹上台不久他即宣布退出。而在纳粹当政期间,帕凯的社会和文化活动一直都受到当局的严格限制。

帕凯文化视野极为广阔,主张"不能戴着偏见的眼镜看世界,知识应当来

---

① 卫茂平:《中国对德国文学影响史述》,第322页。
② 同上,第321页。
③ 同上,第326页。

自经验"①,一生有不少时间在游历中度过,足迹遍及欧、亚、美各地,曾经两次前来中国(1908、1910),由此可见他对中国的兴趣。帕凯与辜鸿铭有过直接交往,在 1910 年第二次来中国时,曾在上海拜访过辜鸿铭。在《清流传》德文本(1911)的序言中,帕凯曾生动回忆了他与辜鸿铭会面与交往的情况。在此后不久出版的一部以中国为主题的游记《礼,或新东方之旅》(*Li oder Im neuen Osten*, 1912)中,帕凯再次详述了他与辜鸿铭那次难忘的会面。

帕凯是慕名前来拜访辜鸿铭的:"那封写给一位住在上海的中国哲学家的介绍信我揣在兜里已经两年了,是一位在中国工作的高贵的德国女士给我写的。"至于辜鸿铭出名的原因,帕凯也做了说明:"他在拳民起义后出版了一本引人注目的书:《总督衙门论文集》。该书从中国的角度对那场中西文化冲突所做的评论发人深省。此人叫辜鸿铭,由于他狂热地与中国目前蔑视道德而崇尚物质的倾向做斗争,许多人称他为'辜疯子'。"②可以看出,在拜访之前,帕凯对辜鸿铭保守、排外的思想倾向还是有心理准备的,对辜鸿铭在国内遭到歧视甚至攻击的现实也是有所了解的。他对辜鸿铭生平的介绍如下:"他青年时期曾在欧洲呆过数年,在耶拿上过大学,在爱丁堡获得了硕士学位。回国之后,为在广东和武昌做总督的张之洞做了多年的秘书兼密友。这位老上司去世之后,他终止了自己耀眼的仕途生涯,致力于思想工作,曾经以儒教问答手册的形式用英文翻译并阐释过《中庸》。"③

对辜鸿铭的拜访并非一帆风顺,之前,帕凯有过"寻隐者不遇"的惆怅:"我第一次去拜访的时候,他正好有事外出了,因此,我是在离开上海的前一天才见到他的。"④不过,帕凯最终如愿以偿。辜鸿铭给他的第一印象非常之好,也印证了他此前的仰慕:"他穿着朴素高贵的丝质官服,一个人坐在房间里的桌子后面。从他那大而闪亮的灰色眼睛里以及从他口中流出的漂亮语言,我马上获得了一个智者的印象:善良、无邪。他是第一个我能与之用德语自由交谈的中国人。"⑤

帕凯是德国人,辜鸿铭曾在德国游学,德国自然而然地成了他们晤谈的切入点。正如第二章所分析的那样,辜鸿铭对英国的反感和对德国的偏爱在谈

---

① Koßmann: *Alfons Paquet* 1881—1944. S. 10.
② Paquet: *Li oder Im neuen Osten*. S. 289~290.
③ Ebd., S. 289.(帕凯此处说辜鸿铭曾在耶拿上大学,在别的地方说法又变,前后矛盾,可见德国学者对辜鸿铭在德国游学的情况其实也是非常模糊的。)
④ Ebd., S. 289.
⑤ Ku Hung Ming: *Chinas Verteidigung gegen europäische Ideen*. S. 7.

话中一目了然:"他向我讲起他在魏玛逗留时的情况,讲起他数年前在汉口与亨利希王子的交谈,谈起老托尔斯泰写给他的一封公开信。他很喜欢德国的经典作家,认为这个贡献了歌德和费希特的民族,并非只有高领制服和名牌公司这些标志。他忧心忡忡地说起了英国,认为正是英国的先发优势迫使德国走上了艰难的扩军之路。这位博学的陌生人还期望德国精神能最早实现对各种文化的大融合,这种观点引起了我的注意。"①

虽然对德国情有独钟,而且颇多期待,辜鸿铭还是向帕凯表达了他对德国日益军事化的关切之情,他忧虑的是德国人已经彻底忘记了来自魏玛的智慧之光,忘记了正直学者的谆谆教诲:"现在的人们是不是不再像以前那样重视他们的意见了? 他们的重要性是不是在下降?"对辜鸿铭的这个问题,帕凯的解释如下:"德国目前人满为患,整个国家都在担心会退回到野蛮时代,因此歌德已经开始有些过时了。不过,在长年的和平中,欧洲各君主国巩固自己民族根基的要求也更加强烈了,迄今为止,尽管国内有一部分人狂热地追求以军事手段扩展疆域,但这种要求还是阻止了德国人毫无顾忌地使用它的军事力量。"②帕凯的这段回答读来颇有为德国的军事扩张政策文过饰非的味道,似乎是在尽量安慰辜鸿铭,与当时不少对政治形势过于天真的德国学者一样,帕凯显然也严重低估了一战前德国国内的战争苗头。

二人相见甚欢,意犹未尽之下,辜鸿铭特意带帕凯体验上海人的日常生活,正如他一年多以后陪同凯泽林体验老北京的文化生活一样:"晚上,辜鸿铭请我去了一家中国餐馆";"随后,我们去了一家新开的大戏院。在那里,普通百姓喜欢坐在正厅和顶层,商人和肤色苍白、戴着眼镜、吸着雪茄的文人则喜欢坐在楼厅里。台上的戏没完没了,不过却很热闹:演的是一个太平天国起义头目的命运……","辜鸿铭今晚要向我展示真正的中国,又带我进了一家又窄又高的茶馆,那里住有歌女"。辜鸿铭的导游工作一直持续到深夜:"午夜时分,我们在外面的街道上分别了。"③

辜鸿铭带帕凯去的地方主要有三个,一是餐馆,一是戏院,一是茶楼,都是旧时中国文人学者乃至普通百姓休闲娱乐、交流信息的公共场所,也是展示中国传统文化的好去处。虽然时间短促,辜鸿铭还是亲自带帕凯一一领略,用心之良苦不言自明。辜鸿铭如此安排的用意就在于:让帕凯深入中国人的日常生活体验中国文化的魅力,从而证明文明对等交流的必要性,也就是他反复强

---

① Paquet: *Li oder Im neuen Osten*. S. 290.
② Ku Hung Ming: *Chinas Verteidigung gegen europäische Ideen*. S. 12.
③ Ebd., S. 12~13.

调的心灵和精神上的"门户开放",即"心灵的扩展"。即使是在看戏的过程中,辜鸿铭仍不忘强调自己对文化交流的期待:"他说,不仅在今天的中国,而且在整个世界,我们所需要的并非是进步和改革,而是精神上的门户开放,是开阔我们的视野。"①这次晤谈给帕凯留下的印象极深,而辜鸿铭此时刚刚问世的著作《清流传》也深深打动了他,这直接促成了《清流传》德文本的问世:"作为纪念,我兜里放着他刚刚出版的《中国牛津运动故事》。第二天,我就在船上读了这本书,深受吸引,打算将它在德国出版。还在船上的时候,我就向一位来自青岛的朋友谈了我的想法,他就是汉学家卫礼贤先生。在此期间,他已经把这些论文译成了德文。"②

回德国后,帕凯亲自安排《清流传》德文本的出版,还写了一篇前言,详细梳理了辜鸿铭的思想观点。同时,他还与辜鸿铭保持书信往来,将辜鸿铭寄给他的文章联系发表在德国重要的杂志上。在一些探讨中国问题的文章中,他也经常引用辜鸿铭的观点。关于帕凯对辜鸿铭的看法,下面试做分析。

对辜鸿铭强调中国传统文化价值的言行,帕凯持赞赏态度。在《清流传》的前言中,他就是从分析英国牛津运动的历史意义入手来反证辜鸿铭思想观点在现代中国的价值的。在帕凯看来,无论是行文风格还是在历史作用方面,辜鸿铭都与英国牛津运动的领导人之一马修·阿诺尔德多有相似之处:阿诺尔德所著《文明与混乱》反对自由主义,提倡优美和秩序,维护古英格兰的道德传统,自有其不灭的历史价值——"即使是在今天,这本书仍然值得一读"③;与之相应,辜鸿铭的著作在现代中国也有类似的作用,因为他代表的是中国的道德传统——"即使在今天,中国的公共观念依然由忠于孔夫子制定的道德标准的人士所决定","在中国知识领袖的心目中,传统的国家哲学观念究竟还有多大影响,读一下辜鸿铭那些奇特的著作就知道了"。④基于这种认识,帕凯认为,辜鸿铭对西方现代科学技术的批评并非一无是处,其中蕴含着他对传统道德秩序走向崩溃的忧虑,欧洲人既然在某种程度上认可阿诺尔德的努力,也应能够理解辜鸿铭:"辜鸿铭鄙视铁路。在我们这个时代,不是也有一些欧洲人认为铁路、电报、报纸是多余的、无意义的东西吗!"⑤

---

① Paquet: *Li oder Im neuen Osten*. S. 290.
② Ku Hung Ming: *Chinas Verteidigung gegen europäische Ideen*. S. 14.
③ Ebd., S. 11.
④ Paquet: *Chinesische Kulturpolitiker*. In: *Süddeutsche Monatshefte*. 1912. 9. Jg. Bd. II. S. 415.
⑤ Ku Hung Ming: *Chinas Verteidigung gegen europäische Ideen*. S. 8.

对辜鸿铭文章著作中强烈的爱国主义和民族主义情绪,帕凯也是颇多同情的。例如,对辜鸿铭为义和团运动辩护的言论,帕凯就表示了一定的理解:"他的看法是有道理的。北京周围因铁路而荒芜的河道及河道上腐烂的船只见证了善良而勤劳的船民在经济上的没落,令人感伤。绝望之下,他们加入了最后一次大规模反抗外国鬼子的运动,之后便东奔西散了。由对外贸易和肤浅的新式学校带到中国来的学说,使得大众的仇恨情绪不断滋长。"①如果翻看一下德国当时报纸杂志中的相关评论,对中国在世纪之交爆发的那场义和团运动,西方世界多持丑化、蔑视的立场,然而帕凯对义和团运动社会背景的分析却表现出了难得的客观,这要归功于他认真的实地考察,更显示出他作为一位正直的知识分子的良心。他还进一步提醒西方世界,不应停留于辜鸿铭强烈批评的表象,更重要的是认清隐藏在这些批评之后的东西,这就是:辜鸿铭的《清流传》"表达了一种在中国非常普遍的情绪",一种不断滋长的仇外情绪,这才是最应引起西方世界深思的地方。②

针对辜鸿铭对西方世界的激烈批评,帕凯一方面表现出了倾听的态度,另一方面也基于自己在中国的所见所闻进行了独立思考,并非一味附和。例如,辜鸿铭曾激烈驳斥英国人特里乌斯爵士的广州观感,对辜鸿铭的这一反击,帕凯就持保留态度:"辜鸿铭提到了欧洲人这种由陌生、夸张和内心的不确定感交织而成的感受,以激烈言辞回应了这位英国游客的恰当评论。"在帕凯看来,"每个欧洲游客在置身于狭窄、闷热、昏暗的中国街道时,不管是在北方的满洲里和北京,在扬子江畔的大都市,还是在南方的广东,都会有这种类似于震惊的感觉",因此,特里乌斯爵士不过是实事求是地说出了自己在中国游历的感受而已,无需借题发挥。帕凯的这种辩解也是以他的亲身经历为依据的。帕凯曾经两次来中国,在《清流传》德文本的序言中,他就详细描述过自己置身于中国这个古老的国度中那种陌生、惊惧、钦佩叠加在一起的复杂感受,特别是当他看到裸露上身、在挥汗劳作中表情僵硬变形的苦力时,或者是坐人力车穿行于破烂、拥挤、昏暗、崎岖不平的街道时,这种感受尤为鲜明。很明显,帕凯是从一个普通西方人的角度看中国的,他不过是直白地说出了自己的真实感受而已,也正是基于这种感受,他对特里乌斯爵士的广州观感表示了一定的认同。应该说,帕凯的这段辩解文字同样透出了一种对异质文化的陌生感,甚至还夹杂着一丝文化优越感,不过,帕凯毕竟是一位视野开阔、颇具包容心的知

---

① Ku Hung Ming: *Chinas Verteidigung gegen europäische Ideen*. S. 7~8.
② Paquet: *Chinesische Kulturpolitiker*. In: *Süddeutsche Monatshefte*. 1912. 9. Jg. Bd. II. S. 419.

识分子,他也承认,辜鸿铭对特里乌斯爵士的抨击值得欧洲人注意,因为"这种回击并非来自一个弱小的击剑手,它表现了中国人特有的伟大力量","在这个民族的身后是一个帝国,到处都充满了奇特的风俗和睿智的组织机构"。①

这就涉及帕凯对中国传统文化的态度问题。从帕凯的相关评论来看,他对中国的传统文化还是非常尊重的,甚至还格外感慨这个国家为何有如此巨大的魅力,以至于来华的欧洲人经常最终"深深地爱上这个国家","长期驻在那里的外交人员会开始为中国工作,就连传教士也是如此"。②基于这一现实,帕凯呼吁人们深入了解这个国家,由此,他还对相关资料的匮乏表示不满:"建议每个想深入了解这个国家的人都要研究一下它的历史。这方面迄今一直未有条理清晰的优秀著作出现。德国人需要中国历史资料的时候,只能求助于传教文献中一些不太可靠或经过加工润色的描述,或者求助于一些同样不太完整的外文资料。"③

正因为对中国传统文化的尊重,帕凯在辜鸿铭那里找到了知音,特别是在反对群众暴力这一点上。帕凯终生都是一个和平主义者。当然,他承认社会变革的必要性,但是反对一切暴力,他本人后来还于1933年加入了反对战争和暴力的基督教贵格会。正因为如此,辜鸿铭反对暴力的评论才会深深打动他:"他微笑着对我说,他不认为只有通过血腥的起义才能创造一个新中国","舞台上荷马史诗式的场景在正厅中引起了热烈的掌声,但辜鸿铭的语调中却露出一丝忧虑,他担心中国不久将再次面临这类荷马史诗式的斗争"。④基于这种认识,帕凯对中国辛亥革命的评价并不高,在他看来,这场革命本质上是反文化的,是一场"以牺牲文化传统为代价而驱逐外国人、提高本民族物质力量"的运动⑤,带有浓厚的暴发户色彩:"从前在士人、农民、手工业者之后居末位的商人阶层开始占据首位,目前的革命其实就是这些暴发户,特别是华南以及相邻殖民地富裕商人的杰作"⑥。作为学者的帕凯看到的是,这场革命和剧变造成的直接后果就是文物外流,传统式微:"古老的寺院、威严的祠堂和书院

---

① Ku Hung Ming: *Chinas Verteidigung gegen europäische Ideen*. S. 5~6.
② Ebd., S. 8.
③ Paquet: *Asiatische Perspektive*. In: *Die Hilfe*. Jg. 1913. Nr. 48. S. 763.
④ Paquet: *Li oder Im neuen Osten*. S. 290.
⑤ Ebd., S. 303.
⑥ Paquet: *Chinesische Kulturpolitiker*. In: *Süddeutsche Monatshefte*. 1912. 9. Jg. Bd. II. S. 416.

倒塌了，取而代之的是欧式灰砖建筑，锡制屋顶丑陋不堪，窗子开得不伦不类。"①这让帕凯非常痛惜，为此，他特意引用凯泽林伯爵的观点向中国提出忠告："对东方民族来说，建立一种新的思想基础是绝对不可行的，他们更应立足于经过历史考验的悠久传统，并在此基础上建立起一座更好的建筑。"②

帕凯当然也注意到了辜鸿铭在行文中喜欢引用名人名言的特点，不过，他最欣赏的还是辜鸿铭在文章著作中频繁使用的中西类比手法。在帕凯看来，辜鸿铭的这种类比手法虽然有些"大胆"，却也颇具创新意味，至少对西方人了解中国的国情和传统文化是很有帮助的："对于像中国人这样的陌生种族，我们欧洲人通常无法辨别一些细微的特征，而辜鸿铭将他的某些同胞与苏格兰高地人相比，把另一部分人与普鲁士容克地主相比……这看起来是一项很有胆识的工作。"③在此基础上，帕凯还高度评价了辜鸿铭在中西文化交流方面的功绩。在简略回顾了中西交流的历史之后，帕凯认为，辜鸿铭为促进中西交流与理解所做的努力，完全可以和翟理斯、理雅各等人相比肩："在这么多欧洲人中只需举出几个就够了，如理雅各和翟理斯，如里希特霍芬和米伦多夫；而游历过欧洲的中国人中，辜鸿铭是一位，他体验过魏玛和牛津的生活。通过这些人的努力，渐渐地，更深层次的尊重和理解重新具备了条件，这种情况在中国和西方的交往中已经很久没有再见到了。"④

还有一个值得注意的方面。帕凯在论述中国问题的时候，经常兼及讨论欧洲特别是德国在中国的经济和政治利益，甚至是出谋划策。在对中国传统文化表示尊重的同时，他另一些言论却透出一种殖民主义的味道："由于整个欧洲在道德和政治上似乎还不成熟，亚洲将走进一个摆脱欧洲统治的时代。这取决于欧洲需要多久才能找到一种形式，至少在对外关系方面把自己联合为一个更紧密的整体，毕竟，欧洲民族不可单独行动，只能团结合作，互相支持，才能在亚洲，特别是在中国实现自己的使命。"⑤有些时候，在他关于东方问题的表述中，德国与东方之间的文化交流似乎成了德国经济利益的衍生品："由于德国与东方的经济联系越来越紧密，更密切的思想交流也有了可能，金

---

① Paquet: *Chinesische Kulturpolitiker*. In: *Süddeutsche Monatshefte*. 1912. 9. Jg. Bd. II. S. 415.

② Paquet: *Asiatische Perspektive*. In: *Die Hilfe*. Jg. 1913. Nr. 48. S. 763.

③ Ku Hung Ming: *Chinas Verteidigung gegen europäische Ideen*. S. 7.

④ Paquet: *Chinesische Kulturpolitiker*. In: *Süddeutsche Monatshefte*. 1912. 9. Jg. Bd. II. S. 414.

⑤ Paquet: *Asiatische Perspektive*. In: *Die Hilfe*. Jg. 1913. Nr. 48. S. 764.

融和神学就是全部东方政策的两只脚。"①以帕凯的游记《礼,或新东方之旅》为例,主人公依次游历了西伯利亚、日本、朝鲜和中国,主旨在于寻找代表着人与人、民族与民族之间尊敬互爱的"礼",然而,小说对当地历史、地理和民情的描述却经常渗透着经济殖民的思考,在一种明显的经济视角下,书中所描绘的20世纪初的日本和中国俨然成了欧洲人在远东的杰作(das Werk des Europäertums im fernen Osten)②,以至于曾有德国学者撰文予以严厉批判:"欧美入侵者已将日本变成了什么样子?难道创造了这种古老而高度发达的文化的国家也要面临同样的命运吗?至少还能有一个国家、一种文化不受任何违背'礼'这一理想的东西的侵扰,不受无休无止的躁动、革新、敛财的侵扰,避免欲望的无限膨胀,避免人与人、民族与民族间的龃龉,这难道不是世界上最重要的事情吗?"③

  德国国内对帕凯的这种批评并非没有道理。的确,在帕凯有关东亚问题的论述中,经济观察与评论经常占有相当的比重,甚至还让他的部分报告作品蒙上了某种经济殖民主义的色彩。帕凯一生多以记者身份周游世界各地,探究他所说的"世界容貌"(Weltphysiognomik),由于他的旅行考察多受德国一些研究所、报社以及政府部门的委托,国际时政和经济问题一直是他密切关注的一环,其中难免会有基于实利的考量,这是一个重要原因。此外,帕凯本人对经济和金融领域的问题一直极感兴趣,他1907年在海德堡大学的博士毕业论文的题目就是"国民经济中的展览问题"。来华考察期间,帕凯确实非常关注德国在中国的经济利益,他甚至对德国在上海影响力的相对下降表示担忧,不过,帕凯并非德国殖民路线的鼓手,也非一个彻头彻尾的经济殖民主义者,他其实同样关注文化的交流,期待世界文化的融合,当然,他也不忘强调德意志精神应在文化融合的过程中发挥更大的作用,从而真正实现"德国走在世界前列"(Deutschland in der Welt voran)④,这让人不由得想起了罗尔巴赫对德意志精神世界使命的强调及其著作《德国在中国走在前列!》(*Deutschland in China voran!*, 1912)。显然,这是一种时代精神(Zeitgeist),反映了那个时代德国部分知识分子的文化自信和文化使命感,帕凯也是其中的一员。

---

 ① Paquet: *Die Kirchen im Morgenland*. *Die Tat*. 1913/14. Bd. II. S. 740.
 ② Hans von Hülsen: *Das Problem des fernen Ostens*. In: *Die Tat*. Bd. 1912/13 (Jan. 1913). S. 584.
 ③ Goldmann, Karl: *Li oder Im neuen Osten. Von Alfons Paquet*. In: *Literarisches Echo*. 16. Jg. 1913/14. S. 940.
 ④ Hans von Hülsen: *Das Problem des fernen Ostens*. In: *Die Tat*. Bd. 1912/13 (Jan. 1913). S. 585.

不过总体而言,帕凯是一位有良知的、"知识渊博的作家",一个关心人类前途的世界主义者。由于职业和时代的限制,他本人未能彻底跳脱殖民视野,但他始终强调国际问题的解决要充分考虑世界各地的历史和地理实情,真正兼顾当地人民的利益,并希望世界各地的人们能"过上一种更美好的、和平相处的生活",在互相学习交流的同时保持自己的传统和本色。①正如他在一首名为"简历"的诗中所写那样:"在威斯巴登,我来到这个世上。在伦敦,我经历了风雨。在西伯利亚,我明白了何为异乡。在中国,我成了基督徒。在美国,我成了欧洲人。就这样我重新走进故乡。莱茵河就是欧洲的约旦:人们可以享受生活,也可以非常虔诚。"②

在深入交流的基础上,帕凯对辜鸿铭推崇有加,视之为东方大哲,将辜鸿铭与康有为、梁启超并列:"若想了解中国哲人是如何看待自己国家的历史命运的,应该读一读康有为、辜鸿铭和梁启超的著作。"③更有甚者,在帕凯眼中,辜鸿铭对中国传统文化精神的揭示和对西方世界的现实意义已远超康有为和梁启超:"辜鸿铭的哲学观点和政治观点与这些人完全不同。他从孔子学说中得出的结论,他在欧洲大学所受的教育、他在中国的仕途经历,这些都使他成了一个坚定的反动派。他的观点在广度和深度上都超越了当代中国的其他作家,他在东方思想和西方思想之间保持平衡的方式也使欧洲读者对他更感兴趣。"④换言之,辜鸿铭的著作才是西方透视中国知识分子心灵世界的最佳窗口,帕凯对辜鸿铭的评价不可谓不高。

总的来说,在辜鸿铭影响德国的过程中,帕凯起了重要的作用,是他促成了《清流传》德文本的出版,他还亲自撰文介绍、点评辜鸿铭的基本思想观点,帮助德国知识界甚至普通的德国人更多地了解辜鸿铭,在推动《清流传》德文本出版后德国国内第一波"辜鸿铭热"的形成方面功劳不小。在某种程度上,帕凯对辜鸿铭的高度评价为几年后德国国内掀起的一场"辜鸿铭热"揭开了序幕,可谓领风气之先者。

总体而言,与哲学界和神学界对辜鸿铭的深度关注相比,德国文学界对辜鸿铭思想观点的回应要平淡得多,热度也略逊德国汉学界对辜鸿铭现象的关注。在主要的德语作家中,也曾有人注意到辜鸿铭的著作,例如黑塞和霍夫曼

---

① Koßmann: *Alfons Paquet 1881—1944*. S.5.
② Ebd., S.14.
③ Paquet: *Asiatische Perspektive*. In: *Die Hilfe*. Jg.1913. Nr.48. S.763.
④ Paquet: *Chinesische Schriftsteller*. In: *März*. Jg.1911. Bd.III. S.467.

斯塔尔,然而他们对辜鸿铭的关注都不深入,为时也很短暂。给予辜鸿铭较多评论的,多是一些关注政治、社会和文化问题的作家,施密茨和帕凯都是如此,前面提到的对辜鸿铭报以热烈掌声的作家德里乌斯也属于这种情况。再举一例。出生于奥地利、中年后移居巴勒斯坦但仍以德语创作的以色列作家霍夫利希(Eugen Hoeflich,1891—1965)①极端厌恶西方的现代机器文明,对东方世界倾注了极大的热情,他曾表示是马丁·布伯、泰戈尔、辜鸿铭、冈仓觉三(Kakuso Okakura,1862—1913)的思想帮助他形成了自己的"均质"的亚洲观,而这正是他对抗欧洲资本主义文明观念的支柱。②

衡量某种思想倾向或文化现象是否对文学产生了影响,关键要看这种思想倾向或文化现象是否在文学作品中得到了体现。具体到辜鸿铭和德国文学界的关系,可以看到,尽管曾有一些德语作家出于某些原因阅读过辜鸿铭的文章著作,但在他们的创作实践中却很难找到这种痕迹。换句话说,辜鸿铭的著作和观点并未给德国作家的创作带来多少启发。这个问题还应放到更大的背景框架下进行分析。

就中德文学关系而言,19世纪末至20世纪初是一个重要的时间段。在这一时期,不少德语作家对中国的传统思想倾注了热情,主要是以老子为代表的道家思想,这也是当时德国知识界的一个重要思想倾向,与欧洲18世纪启蒙运动时期以孔子伦理道德思想为核心的那场"中国热"颇有不同。这一时期,在德国知识分子心目中,儒家思想已不再是中国文化的唯一代名词,道家思想受到了异乎寻常的关注。如果联系到欧洲在历史上对道家思想的忽视和贬抑——"西方人一般都非常蔑视道家学说,他们并不把它看成是一门哲学,而是看成一种低劣的、非常迷信的宗教形式"③,德国世纪之交的这场"老子热"和"道家热"大有一种为道家思想平反昭雪的味道。在这一时期的德国知识界,对"道"的探讨无可置疑地成了时代潮流,最直观、最具说服力的表现就

---

① 霍夫利希(Eugen Hoeflich,1891—1965),出生于维也纳,深受德国著名宗教哲学家马丁·布伯犹太文化复国主义思想的影响,1927年前往巴勒斯坦,改希伯来名Moshe Ya'akov Ben-Gavriel,二战后定居耶路撒冷直至1965年去世。霍夫利希是20世纪最著名的犹太复国主义作家和出版家之一,作品在上世纪五六十年代的以色列十分畅销,他还是支持以色列人和巴勒斯坦人之间和平对话、各自建国的先驱之一。前期创作(奥地利时期)具有浓厚的表现主义色彩,典型如小说《东方之火》(*Feuer im Osten*,1920)、《红月亮》(*Der rote Mond*,1920)等。

② Eugen *Hoeflich*:*Tagebücher* 1915 *bis* 1927. Hrsg. von Armin A. Wallas. Wien/Köln/Weimar:Böhlau 1999. S. 591.

③ [美]马森:《西方的中华帝国观》,第308页。

是,老子的著作《道德经》被一译再译。德国文化史家利奇温在其著作《中国与欧洲:18世纪的精神和艺术关系》中就描述过德国知识界争相翻译、研读老子《道德经》的盛况:"《道德经》成为今天的一代人走向东方的桥梁,自世纪初以来,德国至少已有八种译本出版。"①

  文学是时代潮流的一面镜子。在德国知识界对老子和道家思想的热议声中,文学界也未置身事外,它同样受到了波及。这一时期,不少德语作家也开始向道家思想投去期待的目光,前面提到的霍夫曼斯塔尔就是一个例子。甚至还有作家持续深入地钻研道家思想,并达到了对道家精神精微、独到的把握,这方面黑塞就非常具有代表性。我们知道,道家的人生理想是追求无累无患的精神的绝对自由,而19世纪以来的欧洲,传统基督教道德日渐式微,社会文化众生喧哗,在因累于物欲和浮躁而陷入迷茫的欧洲人眼中,道家超然物外、淡泊知命的审美理想和人生态度无疑是一股新风。这在德国作家那里也不例外,甚至还给了他们创作的灵感:正如启蒙时代一些作家在自己的作品中图解、宣扬中国的伦理道德思想和开明君主专制制度一样,20世纪初也有一些德国作家在道家思想的启发下在自己的作品中探讨理想的人格,直至为社会寻找出路,这也是这个时代的一道风景线。事实上,在诸如布莱希特(Bertolt Brecht, 1898—1956)、德布林(Alfred Döblin, 1878—1957)、黑塞等现代著名德语作家的部分作品中,我们都可以找到不少道家思想影响的痕迹。反观辜鸿铭的文章著作,它们宣扬的是中国传统的儒家学说,基本诉求是以孔孟的伦理道德思想重建王道秩序,显然,辜鸿铭唯道德主义的立场与德国文学界在这一时期的思想潮流颇不合拍,文学界鲜有回应也就顺理成章了。

  再进一步,则应回到如何评判儒家思想和道家思想对文艺创作的价值。这是一个宏大的题目,此处只能简论。大体上,儒家的伦理思想具有较强的理性色彩,正是由于这一原因,儒家思想在历史上曾经与欧洲18世纪的启蒙运动十分契合,但也给西方人对中国文学的认识带来了负面印象,这就是:理性有余,激情不足。相应的是,中国在欧洲人眼中也成了一个有教条却无激情的国度。应该说,理性精神历史上曾极大地促进了欧洲科学和艺术的发展,然而,随着时间的推移,理性万能的神话也连带出越来越多的杂音。到了19世纪后半期,也即1848年革命之后,非理性主义逐渐在欧洲找到了合适的土壤;19世纪末20世纪初,在思潮多元化的大背景下,中国的道家思想终于引起了欧洲人越来越多的关注,欧洲知识界甚至还出现了一场"老子热",这在德国尤为明显。仔细分析起来,道家思想玄奥的哲学内涵应是主要原因。不过,不少

---

① Reichwein: *China und Europa*. S. 10.

德国作家对道家思想表现出的异乎寻常的兴趣,似乎还应该用道家思想所蕴含的丰富的想象力和神奇瑰丽的审美情趣来解释。关于道家思想中蕴含的丰富的艺术精神,学术界已有不少论述,其中一派比较有代表性的观点是,虽然儒家思想对中国文化的各主要部分都有广泛的影响,但这并不影响在某个领域其他思想派别的影响大过儒家,比如在文学艺术领域,道家一派的想象力要较儒家一派丰富。如著名学者陈鼓应先生就认为:"在文学、艺术领域内,对于创作灵感与精神解放,儒家思想往往起抑制的作用,而道家思想则产生启发的作用。"[①]我们大致可以这样理解,是深邃的哲理思考和丰富的艺术内涵共同使中国的道家思想在变化了的时代背景下一举赢得了德国作家的青睐。反观儒家思想,它向文学、艺术领域的渗透固然可以给人一种严肃的社会责任感,但也不免掺杂僵硬的理性思考和道德说教,敏感的思绪和伤时忧国的情怀多落脚于现世事务,束缚了艺术想象力的翅膀和对永恒的追求。因此,歌德认为中国文学中"一切都是可以理解的","没有强烈的情欲和飞腾动荡的诗兴",浪漫派理论家弗·施莱格尔认为中国文化只是躬身于纯粹的"理性主义",都不是没有原因的,这大概是历史留给德国作家们的切身体验。辜鸿铭竭力宣扬儒家思想的伦理道德价值,在20世纪初的德国作家看来,其中并无多少新意,罕有热烈的反应就是自然而然的事了。

---

① 陈鼓应:《老庄新论》,第3页。

第五章　中学西传背景下的辜鸿铭

第一节　德国人眼中的孔子和儒学

前面两章主要梳理了辜鸿铭影响德国的前后过程和德国知识界对辜鸿铭观点各异的评价。为了更全面、更深刻地理解辜鸿铭对德国知识界的影响,还需做一个深层的背景分析。如前所述,辜鸿铭终生不遗余力地面向西方世界宣扬中国传统的儒家思想,核心则是孔孟学说,相应的是,德国知识界评判辜鸿铭的重点也是针对他关于孔子和儒家伦理道德思想的论述。因此,我们有必要了解19世纪末20世纪初德国知识界对孔子和儒家学说的整体看法,正是这一点从根本上决定了德国知识界对辜鸿铭的评价,而且也只有理清了这一点,我们才能从中国传统文化之西传这样一个大的历史框架下真正把握辜鸿铭在中德文化交流史上的位置。

首先回顾一下德国乃至欧洲至20世纪初对孔子及儒家学说的接受过程。

大体说来,欧洲对中国很早即有模糊的认识,"赛里斯"(Seres)就是对中国最早的称呼。[①]13世纪中叶,欧洲对中国的朦胧认识开始具象化,那时,随着蒙古帝国军队打通欧亚大陆,出现了欧洲冒险家的大旅行,一些旅行故事中出现了对中国形象更具体的描绘,典型如《马可·波罗游记》。15世纪末,文艺复兴中的欧洲开始进入地理大发现的时代,大航海开阔了欧洲人的视野,拉近了对土地和财富满怀憧憬的欧洲人和中国的距离,当然,也揭开了欧洲对外殖民的序幕。不过,在16世纪以前,欧洲尚未注意到孔子这个人。那个时候,来华的欧洲人无论是旅行家还是商人,关注的多是中国辽阔的疆域、无尽的财富、完善的管理制度等,关注的焦点先是"器物",后为"制度",欧洲人开始知道

---

① 当时少量的文化、历史类书籍中皆称中国为"赛里斯",意指一个遥远、梦幻般的国家,盛产丝绸。直到中世纪后期乃至近代,仍不时有欧洲人用"赛里斯"指称中国。

孔子乃是16世纪后的事①,而欧洲人的目光真正越过"器物"和"制度"而聚焦到深层的思想观念,进而深度关注孔子并初步形成"孔夫子的中国"形象(以1667年《中国图志》问世为标志),时间已经到17世纪中叶了。②

追根溯源,孔子和儒家学说真正进入欧洲的工作是由16世纪中叶以后来华传教的耶稣会士完成的。耶稣会士受基督教会和政府的派遣来到中国,主要目的在于履行传教使命,将所谓的"野蛮人"开化为上帝的信徒,同时实地考察中国的社会状况。这是基督教文明和儒家文明的第一次大碰撞。耶稣会士深深感受到了儒家学说对中国人思想观念无与伦比的影响力及对基督教思想的抵制,这样,仅仅是出于传教目的也有必要研究中国的儒家思想:要劝诫中国人皈依基督教,就要了解中国人的思想观念。不过,耶稣会士在让中国人转信基督教方面成果有限,可是在向欧洲阐释中国方面却居功至伟:他们本就多受文艺复兴时期人文主义思想的熏陶,眼界比较开阔,出于传教需求和对中华文明的敬重,他们认真研究儒家学说,同时与欧洲主要的学者保持联系,他们对儒家经典的翻译介绍及对中国的相关描述成了欧洲人了解中国的重要材料。17世纪后半期,耶稣会士的传教报告和翻译的儒家典籍在欧洲已被广泛阅读。从这个角度说,耶稣会士是西方最早的汉学家。

1687年,由柏应理、殷铎泽等四位神父编译的《孔夫子:中国哲学家》(*Confucius Sinarum Philosophic*)在巴黎出版,内容主要是对《论语》、《中庸》、《大学》部分篇章的节译。以此为标志,欧洲开始视孔子学说为中华帝国文明的思想基础并予以全面介绍,从传教士到思想家,越来越多的人对儒家思想表现出极大的热情,这种热情一直持续到法国大革命前夕,前后近百年,这就是欧洲启蒙时代的"中国热"。其间,中国文化的许多方面都为欧洲格外关注,孔子的政治伦理思想尤受推崇,如果说中国是当时欧洲人心目中的天国,孔子则是这个天国的圣人。

总体上,这个时期的"中国热"重心在法国,德国也同样受到波及,只是"中国热"在德国未能像在法国那样成为一种社会潮流,主要还是局限在部分知识分子和上层贵族的小圈子里。由于长期深陷封建专制和分裂割据,德国国内资本主义的发展一直落后于英、法等国,思想潮流和文化风尚长期都慢法国一

---

① 孔子及其学说进入欧洲,现有记载已可查至16世纪末,一个名叫拉吉雷(Michael Raggieri)的人翻译的《大学》约在1590年前就已传至欧洲。具体到德国,耶稣会士利玛窦的札记译成拉丁文后1615年在德国奥格斯堡出版,该札记对孔子及其学说也有介绍,只是不够详细深入。

② 周宁:《天朝遥远》(上),第75页。

拍(甚至崇尚"法国风"),海外殖民活动更是很晚的事,虽然早期的耶稣会士也有一些来自德国,著名的如汤若望(Johann Adam Schal von Bell,1592—1666),但德国对孔子和儒家思想的真正关注还是要迟于意、法等国,不过,德国的汉学研究却是后来居上。启蒙时代,关注中国和儒家思想的德国人主要是部分哲学家和学者,代表人物是莱布尼茨(Gottfried Wilhelm Leibniz,1646—1716)和他的弟子沃尔夫(Christian Wolff,1679—1754)。

莱布尼茨是德国启蒙运动的奠基人,一生关注中国,很早就对中国进行了开创性的研究:"当莱布尼茨潜心研究中国并取得相当成就时,法国尚无非教会的学者对中国给予认真的关注。"①作为一个全才,一个世界主义者,莱布尼茨对中国文化的关注和称赞非常广泛,涉及政治、历史、科技、哲学等多个领域。莱布尼茨阅读过《孔夫子:中国哲学家》,了解孔子,虽然百科全书式的求知欲让他无暇对孔子作详细的专论,不过在长期全面思考中国之后,他还是对儒家的伦理思想寄予了极高的期望。这里节选几句他对道德中国的赞美之词:"君主通常经过教育而培养成为大德大智的人","尽管高高地踞于万人之上,却极为遵守道德规范、礼贤下士"②;"它比我们这个自以为在所有方面都教养有素的民族更加具有道德修养","在生活与人类实际方面的伦理以及治国学说方面,我们实在是相形见绌了"。③显然,对中国以道德秩序为尊的德政传统,莱布尼茨非常认同,甚至真诚地表示欧洲在这方面应向中国学习:"我想首先应当学习他们的实用哲学以及合乎理性的生活方式。鉴于我们道德急剧衰败的现实,我认为由中国派教士来教我们自然神学的运用与实践……是很有必要的。"④更令人肃然起敬的是莱布尼茨超前的世界主义视野,他与耶稣会士密切联系、全面关注并研究中国的目的乃在于不同民族、不同文化的交流,他要用"一盏灯点亮另一盏灯",直至世界大同。作为欧洲第一位全面思考中国的大思想家,莱布尼茨代表着他那个时代欧洲最有智慧的人对中国的认识和期望。

莱布尼茨的弟子沃尔夫进一步明确而坚定地将儒家学说传播于德国知识界。沃尔夫是德国启蒙时代理性主义哲学的主要代表,在孔子及其学说中,他看到的是弥漫于道德伦理法则之中的理性主义的光芒,他那篇著名的《关于中国人道德哲学的演讲》其实就是对儒家道德学说及其理性原则的一曲颂歌:

---

① 许明龙:《欧洲18世纪"中国热"》,第156页。
② [加]夏瑞春:《德国思想家论中国》,第6页。
③ 同上,第4~5页。
④ 同上,第9页。

"每个人都应尽一切努力以符合道德规范的方式生活","中国人清楚地认识到,在道德的大路上,人应当不断奋进,不达到最高的完善决不停步";"他们认为,对于培养道德风尚,至关重要的因素是与人的理性相吻合,他们所做的每一件事情,其根据都在人的自然性中"①,因为,"尽管道德的行为发自于人的身体,但是道德本身却只能在理性中而不是在身体中发现"②;如此等等。沃尔夫对孔子评价极高,将其与摩西、穆罕默德、耶稣并列:"即使不能把孔子看作中国智慧的创始者,那么也应当把他视为中国智慧的复兴者","如果我们把他看作上帝派给我们的一位先知和先生的话,那么中国人崇尚他的程度不亚于犹太人之于摩西、土耳其人之于穆罕默德、我们之于基督"。③对中国的伦理政治原则,沃尔夫尤为钦佩:"中国人认为,要想当家长,首先必须行为端正,生活检点;要想如朝参政,首先必须善于治理家政。我认为,他们这种看法不是没有道理的,失于检点的人怎么能治理家政呢?一个人连家政都不会治理,这就是说,与他亲密无间的那么几个人他都统治不了,又怎么谈得上统治天下人呢?"④在沃尔夫看来,正是中国的先王以其道德智慧从家庭原则中推演出来的国家原则,即修身、齐家、治国、平天下,使中国成为一个理想的国家,其中的关键在于道德哲学成了君王治世的法则。曾经有相当长一段时间,沃尔夫的理性主义哲学为普鲁士各大学普遍采用,进而风靡整个德国哲学界,与之相应的是,他对孔子和儒家思想几乎毫无保留的赞美极大地促进了孔子学说和儒家思想在德国知识界的传播。

莱布尼茨的全才使得他对中国的研究和期望是多方面的,他本人也一直思考中国对欧洲的价值,中国的道德哲学是一个重要方面。事实上,莱布尼茨对儒家的伦理思想也颇多期待,在他看来,中国正是经由这种建立在理性基础上的伦理学说而成了一个"理性化国家",多少实现了柏拉图的"理想国"。⑤如果说虔诚的莱布尼茨仍将中国高尚的道德归结为中国的"自然神学",沃尔夫则试图进一步打破神学禁忌以确立理性的绝对价值,他在中国身上看到了柏拉图式哲人治国的模范政体。沃尔夫认为,中华帝国辉煌文明的关键就在儒家的道德学说,它根植于人类理性中的自然性,中国以其现实证明了道德理想通过政治权威可以达至社会正义与幸福,在那里,政治的基础乃是道德教育。

---

① [加]夏瑞春:《德国思想家论中国》,第33页。
② 同上,第40页。
③ 同上,第31页。
④ 同上,第41~42页。
⑤ 周宁:《天朝遥远》(上),第96页。

这也正是启蒙思想家的信念。进入18世纪后的欧洲,越来越多的思想家在儒家学说中找到了彻底终结神学在人间统治,将千年"哲人王"乌托邦渡入历史的依据。总的来说,启蒙时代是崇尚理性的时代,启蒙思想家期望以理性引导人的精神生活和政治生活,怀着开明君主专制这一现实的政治期望,思想家们在中华帝国身上看到了一个由哲人和哲人王治理的崇尚道德的理性国度,在那里,柏拉图的"理想国"已是现实:"孔夫子的真正伟大光荣之处在于他将人间的权杖交给哲学家,使暴力强权服从理性,建立哲学家的统治。"①经由耶稣会士介绍和启蒙哲学家阐发,孔子和儒家学说在欧洲的地位终于达至顶峰:"孔教理想国""为启蒙主义者尊崇的新型的政治伦理社会树立了理想尺度"。②

历史地看,启蒙运动旨在打碎神权枷锁,争取思想解放。从个人角度说,启蒙运动强调理性原则和道德修养;从社会角度说,它追求建立一种开明的君主专制制度,特别是启蒙前期。在这两个方面,儒家伦理道德学说都能提供某种借鉴,因而在欧洲备受青睐,其中,中国文化注重道德教化的传统政治体制最为启蒙思想家欣赏。在启蒙时代的欧洲,孔子和儒家思想总体而言是春风得意的;在德国,则主要是沃尔夫继承莱布尼茨的理想有力地推动了知识界对孔子及儒家学说的认同。

当然,历史并非如此简单,欧洲启蒙时代对中国的赞美是一个相当复杂的文化现象。不可否认的是,出于自身传教使命的考虑,耶稣会士对中华帝国思想文化和风俗习惯的介绍存在某种过分渲染的现象③,内容上也有所选择:"早有人发现,那些别有用心的传教士,不是按照中国实际的样子描述中国,而是按照孔夫子的理想描述中国。"④更重要的是,启蒙思想家在宣传方面也存在着明显的将中国理想化的倾向,其中寄托了他们的启蒙理想,传教士塑造的中国形象则给了他们武装,成为他们思考的素材和批判的武器。启蒙思想家

---

① 周宁:《天朝遥远》(上),第110页。
② 同上,第114页。
③ 耶稣会士对中国的描绘总体合理,但也难以消除人为粉饰的嫌疑。事实上,从传教任务出发,耶稣会士倾向于把中国人描述为在道德和政治上十分成熟的民族,由受过高度教育和充满智慧的统治者治理,统治者的理念来自于与道德和社会相关的普遍人类理性,因为,教化程度高的中国人容易接受基督教,而统治者即耶稣会士所谓中国的"哲学王"受自然理性之光的烛照,也容易建立起对上帝的信仰。不过,耶稣会士的这类描述和论断当时就受到一些怀疑论者的质疑。在怀疑论者看来,中国的士大夫本质上是无神论者。
④ 周宁:《天朝遥远》(上),第194页。

都是满怀激情的理想主义者,在启蒙运动开始之时,他们从传教士手中接过"孔教理想国"形象,在西方社会与政治变革的大背景下积极地解释并利用它。如果说耶稣会士还只是在不知不觉中塑造了"孔教理想国"的形象,启蒙思想家则是有意识、有目的地在耶稣会士的报告中只截取与自己的主张相符的内容,而有意无意地忽略一切有关中国的负面报道和描述。换言之,"孔教理想国"成了启蒙思想家批判欧洲的工具:"他们不过是要批判欧洲而已,中国的事实对于他们并不重要,他们也不想认真去思考。"① 这并不奇怪,因为西方文化中的中国形象本就"在反映中国文明的部分现实的同时也表现了西方社会的潜在欲望,是事实与虚构一体的文化象征",是"西方文化的乌托邦,西方文化在中国形象中体会到自己的欲望与幻想,找到超越自身、改造社会的灵感"。② 就这样,孔子和儒家学说在欧洲知识界的一腔启蒙热情中被工具化了。

然而,出于工具化目的一厢情愿地理想化是不能持久的。即使是在启蒙高潮之时,也不乏质疑和批评中国的声音,而且,这种批评的声音越到后来就越明显。处于这场"中国热"漩涡中心的孔子及其学说,由于被推崇它的启蒙思想家高度理想化,遭遇质疑也是必然的。德国汉学家福兰阁曾这样评论启蒙时代的欧洲对孔子和儒家思想的看法:"莱布尼茨和沃尔夫在德国、伏尔泰和启蒙思想家在法国掀起了关于这种新理性宗教的第一波热潮。但事实上,对孔子的评价并未能够长久地保持在一个高水平上,这在传教士身上即有体现,而且越往后越明显。"③

以福兰阁所说传教士对孔子的评价为例。法国耶稣会士杜赫德(Jean Baptiste du Halde,1674—1743)1736 年曾撰文称,孔子生活的时代虽与泰勒斯、毕达哥拉斯及苏格拉底接近,但他的"名望随着时间的推移不断升高,最终到达了人类智慧所能达到的最高点",高度评价了孔子。显然,这是启蒙运动高潮时期欧洲的孔子形象。然而 50 年后,当留在中国的最后一个耶稣会士钱德明(Jean-Joseph Marie Amiot,1718—1793)为孔子撰写生平时,却不得不呼吁人们客观评价孔子,他既不满对孔子的狂热崇拜,反对孔子"超越了苏格拉底和其他所有古希腊罗马的智者"之类的说法,也不满一些人肆意贬低孔子

---

① 周宁:《天朝遥远》(上),第 187 页。
② 同上,第 33 页。
③ Franke: *Der geschichtliche Konfuzius*. In: *Zeitschrift der Deutschen Morgenländischen Gesellschaft*. 1925. S. 166.

为"一个乏味的教师"、"只不过说了几句任何人都能说出来的普通教规"的做法。① 显然,在启蒙运动后期,非孔、贬孔的声音已很强烈,至少在传教士内部就已出现了尊孔和非孔这样两种截然相反的观点。

德国的情形也很类似。沃尔夫为孔子和儒家学说大唱赞歌,然而由于材料全部来自耶稣会士,很快即有学者对他结论的客观性提出疑问。到启蒙运动后期,德国知识界对中国文化的负面评价已经非常强烈,孔子和儒学同样沦为批评的靶子。这种批评在当时不少重量级的学者如康德、赫尔德、黑格尔等人那里都很明显。

先来看一下康德对孔子和儒家思想的看法。总体而言,康德对中国文化的评价不高,他涉及中国的评论非常散乱,也不稳定。从学术渊源看,康德的老师舒尔茨是中国文化的赞美者莱布尼茨的再传弟子,可是康德本人对孔子及其学说却没有多少好印象。在康德眼中,被称作"中国的苏格拉底"的孔子其实"并非哲学家",他那些广为传颂摘引的箴言其实"不过是给皇帝制定的道德伦理教条,或者是提供一些中国先王事例"②。出于职业原因,康德主要是从哲学的角度着眼,他对孔子及儒家学说的态度虽说不上是彻底批判,但不屑的语气还是非常明显的。

赫尔德(Johann Gottfried Herder,1744—1803)对中国文化持批判立场,而且相当尖刻,"木乃伊"就是他给中国文化所下的判语:中华帝国是"一具木乃伊,它周身涂有防腐香料,描画有象形文字,并且以丝绸包裹起来;它体内的血液循环已经停止,犹如冬眠的动物一样"③。这一尖刻判语在西方思想界影响深远,西方对中国不少相关的否定言论都可追溯到这个源头。在孔子身上和儒家学说那里,赫尔德看到的也非启蒙思想家心目中安邦治国的高尚思想,而是没完没了的道德说教,是禁锢人思想的枷锁:"那些谈论道德和法令的书本也总是变着法儿,反反复复、详详细细地在同一个话题上兜圈子"④,"对我来说,孔子是一个伟大的名字,尽管我马上得承认它是一副枷锁,它不仅仅套在了孔子自己的头上,而且他怀着最美好的愿望,通过他的政治道德说教把这副枷锁永远地强加给了那些愚昧迷信的下层民众和中国的整个国家机构。在这副枷锁的束缚之下,中国人以及世界上受孔子思想教育的其他民族仿佛一

---

① Franke: *Der geschichtliche Konfuzius*. In: *Zeitschrift der Deutschen Morgenländischen Gesellschaft*. 1925. S.166~167.
② 杨焕英:《孔子思想在国外的传统与影响》,第176页。
③ [加]夏瑞春:《德国思想家论中国》,第89页。
④ 同上,第89页。

直停留在幼儿期,因为这种道德学说呆板机械,永远禁锢着人们的思想,使其不能自由地发展,使得专制帝国中产生不出第二个孔子"①。总的来说,赫尔德早期对东方民族的拒斥心态十分明显,不过后期有所修正。赫尔德是德国文学史上狂飙突进运动(Sturm und Drang)的领袖和先驱,也是歌德的老师,联想到狂飙突进运动重视个体,反对教条,推崇情感,反对理性,赫尔德对孔子及其学说的尖锐批判也是合乎逻辑的。在某种意义上,赫尔德对孔子及儒家学说的批判也预示了儒家思想在接下来一个较长的时期里为德国知识界所冷落的命运。

稍后的黑格尔(Georg Wilhelm Friedrich Hegel,1770—1831)对中国文化也没有多少好感,甚至在批评中国方面走得更远,他对中国全方位的否定性评价可归结为下面这句话:"凡是属于精神的东西,自由的伦理、道德、情感、内在的宗教、科学和真正的艺术,都离它很远。"②与康德一样,黑格尔也主要是从哲学的角度评判孔子及其学说的。由于蔑视东方哲学,黑格尔也没有对孔子学说网开一面。在他看来,孔子只不过是个道德家,"他的著作大都是这些道德内容"③,虽然"孔子的教训在莱布尼茨的时代曾轰动一时","他的教训是最受中国人尊重的权威",但孔子的哲学只是一种道德哲学,而且是"一种常识道德,这种常识道德我们在哪里都找得到,在哪一个民族里都找得到,可能还要更好些。这是毫无出色之处的东西。孔子只是一个实际的世间智者,在他那里思辨的哲学是一点也没有的——只是一些善良的、老练的、道德的教训,从里面我们不能获得什么特殊的东西。"④显然,黑格尔对孔子和儒家思想的评价充满了偏见,是典型的"西方中心主义"。黑格尔对中国的偏见建基于他以其历史哲学建立起来的西方中心主义的世界观念秩序。在他的历史哲学中,停滞乃是中国的宿命,"自由精神"在中国根本没有萌发,历史停滞在起点上,而他对中国哲学、宗教、科学、艺术等的否定性评价也都由此推演而出。现在,黑格尔的西方中心主义偏见已是公论。其实,很早就有德国学者对黑格尔的西方中心主义立场颇有微词,如福兰阁就认为黑格尔对东方文明的评论有欠公允,他对孔子及儒家思想的贬斥之语"即使以当时的标准衡量,也是闻所

---

① [加]夏瑞春:《德国思想家论中国》,第91页。
② 同上,第133页。
③ 同上,第103页。
④ 转引自杨焕英《孔子思想在国外的传统与影响》,第177页。

未闻的"①。

可以看出,启蒙运动后期,德国乃至整个欧洲的知识界对孔子及中国文化的负面评价明显增强。其实,即使在"中国热"鼎盛之时,欧洲也不乏质疑的声音,只是未占主流而已。不过,在法国大革命之前的大部分时间里,欧洲对孔子和儒家思想的推崇还是主旋律,儒家无神论的哲学思想、德治主义的政治思想,特别是融政治和道德为一体的伦理思想,让不少启蒙思想家大为倾倒,而孔子思想统治中国长达2000多年所表现出来的强大威力更让他们折服,虽然在如何看待孔子及儒学的问题上有过不同意见的争论,然而大多数欧洲知识分子对孔子及其学说还是持肯定态度的,认为它是一种高尚的道德学说,从根本上维护着中国社会的安定。

然而,历史是无情的。所谓成也萧何,败也萧何,孔子和儒家思想在欧洲因启蒙思想家的追捧而走上神坛,同样也因启蒙思想家对它的背弃而被摘去了皇冠。欧洲思想家向来有改造世界的抱负,当欧洲历史由文艺复兴翻至启蒙运动这一页时,启蒙思想家的历史使命也被赋予了一个新的内涵:将柏拉图的哲人王"理想国"这个千年乌托邦真正渡入欧洲的现代历史。在哲人王乌托邦的传统下,最初的启蒙思想家大多相信开明君主专制,他们在这个世界上找到的最好榜样就是中国。在启蒙思想家看来,中国的政治是一种贤人政治,它建立在道德基础之上,由哲学家与哲学家教育出来的国王和大臣来实施,他们期望也在欧洲培养出真正开明仁慈的君主,再由他们自上而下地启蒙百姓。不过,"启蒙运动对'孔教理想国'的利用,只限于开明君主专制的前提下,'孔教理想国'体现着开明君主专制的理想"②。然而,正如康德所言,"掌握权力就不可避免地会破坏理性的自由判断"③,现实的发展最终导致开明君主专制的幻想被逐步"祛魅",启蒙思想家对开明君主专制越来越失望,"随着第三等级力量的壮大,民主、自由、宪政、共和思想的普及,'孔教理想国'的许诺越来越多地暴露其局限性和虚幻性。期望不能取代现实,一旦那些计划按至善的道德尺度塑造国家与君主的哲人们,发现自己除了抱怨与祈祷之外毫无能力时,他们将愤怒地砸碎自己的幻想"④。对开明君主专制的幻想既已破灭,作为开明君主专制楷模的"孔教理想国"自然魅力顿失:"当他们认为所有的君主

---

① Franke: *Der geschichtliche Konfuzius*. In: *Zeitschrift der Deutschen Morgenländischen Gesellschaft*. 1925. S.167.
② 周宁:《天朝遥远》(上),第183页。
③ 同上,第207页。
④ 同上,第208页。

都只能是暴君的时候,就不可能对中国皇帝与他的国家有任何期望与好感"①,孔子和儒家思想在欧洲的好运由此也走到了尽头。最终,限制君主的现代宪政主义和消灭君主的大革命成为欧洲人的必然选择,1789 年的法国大革命无可避免地爆发了。

屋漏偏逢连阴雨。对儒学不利的事情接二连三地发生了。18 世纪末还发生了中西文化交流史上的一件大事:"礼仪之争"的不断激化最终导致罗马教廷于 1773 年彻底解散耶稣会。对应于近百年前《孔夫子:中国哲学家》的出版,耶稣会的解散是象征孔子和儒家思想在欧洲的命运出现转折的一个标志性事件。耶稣会的解散不仅沉重打击了基督教自身在中国的传教事业,鉴于耶稣会士在沟通中西方面的桥梁作用,耶稣会的解散也大大削弱了中西之间的文化交流与理解,对 18 世纪"中国热"的降温直接起到了催化剂的作用。渐渐地,欧洲的社会心理也出现了巨大的变化:启蒙运动解放思想、呼唤理性,相对于中世纪而言是极大的历史进步,然而理性至上终至物极必反,18 世纪末 19 世纪初,作为对理性主义的反拨,浪漫主义在德国产生,并迅速席卷整个欧洲,此时,儒家的理性原则和道德说教对欧洲人已不再具有吸引力,中国遂从文化焦点的位置消失,之后近一个世纪的时间里,欧洲人对东方的关注主要转向了印度和中东的神秘主义思想。随着西方"孔教理想国"的政治幻想因法国大革命的爆发彻底破灭,西方对中国的看法急转直下,一度象征开明政治的"孔教理想国"变为反动的堡垒,成了西方现代性政治关怀中批判的对象。其实,早在黑格尔笔下,曾经开明的中华帝国形象就已经黑暗到了极点。进入 19 世纪后,欧洲知识界对中国文化的负面评价次第走向前台,在西方现代性知识生产语境下,作为文化"他者"形象的中国形象在后启蒙时代逐步走到了作为西方现代性核心概念的进步、自由和文明的对立面,"被镶入西方现代性观念核心的三套宏大叙事中,成为进步大叙事中的他者——'停滞的帝国'、自由大叙事中的他者——'专制的帝国'、文明大叙事中的他者——'野蛮的帝国'"②。终于,欧洲人最初接触中国时的震惊和激动荡然无存,他们对中国的认识迅速走向另一个极端,开始"用不同于往昔的眼光来观察中国","并由此得出了与以往截然不同的结论":"在进步这把尺子面前,中国骤然由巨人变成了矮子"③,"中华帝国是东方专制主义的黑暗中心"④,"西方人可能在南太平

---

① 周宁:《天朝遥远》(上),第 211 页。
② 周宁:《天朝遥远》(下),第 54 页。
③ 许明龙:《欧洲 18 世纪"中国热"》,第 307 页。
④ 周宁:《天朝遥远》(下),第 611 页。

洋岛屿与北美印第安人那里看到'原始',但在中华帝国或所有的东方帝国,看到的都是'野蛮',文明衰退的形式"①。上述主题下对中国的否定性评价在19世纪的西方社会可以说是随处可见,而被异类化、丑化和漫画化的中国人形象更是广泛流行于19世纪西方社会的"中国佬"套话中。这里引用1876年一位德国传教士对中国文化所下的评论:"他们不知艺术为何物,艺术在这里根本就没有过……他们的艺术毫无规则,没有表现,没有美学;音乐如魔鬼一般;对美毫无感觉;建筑怪诞不经,现在的建筑物和千年前一模一样;文学蠢笨幼稚,既无思想,也无情感。"②其对中国文化的污蔑令人瞠目。既然欧洲对中国的态度全面转向否定,当欧洲人带着日益强化的文化优越感打量停滞、落后的中华帝国的时候,作为中国社会根基的儒家思想所得到的评价只能不断跌落。

当然,在19世纪的欧洲,孔子和儒家学说并未被彻底打入冷宫,然而,耶稣会的解散确实极大地削弱了欧洲的儒学研究,这是无可挽回的事实。随着经济实利在中西关系方面彻底压倒文化交流,孔子和儒家思想在欧洲人心目中的地位走向沦落是不可避免的。福兰阁曾这样总结19世纪欧洲人眼中的中国和儒家思想:"在19世纪的欧洲,人们对孔子及其道德体系的评价与启蒙时代已经不同,怀疑的目光大大增强。现在,人们对中国的认识不再只通过既聪明又很懂外交的传教士,看到的不再是只有道德理论的大厦,而是各方面都很落后的真实中国,看到了它内里的不诚和外表的衰落。由于理性的重商主义和表面的一知半解(因为这就是直至19世纪后半叶西方中国研究的实际情况),人们由洛可可时代热情洋溢的赞美逐渐转向了另一个极端,这就是毕德麦耶尔派的充耳不闻和庸俗作风。"③

19世纪中叶以后,随着鸦片战争的爆发,中国与西方世界的关系进一步发生质变,逐渐沦为半封建半殖民地社会,中国国际地位的急剧下降使孔子和儒家思想在西方人心目中的地位更是一落千丈。不过,新情况很快也出现了。在一系列不平等条约的庇护下,大批的西方传教士在耶稣会于18世纪末遭到解散后又重新踏上了中国的土地。不可避免地,他们在传教过程中同样遇到

---

① 周宁:《天朝遥远》(下),第757页。

② Heberer: *Wenn der Drache sich erhebt*. S. 218. 这一段的德语原文是:"Die Künste sind unbekannt, sie haben überhaupt nicht existiert ... keine Regel der Kunst, kein Ausdruck, keine Ästhetik, satanische Musik, keine Idee des Schönen, groteske Architektur, die jetzigen Gebäude gleichen denen vor tausend Jahren, Literatur dumm und kindisch, ohne Gedanken, ohne Gefühle."

③ Franke: *Der geschichtliche Konfuzius*. In: *Zeitschrift der Deutschen Morgenländischen Gesellschaft*. 1925. S. 167.

了曾经困扰过耶稣会士的难题:传统儒家思想在中国人精神和社会生活中无与伦比、无处不在的影响。在这种情况下,一些传教士又把长期遭到冷落的孔子和儒家思想研究捡拾了起来,以期在传教中加以利用。像一些先辈耶稣会士那样,他们中一些人在认真研究的过程中逐渐认识到儒家文化博大精深的一面,从现实的角度出发,他们提出应该调和儒家思想和基督教思想,如德国传教士花之安就是典型代表。这样,孔子和儒家思想在饱受排斥之后重新进入了西方知识界的研究视野,对此,直接与中国打交道的新一代传教士应该功不可没。当然,世易时移,与当年的耶稣会士相比,这一时期的传教士对儒家思想的研究或多或少地蒙上了一层为本国殖民政策服务的色彩,不过他们中间还是涌现了一批大师级的汉学家,极大地推动了西方的汉学研究。

尽管如此,孔子和儒家思想在西方人心目中的地位已经不复当年的辉煌了,最直接的两个表现就是:一方面,19世纪后期的欧洲知识界虽然越来越多地将目光转向了东方世界,中国也是他们关注的焦点之一,然而此时的主角已不再是以孔子为代表的儒家思想,而是以老子为代表的道家思想,20世纪初的德国思想界甚至还掀起过一场"老子热",而同样来自东方的佛教思想(最初主要是小乘佛教)在19世纪欧洲思想界受到的关注也超过了儒家思想;另一方面,传教士们虽然再次复苏了对孔子和儒学的研究,然而由于孔子和儒家学说背负的历史包袱过于沉重,相关成果一时之间并未获得太多掌声,广泛阅读和热烈讨论的局面已成历史,即使一些精研儒学的传教士和学者,潜意识中对孔子和儒家思想仍有一定的轻视心态,我们可以清晰地回忆起福兰阁所描述的欧洲人长期以来对中国学研究的主流看法:"研究中国的文化问题是智力平庸的标志,充其量不过是学者的一种怪僻举动。"

所谓三十年河东,三十年河西。卫礼贤曾这样对比孔子形象在欧洲人心目中的前后变化:"在理性主义时代,由于思想主张在某些方面与当时的时代潮流有相似之处,他经常被人从他的祖国请过来,作为一位睿智而高尚的道德宗师备受尊崇。然而近代以来,由于中国在欧洲受到的评价非常糟糕,他作为历史理想的形象也受到了拖累。"① 儒学所背历史包袱的一个突出表现就是,西方人对孔子的评价依然偏于负面,即使在汉学家内部,人们也为如何评价孔子争论不休:"近代的汉学研究也未能就对孔子的评价达成一致意见,相互矛盾的世界观给汉学家们提供了完全不同的评价标准。"② 甚至还有汉学家对孔

---

① Wilhelm: *Die Bedeutung des Konfuzius.* In: ZMR. Jg. 1909. S. 35.
② Franke: *Der geschichtliche Konfuzius.* In: *Zeitschrift der Deutschen Morgenländischen Gesellschaft.* 1925. S. 168.

子的评价自相矛盾。举个例子。理雅各在其《中国经典》第一版序言中宣称："我无法把他看作一位伟人。尽管他超越了同时代的绝大多数官员和学者,然而并未超越他的时代。他没有对任何一个具有世界意义的重大问题给出全新的解答,没有就宗教问题提出新的见解,也不喜欢进步。"32 年之后,在《中国经典》第二版序言中,理雅各对孔子的评价却来了个 180 度的大转弯:"我对孔子的性格和世界观研究得越多,对他的敬意就越高,他是一个非常伟大的人物。总的来看,他的影响对中国人来说是一件幸事,对于我们这些信奉基督的人来说,他的学说也有重要的指导意义。"①

理雅各早期否定孔子,显然没有摆脱历史印象的影响,但后期开始积极评价孔子的历史意义,甚至认为孔子的学说完全能够给欧洲以一定的指导,这在当时无疑是一种特立独行的观点。不过,尽管理雅各很有勇气,观点也较客观,在那个欧洲人对西方文化根本优越于东方文化深信不疑并将中国视为一个专制落后的国家的年代,他这一纯学者式的观点应者寥寥,根本无法扭转大多数西方人对孔子的负面印象。直至 20 世纪初期,孔子及儒家思想依然为德国知识界忽视乃至轻视。

正是在这样的背景下,辜鸿铭的著作走进了德国知识分子的视野。1910 年,卫礼贤的《论语》德译本出版;第二年,辜鸿铭的《清流传》由卫礼贤译成德语后在德国出版。这两本著作对推动德国知识界重新认识儒家学说产生了正面的影响。我们可以看看同期德国国内的评价。德国学者马恺(B. L. Freiherr von Mackay)在《新观察》杂志上发表的一篇题为"中国革命的心理问题"的文章中就指出,辜鸿铭的著作促使德国人开始重新评价儒学:"辜鸿铭的《中国对欧洲思想的抗拒》获得了可喜的成功。最近,西方世界正试图对孔夫子的哲学思想和世界观进行比以前更加深入的研究,人们也比以前更客观地评价孔子学说的永恒、伟大及其文化价值了。"②福兰阁本人虽然对辜鸿铭的印象非常糟糕,但他仍客观地肯定了辜鸿铭和卫礼贤对德国儒学研究的贡献:"卫礼贤和他的志同道合者,就是那位用英语写作、由于喜欢引用名言而出名的中国人辜鸿铭,使得德国重新形成了一个孔子崇拜者的团体。这个团体与17、18 世纪信奉泛理性宗教的博学的教士们相比毫不逊色,他们通过旅行哲

---

① Franke: *Der geschichtliche Konfuzius*. In: *Zeitschrift der Deutschen Morgenländischen Gesellschaft*. 1925. S. 168~169.

② Mackay: *Psychologische Probleme der chinesischen Revolution*. In: *Die Neue Rundschau*. 1912. Bd. II. S. 1642.

学家的深入观察(有写日记的,也有不写的)获得了科学的研究资料。"①

重新认识儒学的一个重要表现就是,在西方知识分子心目中,儒家思想此前为人鄙弃的道德说教此时又显出了它颇有价值的一面。应该说,这种倾向的出现和世纪之交欧洲知识界心理上的微妙变化是分不开的。第三章在述评《清流传》在德国的影响时就已指出,西方世界的反现代化思潮由来已久,是和近代资本主义工业文明相伴发展的,到19世纪末20世纪初,物质主义漠视价值和心灵意义的弊端已经十分明显,反现代化思潮也进一步发酵,不少正直的知识分子隐隐感到,西方各国登峰造极的科学主义、殖民主义和强权逻辑其实蕴涵着极大的危机,如果说儒家学说反复强调道德的价值曾经让近代以来的欧洲人感到非常乏味,那么,西方社会近代以来愈演愈烈的物质主义和技术至上原则难道就没有问题吗?这是20世纪初,特别是第一次世界大战后欧洲文化反思浪潮的社会心理基础,而辜鸿铭和卫礼贤的文章著作正好应和了德国知识界的这种反思心理。这里先举个例子。

奥地利政治经济学家和社会学家奥特马·施潘(Othmar Spann,1878—1950)对东方的传统思想多有关注。他研读过卫礼贤的《论语》译本,对儒家的伦理政治学说评价颇高,曾发表《孔子学说中的国家观念》一文评论孔子的伦理思想。施潘认为,孔子政治伦理思想的基本出发点就在于弘扬道德理想:孔子"纯粹从道德角度塑造一切关系",同时"通过严格的形式和仪式加强所有这些道德关系","它是一种关于国家和政府的高尚观点",而且,"这种国家制度不是奴才式的、专制式的,而是纯粹道德式的,它对国家的领导者及民众提出了最高的道德要求"。②施潘从中得出的结论是,孔子基于道德伦理的政治思想完全可以成为西方现代政治观念的有益补充:"关于国家本质及其任务的观念决定着我们的教育和今天的国家生活,然而这些观念从根本上说是相当模糊的,尽管人们不愿意承认,它们受自然法理论和18世纪个人主义的深刻影响却是无可置疑的。按照这种模糊的、自由主义的观念,国家越是不惊动个人,就越能实现自己的目的。这样,国家似乎就被降格为一种保护国民和制止犯罪的机构。在这种情况下,了解一种相反意义上的纯粹的、严格的国家观念,了解孔子学说所包含的有机的国家观念,也许是一件很有意义的事情。"③

---

① Franke: *Der geschichtliche Konfuzius*. In: *Zeitschrift der Deutschen Morgenländischen Gesellschaft*. 1925. S. 169.

② Spann: *Die Staatsidee in der Lehre des Konfuzius*. In: *Süddeutsche Monatshefte*. Jg. 1912. S. 412~413.

③ Ebd., S. 407.

施潘这篇文章主要探讨孔子和儒家学说中的政治思想,焦点则是贯穿其中的道德至上原则,施潘甚至承认儒家纯道德主义式的传统政治观念完全可以成为西方现代政治理念的有益补充,对儒家思想道德价值的认可不言自明。

尤其值得注意的是,不少欧洲传教士和神学家此时也明确肯定和强调儒家学说的道德价值。一直以来,西方传教士执着于自己的传教使命,对待中国传统的儒家学说大多采取居高临下的立场,他们对儒家思想的研究相当程度上是出于利用的目的。从这个角度说,儒学的消亡对他们来说应该是一个好消息,对他们在中国的传教活动而言,这意味着绝好的机会。然而,当20世纪初中国国内传统与现代激烈对垒,儒学面临被彻底抛弃的危险时,一部分传教士反而挺身而出,肯定儒家思想的道德传统对现代中国的意义,这既反映了部分传教士颇为开阔的文化视野,也与他们的传教经历有关:在他们传教的中国,来自故土的西方现代思想与中国本土的儒家传统思想激烈碰撞,在这种激烈的碰撞中,他们中一些人似乎重温了欧洲历史上传统与现代的冲突,再结合自己与儒家学说打交道的经验,他们开始认识到,对中国而言,彻底抛弃儒家传统是一件无比悲哀的事,并非中国之福,儒家的道德原则仍有一定价值。例如,当中国国内废孔、尊孔的两派激烈论争,儒家学说在中国的命运走到十字路口的时候,虔诚的新教传教士威特却站出来公开表示:"在儒家学说中有许多很好的内容,对中国的未来应该还是不无裨益的。"①威特此处所谓儒学中"很好的内容",指的就是儒家思想的道德原则。再如,神学家德瓦安纳否定被神化的、万能的儒家学说,但他仍然肯定了儒家学说在现代中国继续存在的价值,即他所谓的"公民道德法典",在这里,他称许的依然是儒家学说道德规范的价值。

20世纪初,卫礼贤是德国尊孔派的旗手,一生服膺儒学,前期尤为明显。早在1903年,卫礼贤就在青岛做过一个题为"孔子在人类代表人物中的地位"(*Die Stellung des Konfuzius unter den Repräsentanten der Menschheit*)的报告,高度评价孔子。1909年,他又撰文宣称,是"历史让孔子成了中华民族绝大多数人的理想","人们必须称孔子为人类历史上最伟大的人物之一,因为他影响了整个东亚,加起来可能有近三分之一的世界人口,这种影响一直保持到今天;同样,他所宣扬的道德理想与世界上的其他宗教相比毫不逊色。一些对他抱有很大偏见的人,在对他做了深入了解之后,最终不得不承认:他确实

---

① Witte: *Das Neuerwachen des Konfuzianismus in China*. In: ZMR. Jg. 1913. S. 335.

是一个伟人"。①辛亥革命前后,在一场激烈的废孔、尊孔争论中,儒学陷入了深刻的危机,此时,卫礼贤却坚称孔子代表着一种"强大的道德力量","从中国的利益出发,必须维持孔子的影响,因为它给中国带来了幸福,是维持社会秩序的积极力量,这是毫无疑问的"。②他还建议,欧洲知识界应该认识到孔子"是中国文化得以统一发展的功臣。没有谁比他更适合成为中国精神的象征。如果我们在评价他时忽略这一点,那么,当我们认识到他作出了如此伟大的贡献时,我们将陷入尴尬。许多欧洲的评判者都成了这种尴尬的牺牲品"③。出于对孔子的尊崇,卫礼贤还严词抨击秦始皇:"秦始皇被不明真相的欧洲人尊为伟人,但他其实只是一个大盗"④;他甚至还不惜贬低老子以抬高孔子的地位:"他那个时代通常被归入道家的圣人和智者,包括地位最高的老子在内,对现实是清楚的。他们最终采取放任的态度,退出了这个世界。但孔子没有放弃斗争,他收集已有文化的活力因子,抢救出社会大厦的设计图,并使这一图纸超越了创造者的生死而保留下来。"⑤后面这一段话与辜鸿铭《中国人的精神》中的相关论述何其相似,⑥由此也不难理解卫礼贤最初为何格外欣赏辜鸿铭最初于1913年春在美国驻华使馆所作的那篇题为"中国人的精神"的同名报告,并与包括辜鸿铭在内的避难青岛的前清贵族官员和保守文人过从甚密。

不过,尽管上世纪初儒家传统思想的道德价值重新得到部分德国知识分子的肯定,尽管卫礼贤为孔子和儒家学说的辩护听来近乎狂热,然而基于历史的经验,对于孔子和儒家学说,理性质疑的声音在当时的德国也同样强烈。这里也举两个例子。

马恺(B. L. Freiherr von Mackay)是一位长期关注中国问题的德国学者,对孔子和儒家思想有精深的研究。对孔子的历史功绩,马恺明确给予高度评价,承认孔子是一位"在两千多年前就奠定了中国政治和社会基础的圣人",但他又指出,孔子学说在后来的发展中出现了不小的问题:"他的学说被一些野心勃勃、权欲熏心、不讲道德的继承者和解说者变为乏味的说教和反动的经院

---

① Wilhelm: *Die Bedeutung des Konfuzius*. In: ZMR. Jg. 1909. S. 35~36.
② Wilhelm: *Der Konfuzianismus im neuen China*. In: ZMR. Jg. 1912. S. 340.
③ Wilhelm: *Die historische Bedeutung des Konfuzius*. In: ZMR. Jg. 1912. S. 270~271.
④ Ebd., S. 273.
⑤ Ebd., S. 272.
⑥ 《辜鸿铭文集》(下),第41页。

哲学而逐渐褪色。"①马恺这一观点其实与耶稣会士和启蒙思想家对宋明儒学的轻视立场一脉相承。基于对佛道思想的拒斥态度,耶稣会士视宋明儒学为古代儒学的一种堕落形式,认为儒家思想不幸为迷信思想玷污,因而称宋明儒学为新儒家。沿着这一思路,马恺进而认为,朱熹以降的儒家学说已彻底沦为读书人进入仕途的敲门砖,清代的八股文更是将这块敲门砖的作用发挥到了极致,这些都从根本上背离了孔子学说的真精神,失去了原儒家思想的淳朴与鲜活,是颇为遗憾的。对欧洲知识界依然存在的肆意否定孔子的现象,马恺也非常不满:"欧洲的研究者经常过于严厉、草率地贬低他。"②

不过,对孔子和儒家学说的正面评价并未妨碍马恺对孔子和儒家思想提出疑问,只是他没有像一些学者那样人云亦云地简单否定孔子和儒学,他主要是从现代社会进步的角度考察儒家思想的。马恺的观点是,儒家传统思想与现代社会格格不入:"孔子设计了中国的国家制度,这一丰功伟绩至今仍为我们景仰,但他的设计方案也有片面和不足之处,使国家组织结构中有许多致命的缺陷,由此产生的灾难性影响今天已经非常明显了。"具体来说,马恺对儒家学说的批评主要集中在三个方面:

其一是在哲学和宗教领域。马恺认为,孔子"这位中国智者的思维从未超越历史、国家和社会生活而进入超验的王国","根本不涉及上帝问题","既不追问恶的来源,也不追问人类的宿命",但中国日渐强烈的改革运动呼吁"揭示人类生活的更高使命",要求"从宗教信仰的角度超越孔子学说"。所谓中国人几无宗教信仰,这在欧洲几乎已是套话了。其二是在政治领域。马恺认为,孔子学说阻碍中国实现民主,因为"孔子只从自己社会和谐学说的角度评价市民个体","把一切都归结到忠诚",作为"羊群"的群众要被动地接受作为"牧人群体"的君子引导,所以"将现代国家制度建立在这样狭窄的基础之上是绝对行不通的"。其三是在经济和科技领域。在马恺看来,"儒家思想体系不承认个体和自我的价值。当今的进步潮流暴露了它经济上的无能。任何大胆地尊崇自我并赞美'斗争乃万物之父'原则的世界观都让孔子厌恶,因为这会严重威胁他那平静、优美的'中庸'天堂。他的神学观念完全归结到他那独特的、让我们非常陌生的'无为'原则","占领一个你想生活于其中的世界! 这一人类进

---

① Mackay: *Psychologische Probleme der chinesischen Revolution*. In: *Die Neue Rundschau*. 1912. Bd. II. S. 1641.

② Mackay: *China, die Republik der Mitte*. S. 69.

步的必然法则,孔子和中国人数千年来并未认识到"。①

马恺的分析显然是学者式的。在逐一分析了儒家学说的缺陷后,马恺的立场非常明确:孔子是一位无可置疑的伟人,儒家思想在中国历史上的功绩不容否认,然而当历史发展到20世纪时,儒家思想却已成为中国向现代社会进步的绊脚石。

再如,瑞士知名东方学者和俄罗斯语言文学研究专家布鲁恩霍费尔(Hermann Brunnhofer,1841—1916)对孔子和儒学也有研究。他的著作《东方的成长》(Östliches Werden,1910)主要描述东西方之间文化交流和通商的历史,其中对孔子和儒学也做了分析。布鲁恩霍费尔对儒家思想的整体评价如下:"儒学从根本上说既非宗教也非哲学,它缺少宗教的神秘主义和哲学的形而上学。孔子所想的和所实现的,是一种实用的生活智慧的体系,它以对上级的敬畏为基础,首先是孩子对父母的敬畏,其次是父母对其上一辈的敬畏,最后是所有人对祖先的敬畏。臣民与政府的关系也类同于孩子与父母的关系,而所有人与皇帝的关系同样基于敬畏之情,他就是一位供养、护佑所有臣民的慈父。"②简言之,在布鲁恩霍费尔看来,儒学就是一种基于家庭伦理基础之上的伦理政治学说,它既非严格意义上的哲学,也非严格意义上的宗教。可以说,布鲁恩霍费尔基本延续了欧洲近代以来对孔子及儒学的评价。在20世纪初的西方知识界,这是对孔子其人和儒家学说的主流观点。

对欧洲长期以来质疑孔子的言论,布鲁恩霍费尔是表示理解的:"确实,孔子将社会交往形式神圣化,更注重外表的东西,这超过了我们这些受过希腊式教育的西方人所能承受的限度,有时几乎给我们留下了一个知识庸人的印象","对于习惯了印度和西方哲学深刻思想的我们来说,他外表华丽的思想观点在我们这里不过是套话,似乎不可避免地有一些可笑的地方,而孔子肖像中那肥大的肚子和惬意的面容则极大地强化了这种看法"。但他同时也强调,不可因此否定孔子和儒学在中国历史中所起的积极作用:"但是,我们绝对不能忘记此人两千年来对中华民族的意义:一位生活方式的改革者。正因为他在这么长的时间里影响了数十亿中国人的一生,我们必须恭敬地称他为真正的伟人,他是提倡友爱、宽容的伟人之一。"③

显然,从历史事实出发,布鲁恩霍费尔对孔子和儒家思想之于中华民族的

---

① Mackay: *Psychologische Probleme der chinesischen Revolution*. In: *Die Neue Rundschau*. 1912. Bd. II. S. 1642~1643.
② Brunnhofer: *Östliches Werden*. S. 351.
③ Ebd., S. 252.

积极意义是持肯定态度的。然而话锋一转,当目光从历史拉回现实,在面对儒家思想与中国现代化的关系这一现实问题时,布鲁恩霍费尔却发出了与马恺类似的疑问。在布鲁恩霍费尔看来,传统的儒家思想已不适应现代中国的发展了:"不过有一点是肯定的,孔子的时代过去了。进入迟暮之年的儒学方法已经无力领导国家,也无从抵挡内容更丰富的西方思想体系的涌入。但愿它身上一些好的方面能保留下来,比如敬畏之情。即使祖先崇拜,如果在将来的帝国得到改革,也不会有危害。但是,中国智慧的核心,即金光闪闪的陈词滥调,今后已不再适用于天朝帝国。"①布鲁恩霍费尔的分析并非没有道理。那么,进入20世纪后的中国到底该怎么办?布鲁恩霍费尔本人并未居高临下地为中国指点迷津,但他指出的问题却是意味深长的。

通过上面的例子可以看出,在20世纪初的欧洲,孔子和儒家学说仍未彻底摆脱遭受质疑乃至轻视的地位。对儒家学说的质疑主要集中在以下两个方面。

其一,儒家学说缺乏深刻的哲学和宗教内涵。这一批评并不新鲜,而且由来已久,可以上溯至启蒙时代的康德和黑格尔,这也是19世纪欧洲知识界对儒学的主流评价,基调则是由黑格尔定下的。从西方中心主义立场出发,黑格尔对东方的哲学和宗教思想都持贬斥立场。关于哲学,在黑格尔看来,包括中国哲学在内,东方并无真正的哲学,至多只是东方人的一种宗教思想方式,他的《哲学史讲演录》就开宗明义地指出:"我们所以要提到它,只是为了表明何以我们不多讲它,以及它对于思想、对于真正的哲学有何关系。"后来,斯特劳斯在其《道德经》德译本中也批评孔子回避对存在和永恒的追问并拒绝考虑人们的形而上需求,认为老子一派在这一问题上的思考远超孔子②。欧洲知识界的这一批评并非没有道理。传统儒家学说对宇宙自然的哲学探索确实不足,除道家哲学的存在这一事实外,佛学自东汉传入中国后经魏晋南北朝至隋唐400多年的发展其实也印证了儒家哲学的这一缺陷,在佛学渗透下产生的宋明理学正弥补了儒家哲学形上思维的不足。从哲学门类的角度说,儒家哲学属政治伦理哲学,特点在于关注人生和政治问题,而西方哲学发展的主流一直是形而上学和认识论,政治伦理哲学在其中属于细枝末节,如果从西方哲学发展的历史看,欧洲学者不能认同儒学的哲学内涵也是可以理解的。在近代

---

① Brunnhofer: Östliches Werden. S. 352~353.
② 斯特劳斯(Viktor von Strauß, 1809—1899),德国宗教史学家、作家、翻译家,莱比锡大学神学博士,政治立场颇为保守,是第一个《道德经》德语译本的译者(1870年),其译本至今仍受重视,多次再版。

西学东渐的大背景下,西方哲学更使中国儒家哲学认识论不发达、缺乏逻辑的理性思维等不足之处暴露出来,正因为这样,哈克曼在其著作《中国哲学》(1927)中虽然承认中国传统思想的伟大——"这里的直觉思维依然未失其对人类本质的意义,这里为我们的行动树立的高尚而纯洁的标尺我们永远无法超越"①,但他同时却也明确宣称:"在我们西方人所说的哲学领域,中国根本提供不了特别有用的东西。"②

谈及中国人的宗教信仰,诸如"中国人的宗教想象力贫乏"、"中国人没有宗教信仰"之类的评论在西方知识界一直屡见不鲜。这同样是有历史渊源的。早期来华的耶稣会士要证明自己传教使命的合理性,他们表示,中国人的生活合乎道德,也相信善报恶惩,然而缺乏天启真理,不过,中国的典籍隐含上帝观念,因此中国人有皈依上帝的潜质。但就在耶稣会士和启蒙思想家竭力论证中国的"自然神论"之时,欧洲知识界中的怀疑主义者却毫不客气地坚称中国人其实是"无神论"者。黑格尔则径直从理论上定位中国人的宗教观,他把东方宗教归入宗教发展三阶段中的第一阶段"自然宗教",认为由于中国停滞在历史的起点,"自由精神"尚未萌发,缺乏自由意识,无法产生一种普遍的精神和这种精神的偶像即上帝,只能沉湎于无止境的迷信中,因此,中国的宗教原始愚昧,甚至没有资格进入宗教史。显然,所谓中国人宗教情结不够浓厚的观点在欧洲也是由来已久。我们可以回想一下前一章中罗尔巴赫对中国人宗教观的评论:中国人"根本没有我们心目中的宗教问题,只懂得道德问题和政治问题。可以这样说,个人道德感和国家秩序感对中国人的意义正如宗教观念在我们心目中的地位"。在西方人看来,中国人的宗教意识淡薄显然只能到从根本上控制着中国人精神信念的唯道德主义的儒家学说身上找原因。

其二,儒家思想和现代社会的进步理念格格不入。应该说,这是对儒学最致命的批评,因为儒家思想在 20 世纪初面临的深刻危机也正在这里。出现这种批评乃是必然的。客观地说,儒家思想的诞生和发展是有特定的历史和地理条件的,儒家学说在历史上一直都是中国专制社会的思想和政治基石,这是无可辩驳的事实,中国数千年来也一直未能超越传统的农耕经济,而西方知识界长期以来关于中国文化的一个最深刻的印象就是:停滞!西方进入资本主义社会以后产生的真正现代意义上的自由、民主、法制和契约等理念都是儒家文化之外的东西,然而现实的问题是,当历史发展到 20 世纪之时,中国必须超越传统的农耕经济而进入现代社会,此时,儒家思想的局限和束缚便彻底暴露

---

① Hackmann: *Chinesische Philosophie*. S. 22.
② Ebd. , S. 10.

出来了。德国神学家罗尔巴赫之所以认为中国传统的儒家文化缺乏内生性,主要也是从这个意义上说的,这是批评之源。在这一问题上,马恺前面对儒学缺陷的分析就非常典型。与施潘一样,马恺坦率承认,儒家思想确有值得欧洲借鉴的地方,因为孔子"在一种大海般平静的人类生活中看到了一种真正完美的文化,这种观点对于中和我们欧洲文化的躁动和忙碌也许很有好处",不过,马恺同时也不无道理地指出了另一个事实:"受这种世界观教育的民族不太关心人与自然之间的斗争,而我们整个现代文明的驱动力恰恰就在这里。"在马恺看来,辜鸿铭借《中国对欧洲思想的抗拒》展示儒家传统文化的精神魅力,所立足的道德立场固然高尚,然而脱离现实太多,无法解决中国在向现代化迈进时所面临的巨大难题:"辜鸿铭将艺术、节律、优美看作国家进步的根本动力,但现代中国人已经认识到,这些东西并非全部,它们只是自然的一部分,所有的文化都要有能力将感性升华,用思想观念激活死的材料。因此,那种回避讨论自然力量的古老学说虽然能够培养一种优美的艺术,却无法建设以一个在经济和社会发展方面健康而富有活力的文明为基础的自由王国。"①

总体而言,在 20 世纪初期,部分德国知识分子又开始关注儒学。应该说,这种情况的出现是与当时的文化反思苗头分不开的,第三章在分析《清流传》带来的影响时已有论述,卫礼贤的德译儒经和辜鸿铭的著作则触动、迎合了这些知识分子对西方现代文明弊端的再思考,在促使德国知识界重新审视儒家学说的价值方面功劳不小。不过,从上面的分析可以看到,德国知识界虽然再次关注儒家思想,但评价已经趋向理性和审慎,既不像 18 世纪那样一厢情愿地美化,也不像 19 世纪那样盲目否定。具体来说,不少德国学者对儒家思想的态度颇为矛盾,或者说,他们是以一分为二的态度看待孔子及儒家思想的:一方面,他们强烈地预感到西方的现代技术文明在表面的繁荣之下其实孕育着深刻的危机,认为儒家的道德学说确实能够为西方提供一些有益的补充;另一方面,儒家思想"贫乏"的哲学和宗教内涵却让他们始终无法认同,更重要的则是,在审视了中国的"停滞"及自近代以来落后、动荡的社会现实之后,他们又开始质疑传统的儒家思想是否能够促进中国社会的现代化转型,这也就是罗尔巴赫在儒家文化是否具有内生力问题上的疑问。

这一质疑正道出了传统的儒家学说在清末民初面临的空前困境,以儒学为代表的中国传统文化正在经历一场全面、深刻的危机。在上个世纪初的中国,经过了鸦片战争、太平天国起义、甲午战争及八国联军侵华之后,曾经的康

---

① Mackay: *Psychologische Probleme der chinesischen Revolution*. In: *Die Neue Rundschau*. 1912. Bd. II. S. 1643~1644.

乾盛世早已无迹可寻,风雨飘摇中的清王朝注定无法摆脱中国历代专制王朝盛极而衰的宿命,可是,鲜有中国人意识到在中国延续了2000多年的帝制传统也将随着清王朝的轰然倒塌而终结,因为中国历史上演了太多的王朝更迭,然而帝国生活千年不变,其中的关键就是作为中国传统社会秩序之根基的儒家思想,它为社会提供的一套稳定的系统机制虽经频繁的朝代更替或外族入侵,却从未遭遇过根本性的挑战,中国人对此似乎已经习惯了。然而进入20世纪后,中国人没有再次迎来王朝的更迭,相反,人们发现,继续延用曾经屡试不爽的老办法已无法应对新时期层出不穷的挑战了,中国固有的政治、经济、文化与一个崭新的世界潮流的分歧越来越不可调和,即使清政府派出过以五大臣为首的高规格政府代表团前往西方诚心取经,最终仍是死水微澜,无力回天。从本质上说,这是因为君主专制制度不再适应这个时代,资本主义已经成为世界历史发展的主流,中国传统的、封闭自足的农业和手工业相结合的自然经济模式在与西方劳动生产率大幅提高的资本主义工业化大生产的对垒中必然败下阵来。终于,半个多世纪的内忧外患、接二连三的失败与耻辱让国人不得不痛心地承认,以天朝帝国为核心的永恒不变的华夏天下秩序已被世界各民族激烈的生存竞争的进化秩序所取代,中华文明由于停滞、落后已被世界文明的发展进程抛弃。对现代中国,这无疑是一个具有标志性意义的时点,因为,承认自己的停滞与落后,认同西方的进步与进化,正是中国现代化历程的精神起点。放下了乾隆朝接见英使马戛尔尼时所谓"天朝物产丰盈,无所不有"的傲慢,越来越多的国人开始相信,只有一场彻底的革命才能挽救中国,这场革命必须全方位地洗刷旧的传统,中国需要脱胎换骨,于是,孔子和儒家学说理所当然地被推到了历史的审判台上。当然,历史的惯性让人难以简单地清算传统,然而"青山遮不住,毕竟东流去",尽管以康有为为代表的传统知识分子极力维护儒学的国教地位,但在处"三千年未有之大变局"下的中国,救国图强的中国人更需要新思维,即使从冯桂芬至张之洞一脉相承的"中体西用"的折中立场也引不起国人的兴趣了,至"五四"终于喊出了"打倒孔家店"、拥抱"德先生"和"赛先生"的口号,在一场激烈的中西文化大讨论中,犹疑彷徨的中国终于义无反顾地走上了追求现代性的道路。

  公允地说,德国知识界对儒家学说能否推动中国走上现代化的道路持怀疑乃至否定的态度,这并非简单的西方文化优越论,而是以理性客观的分析为基础的。事实上,卫礼贤对孔子和儒家道德学说的赞美虽然是由衷的,但不可否认的是,由于他在这一时期完全折服于孔子和儒家学说,较少以中立的态度从外部审视儒家传统学说在中国转折时期的作用,从而忽略了儒家思想和中国现代化之关系这个对现代中国人来说至关重要的问题。正所谓"不识庐山真面目,只缘身在此山中",只有跳出儒学才能将儒学看得更全面、更真切。同样,辜鸿铭也未能正视或者是有意回避儒学在世纪之交所面临的困境,尽管他以优美的文笔对中华民族传统美德所做的阐发能够让一部分德国人在相当程度上认同儒家学说的道德价值,却并不能打消他们在儒家学说的现代化使命问题上的疑问。后来热销德国的《中国人的精神》同样也做不到这一点,因为,辜鸿铭在该书中着力宣扬的乃是孔子的"名分大义",认为这是现代中国唯一需要的东西,至于儒家思想能否让中国走向现代化,在他看来只是一个伪命题,因为中国不需要现代化,只要有"名分大义"就足够了。

辜鸿铭甚至还推论出了"名分大义"的普适性并向欧洲推荐。对于这一面向欧洲神化孔子和儒学的举措,大多数德国知识分子是不以为然的,采取了一笑置之甚至严厉驳斥的态度。前面的分析已清晰地说明了这一点。事实上,辜鸿铭的《中国人的精神》最初在德国出版后引起的批评声音还是相当强烈的。不过,由于第一次世界大战以其前所未有的残酷深深震撼了西方人,彻底暴露出西方现代技术文明可怕而危险的一面,文化反思终于在战后的德国成为一种强大的社会潮流。正是在这种社会背景下,辜鸿铭论断中的诸多纰漏在德国人眼中已不再是大问题,甚至他要求欧洲儒教化的呼吁也被一些德国人待以善意,特别是一战结束后的最初几年,德国国内对辜鸿铭的批评声音几乎无处可寻。出于对自身文化传统的深深失望,不少德国知识分子再次将羡慕的目光投向了东方世界,特别是中国。这就是一战后席卷德国的"东方文化热"。看起来,欧洲18世纪曾出现过的一幕又要上演了。

然而,历史可以有惊人的相似,却不会只是简单地重复。德国的这场"东方文化热"可谓来也匆匆,去也匆匆,短短数年之后,中国封闭、落后、动荡的社会现实便开始逐渐消解德国人对中国传统文化的欣羡之情,虽然直到20世纪30年代,不少德国人乃至德国政府层面对中国仍颇多好感,但战后初期拥抱中国文化的那种狂热已消失不见,取而代之的多是对中国现实问题的探讨。值得注意的是,德国知识界此时对中国文化的关注已不再局限于儒学,而是涵盖了儒、释、道、墨等多家,其中,老子和道家思想最受青睐,对"道"的探讨无可置疑地成为这一时期的热门话题,特别是在知识界,而19世纪走进欧洲人视野的佛教思想此时也引起了更多德国人的关注,这些都相对冲淡了德国人对儒家学说的注意力。更有甚者,辜鸿铭竭力神化的儒家学说很快又被重新置于遭受审视和质疑的位置上。一个明显的标志就是,德国知识界历史上对孔子的消极评价此时又迅速抬头。这里也可以举两个例子。

德国波恩大学和柏林大学汉学教授埃里希·施密特(Erich Schmitt,1893—1955)精研古汉语和中国哲学,他注意到了20世纪初德国出现的重新评价儒学的呼声,但反对再次神化孔子的做法,并把批判的矛头指向了辜鸿铭和卫礼贤:"在现代,主要是在战争期间以其著作闻名的北京哲学家辜鸿铭和以德译中国哲学家和作家的作品而知名的传教士卫礼贤掀起了新一轮对孔子的崇拜。"对德国尊孔派的旗手卫礼贤,他尤为不满:"卫礼贤在其不加批判的美化中甚至将孔子比作歌德,还曾将他比作路德。"对郭沫若在《三叶集》(1920)中将"中国涌现的最伟大的人物、中国的全才"孔子与欧洲的歌德比肩的评价,施密特同样不以为然:"从历史批评的立场看,这类比附根本不值得严肃对待。"①在著作《孔子:生平及学说》(Konfuzius. Sein Leben und seine Lehre, 1926)一书中,施密特对孔子的生平及思想主张做了详细的分析,最终,他给孔子下了一个长长的、贬抑性的判语:"有一点从来都是很清楚的,那种将孔子比作歌德或路德的做法十分荒唐,让人觉得非常可笑,即使在中国有辜鸿铭或郭沫若这样的名人、在德国有卫礼贤为这种观点辩护,也改变不了这一事实。这是在故意歪曲真相。因为孔子并不是一个有独创性的思想家,并不是一个伟大的天才,尽管他直线上升的影响力以及严格的道德原则给人们留下了深刻的印象,但在这种外表的后面,并没有一个伟大的、热情洋溢的灵魂显现出来";"尽管他的一些格言警句简洁易懂、非常出色,可是在这一切的后面,看不到一位杰出人物所应具有的丰富的、不断涌现的天才哲思";"虽然在他的生活中可以找到一些能够证明他确实显得比较伟大的事情,但这些都不过是一个伟人最基本的素质。然而那些重要的、令人信服的方面,在他的性格中却难以找到,在他身上也缺乏一种东西可以让他超越时代的局限而到达永恒的思想创造的王国"。②施密特对孔子的上述评语简直就是理雅各在其《中国经典》第一版序言中对孔子所做评语的翻版。看起来,部分德国人对孔子的认识似乎一下子又回到了让儒家学说在欧洲不堪回首的19世纪。

再如,著名神学家德瓦安纳在其著作《世界中的孔子》(Konfuzius in aller Welt, 1929)中也对孔子及其思想主张做了详细评述。他从四个方面分析儒家学说,并做了相应的评价,不过结论都偏于否定:在政治领域,"儒学作为一种国家观念在中国已经死了"③;在哲学和教育领域,"儒学作为哲学和教育理想在今天的中国已经终结了"④;在宗教领域,"儒学甚至连作为基督教初级

---

① Schmitt: *Konfuzius. Sein Leben und seine Lehre*. S. 15~16.
② Ebd., S. 215~216.
③ Devaranne: *Konfuzius in aller Welt*. S. 110.
④ Ebd., S. 122.

阶段的《旧约》的角色都无法胜任"①。当然,在德瓦安纳看来,儒家学说也并非一无是处,它在现代中国仍然可以作为一种"公民通用道德准则"而继续存在,但要"只作为公民道德法典,不可越位!因为,它也许就只能起到这种作用"②。对孔子本人,德瓦安纳的评价也带有明显的轻视口吻:"孔子并非人类的终极理想,他是中国人的理想,而且只是中国富裕市民的标准。在将来很长的时间里,这种市民标准在每一种国家形式下对每一位中国人来说仍然有用,也是家庭和国家的目标之一。不过,正如中国的历史所暗示的那样,最终的结局可能是这样的:'孔子思想作为基础,佛教是升级形式,基督教则是最高峰!'因为孔子是一个古董商,一位优秀的官员,有时也是一个罕见的学究,一个注重礼节的人,一个传承者,一个保守的贵族,一个文学家,一个现实主义的践行者,一位顺从者和教育家;然而,他并不是一个创造者,不是英雄、烈士、预言家、奇人,不是天才,不是理想主义者,不是救世主!"③可以看出,无论对孔子还是对儒家学说,德瓦安纳的评判都是偏于负面的:他对儒家学说逐条逐点的批驳与马恺的分析可谓异曲同工;他对孔子的评语与施密特几乎如出一辙,与卫礼贤对孔子的尊崇形成了鲜明的对比。不过,所谓"孔子思想作为基础,佛教是升级形式,基督教则是最高峰"的判语也暴露了德瓦安纳的职业和视野局限。

其实,即使在文化反思浪潮席卷整个社会期间,质疑孔子和儒学的声音也并未在德国消失。例如,创建了"智慧学院"、致力于世界文化交流与理解的哲学家凯泽林虽然对辜鸿铭相当欣赏,对中国文化也较多尊重,但他在对孔子和儒家思想的评价中也时常流露出一丝否定的意味。他发表于1919年的《一个哲学家的旅行日记》中有不少关于儒家思想的思考文字,其中部分内容读来颇有些负面。总的来说,凯泽林承认儒家思想是一种出色而实用的世界观:"它是一种关于行为规范的世界观,既深刻又简明,既注重精神实质又不死板教条。对普通群众来说,它无疑就是最好的世界观。"然而在内心深处,凯泽林始终因儒家思想"缺乏"深刻的哲学和宗教内涵而对其有所保留,这不可避免地影响到他对孔子的评价。当众多德国人开始将艳羡的目光投向中国时,凯泽林却明确指出欧洲走儒教道路的做法是不可行的。下面这段评论鲜明地体现了凯泽林对孔子及儒学肯定中带有保留的立场:"如果把这种理想的行为规范上升为绝对真理,把儒家思想引入欧洲,那将是一个错误:要想在孔子身上看

---

① Devaranne: *Konfuzius in aller Welt*. S. 126.
② Ebd. , S. 116.
③ Ebd. , S. 127.

到理想的行为规范,就必须成为中国人。只有缺乏个性的人才会认为这么多的规定具有普适性;只有想象力贫乏的人才会因这样一个冷静的榜样而激动;只有表情丰富但理解力匮乏的人才会满足于这样一个并非完善的体系。这一切听起来是多么奇特:抽象地看,越是向更多的人提供一种通往完美的理想,其具体表现形式就越不能成为一种普遍的榜样。正因为绝大多数人不能直接效仿,基督和佛祖才体现了真正的人类理想。孔子只能是中国人的理想,他激不起我们的热情!"①

不过,尊孔派旗手卫礼贤仍然一如既往地给予孔子以积极的评价。当孔子和儒家学说在中国陷入质疑之时,卫礼贤却提醒人们不可忘记,孔子是"曾为地球上最伟大的民族指出千百年的安宁和太平之路的人";"孔子确立了一种博爱的观念:'四海之内皆兄弟。'这种概念充满永恒的智慧,无声无息地造福芸芸众生。它还是所有人类的高尚思想和幸福命运的源泉";"也许在新的世界里,孔子思想中的某些东西注定要消亡。可是其中永恒的东西——自然与文化的和谐这一伟大的真理依然会存在。它将是新哲学和人类新发展的巨大推动力。从这个角度讲,孔子真正是不朽的"。虽然对孔子敬仰如初,卫礼贤也不得不看到,在新时代的中国,儒家思想的局限性确实已经尽显无遗:"一切值得敬畏的,一切确立了千百年、延续不变的,现在都开始动摇,开始崩溃。新的问题层出不穷,亟待解决,旧日的资源显然不足以应对这一切。因此,在新世界的冲击下,孔子所建立的精神世界不得不让位了。"卫礼贤无奈地看到,至尊地位的消失是孔子和儒家学说的必然结局:"儒家体系的教诲已走到了尽头";"在过去的几年里,不少人试图去弘扬这位了不起的圣人的影响,甚至不惜从外部入手",但"圣人的灵魂已经不再盘旋于他在人世间的代表的头上了"。②当然,卫礼贤并未沉迷于理想和哀伤之中,没有像辜鸿铭那样坚持滞留在复辟者的阵营里,他虽然仍坚持中国不可抛弃儒家传统的观点,但也主张中国的新文化建设要充分借鉴西方的现代科学技术和现代思想观念,这正是他超过辜鸿铭的地方。

总的来说,在 20 世纪之前,在中国的传统思想和文化资源中,欧洲知识界对孔子及儒家思想研究得最早,也最为全面、彻底,相应的评价在此前的 300 多年中也经历了一个大起大落的曲折过程。在辜鸿铭的著作走进德国之时,德国知识界对孔子及儒家思想的认识基本上已经开始趋于客观和理性,极端的美化和彻底的否定都已难有市场。在这一背景之下,辜鸿铭以堂吉诃德式

---

① Keyserling: *Das Reisetagebuch eines Philosophen*. S. 411~412.
② [德]卫礼贤:《中国心灵》,第 80~81 页。

的豪情极力宣扬孔子和儒家思想永恒的、普遍的魅力,固然可以在一时间迎合德国知识界愈来愈强烈的现代化反思潮流,然而脱离现实的美化终究不可能长久,毕竟,造神的时代已经一去不复返了,以为一个人或一个学派可以穷尽全部真理并适用于一切时代和一切地域,终究都只能是幻想和迷信,任何造神之举最终都必然被历史所抛弃。

其实,对孔子和儒家思想在中国2000多年神话般的历史,德国知识界还是非常清楚的。精研中国历史的福兰阁就曾指出,在某种意义上,中国20世纪之前的历史就是"对人们称之为儒学的这样一个思想体系的神化"过程,是一部将孔子尊为神的历史:"他早已超凡出尘,成了圣人:在他的思想面前,一切批评都失声了,他的话就是真理,是神灵的启示。"福兰阁进而指出,从现代人的眼光看,拒绝了任何批评的人和事,其真理性通常都是十分值得怀疑的:"这也使得我们难以相信中国人对孔子的评价。"福兰阁还用事实说话,他把人们的目光引向了中国20世纪初上演的那场废孔、尊孔之争,以中国在进入新世纪后出现的对孔子和儒学价值及命运的激烈争论否定了辜鸿铭在德国复活孔子和儒学神话的企图:"难道我们看不到那里对孔子的看法同样没有把握,对孔子的评价也像西方一样摇摆吗?"[①]

在中国,历史的发展最终同样超越了辜鸿铭。儒家学说长期以来都是占据统治地位的官学,是中国传统专制社会的思想基石,孔子的地位高不可攀。然而到了近代,随着中国社会的变迁和进步,在西方文化及日本维新思潮的影响下,中国逐渐出现了非儒反孔的思潮,从龚自珍到维新运动时的康有为、梁启超、章太炎再到辛亥革命,虽有反复却绵延不绝。进入20世纪以后,中国人的任务是追求民主和科学,建设现代化的国家与社会,儒家思想最终不幸成为中国人民走向现代化的精神障碍,正如一些德国学者先见性地质疑的那样。在五四时期,经过胡适、陈独秀等人对孔子和儒学的激烈批判,儒学终于结束了自己的独尊地位,孔子也从神坛上走了下来,中国延续了2000多年的造神运动就此结束了。自此以后,民主与科学的观念逐渐深入人心,进而奠定了现代中国社会发展的思想和政治基础。

五四非儒反孔思潮推倒了孔子和儒学的独尊地位,砸碎了传统伦理秩序对人性的束缚,在这个意义上说,它是一次思想解放运动。当然,儒学本身是一个博大精深的思想体系,问题在于,它保守落后的一面使它长期成为中国人民的精神枷锁,到了近代,它更已成为中国社会走向现代化的拦路虎。不过,

---

① Franke: *Der geschichtliche Konfuzius*. In: *Zeitschrift der Deutschen Morgenländischen Gesellschaft*. 1925. S. 170~171.

儒家思想"政教合一"的辉煌时代虽已成为历史,但儒学的道德和文化意义却是不容否认的,因为它已溶入我们的血液,并在不经意间体现在我们的日常生活之中。因此,当辜鸿铭极力向西方阐发儒家思想的道德价值和精神魅力时,开始反思自身文化传统的德国知识界对他报以相当热烈的掌声,因为他们从中看到了一帖救治西方现代文明弊病的良药,然而,当辜鸿铭意图再次将孔子和儒家思想普世化、神圣化时,他却是在逆潮流而动,最终又被德国知识界和时代抛弃。从这个角度看,辜鸿铭在德国的接受其实是德国知识界在20世纪初期重新评价孔子及儒家思想的一个缩影。

第二节 结 论

辜鸿铭是近代中国一位学贯中西的文化名人。在20世纪初期,特别是在第一次世界大战后期和战后的几年中,他名噪整个西方世界,在德国更激起了强烈、广泛和持久的反响。这无疑是中德乃至中欧近现代文化交流史上的一个奇特现象,辜鸿铭借此也在中德、中欧文化交流史上留下了自己不可磨灭的足迹。

如前所述,辜鸿铭走红德国的原因是多方面的,诸如强烈的爱国主义热情、坚定的文化民族主义立场以及优美的文笔等等都是重要因素。其中有两个方面最值得注意:一是深层的原因,即辜鸿铭对西方现代文明技术至上和物质主义倾向的批判立场与德国国内的反现代化思潮产生了共鸣;二是直接的原因,即辜鸿铭偏爱德国的立场,特别是近代以来,英德两国基于利益冲突和竞争关系而有相当强烈的敌对情绪①,辜鸿铭作为一个局外人亲德疏英的立场很容易让德国人对他有亲近感,而他在第一次世界大战期间为德国"仗义执言"对于战败的德国人来说更是一种安慰和辩解。更进一步说,辜鸿铭对德国的偏爱根源于他对德国文化传统的体认。辜鸿铭对德国文化思想的接受表现在文学、哲学、历史等各个方面,而以文学为主。辜鸿铭从中得出的最终结论是,德意志民族是一个格外重视道德秩序的民族,歌德则是德意志民族乃至整个欧洲的道德楷模。所有这些认识最终都归结到辜鸿铭在东西文化关系问题上所持的道德文明观,这是他爱德国、尊歌德的思想基础。

  对于德国在20世纪初出现的那场"辜鸿铭热",应该具体分析。纵向地看,德国知识界对辜鸿铭的接受有一个逐渐发展的过程。辜鸿铭最初引起德国知识界的关注主要缘于《尊王篇》一书中强烈的爱国主义情感,他的英译《论语》、《中庸》则为这种爱国热情做了知识上的注脚。《清流传》坚定、正义的文化民族主义立场由于应和了德国知识界日渐发酵的对现代化的反思倾向,大大提升了辜鸿铭在德国的名气,辜鸿铭在德国由此才真正知名。第一次世界大战爆发后,辜鸿铭发表《中国人的精神》,由此前对中国传统文化民族性的强调转为宣扬中国儒家文化的永恒性和普适意义,该书在德国最初虽然同样激起了热议,但批评的声音非常强烈,不过,基于第一次世界大战对西方人心灵的强烈震撼,战后强大的文化反思浪潮最终湮没了这些批评的声音,辜鸿铭在德国的声誉终至如日中天。进入20世纪20年代中期,辜鸿铭受到的关注度显著下降,最终淡出了德国知识界的视野。横向地看,辜鸿铭的著作和观点在20世纪初期引起了不少德国知识分子的关注,不过,由于各自的立场和出发

---

① 在19世纪后期,德国国力开始蒸蒸日上,20世纪初更是跃升为工业和贸易超级大国,这让老牌的世界帝国英国受到的压力越来越大,国内很早就出现了打压德国的声音,并且不绝如缕。1897年9月出版的《星期六评论》(*Saturday Review*)上曾刊登过一篇敌视德国的文章,其中的惊人观点如"只有消灭德国,才能保证英国的繁荣"、"如果明天德国就被从世界中剔除出去,那么,后天的世界上就没有任何一个英国人不会因此而变得更加富有"("Englands Gedeihen könne nur gesichert werden, wenn Deutschland vernichtet würde." "Wenn Deutschland morgen aus der Welt vertilgt würde, so gäbe es übermorgen keinen Engländer in der Welt, der nicht um so reicher sein würde." In: *Der deutsche Gedanke in der Welt*. S. 183~184.),既道出了为数不少的英国人的心里话,也强烈地刺激着德国人的神经。在民族自豪感、政治操弄和本能的自我保护的驱使下,经济迅速崛起后的德国必然加大军事投入,特别是海军建设,而当以德皇威廉二世为首的统治集团以及德国工商业利益集团进一步提出要获得与德国国力相应的"生存空间"(Lebensraum)时,德国就必然走上了强占殖民地的对外扩张道路,要求重新划分势力范围的后发国家德国与"日不落帝国"英国的冲突就更加尖锐了。

点不同,德国知识界对辜鸿铭的评论呈现出一种明显的多声部性。总体上看,德国哲学界、神学界、汉学界和文学界人士对辜鸿铭的关注比较集中,尤其是哲学界和神学界人士对辜鸿铭的关注更为深入、持久:在哲学界,给予辜鸿铭好评的主要是新康德主义一脉的学者和一些文化哲学家;在神学界,则主要是一些长期在中国传教的传教士和研究中国和东亚问题的神学家格外关注辜鸿铭。相比之下,德国汉学界和文学界对辜鸿铭的关注度明显不高,也不如哲学界和神学界人士对辜鸿铭的评论全面和深入,尽管如此,分析德国汉学家和德国作家对辜鸿铭的少量评论对于丰富和加深我们对近现代以来中德文化交流史的认识仍有特殊的意义。

进一步说,由于辜鸿铭所宣扬的主要是以孔子学说为代表的原儒家思想,德国知识界对辜鸿铭的接受其实也是20世纪初德国知识界重新评价孔子和中国传统儒学的一面镜子。从这个角度说,关于德国20世纪初出现的这场"辜鸿铭热",与其说德国知识界热议的是辜鸿铭,毋宁说是他们在新的历史条件下对孔子和儒家传统思想的重新审视,这是20世纪初德国"东方文化热"的重要组成部分。再进一步说,鉴于儒家思想作为中国传统社会根基的地位和中国传统文化血脉的现实,德国知识界20世纪初对辜鸿铭的关注实质上是西方世界在自身文化陷入迷茫和危机之时对中国传统文化的再认识,其中凝聚着西方在空前困境中对包括中国在内的东方传统文化的殷殷期许,这一点在德国一战后的文化反思浪潮中表现得淋漓尽致。从世纪之交德国知识界以某种猎奇心态对辜鸿铭的初步关注到一战之后对辜鸿铭的空前推崇,我们看到了从19世纪末到20世纪初短短的三四十年中西方世界对中国印象的"翻天覆地"般的变化,看到了西方世界对中国传统文化某种程度上的"前倨后恭",这显然也是一个考察西方现代性视野中的中国形象的极佳样板。

根据福柯的权力话语理论和"他者"概念,从形象学的角度说,西方视野中的中国形象实际上是一种与西方文化的"他者"镜像,作为永远的"他者"来确证"现代西方"的主体身份,是西方文化自我确证、自我怀疑、自我批判的工具,在这个意义上,西方视野中的中国形象关涉的实际上是西方现代性的本质,这无疑是研究西方现代性视野下中国形象的有益视角。同时,由于西方文化中的中国形象是西方现代性话语模式下的一种权力话语,自后启蒙时代开始,它将中国形象固定在一种西方式的追求进步、自由、文明的主体框架中,使之成为一个被排斥、被否定的"他者",这样看来,对西方现代性视野下的中国形象的考察、分析对我们研究认识自身文化应该是不无助益的,这当然也是跨文化研究的一个重要课题。在这两个方面,德国20世纪初的那场"辜鸿铭热"都能给我们留下足够的想象空间,认识到了这一点,我们在重新审视辜鸿铭影响德国这一文化现象时或可获得更为深刻的认识。

一方面,通过前面对孔子和儒家思想在欧洲接受历程的分析,我们看到,在辜鸿铭著作进入欧洲之前,西方知识界对以儒家思想为代表的中国传统文化的态度已从极端美化转为彻底否定,所谓中国是停滞的、专制的、野蛮的,西方则是进步的、自由的、文明的,这种观念在19世纪的西方已经作为套话深入人心。大体而言,停滞、专制、野蛮的中华帝国形象在后启蒙时代逐步构筑,至19世纪末已成主流意识形态,成为一种一致完满的话语状态。世纪之交,这种一致完满的话语状态又被逐步拆解,在第一次世界大战后的文化反思浪潮中,停滞、专制、野蛮的中华帝国形象终于开始从西方人的视野中退隐。这一切的背景就是20世纪初西方现代性的危机。正是在这场危机中,西方的中国形象传统也"出现了一次话语的断裂,这次断裂的影响是深远的,不仅涉及中国形象话语本身,也关涉到西方现代性主体在新的历史环境下的自我建构"①。我们看到,在20世纪初德国的东方文化热潮中,"孔教理想国"一度复归,传统中国似乎重现了西方现代性危机中失落的理想,在一种深刻的自我怀疑的氛围中,西方现代性开始了痛苦的自我调适。这一时期,辜鸿铭锲而不舍为儒家思想的鼓与呼让他成了西方人景仰的东方文化的代言人。德国的这场"辜鸿铭热"无疑是中国形象以"他者"形式参与构建西方现代性的例证,确切地说是重建,契机则是20世纪初西方现代性危机的激化,因为一战已彻底否定了启蒙现代性的线性的、总体的、进步的历史观念,在动摇了西方自我认同的进步、自由、文明观念的同时,也拆解了停滞、专制、野蛮的中国形象。在这个意义上,辜鸿铭显然是有大功之人,今天的我们仍应给他以积极的评价。

另一方面,我们也要看到,"西方现代性是一个不断变异的过程,它在历史中不断确证自己,不断受到冲击,又不断修复与加强"②。对西方现代性而言,中国形象永远都只是一个"他者",无论是欧洲18世纪启蒙时代的"中国热",还是20世纪初"孔教理想国"的短暂复归,中国形象参与西方现代性的建构都是在特定的历史条件下发生的。我们当然可以怀着某种惊叹的心情去梳理、分析欧洲18世纪的"中国热"或德国20世纪初的那场"东方文化热",然而我们实在没有多少理由试图从中挖掘出某种让自己感到骄傲的根据,因为中国形象一直是在"为他人作嫁衣裳"。事实上,西方对东方的态度永远是复杂的,虽然时代不同,欧洲人对东方的兴趣也不同,然而东方的他者性,或者说陌生性,始终是被强调的话题,中国也不例外。萨义德就从福柯的"他者"概念出发

---

① 周宁:《天朝遥远》(下),第522页。
② 同上,第524页。

对西方思想传统构建二元性的问题做过冷峻的分析,以"东方"是西方的构想物、东方主义是一种"主人的叙述"批判西方对东方的陈述。因此,在跨文化交流中,我们绝不能陷入西方二元对立的话语模式,不可落入自我"他者"化的陷阱中,在可能启迪他人的同时,更要时时反观自身,再不能像历史上那样陶醉于以天朝帝国为核心的永恒不变的华夏天下秩序;我们从跨文化观念史研究的角度"批判西方进步大叙事与自由大叙事将中国形象他者化,并不意味着中国就是无辜的",我们不能借口"西方的中国形象确认西方现代性自我,它不能规训我们"而拒绝自我审视和自我批判,要明白,"解构西方的中国形象,同样也不能解脱我们"。①这样看来,辜鸿铭宣扬"儒家文化救西论"的局限性显而易见,在这个问题上,郭嵩焘比辜鸿铭对世纪之交的中国应该更有意义。

通过对辜鸿铭与德国的关系这一问题的全面梳理,综合上述分析,今天的我们在处理现实问题时或许可在以下两个方面获得有益的启发。

一是对待本民族传统文化的态度,在这个问题上一定要有反思的勇气。自19世纪后期始,西方先进的文化潮涌而入,中国传统文化何去何从是一个拷问国人理智与情感的严峻话题。在这个问题上,以上世纪初的那场中西文化论战为典型,国内出现了两种截然对立的态度:激进主义和保守主义。激进主义者深刻认识到中国传统文化落后的一面,为了民族的生存与发展,主张抛弃传统而全盘西化;保守主义一派则坚决反对割断自身文化发展的连续性,为了给自己的主张寻求依据,他们极力宣扬西方现代文明的弊端,坚决排斥西方文化。辜鸿铭显然是属于后一个阵营的。应该说,两种思想倾向都有局限:激进主义勇于反思传统,但矫枉过正,对西方文化的弊端认识不足或有意忽略;保守主义则回避反思,一味美化自身传统,却昧于异质文化的长处。然而,两种思想倾向又各有其存在的价值:没有激进,难以冲破巨大的历史惰性,没有保守,则无从保持民族文化的灵魂。

在实现社会变迁的同时保持文化传统的连续性自然是国人的愿望,但继承文化传统并不意味着固守旧的教条,而应该有所批判,有所取舍。无论如何,在对待文化传统问题上都要有反思的勇气。正是在这一点上,辜鸿铭欠缺得似乎不算少。应该说,辜鸿铭所持的并非只是一般意义上的文化保守主义立场,而是混合着民族主义情绪的极端保守主义的立场。辜鸿铭要求西方世界反思自身的文化,这当然有合理的一面,他的批评确也击中了西方现代文明的弊端,遗憾的是,他所要求的反思只是针对别人,却不适用于自己。殊不知,丧失了对自身文化的批判能力,不敢正视自己的短处,正是一个国家的文化走

---

① 周宁:《天朝遥远》(下),第697页。

向衰落的先兆;勇于批判传统,才是真正热爱民族文化的表现,坚持认为自己的什么都好,这其实是一种对自身传统不负责任的态度,只会消解人们不断进取的动力和愿望。换言之,有批判才会有希望。

二是对待异质文化的态度,在这个问题上要有学习的肚量。应该说,辜鸿铭是近代以来较早关注东西文明冲突问题的中国学者之一,早在其《尊王篇》中他就曾提出:"必须承认,目前在欧洲和远东之间确实有一种文明之争在进行着。"[1]不过辜鸿铭对此并未进行深入系统的理论分析和探讨,在这个问题上,他更多表现出一种强烈的文化民族主义的倾向。当然,鉴于19世纪末20世纪初那个残酷的民族斗争的年代,我们在这个问题上不能对辜鸿铭苛求太多,然而,撇开这种民族主义情感的正当性不谈,辜鸿铭对待异质文化的基本态度还是值得检讨的:无视本民族文化日益陷入深刻危机的历史事实,顽固坚持西方现代文明一无是处的立场,甚至在形势变得对自己有利之时又一厢情愿地输出儒家文明。事实上,辜鸿铭为欧洲指定中国儒家道路的做法,即使格外欣赏辜鸿铭的德国学者也是很不以为然的。

在如何对待异质文化这一问题上,《呐喊》译者纳尔逊先生的立场可资借鉴:一方面,文化传统绝不可抛——"毫无选择地吸收中国文化,对于我们来讲是根本不可能的",另一方面,异质文化当有可学之处——"中华民族受益于博大精深的孔夫子学说已经两千多年之久。深刻地理解它,一方面可以吸收那些对西方文化有益的和有保留价值的东西,另一方面也不至于对导致世界灾难的西方文化的弱点视而不见"[2]。其实,以我们现代人的眼光来看,世界各种文化之间的关系不是简单的谁救赎谁、谁替代谁的问题,不是你死我活的零和游戏,应该融合共存,并在此基础上实现一种健康的平衡与和谐,这才是人类之福。因此,立足传统、借鉴他者才是对待异质文化的正确态度。而且,文化民族主义并不意味着抱残守缺,不是故步自封,并非是拒绝一切外来的东西,哪怕它是有益的,而是在吸收借鉴他者长处的同时坚持维护本民族文化的精神内核。换言之,开放才是硬道理。

今天,历史发展到了21世纪,全球化已经成为一个无可回避的现实,经济上的合作与文化上的交流正使各民族文化在地理上的边界日益模糊起来。在这种新的历史条件下,如何对待传统文化,如何对待异质文化,仍是值得我们认真思考的问题。此时,重新审视前人对这些问题的思索对我们来说不无裨益。现在,凯泽林的文化哲学在德国早已过时了,辜鸿铭也一度在国人的记忆

---

[1] 《辜鸿铭文集》(上),第174页。
[2] 同上,第488~489页。

中完全消失,然而他们实在不该被彻底遗忘。在这个日益扁平化的世界,不关心过去而奢谈未来,只会流于虚无,只见身边事物而无宏观视野,则会局限我们的洞察力和判断力,今天的我们仍要探索超越传统与现代、东方与西方对立的途径:"我们要现代化不要现代化中的西化,我们不要停滞中的传统却要传统的延续性。可是,没有现代化我们无从认同世界文明的进步;没有传统的延续性,我们又无从认同文明的本土主题。"[1]一句话,如何协调文化保守主义和文化民族主义立场,做到古为今用,洋为中用,既要现代化,又要中国化,仍是摆在当代中国人面前的一个长期课题。

---

[1] 周宁:《天朝遥远》(下),第513页。

参考文献

德文书目：

Alewyn, Richard: *Hofmannsthals Wandlung*. Vittorio Klostermann, Frankfurt a. M. 1949.

Bauer, Wolfgang (Hrsg.): *Richard Wilhelm, Botschafter zweier Welten*. Eugen Diederichs Verlag, Düsseldorf · Köln 1973.

Bergstraesser, Anold: *Hofmannsthal und der europäische Gedanke*. Kommissionsverlag Lipsius & Tischer in Kiel 1951.

Bland, J. O. P; Backhouse, E.: *China unter der Kaiserin Witwe. Die Lebens- und Zeitgeschichte der Kaiserin Tsu Hsi*. Ins Deutsche übertragen von F. v. Rauch. Verlag von Karl Siegismund, Berlin 1912.

Brenner, Sabine (Hrsg.): *Ich liebe nichts so sehr wie die Städte ... Alfons Paquet als Schriftsteller, Europäer, Weltreisender*. Gesellschaft der Freunde der Stadt- und Universitätsbibliothek Frankfurt a. M. 2001.

Brunnhofer, Hermann: *Oestliches Werden. Kulturaustausch und Handelsverkehr zwischen Orient und Okzident von der Urzeit bis zur Gegenwart*. Fr. Semminger vorm. J. Heubergers Verlag, Bern 1910.

Clarke, John J. (Hrsg.): *C. G. Jung und der östliche Weg*. Walter Verlag, Zürich und Düsseldorf 1997.

Cohen-Portheim, Paul: *Asien als Erzieher*. Verlag Klinkhardt & Biermann, Leipzig 1920.

Devaranne, Theodor: *Konfuzius in aller Welt*. Verlag der Hinrichs'schen Buchhandlung in Leipzig 1929.

Ders.: *Der gegenwärtige Geisteskampf um Ostasien*. Leopold Klotz Verlag in Gotha 1928.

Dickinson, G. L.: *Briefe eines chinesischen Gelehrten*. Ins Deutsche übertragen von Albert Malata. Niels Kampmann Verlag / Celle 1925.

Driesch, Hans: *Lebenserinnerungen*. Ernst Reinhardt Verlag, München/Basel 1951.

Eichler, Willi; Hart, Martin: *Leonard Nelson. Ein Bild seines Lebens und Wirkens*. Editions Nouvelles Internationales. Paris 1938.

Epkes, Gerwig: *"Der Sohn hat die Mutter gefunden". Die Wahrnehmung des Fremden in der Literatur des 20. Jahrhunderts am Beispiel Chinas*. Verlag Dr. Johannes Königshausen & Dr. Thomas Neumann, Würzburg 1992.

Erkes, Eduard: *Chinesen*. Dürr & Weber Verlag m. b. H, Leipzig 1920.

Ders. : *Chinesische Literatur*. Ferdinand Hirt in Breslau 1922.

Ders. : *China und Europa. Kontrast und Ausgleich zweier Weltkulturen*. Volk und Buch Verlag, Leipzig 1947.

Eucken, Rudolf; Carsun Chang: *Das Lebensproblem in China und in Europa*. Verlag Quelle & Meyer, Leipzig 1922.

Fang Weigui: *Das Chinabild in der deutschen Literatur*, 1871—1933. Verlag Peter Lang, Frankfurt a. M. 1992.

Felbert, Ulrich von: *China und Japan als Impuls und Exempel. Fernöstliche Ideen und Motive bei Alfred Döblin, Bertolt Brecht und Egon Erwin Kisch*. Verlag Peter Lang, Frankfurt a. M. 1986.

Forke, Alfred: *Geschichte der alten chinesischen Philosophie*. Kommissionsverlag L. Friederichsen & Co., Hamburg 1927.

Ders. : *Die Gedankenwelt des chinesischen Kulturkreises*. Verlag von R. Oldenbourg, München/Berlin 1927.

Ders. : *Geschichte der neueren chinesischen Philosophie*. Friederichsen, de Gruyter & Co., Hamburg 1938.

Franke, Holger: *Leonard Nelson. Ein biographischer Beitrag unter besonderer Berücksichtigung seiner rechts- und staatsphilosophischen Arbeiten*. Verlag an der Lottbek, Ammersbek bei Hamburg 1991.

Franke, Otto: *Ostasiatische Neubildungen. Beiträge zum Verständnis der politischen und kulturellen Entwicklungsvorgänge im Fernen Osten*. Verlag von C. Boysen, Hamburg 1911.

Ders. : *Deutschland und China vor, in und nach dem Krieg*. Verlag L. Friederichsen & Co., Hamburg 1915.

Ders. : *Erinnerungen aus zwei Welten*. Walter de Gruyter & Co., Berlin 1954.

Gahlings, Ute: *Hermann Graf Keyserling. Ein Lebensbild*. Justus von Liebig Verlag, Darmstadt 1996.

Gerber, Lydia: *Von Voskamps "Heidnischem Treiben" und Wilhelms "höherem China". Die Berichterstattung deutscher protestantischer Missionare aus dem deutschen Pachtgebiet Kiautschou 1898—1914*. Hamburger Sinologische Gesellschaft e. V. , Hamburg 2002.

Gollwitzer, Heinz: *Die gelbe Gefahr. Geschichte eines Schlagworts*. Vandenhoeck & Ruprecht, Göttingen 1962.

Grabner-Haider, Anton: *Philosophie der Weltkulturen. Die Weltdeutungen und die Theorien der Wahrheit*. Marix Verlag GmbH, Wiesbaden 2006.

Grimm, Tilemann: *Chinas Traditionen im Umbruch der Zeit*. Rheinisch-Westfälische Akademie der Wissenschaften, Geisteswissenschaften Vorträge G174. Westdeutscher Verlag, Opladen 1971.

Groot, J. J. M. de: *Die Grundlage der Religion und Ethik, des Staatswesens und der Wissenschaften Chinas*. Verlag von Georg Reimer, Berlin 1918.

Grosse, Ernst: *Ostasiatische Erinnerungen eines Kolonial- und Ausland-Deutschen*. Neuer Filser-Verlag, München 1938.

Günther, Christiane C. : *Aufbruch nach Asien. Kulturelle Fremde in der deutschen Literatur um 1900*. iudicium Verlag, München 1988.

Hackmann, Heinrich: *Welt des Ostens*. Verlag von Karl Curtius, Berlin 1912.

Ders. : *Chinesische Philosophie*. Verlag Ernst Reinhardt in München 1927.

Heberer, Thomas: *Wenn der Drache sich erhebt. China zwischen Gestern und Heute*. Signal-Verlag Baden-Baden, 1988.

Hesse, Hermann: *Gesammelte Werke in zwölf Bänden*. Suhrkamp Verlag, Frankfurt a. M. 1970.

Hesse, Hermann: *Gesammelte Briefe*. Hrsg. v. Volker Michels, Frankfurt a. M. 1979.

Hesse, Hermann: *Blick nach dem Osten*. Hrsg. v. Volker Michels, Suhrkamp Verlag, Frankfurt a. M. 2002.

Hofmannsthal, Hugo von: *Gesammelte Werke in Einzelausgaben. Prosa. III*. Fischer Verlag, 1952.

Hsia, Adrian: *Hermann Hesse und China*. Suhrkamp Verlag, Frankfurt a. M. 1974.

Hundhausen, Vincenz: *Schlaglichter auf China. Überlegungen eines unbefangenen Chinadeutschen aus den Jahren 1925 bis 1932*. Verlag der Pappelinsel-Werkstatt bei Peking 1938.

Jäckle, Erwin: *Rudolf Pannwitz. Eine Darstellung seines Weltbildes*. Druck von H. Laupp jr in Tübingen, 1937.

Ders. (Hrsg.): *Verschollene und Vergessene. Rudolf Pannwitz. Eine Auswahl aus seinem Werk*. Franz Steiner Verlag GmbH, Wiesbaden 1983.

Kern, Maximilian (Hrsg.): *Das Licht des Ostens. Die Weltanschauungen des mittleren und fernen Asiens*. Union deutsche Verlagsgesellschaft in Stuttgart, Berlin und Leipzig 1922.

Keyserling, Graf Hermann: *Das Reisetagebuch eines Philosophen*. Verlag von Duncker & Humblot, München und Leipzig 1919.

Ders.: *Das Erbe der Schule der Weisheit*. Verlag der Palme, Wien 1981.

Koßmann, Bernhard (Hrsg.): *Alfons Paquet 1881—1944. Begleitheft zur Ausstellung der Stadt- und Universitätsbibliothek Frankfurt am Main. 10. September-7. Oktober 1981*.

Ku Hung Ming: *Chinas Verteidigung gegen europäische Ideen. Kritische Aufsätze*. Übertragen von R. Wilhelm, hrsg. von Alfons Paquet. Eugen Diederichs Verlag, Jena 1911.

Ders.: *Der Geist des chinesischen Volkes*. Übersetzt von Oskar A. H. Schmitz. Eugen Diederichs Verlag, Jena 1916.

Ders.: *Vox clamantis. Betrachtungen über den Krieg und anderes*. Der Neue Geist Verlag. Leipzig, 1920.

Li Changke: *Der China-Roman in der deutschen Literatur 1890—1930. Tendenzen und Aspekte*. Dissertation. S. Roderer Verlag, Regensburg 1992.

Liu Weijian: *Die daoistische Philosophie im Werk von Hesse, Döblin und Brecht*. Dissertation. Bochum: Brockmeyer, 1991.

Loska, Rainer: *Lehren ohne Belehrung: Leonard Nelsons neosokratische Methode der Gesprächsführung*. Bad Heilbrunn: Klinkhardt, 1995.

Lowell, Percival: *Die Seele des fernen Ostens*. Übersetzt von Berta Franzos. Verlag Eugen Diederichs, Jena 1911.

Mackay, B. L. Freiherr v. : *China, die Republik der Mitte. Ihre Probleme und Aussichten.* J. G. Gotta'sche Buchhandlung Nachfolger, Stuttgart und Berlin 1914.

Mauser, Wolfram: *Hugo von Hofmannsthal. Konfliktbewältigung und Werkstruktur. Eine psychosoziologische Interpretation.* Wilhelm Fink Verlag, München 1977.

Narciß, Georg Adolf (Hrsg.): *Im fernen Osten. Forscher und Entdecker in Tibet, China Japan und Korea. 1689—1911.* Horst Erdmann Verlag, Tübingen 1978.

Nelson, Leonard: *Die kritische Methode in ihrer Bedeutung für die Wissenschaft.* Gesammelte Schriften in neun Bänden. Bd. III. Felix Meiner Verlag, Hamburg 1974.

Ders.: *Sittlichkeit und Bildung.* GS. Bd. VIII. Felix Meiner Verlag, Hamburg 1971.

Ders.: *Recht und Staat.* GS. Bd. IX. Felix Meiner Verlag, Hamburg 1972.

Ders.: *System der philosophischen Ethik und Pädagogik.* GS. Bd. V. Hamburg 1970.

Oehler, Wilhelm: *Chinas Erwachen auf dem nationalen, wirtschaftlichen, sozialen, geistigen und religiösen Gebiet.* "Die Aue" Verlag in Wernigerode 1925.

Ders.: *China und die christliche Mission in Geschichte und Gegenwart.* Evangelischer Missionsverlag, Stuttgart 1925.

Otto Reichl Verlag: *Der Weg zur Vollendung. Des Grafen Hermann Keyserling philosophisches Schaffen.* Darmstadt 1919.

Pannwitz, Rudolf: *Die Krisis der europäischen Kultur.* Verlag Hans Carl, Nürnberg 1917.

Paquet, Alfons: *Li oder Im neuen Osten.* Literarische Anstalt, Rütten & Loening. Frankfurt a. M. 1912.

Ders.: *Der Kaisergedanke.* Literarische Anstalt, Lütten & Loening. Frankfurt a. M. 1915.

Ders.: *Der Rhein als Schicksal oder Das Problem der Völker.* Verlag Cohen, Bonn 1920.

Perrig, Sererin: *Hugo von Hofmannsthal und die Zwanziger Jahre.*

Peter Lang, Frankfurt a. M. 1994.

Piecha, Oliver M. (Hrsg.): *"In der ganzen Welt zu Hause."* Tagungsband Alfons Paquet. Grupello Verlag, Düsseldorf 2003.

Reichwein, Adolf: *China und Europa. Geistige und künstlerische Beziehungen im 18. Jahrhundert.* Oesterheld & Co. Verlag, Berlin 1923.

Rohrbach, Paul: *Deutsch-Chinesische Studien.* Verlag von Georg Stilke, Berlin 1909.

Ders.: *Deutschland in China voran!.* Protestantischer Schriftenvertrieb GmbH, Berlin 1912.

Ders.: *Der deutsche Gedanke in der Welt.* Karl Robert Langewiesche Verlag, Düsseldorf / Leipzig 1912.

Ders.: *Deutschland und das chinesische Geistesleben.* In: *Deutschland und China nach dem Krieg.* Verlag von Karl Curtius, Berlin 1916.

Rovagnati, Gabriella (Hrsg.): *Der Dichter und Philosoph Rudolf Pannwitz.* Bücken & Sulzer Verlag GbR, Overath 2006.

Rukser, Udo: *Über den Denker Rudolf Pannwitz. Mit einer Selbstbiographie von Pannwitz und einer Bibliographie.* Verlag Anton Hain, Meisenheim am Glan 1970.

Russell, Bertrand: *China und das Problem des Fernen Ostens.* Drei Masken Verlag, München 1925.

Schmidlin, Josef: *Missions- und Kulturverhältnisse im fernen Osten.* Druck und Verlag von Borgmeyer & Co. Münster i. W. 1914.

Schmitt, Erich: *Konfuzius. Sein Leben und seine Lehre.* Deutsche Bibliothek Verlagsgesellschaf mBH, Berlin 1926.

Ders.: *Die Chinesen.* Verlag von J. C. B. Mohr (Paul Siebeck), Tübingen 1927.

Schuler, Bertram: *Altes Erbe des neuen China. Ein Beitrag zur Verständigung von West und Ost.* Verlag Ferdinand Schöningh-Paderborn, Wien • Zürich 1937.

Schuster, Gerhard (Hrsg.): *Hugo von Hofmannsthal, Rudolf Pannwitz. Briefwechsel 1907—1926.* S. Fischer Verlag, Frankfurt a. M. 1993.

Schuster, Ingrid: *China und Japan in der deutschen Literatur 1890—1925.* A. Francke AG Verlag, Bern 1977.

Schweitzer, Albert: *Geschichte des chinesischen Denkens.* Verlag C. H. Beck oHG, München 2002.

Seeberg, Reinhold: *Zum Verständnis der gegenwärtigen Krisis in der europäischen Geisteskultur*. A. Deichertsche Verlagsbuchhandlung, Dr. Werner Scholl, Leipzig / Erlangen 1923.

Smith, Arthur H.: *Chinesische Charakterzüge*. Deutsch frei bearbeitet von F. C. Dürbig. A. Stubers Verlag (C. Kabitzsch), Würzburg 1900.

Specht, Minna; Eichler, Willi: *Leonard Nelson zum Gedächtnis*. Verlag "Öffentliches Leben" GmbH, Frankfurt a. M. /Göttingen 1953.

Volke, Werner: *Hugo von Hofmannsthal*. Rowohlt Taschenbuch Verlag, Reinbek bei Hamburg 1967.

Vollrath, Wilhelm: *Graf Keyserling und seine Schule*. A. Deichertsche Verlagsbuchhandlung Dr. Werner Scholl, Leipzig / Erlangen 1923.

Vorholt Udo: *Die politische Theorie Leonard Nelsons. Eine Fallstudie zum Verhältnis von philosophische-politischer Theorie und konkret-politischer Praxis*. Nomos Verlagsgesellschaft, Baden-Baden 1998.

Voskamp, Carl Johannes: *Das alte und das neue China*. Buchhandlung der Berliner evang. Missionsgesellschaft, 1914.

Ders.: *Aus dem belagerten Tsingtau*. Buchhandlung der Berliner Evangelischen Missionsgesellschaft, 1915.

Ders.: *Der chinesische Prediger*. Buchhandlung der Berliner Evangelischen Missions-gesellschaft, Berlin 1919.

Wegwitz, Paul: *Einführung in das Werk von Rudolf Pannwitz*. Verlag Hans Carl, München-Feldafing 1927.

Wilhelm, Richard: *Chinesische Lebensweisheit*. Otto Reichl Verlag, Darmstadt 1922.

Ders.: *Kung-tse. Leben und Werk*. Fr. Frommanns Verlag, Stuttgart 1925.

Ders.: *Lao-tse und der Taoismus*. Fr. Frommanns Verlag, Stuttgart 1925.

Ders.: *Die Seele Chinas*. Reimar Hobbing Verlag, Berlin 1926.

Ders.: *Die chinesische Literatur*. Akademische Verlagsgesellschaft Athenaion, Wildpark-Potsdam 1926.

Ders.: *Ostasien. Werden und Wandel des chinesischen Kulturkreises*. Müller & Kiepenheuer Verlag. Potsdam, 1928.

Ders.: *Geschichte der chinesischen Kultur*. Verlag F. Bruckmann A.-G., München 1928.

Ders.: *Chinesische Philosophie*. Verlag Ferdinand Hirt in Breslau, 1929.

Wilhelm, Salome (Hrsg): *Richard Wilhelm. Mittler zwischen China und Europa*. Eugen Diederichs Verlag, Düsseldorf · Köln 1956.

Witte, Johannes: *Die Wunderwelt des Ostens*. Protestantischer Schriftenvertrieb GmbH, Berlin-Schöneberg 1913.

Ders. : *Ostasien und Europa*. Verlag von J. C. B. Mohr (Paul Siebeck), Tübingen 1914.

Ders. : *Aus dem Missionsleben draußen für die Arbeit daheim*. Hutten Verlag, Berlin 1919.

Ders. : *Die Ostasiatischen Kulturreligionen*. Verlag von Quelle & Meyer, Leipzig 1922.

Yang Wuneng: *Goethe in China* (1889—1999). Peter Lang GmbH. Europäischer Verlag der Wissenschaften, Frankfurt a. M. 2000. S. 19～22.

Zenker, E. V. : *Geschichte der chinesischen Philosophie*. 2 Bände. Verlag Gebrüder Stiepel Ges. M. B. H., Reichenberg 1926.

德文文章：

Behm, Christoph: *Ein chinesischer Spiegel*. In: Die Neue Rundschau. Jg. 1912. Bd. I. S. 863～868.

Bieber, Hugo: *Ostasiatische Kulturkritik*. In: Deutsche Rundschau. Jg. 1913. (Jan.-März) S. 312～317.

Boehm, Max Hildebert: *Chinesentum, Europäismus und Weltkrieg*. In: Die Hilfe. 1917. Nr. 2, S. 26～28.

Delius, Rudolf von: *Ku Hung Ming*. In: Die Tat. 1916/17. Bd. I. S. 544～547.

Ders. : *Chinesische Philosophie*. In: Die Tat. 1916/17. Bd. I. S. 442～452.

Doergens, Heinrich: *Weltkrieg, Konfuzianismus und Christentum*. In: Theologie und Glaube. Jg. 1918. S. 176～184.

Franke, Otto: *China als Kulturmacht*. In: Zeitschrift der Deutschen Morgenländischen Gesellschaft. Bd. 77. Leipzig 1923. S. 1～30.

Ders. : *Der geschichtliche Konfuzius*. In: Zeitschrift der Deutschen Morgenländischen Gesellschaft. Bd. 79. Leipzig 1925. S. 163～191.

Franz, Erich: *Der Untergang des Abendlandes*. In: Die Hilfe. Jg. 1920. Nr. 24. S. 363～367.

Graf Vay von Vaya und zu Luskod: *Japan und China an der Schwelle des zwanzigsten Jahrhunderts*. In: Deutsche Rundschau. Jg. 1905. Sep. S. 355~372.

Ders. : *Ostasiens Stellung zum Weltkrieg*. In: Deutsche Rundschau. Jg. 1915. (Jul.-Sep.) S. 98~121.

Heisterberg, Bruno: *Die Moral des Mandarinen Ku Hung Ming*. In: Die Hilfe. 1919. Nr. 32. S. 426~427.

Janson, Alfred von: *Hongkong, eine englische Musterkolonie*. In: Deutsche Rundschau. Jg. 1903. Sep. S. 359~376.

Keyserling, Graf Hermann: *Über die innere Beziehung zwischen den Kulturproblemen des Orients und des Okzidents. Eine Botschaft an die Völker des Ostens*. In: Die Tat. 4. Jg. 1913. Jan. Heft. 10. S. 519~539.

Ku Hung Ming: *China und die Europäer*. In: Die Aktion. Jg. 1911. Nr. 39. S. 1219~1223.

Ders. : *Die Verwilderung Chinas*. In: Süddeutsche Monatshefte. Jg. 1912. 9. Jg. Bd. II. S. 420~425.

Ders. : *Der Geist des chinesischen Volkes*. In: Vertrauliche Mitteilungen für die Freunde unserer Arbeit in China. 1913. Sep. S. 32~52.

Mackay, B. L. Freiherr von: *Psychologische Probleme der chinesischen Revolution*. In: Die Neue Rundschau. 1912. Bd. II. S. 1633~1644.

Oehlke, Waldemar: *Die deutsche Wissenschaft in China*. In. Süddeutsche Monatshefte. Jg. 1925. Juni. S. 76~80.

Paquet, Alfons: *Chinesische Schriftsteller*. In: März. Jg. 1911. Bd. III. S. 464~472, S. 508~513.

Ders. : *Chinesische Kulturpolitiker*. In: Süddeutsche Monatshefte. 1912. 9. Jg. Bd. II. S. 414~419.

Ders. : *Asiatische Perspektive*. In: Die Hilfe. Jg. 1913. Nr. 48. S. 763~764.

Riedrich, Otto: *Der Europäer und sein Verhältnis zu Asiaten*. In: Die Tat. Jg. 1928/1929. Bd. I. S. 313~315.

Rieß, Ludwig: *Ku Hung Ming. Chinas Verteidigung gegen europäische Ideen*. In: Ostasiatische Zeitschrift. 1913/14. 2. Jg. S. 233~235.

Rohrbach, Paul: *Der Umschwung im chinesischen Bewußtsein und die*

Aufgabe der evangelischen Mission. In: Zeitschrift für Missionskunde und Religionswissenschaft(Abkürzung: ZMR). Jg. 1909. S. 137~149.

Ders. :Yüan Schi Kai. In: Die Neue Rundschau. 1912. Bd. II, S. 1306~1313.

Schindler, Bruno: Ku Hung Ming. Der Geist des chinesischen Volkes und der Ausweg aus dem Krieg. In: Ostasiatische Zeitschrift. 1916—1918, 5. u. 6. Jg. S. 125~128.

Wertheimer, Fritz: Ku Hung Ming. Die Verteidigung Chinas gegen europäische Ideen. In: Die Hilfe. Jg. 1912. Nr. 3. Büchertisch. S. 40.

Wilhelm, Richard: Die Bedeutung des Konfuzius. In: ZMR. Jg. 1909. S. 35~44, S. 66~72.

Ders. :Die historische Bedeutung des Konfuzius. In: ZMR. Jg. 1912. S. 269~273.

Ders. : Der Konfuzianismus im neuen China. In: ZMR. Jg. 1912. S. 338~341.

Ders. : Das geistige Leben im modernen China. In: Die Tat. 1924. Okt. 16. Jg. Heft 7, S. 481~492.

Ders. :Ost und West. In: Die Tat. 1925/26. Bd. I. S. 401~416.

Ders. : Die Krisis der chinesischen Kultur. In: Sinica. Jg. 1928. S. 221~229.

Ders. : Politische Entwicklungen in China. In: Sinica. Jg. 1927. S. 153~164.

Ders. : Sind die Chinesen ein sterbendes Kulturvolk? In: Sinica. Jg. 1929. S. 145~147, S. 198~205.

Ders. : Die Bedeutung des morgenländischen Geistes für die abendländische Erneuerung. In: Deutsche Rundschau. Jg. 1928. Bd. Apr.-Jun. S. 195~203.

Wilbrandt, Robert: Von Ostasien durch die Tropen nach Europa. In: Die Tat. Jg. 1912/13. Bd. II. (Okt. -März), S. 596~610.

Witte, Johannes: Ku Hung Ming. Der Geist des chinesischen Volkes und der Ausweg aus dem Krieg. In: ZMR. Jg. 1916. S. 296~312.

Ders. :Die Wirkungen des Krieges auf die religiöse Stimmung und Haltung der nichtchristlichen Völkerwelt. In: ZMR. Jg. 1920. S. 203~221.

中文书目：

[美]艾恺:《世界范围内的反现代化思潮》,唐长庚等译,贵州人民出版社1991年版。

蔡仁厚:《儒家思想的现代意义》,台北文津出版社1987年版。

曹锡仁:《中西文化比较导论》,中国青年出版社1992年版。

陈鼓应:《老庄新论》,上海古籍出版社1992年。

陈鹏鸣:《梁启超学术思想评传》,北京图书馆出版社1999年版。

陈崧:《五四前后东西文化问题论战文选》,中国社会科学出版社1985年版。

陈卫平:《第一页与胚胎:明清之际的中西文化比较》,上海人民出版社1992年版。

程志华:《牟宗三哲学研究:道德的形上学之可能》,人民出版社2009年版。

邓晓芒:《康德哲学诸问题》,三联书店2006年版。

丁建弘:《德国文化——普鲁士精神和文化》,上海社会科学院出版社2003年版。

丁建弘:《德国通史》,上海社会科学院出版社2007年版。

杜美:《德国文化史》,北京大学出版社1990年版。

杜维明:《儒家传统的现代转化》,中国广播电视出版社1992年版。

范大灿:《德国文学史》(5卷本),译林出版社2006年版。

方朝晖:《"中学"与"西学"》,河北大学出版社2002年版。

方志钦:《康有为与近代文化》,河南大学出版社2006年版。

高令印:《辜鸿铭与中西文化》,福建人民出版社2008年版。

高旭东:《中西文学与哲学宗教》,北京大学出版社2004年版。

高中甫:《歌德接受史1773—1945》,社会科学文献出版社1993年版。

[德]歌德:《歌德文集》,人民文学出版社1999年版。

[德]歌德:《歌德诗集》,钱春绮译,上海译文出版社1982年版。

[德]歌德:《歌德谈话录》,朱光潜译,人民文学出版社,1982年版。

葛兆光:《道教与中国文化》,上海人民出版社1987年版。

顾长声:《传教士与近代中国》,上海人民出版社1991年版。

辜鸿铭:《辜鸿铭文集》,黄兴涛等译,海南出版社1996年版。

[德]海涅:《海涅选集》,人民文学出版社1985年版。

何寅、许光华:《国外汉学史》,上海外语教育出版社2000年版。

何兆武:《中西文化交流史论》,中国青年出版社2001年版。

[美]亨廷顿:《文明的冲突与世界秩序的重建》,周琪译,新华出版社2002年版。

胡秋原:《一百三十年来中国思想史纲》,台湾学术出版社1973年版。

黄兴涛:《文化怪杰辜鸿铭》,中华书局1995年版。

黄兴涛:《旷世怪杰》,东方出版中心1998年版。

黄兴涛:《闲话辜鸿铭》,广西师范大学出版社2001年版。

姜克:《辜鸿铭传》,安徽文艺出版社1997年版。

[英]卡莱尔:《文明的忧思》,宁小银译,中国档案出版社1999年版。

[德]康德:《实践理性批判》,韩水法译,商务印书馆1999年版。

孔庆茂:《辜鸿铭评传》,百花洲文艺出版社1997年版。

孔庆茂、张鑫:《中华帝国的最后一个遗老辜鸿铭》,江苏文艺出版社1996年版。

邝柏林:《康有为的哲学思想》,中国社会科学出版社1980年版。

匡亚明:《孔子评传》,齐鲁书社1985年版。

李玉刚:《狂士怪杰——辜鸿铭别传》,人民文学出版社2002年版。

李泽厚:《批判哲学的批判》,人民文学出版社1979年版。

梁启超:《欧游心影录》,东方出版社2006年版。

梁漱溟:《中西文化及其哲学》。见《梁漱溟全集》(卷1),山东人民出版社1989年版。

林存光:《历史上的孔子形象》,齐鲁书社2004年版。

刘梦溪:《传统的误读》,河北教育出版社1996年版。

刘青峰:《民族主义与中国现代化》,香港中文大学出版社1994年版。

刘述先:《中国思潮与外来文化》,(台北)"中央研究院"中国文哲研究所2001年版。

刘小枫:《中国文化的特质》,三联书店1990年版。

刘志琴:《文化危机与展望》,中国青年出版社1989年版。

罗国杰:《西方伦理思想史》,中国人民出版社1988年版。

罗荣渠:《从"西化"到现代化》,北京大学出版社1990年版。

[英]罗素:《西方哲学史》,何兆武、李约瑟译,商务印书馆1963年版。

[美]马森:《西方的中华帝国观》,杨德山等译,时事出版社1999年版。

孟华:《比较文学形象学》,北京大学出版社2001年版。

牟宗三:《道德理想主义的重建》,郑家栋编,中国广播电视出版社1992年版。

沈福伟:《中西文化交流史》,上海人民出版社1985年版。
[德]斯宾格勒:《西方的没落》,陈晓林译,黑龙江教育出版社1988年版。
宋炳辉:《辜鸿铭印象》,学林出版社1997年版。
孙立新:《东西方之间——中外学者论卫礼贤》,山东大学出版社2004年版。
唐君毅:《中国文化之精神价值》,正中书局1952年版。
汪家堂:《乱世奇文——辜鸿铭化外文录》,上海人民出版社2002年版。
[德]卫礼贤:《中国心灵》,王宇洁等译,国际文化出版公司1998年版。
卫茂平:《中国对德国文学影响史述》,上海外语教育出版社1996年版。
卫茂平:《德语文学汉译史考辨》,上海外语教育出版社2004年版。
吴雁南:《清末社会思潮》,福建人民出版社1990年版。
[德]席勒:《席勒戏剧诗歌选》,钱春绮译,人民文学出版社1996年版。
[加]夏瑞春:《德国思想家论中国》,陈爱政等译,江苏人民出版社1997年版。
萧功秦:《儒家文化的困境》,四川人民出版社1986年版。
熊月之:《西学东渐与晚清社会》,上海人民出版社1994年版。
许明龙:《欧洲18世纪"中国热"》,山西教育出版社1999年版。
严光辉:《辜鸿铭传》,海南出版社1996年版。
杨焕英:《孔子思想在国外的传播与影响》,教育科学出版社1987年版。
杨祖陶、邓晓芒:《康德三大批判精粹》,人民出版社2001年版。
易升运:《西学东渐与自由意识》,湖南人民出版社1988年版。
殷海光:《中国文化的展望》,中国和平出版社1988年版。
余匡复:《德国文学史》,上海外语教育出版社1991年版。
余匡复:《〈浮士德〉——歌德的精神自传》,上海外语教育出版社1999年版。
郁龙余:《中西文化异同论》,三联书店1989年版。
余英时:《中国思想传统的现代诠释》,江苏人民出版社2003年版。
张海林:《近代中外文化交流史》,南京大学出版社2003年版。
张君劢:《儒家哲学之复兴》,中国人民大学出版社2006年版。
张佩芬:《黑塞研究》,上海外语教育出版社2006年版。
张志伟:《西方哲学史》,中国人民大学出版社2002年版。
章开沅:《离异与回归:传统文化与近代化试析》,湖南人民出版社1988年版。
郑师渠:《晚清国粹派》,北京师范大学出版社1993年版。

郑昕:《康德学述》,商务印书馆1984年版。
钟兆云:《辜鸿铭——拖长辫的北大教授》,中国长安出版社2005年版。
周宁:《永远的乌托邦——西方的中国形象》,湖北教育出版社2000年版。
周宁:《天朝遥远》,北京大学出版社2006年版。
朱谦之:《中国哲学对欧洲的影响》,河北人民出版社1999年版。
朱维铮:《晚清学术史论》,上海古籍出版社1996年版。

人名索引

A

阿亨巴赫(Achenbach, Oswald) 185
阿诺尔德(Arnold, Matthew) 14,71,95,97,105,152,242,276
艾恺(Alitto, Guy Salvatore) 5,111,133,134,188,193,242,243
艾伦特莱希(Ehrentreich, Alfred) 138
埃默尔(Emmel, Felix) 129
爱默生(Emerson, Ralph Waldo) 32,71,242
爱因斯坦(Einstein, Albert) 166~167

B

邦泽尔(Bonsel, Waldemar) 157
贝克莱(Berkeley, George) 59
贝姆(Behm, Christoph) 97~99,110
比贝尔(Bieber, Hugo) 102~104
毕达哥拉斯(Pythagoras) 290
俾斯麦(Bismarck, Otto von) 23,65~67,69~70,73,76,112,144,149,185,228,253
波姆(Boehm, Max Hildebert) 65,122~124,127
波普尔(Popper, Karl Raimund) 175
勃兰兑斯(Brandes, Georg) 44,80
柏拉图(Platon) 171,176,288,289,293
柏杨 258
柏应理(Couplet, Philippe) 286
布伯(Buber, Martin) 265,272,282
布德勒(Budler, Hermann) 20,220
布莱希特(Brecht, Bertolt) 283
布朗(Brown, Forbes) 8,22,26,29,30

布劳顿(Broughton, Rhoda) 255
布鲁恩霍费尔(Brunnhofer, Hermann) 302~303

C

蔡元培 9,139,212,239,247,249
岑克尔(Zenker, Ernst Viktor) 182,183,185~187
陈独秀 1,2,311
陈鼓应 284
陈焕章 225,232
陈季同 1
陈序经 2
慈禧 34,35,43,72,85,94,107~108,215

D

戴震 187
但丁(Dante, Alighieri) 218
德布林(Döblin, Alfred) 283
德尔根斯(Doergens, Heinrich) 121~122,127,233
德里乌斯(Delius, Rudolf von) 116~119,121,125,282
德鲁斯(Drews, Arthur) 130,137
德摩斯梯尼(Demosthenes) 161
德瓦安纳(Devaranne, Theodor) 138~139,222~226,232,233,299,308~309
迪比希(Dürbig, F.C.) 258
笛卡尔(Descartes, Rene) 59
狄尔泰(Dilthey, Wilhelm) 158,190~191
狄更森(Dickinson, G.L.) 211~212
杜赫德(Du Halde, Jean Baptiste) 290
杜里舒(Driesch, Hans) 146~147,188,212
段祺瑞 75

E

厄尔科(Oehlke, Waldemar) 139
厄勒尔(Oehler, Wilhelm) 213~216,218

恩格斯(Engels, Friedrich)　10

F
腓特烈大帝(Friedrich II von Preußen)　68,70
费希特(Fichte, Johann Gottlieb)　23,54,58～62,275
冯桂芬　20,306
冯天瑜　4
冯玉祥　187
伏尔泰(Voltaire)　68,146,161,198,199,214,290
福柯(Foucault, Michel)　314,315
福克(Forke, Alfred)　182～183,187
福兰阁(Franke, Otto)　234～237,240,258,259,290,292,295,296,297,311
弗兰克(Franke, Walter)　128
弗里斯(Fries, Jakob Friedrich)　165,171～174,176

G
冈仓觉三(Kakuzo Okakura)　135,193,282
高令印　5,6
歌德(Goethe, J. W. v.)　14,23,29～45,51,53,54,71,78～80,82,91,97,118,146,160,161,185,196,200,220,230,242,248,256,257,275,284,292,308,313
格奥尔格(George, Stefan)　159,260,269
格莱斯顿(Gladstone, William Ewart)　185
格罗塞(Grosse, Ernst)　143～146,147,244
龚自珍　311
辜安平　8
辜国材　8
辜礼欢　8
辜龙池　8
辜显荣　9
辜振甫　8
辜紫云　8
顾炎武　187

管仲　253
郭沫若　44,308
郭嵩焘　316

H
哈克曼（Hackmann, Heinrich）　182～185,187,304
海德格尔（Heidegger, Martin）　188,191
海涅（Heine, Heinrich）　23,45～51,53,54,132
海斯特贝格（Heisterberg, Bruno）　131
何可思（Erkes, Eduard）　237～240,254
荷马（Homer）　220,230,278
和士谦（Voskamp, J. C.）　216～222,243
赫德（Hart, Robert）　53
赫尔德（Herder, Johann Gottfried）　100,112,123,291～292
黑格尔（Hegel, G. W. F.）　58,123,169,257,291～292,294,303～304
黑塞（Hesse, Hermann）　264～269,271,272,273,281,283
洪涛生（Hundhausen, Vincenz）　140～142
胡塞尔（Husserl, Edmund）　190～191
胡适　1,2,139,183,186～187,239,250,311
花之安（Faber, Ernst）　221,233,296
华兹华斯（Wordsworth, William）　14,32,71,242
黄兴涛　4,5,6,24,25
黄宗羲　187
惠斯勒（Whistler, James McNeill）　185
霍夫利希（Hoeflich, Eugen）　282
霍夫曼斯塔尔（Hoffmannstahl, Hugo von）　269～273,281,283

J
加斯特（Caster, Moses）　240
姜克　4,24

K
卡莱尔（Carlyle, Thomas）　14,44～45,68,71,85,97,105
卡普（Kapp, Wolfgang）　137,145～146

凯泽林（Keyserling, Hermann Graf） 129,130,146,149～158,164,
165,166,176,188,191,215,216,245,253,275,279,309,317

康德（Kant, Immanuel） 23,54～65,122,123,165,167～169,171～
173,175,176,185,188～191,192,193,291,292,293,303,314

康有为 3,62,105,183,187,192,211,214,219,221,225,232,239,249,
250,281,306,311

克恩（Kern, Maximilian） 126～127

克林德（Ketteler, Clemens von） 83,84

孔好古（Konrady, August） 237,240

孔庆茂 5,24

孔子 12,16,17,21,31～32,39～41,44～45,52,54,60～62,64,79～80,
102,115,121,123,134,136,152～153,158,160～163,172～176,185～186,
190,197,200～201,207,215,216,222,224,226,233,244,246,266,268,281,
282,285～303,305～312,314,315

L

莱布尼茨（Leibniz, Gottfried Wilhelm） 287～292

老子 102,134,152～153,158,161,162,175,176,185,234,236,244,257,
266～267,271～273,282～283,296,300,303,307

李大钊 1

李鸿章 96,105,109,185,264

李太白 99

李玉刚 4,24

里斯（Rieß, Ludwig） 104～106

里希特霍芬（Richthofen, Ferdinand） 279

理雅各（Legge, James） 230,279,297,308

利德里希（Riedrich, Otto） 142～143

利玛窦（Ricci, Matteo） 61

利奇温（Reichwein, Adolf） 134,162,175,234,236,283

梁启超 3,62,130,135,138～139,146,183,187,193,214,219,221～
222,231,239,249,250,281,311

梁漱溟 135,193,250

列宁（Lenin, Vladimir Ilich） 176

林语堂 2,6,259

凌叔华 2
刘坤一 105
卢梭(Rousseau, Jean-Jacques) 56,57,60
鲁迅 258
罗尔巴赫(Rohrbach, Paul) 107,193～203,205,212,233,280,304,305
罗家伦 3
罗曼·罗兰(Rolland, Romain) 270
罗森茨威格(Rosenzweig, Franz) 125～126
罗斯金(Ruskin, John) 10,97,98
罗素(Russell, Bertrand) 166,175
罗振玉 2,3,23,27

M

马丁·路德(Luther, Martin) 68,202,214,308
马戛尔尼(Macartney, George) 306
马建忠 8
马恺(Mackay, B. L. Freiherr von) 64,297,300～302,303,305,309
马可·波罗(Polo, Marco) 285
马克思(Marx, Karl) 10,171,174
毛姆(Maugham, William Somerset) 25,188
蒙田(Montaigne, Michel de) 198,199
孟子 16,17,21,43,48,121,123,172,238
米芾 185
米开朗基罗(Michelangelo) 166
米伦多夫(Möllendorff, Paul Georg) 279
米施(Misch, Georg) 190～191
明恩溥(Smith, Arthur H.) 258～259
摩西(Moses) 288
墨子 211
牟宗三 63,64
穆罕默德(Muhammad) 288
穆齐尔(Musil, Robert) 129
穆提乌斯(Mutius, Gerhard von) 108

N

拿破仑(Napoléon, Bonaparte)　32,48,161
纳尔逊,H(Nelson, Heinrich)　135,136,165~166,254,317
纳尔逊,L(Nelson, Leonard)　133,134,165~176,188,190~191
尼采(Nietzsche, Friedrich Wilhelm)　163,164,169,188
纽曼(Cardinat Newman)　14
诺瓦利斯(Novalis)　23,51,53,54

P

帕凯(Paquet, Alfons)　78,92,93,95,153,166,228,244,264,273~282
潘光旦　258
潘维茨(Pannwitz, Rudolf)　128,129,158~165,176,188,191,270~271
蒲松龄　265,272

Q

钱德明(Amiot, Jean-Joseph Marie)　290
秦始皇　300
清水安三(Shimizu Yasuzo)　7,45

R

荣格(Jung, Carl Gustav)　156,260

S

萨义德(Said, Edward Waefie)　315
莎士比亚(Shakespeare, William)　32,97,146,214
舍勒(Scheler, Max)　158
申德勒(Schindler, Bruno)　240~244,254
沈来秋　131,133
沈曾植　149
释迦牟尼(Siddhattha Gotama)　162
施莱格尔(Schlegel, Friedrich)　256,284
施密特(Schmitt, Erich)　307~308,309
施密茨(Schmitz, O. A. H.)　28,116,260~264,265,282

施潘(Spann, Othmar) 298~299,305
斯宾格勒(Spengler, Oswald) 129,158,167~169,172~173,177~182
斯宾诺莎(Spinoza, Baruch) 61,118
斯特劳斯(Strauß, Viktor von) 303
宋炳辉 5
苏格拉底(Socrates) 56,290,291
孙中山 144,199,214,249

T
泰戈尔(Tagore, R.) 130,135,137~138,156,157,193,210,234,236,282
泰勒斯(Thales) 290
汤良礼 212
汤若望(Bell, Johann Adam Schall von) 287
唐君毅 44
唐寅 185
特里乌斯(Treves, Frederick) 218,277~278
特鲁佩尔(Truppel, Oskar von) 81~82,244
托尔斯泰(Tolstoy, Lev) 97,219,270,275
陀思妥耶夫斯基(Dostoevsky, Fyodor) 130

W
瓦德西(Waldersee, Alfred Graf von) 70
汪家堂 4
王夫之 187
王国维 62~63,249
王阳明 17,183
威尔布兰特(Wilbrandt, Robert) 99~102,110,114,143
威廉二世(Wilhelm II) 47,51~52,68~70,72,75,84,112~113,131
威廉一世(Wilhelm I) 112
威特(Witte, Johannes) 72,94,119~121,123,125,136,140,141,203~213,223,224,226,232,233,239,262,299
威妥玛(Wade, Thomas Francis) 255
维吉尔(Vergil) 230

维特海默(Wertheimer, Fritz)　95～97,98
韦伯(Weber, Max)　189
魏嗣銮　133,166,167,174,190
卫礼贤(Wilhelm, Richard)　9,64,92,93,97,132,137,149,156,158,159,166,185,195,209,216,230,243,244～255,266,267,268,276,296～300,305,306,308～310
文德尔班(Windelband, Wilhelm)　189
倭铿(Eucken, Rudolf)　146
沃尔夫(Wolff, Christian)　287～291
吴宓　1
吴相湘　4
伍国庆　4

X

席勒(Schiller, Friedrich)　23,35,36,51～54,97,161
萧伯纳(Shaw, George Bernard)　242
谢林(Schelling, Friedrich Wilhelm Joseph)　58

Y

严复　6,9,62
严光辉　4,24
阎锡山　225
颜渊　43,200
杨森(Janson, Alfred von)　82
耶稣(Jesus)　40,45,69,99,175,205,209,216,231,288
叶卡捷琳娜二世(Catherine II)　70
殷铎泽(Intorcetta, Pere)　286
袁世凯　96,98,103,105,106～107,144～145,247

Z

翟理斯(Giles, Herbert Allen)　64,230,236,279
章太炎　62,249,311
张伯伦(Chamberlain, Arthur Neville)　103,200
张君劢　44

张勋　9,145,246

张之洞　8,9,20,73,81,85,93,96,105,106,109,115,140,183,185,186,187,219,220,244,247,274,306

张中行　21

张宗昌　9

张作霖　9,140

赵凤昌　2,27

兆文钧　26,27

钟兆云　4

朱维铮　6,24

朱熹　17,301

庄子　244,257,265,266,267,273

致　谢

　　一个人的努力离不开来自方方面面的支持。在著作即将付梓之际,我要向所有曾经给予我帮助的单位和个人表示衷心的谢意。本书在我的博士论文基础上深化而成,当初从选题到构思写作,我的博士生导师、上海外国语大学德语系卫茂平教授都提出了宝贵的建议,由于本书建立在大量德文材料之上,相关资料的收集整理是写作中至关重要的一环,非常感谢卫茂平老师提供机会,使我能够前往德国海德堡大学交流并收集资料,话不在多,师恩难忘。2008年,本书获福建省社会科学规划项目立项(2008B119),笔者得以进一步对本专题做材料梳理和理论深化,非常感谢福建省哲学社会科学规划领导小组的支持。在此,我尤其要感谢厦门大学人文学院周宁教授将本书纳入厦门大学"211工程"第三期资助出版项目。当然,我也要感谢我的妻子林晶晶女士,她在认真完成自己的学业、教学和科研任务的同时,还腾出相当的时间和精力照顾我的学习和生活,在精神上和生活上都给了我莫大的支持,本书能够顺利完成,其中也有她的一半功劳。最后,我还要向所有在百忙之中抽出宝贵时间通读本书并提出中肯意见的专家、老师和朋友致以衷心的感谢。

方厚升

2013年11月10日

图书在版编目(CIP)数据

君子之道:辜鸿铭与中德文化交流/方厚升著. —厦门:厦门大学出版社,2014.5
(跨文化研究丛书/周宁主编)
ISBN 978-7-5615-4899-8

Ⅰ.①君… Ⅱ.①方… Ⅲ.①辜鸿铭(1856—1928)-人物研究 ②文化交流-中国、德国 Ⅳ.①K825.4 ②G125

中国版本图书馆 CIP 数据核字(2013)第 300440 号

厦门大学出版社出版发行
(地址:厦门市软件园二期望海路 39 号 邮编:361008)
http://www.xmupress.com
xmup @ xmupress.com
厦门集大印刷厂印刷
2014 年 5 月第 1 版 2014 年 5 月第 1 次印刷
开本:720×1000 1/16 印张:23.75 插页:2
字数:423 千字 印数:1～1 000 册
定价:69.00 元
本书如有印装质量问题请直接寄承印厂调换